대한민국
정체성을
찾아서

대한민국
정체성을
찾아서

이동수 편

공화와 민주의 나라

인간사랑

서문

우리 사회는 건국헌법에서 '민주공화국'을 선포하고 민주주의를 추진한 이래 80년대 결실을 맺은 민주화운동과 그 후 지속된 민주주의 심화과정을 통해 민주주의를 궤도 위에 올려놓았다. 하지만 여전히 갈등과 반목, 그리고 무한히 전개되는 투쟁으로 점철되어 있다. 개인과 집단의 이기심 분출에 따른 혼란, 이념을 둘러싼 보수와 진보의 충돌, 여전히 유효한 지역갈등, 차이를 넘어 단절의 국면에까지 이른 세대 간의 갈등, 심각한 빈부격차에 따른 가진 자와 못 가진 자 간의 깊은 골은 좀처럼 해소되지 않고 있다.

이는 민주화에도 불구하고 자신의 권익을 극대화하고자 하는 개인과 집단들의 힘이 충돌하는 '권력정치'(politics)가 한국정치 현장에서 여전히 득세하고 있기 때문이다. 즉 그 동안 억압받다 아무런 여과없이 한꺼번에 분출된 새로운 권익과 또 이 도전으로부터 기득권을 한사코 지키려는 기존의 권익 모두, 공동체와 공동선에 대한 고려 없이 권력투쟁에 진력함으로써 사회적 갈등이 더욱 심화되고 있는 것이다. 오늘날 정치인이나 기업가, 노동운동가, 그리고 심지어 일반대중들에서조차 이런 현상은 얼마든지 목도할 수 있다. 서로 대권을 차지하려는 정치인들, 서로 자신의 권익만을 관철시키려는 이해집단들, 서로 자신이 옳다고 주장하는 지식인들, 그리고 자신의 생계와 돈벌이만 걱정하는 대중들이 다수를 이루는 사회에서 갈등 대신 통합을 기대하는 것은 오히려 이상한 일이다.

이는 민주화가 정치발전의 필요조건이기는 하지만 충분조건은 아니라는 점을 여실히 보여준다. 그 충분조건은 권력정치와는 다른 차원에서 이루어지는 '소통정치'(the political)를 실천할 때 비로소 충족된다. 이때 소통정치란 공동체 구성원들이 의견이나 이해관계가 서로 다르더라도 설득과 소통을 통해 공동이익이나 공동의견에 자발적으로 동의하거나, 혹은 설사 동의에까지 이르진 않더라도 그 과정에서 서로 다른 구성원들을 이해하고 상호 공존하는 것을 의미한다. 여기서는 구성원들이 자신의 의견을 표출하고 토론과 토의를 거쳐 결정에 도달하는 의사소통 과정과 구성원에 대한 상호인정 과정이 정치의 핵심으로 간주된다.

이러한 소통정치는 '민주'뿐만 아니라 '공화'를 정치에 있어서 중요한 덕목으로 여긴다. 물론 '민주'와 '공화'는 서로 배치되는 개념이 아니다. 하지만 둘 사이에는 미묘한 차이가 존재하며, 이 차이를 주목할 때 역사 속의 사회들이 왜 민주주의와 공화주의라는 두 개념을 길항적으로 사용해 왔는지에 대해 알 수 있다. 근대사회는 민주주의의 발달과정으로 특징지워지지만, 사실 민주주의는 개인들의 권리보장과 그 권리를 권력으로 강화시키는 것을 주된 목적으로 삼는다. 즉 민주주의는 자의적일 수 있는 권력을 어느 특정한 개인이나 집단에 독점되지 않도록 평등하게 배분하여 그들의 권리를 보호하고자 하는 체제로서, 권력분립(division of power)과 다수의 지배(majority rule)를 그 원칙으로 삼는다. 하지만 공화주의는 이런 분립 속에서도 사회통합(social integration)을 어떻게 이루어낼 것인지, 또 다수의 지배 속에서도 소수의 권리와 이익을 어떻게 보호할 것인지에 관심을 갖는다. 그리하여 민주주의의 목표는 궁극적으로 공동체 구성원의 지배를 수립하는 것인데 비해, 공화주의의 목표는 공동체

전체의 조화를 이루는 것이다.

현재 우리사회에 필요한 것이 바로 이런 '공화'의 덕목이다. 어느 정도 '민주'가 진행된 상태에서 개인이나 개별적 집단의 권리와 자유만 내세울 것이 아니라 사회의 공동선을 추구하고 공동세계를 건설하는 데 주의를 기울여야 한다. 이때 필요한 것이 바로 참여, 소통, 헌정주의와 같은 '공화'의 요소들이다. 우리는 개인의 권익뿐만 아니라 사회적 이슈제기와 공동선 수립에 참여해야 하고, 자신과 다른 의견을 가진 사람들과 소통을 통해 서로 이해하고 합의해야 하며, 이런 모든 과정들이 헌법 정신에 의거하여 진행되어야 한다. 이것이 바로 우리가 대한민국 건국이념을 올바르게 실천하는 방법이다.

이 책은 지난 2005년 가을부터 2007년 여름까지 한국학술진흥재단의 지원(KRF-2005-079-BS-0009)으로 진행된 〈대한민국 정체성〉 프로젝트의 결과물들을 수정보완하여 모은 것이다. 건국 60주년이 되는 2008년 출판을 목표로 일을 진행하였는데, 여러 가지 사정으로 인해 출판이 미루어져 이제야 한권으로 모이게 되었다. 이 연구를 가능하게 해준 〈한국학술진흥재단(현 한국연구재단)〉 측과 때늦은 책을 기꺼이 출판해준 〈인간사랑〉 출판사 관계자들께 깊은 감사의 말씀을 드린다. 그리고 이 프로젝트에 같이 참여해 열띤 논쟁을 벌이고 땀흘려 논문을 작성한 연구참여자들에게도 따뜻한 감사의 마음을 전한다.

이동수

c o n t e n t s

contents

2부 산업화, 민주화 그리고 지구화 시대 … 223

1부

개화에서 건국까지

1장

개화와 공화민주주의 :

《독립신문》을 중심으로*

이동수 경희대학교

Ⅰ. 서론

우리 사회는 60년대부터 진행된 근대화와 80년대부터 본격화된 민주화의 덕택으로, 오늘날 세계사에 유례가 없을 만큼 비약적인 정치적·경제적 발전을 이루었다. 하지만 민주주의가 아직 공고하지 않은 상태에서 다양한 이해관계가 동시에 표출됨으로써 갈등과 혼란이 더욱 심화되는 경향이 있다. 뿐만 아니라 전 지구적으로 진행되고 있는 세계질서의

* 이 글은 『정신문화연구』 30권 1호(2007)에 게재된 글을 재수록한 것이다.

급격한 변화는 우리로 하여금 정체성의 혼란을 겪도록 강요하고 있다. 즉 국경 없는 지구촌에서의 무한경쟁, 다양한 이해관계의 갈등, 보수와 진보를 둘러싼 이념갈등, 세대 간의 갈등, 지역갈등 등이 우리 사회의 민주화를 무색하게 만들고 있는 것이다. 이와 같은 갈등과 분열의 심화현상은 궁극적으로 공동체에 대한 소속감 내지 귀속성의 약화현상, 즉 정체성의 혼란과 위기를 불러온다.

이와 같은 상황을 벗어날 수 있는 지름길은 근대적 통합의 결정체인 헌정주의(constitutionalism)를 확고히 하는 것이다.[1] 즉 사회구성원이라면 누구나 동의할 수 있는 국가관과 정체성을 확립하여 그것을 헌법에 반영시키고 사회의 제반 갈등을 이에 근거하여 해결하는 것이다. 그런 점에서 우리는 헌법 1조 1항에 대한민국 정체성으로 명시된 '민주공화국'[2]의 의미를 되새겨 볼 필요가 있다. '민주공화국'이라는 개념은 상해임시정부 「임시헌장」(1919년 4월 11일)과 제헌헌법(1948년 7월 17일), 국가재건비상조치법(1961년 6월 6일)과 3공화국 헌법(1962년 12월 26일), 유신헌법(1972년 12월 27일)과 5공화국 헌법(1980년 10월 27일), 그리고 현행

---

1 전통적으로 서구에선 정체성을 정립하고 공동체의 통합을 유지하기 위해 여러 방안이 강구되었다. 고대엔 신성한 권위의 확립, 혈연관계의 유지, 원시적인 제도들을 통해 공동체를 통합했으며, 다양한 개인을 사회의 기본 단위로 삼은 근대국가는 초기엔 국민과 민족의 형성을 통해 그리고 후기에 접어들면서는 체계화된 제도와 법을 통해 사회통합을 이루고자 하였다. 이에 대한 자세한 논의는 Jürgen Habermas, *Between Facts and Norms : Contributions to a Discourse Theory of Law and Democracy*, Tr. William Rehg(Cambridge : The MIT Press, 1996), Chap 1 참조.

2 '민주공화국'이라는 개념이 최초로 등장한 것은 1848년 프랑스 2공화국에서의 '민주적 공화국(*république-démocratique*)'이며, 이것은 인민주권과 참여를 강조하는 정치적 지표로서의 민주주의와 군주정에 대립되는 공화정체를 결합한 국가라는 의미로 사용되었다.

헌법(1987년 10월 29일)에 이르기까지 헌정체제가 기초해야 할 기본적 원칙으로 이미 오래 전부터 합의되어 온 것으로서, 이 '민주공화국'의 의미에 근거할 때에만 초보적 민주화로부터 파생된 혼란을 불식시킬 수 있는 합의점을 찾을 수 있는 것이다.

헌법학계에서도 헌법 1조 1항은 헌법개정 절차를 따르더라도 개정할 수 없는 헌법의 핵심 원리로, 헌정질서 전반에 걸친 기본적인 지도원리이자 근본규범으로 국민주권 이념을 표현한 구조적 원리로, 그리고 국가의 구조와 체계에 관한 국민적 합의의 결과로 해석하고 있다. 요컨대 '민주공화국'은 대한민국의 국체이며 정체라고 보고 있는 것이다.[3]

사실 그동안의 대한민국 60년사는 이러한 '민주공화국'을 실현하기 위한 과정이었다고 볼 수 있다. 건국, 산업화, 그리고 민주화를 거치면서, 이제 인민주권의 실현이라는 민주주의의 근간은 어느 정도 형성되었다. 하지만 헌법에 나타난 '공화'는 아직 그 개념조차 정확하게 파악하지 못하고, 그저 왕정에 반대되는 의미로서의 고전적 공화정으로만 인식하고 있을 뿐이다. 그러나 이는 광복 후 대한민국 수립과정에서 왕정을 폐기함으로써 이미 달성되었다고 볼 수 있으며, 오늘날과 같이 민주화가 되었음에도 불구하고 사회 혼란과 갈등이 가중되고 있는 상황 속에서는 헌법에 명시된 공화의 의미를 다시금 재검토할 필요가 있는 것이다.

서양사상의 맥락에서 볼 때 공화주의나 민주주의는 확고하게 어떤 의미로 규정된 용어가 아니라, 역사적 과정 속에서 끊임없이 논의되고 수정되어 온 산물이다. 일반적으로 민주주의를 '인민의 지배'라고 정의하

3 곽준혁, 「민주주의와 공화주의 : 헌정체제의 두 가지 원칙」, 『한국정치학회보』, 39집 3호(2005), 34쪽.

고 공화국을 "왕이나 노예 없이 공동의 법아래 함께 사는 시민들"[4]의 정치체제로 규정하기는 하지만, 인민을 누구로 규정하며 인민의 지배의 성격과 범위를 어디까지로 정할지에 대해서는 여러 논의가 있으며, 공동의 법 아래 사는 시민들의 계층분화나 역할분담을 어떻게 규정해야 하는가를 둘러싸고 공화정에 대한 해석은 분분하다.

물론 민주주의와 공화주의는 서로 배치되는 개념이 아니다. 하지만 둘 사이에는 미묘한 차이가 존재하며, 이 차이를 주목할 때 역사 속의 사회들이 왜 민주주의와 공화주의라는 두 개념을 길항적으로 사용해 왔는지에 대해 알 수 있다. 근대사회는 민주주의의 발달과정으로 특징지워지지만 사실 민주주의는 개개인의 권리보장과 그 권리를 권력으로 강화시키는 것을 주된 목적으로 한다. 즉 민주주의는 자의적일 수 있는 권력을 어느 특정한 개인이나 집단에 독점되지 않도록 배분함으로써 그들의 권리를 보호하고자 하는 체제로서 '권력의 분립'(the division of power)과 '다수의 지배'(majority rule)를 원칙으로 삼는다. 하지만 공화주의는 이러한 분립 속에서도 사회통합을 어떻게 이루어낼 것인지, 또 다수의 지배 속에서도 소수의 권리와 이익을 어떻게 보호할 것인지에 관심을 갖는다. 그리하여 민주주의의 목표는 궁극적으로 인민의 지배를 수립하는 것인데 비해, 공화주의는 누가 지배자라고 말하기 힘든 그럼으로써 비지배(non-domination)적인 상태를 지향한다.

그리하여 민주주의는 인민주권의 실현에 일차적인 관심을 두고 직접민주주의적 요소를 더욱 강조하는 데 비해 공화주의는 인민주권에 바탕을 두기는 하지만, 이를 대의제나 사법심사제, 헌정주의 등과 같은 장

4 Maurizio Viroli, *Republicanism*, tr. Antony Shugaar(New York : Hill and Wang, 2002), p. 3.

치들을 통해 '민주적 독재'의 위험성을 제거하고자 한다. 또한 민주주의는 인민이 직접 권력을 행사하거나 아니면 적어도 민주적 통제를 통해 정치권력을 견제하는 데 주력하는 반면 공화주의는 국민통합과 상호성의 확립을 중시한다.

그런데 이와 같은 공화주의적 특징은 구한말 조선을 개혁하여 새로운 근대국민국가체제를 구상하던 개화파 선각자들이 이미 염두에 두었던 덕목이기도 하다. 특히 서구사상에서 영향을 받은 개화사상가들이 생각했던 정치체제는 흔히 회자되고 있는 자유민주주의에 근거했다기보다는 자생적 공화민주주의와 유사했다고 볼 수 있다. 여기서 공화민주주의라 함은 공화주의에 초점을 둔 민주주의라는 뜻이며, 또 자생적 공화민주주의라 함은 서구적 공화민주주의와는 달리 왕의 존재를 인정하면서도 국민을 정치의 장으로 끌어들이는 정치체제를 일컫는다. 특히 그 내용에 있어서는 국민을 통합(integration)하고, 이를 위해 인민과 인민, 인민과 국가 사이의 공론장을 형성하여 소통(communication)하며, 최종적으로 법치에 의한 지배체제를 확립하는 것이었다.

혹자는 개화사상가들의 '입헌군주론'을 군주를 인정한 법치주의로서 여전히 구시대적 왕정을 옹호하는 것으로 폄하시키고, 그들의 의회설립운동도 하원은 반대하면서 상원만 설립하기를 주장했다는 점에서 평가절하하는 측면이 있다. 이런 한계에 대한 지적은 적절하지만, 그렇다고 해서 그들의 공화민주주의적 개혁 노력을 과소평가해서는 안 된다. 당시 조선은 근대서구와 같은 상황이 아니었으며, 조선이라는 주어진 상황을 토대로 한 경로의존적 개혁방안을 추진했을 것이라는 점을 감안해야 한다.

이 글은 이러한 문제의식 아래 개화사상가들이 《독립신문》에서 펼친 근대국민국가 건설의 사상적 측면을 자생적 공화민주주의 관점에서 살펴보고, 그 의의 및 한계를 밝히는 것을 목적으로 삼는다. 이를 위해 서구 공화민주주의의 특성에 대해 알아보고, 《독립신문》을 공화민주주의 관점에서 분석한 후 공화민주주의 관점에서도 부족하게 느껴지는 한계에 대해 살펴볼 것이다.

Ⅱ. 공화민주주의에 대한 이론적 검토

정치이념으로서나 정치제도로서 민주주의의 정당성에 대해서는 아무도 이의를 달지 못할 것이다. 다만 어느 시점에, 어떤 환경에서, 어떤 방식의 민주주의를 실행할 것인가에 대해서는 의견의 차이가 있을 수 있다. 이런 차이로 인해 민주주의엔 비록 층위가 서로 다르긴 하지만 다양한 종류의 민주주의, 예컨대 직접민주주의(direct democracy), 대의민주주의(representative democracy), 자유민주주의(liberal democracy), 사회민주주의(social democracy), 참여민주주의(participatory democracy), 공화민주주의(republican democracy) 등의 하위 개념이 존재한다.

민주주의는 원래 그리스어 demokratia에서 파생된 말로서, 인민을 나타내는 demos와 지배의 뜻을 갖는 kratos의 합성어이다. 따라서 일반적으로 민주주의는 '인민의 지배'로 정의된다. 즉 민주주의란 다수의 인민이 지배하는 체제라는 것이다. 그러나 르포르(Claude Lefort)에 의하면 인민의 지배라는 말 속에는 이중적인 의미가 내포되어 있다. 보다 구체적으로 민주주의란 권력이 인민으로부터 나오지만(rule by the people) 그 권력은 누구에게도 귀속되지 않는다(nobody rules)는 원칙을 동시에 포함하고 있다는 것이다.[5] 요컨대 민주주의는 '인민의 지배'와 '지배의 공백'

사이의 이중성(duality)으로 특징지워진다.

따라서 민주주의를 단순히 인민의 지배나 혹은 다수의 지배라는 식으로 규정하는 것은 민주주의 정신을 잘못 해석한 결과이다. 민주주의에서 중요한 것은 일인의 왕에 의해 지배되는 왕정이나 소수가 지배하는 귀족정과는 다른 다수의 인민이 지배하는 민주정이라는 형식에 있는 것이 아니라, 그것을 통해 누구의 지배도 받지 않고자 하는 비지배와 자유에 대한 갈망이라는 내용에 있는 것이다.

하지만 현실적으로 비지배는 그 자체 과정으로서보다는 결과로서 나타난다. 즉 지배를 전제하지 않은 채 누구도 지배하지 않는 비지배의 정치체제를 구성하는 것은 불가능하다. 비지배를 얻기 위한 과정에서의 지배는 불가피하며, 다만 이런 지배가 궁극적으로 비지배로 인도하거나 비지배적 양식으로 표출되어야 한다. 그리하여 민주주의의 기본 원칙은 고대 아테네 민주주의가 그랬던 것 처럼 자유로운 시민이면 누구나 법 앞에 평등하고(isonomia), 누구에게나 의회 혹은 공공장소에서 말하고 싶을 때 말할 수 있는 권리가 있으며(isegoria), 출신배경과 상관없이 시민이면 누구든 참정권을 갖고 있고(isogonia), 오늘 지배하는 사람이 내일은 지배받을 수 있어야 한다(isokratia)는 데 놓여 있다.

이런 원칙에 따라 세워진 것이 바로 민주정(democratic regime)이다. 여기서 민주정이란 다수의 지배를 허용하되 그 지배가 민주주의 정신인 비지배와 자유를 추구하며, 다수의 지배임을 확인하기 위해 다수결의 원칙에 따르고 지배의 교체가 가능한 정치체제를 일컫는다.

하지만 다수의 지배체제로서의 민주정은 그것 역시 지배의 한 양

5 Claude Lefort, *The Political Forms of Modern Society : Bureaucracy, Democracy, Totalitarianism*, ed. John B. Thompson(Cambridge : The MIT Press, 1986), p. 279.

식이기 때문에 여러 문제를 야기한다. 다수의 지배는 다수결의 원칙이 지배의 원리로 작용하며, 이 경우 비록 소수에 의한 독재는 아닐지라도 여전히 다수의 독재가 뒤따른다. 다만 다수결의 원칙이 적용되는 과정에서 인민 각자가 때로는 다수의 편에 속하고 때로는 소수의 편에 속하기도 하면서 이러한 독재성은 희석된다. 그러나 가령 사회가 인종적·민족적·종교적·이념적 차이 등으로 인해 상당히 이질적인 다수집단과 소수집단으로 나뉘어져 있는 경우 다수집단의 소수집단에 대한 전면적이고 영구적인 지배가 발생하기도 한다. 일찍이 밀(J. S. Mill)이 경고한 것처럼, 다수독재는 소수독재보다 더 철저하게 소수집단에 속한 사람들을 무시하는 결과를 초래한다. 이때 소수집단에 속한 사람들은 다수독재 상황을 종식시키기 위해 반민주적이라는 오명을 감수하면서까지 조직적·폭력적 저항을 결행하게 되고, 이것이 바로 민주정 하에서도 분란이 끊이지 않는 주요 원인이 된다.[6]

이런 민주정의 문제에 가장 예민하게 반응한 사람이 근대의 자유민주주의자들이다. 그들은 소수의 독재 하에서 다수의 권리보장을 위해 민주주의가 발달한 것과 마찬가지로 다수의 독재 하에서도 소수의 권리가 보장되어야 한다고 생각한다. 그리하여 소수자들도 삶을 영위하는 데 필요한 최소한의 기본권을 법률로 규정함으로써 자유를 보호하는 법치와 다수의 독재를 최소화하기 위한 최소정부를 가장 중요한 민주정의 요소로 간주한다. 그리하여 자유민주주의 하에서는 기본권과 자유를 보호하기 위한 민주적 절차를 강조하고, 참정권을 선거를 통한 정치행위로 국한시킨 채 개인의 자유로운 공간 확보에 더 관심을 둔다.

6 정원규, 「민주주의의 기본원리 : 절차주의적 공화민주주의 모델을 제안하며」, 『철학』, 71집(2002), 173쪽.

그러나 이런 자유주의적 해결방식은 커다란 약점을 갖고 있다. 즉 개인의 자유와 권리보장에 주된 관심을 갖다 보면 사회구성원의 공동적인 사무에는 별다른 관심을 갖지 않게 되고, 점차 공적인 영역으로부터 사적인 영역으로 퇴거하는 경향을 보임으로써 민주정 자체가 위기에 처하게 된다. 익명화된 다수집단이 지배하고 있는 사회 속에서 소수자는 그 지배에서 발생하는 자신의 권익의 침해를 방어하는 데에만 골몰하고, 공적인 일 전반에 대해서는 모두 다수의 위임을 받은 것으로 간주되는 정부에 위임하게 된다. 또한 다수집단 자체도 익명화되고 정부에 자신의 권한을 위임한 상태이기 때문에 설사 다수집단에 속한 사람이라도 개인별로는 각자 자신도 피지배자라고 생각하면서 자신의 권익보호에만 집중하며, 이런 소극적인 행동은 결국 사회의 공적인 영역의 활성화를 가로막는다. 그리하여 자유민주주의 하에서 개인은 자신의 사적인 이익과 사회의 공익을 분리시키고 사익을 더 우선시함으로써 민주주의를 타락시키는 결과를 초래한다.

이런 상황에 직면해서 오늘날에는 공화민주주의적 요소를 강조하는 경향이 있다. 여기서 공화민주주의란 민주정의 원리인 선거를 통한 다수의 지배를 강조하기보다는, 또 자유민주주의처럼 개인의 자유와 권리를 최대한 확보하는 데에 일차적 관심을 두기보다는 여러 층위에서 사회구성원들로 하여금 공적인 일에 관심을 갖고 참여하도록 유도하며, 사회 전반에 의사소통을 강화시키고, 이런 가운데 소수의 위임받은 자들이 자의적으로 지배하지 않고 법에 의거하여 통치하게 함으로써 사회정체성의 확립과 사회통합의 능력을 확대하는 것을 가리킨다. 이는 자유민주주의를 대체하는 것이 아니라 보완하는 성격을 지닌다. 즉 법치와 최소정부의 원리는 보존하면서 사회 각 부문에 공적인 영역을 확보하여 지배자와 피지배자 사이의 간극을 없앰으로써 지배와 피지배의 구분을 더욱 모호하게 하려는 것이다.

예컨대 바버(Benjamin Barber)는 자유민주주의의 위험을 소위 '강한 민주주의'(strong democracy)라고 부르는 참여적 공화민주주의를 통해 해소하고자 한다. 그에 의하면 자유민주주의는 개인 간의 갈등을 해결하기 위해 이익표출과 이익조정을 위한 정치과정만 중요시 할 뿐이며, 그 이해관계와 연관된 다수와 소수사이의 차이는 여전히 존재하게 된다. 이와 달리 참여적 공화민주주의는 다수자와 소수자 간에 토의, 인지적 태도, 감정이입을 포함한 정서적 반응을 중요시하면서 다수와 소수자 간의 심의과정을 갖고 이를 바탕으로 하나의 공동체 의지를 형성하고자 한다. 즉 바버는 현대인들이 다수자이든 소수자이든 아직 사회에 대한 공동체 의식을 갖고 있지 못하며, 그런 상황에서는 여전히 지배와 피지배의 관계로 사회를 이해한다고 보고, 이를 타파하기 위해 공동체의 의지형성(will-formation) 과정에 참여시킴으로써 소수자이든 다수자이든 주인의식을 가질 수 있게 되며 궁극적으로는 우리의식을 형성할 수 있다고 본다.[7]

한편 아렌트(Hannah Arendt)는 고대 아테네 민주주의를 정치의 이상으로 간주하면서 고전적 공화민주주의에 주목한다. 아렌트 역시 근대사회가 지나치게 사적인(private) 것을 강조한다고 본다. 자유주의가 표방하는 인간의 천부적 기본권에 대한 강조는 일견 그럴듯해 보이지만, 문제는 그런 기본권이 추구하는 내용을 사회적으로 실현해야 하는 것이며 이는 단순히 개인의 권리를 강조한다고 해서 획득되는 것은 아니다. 오히려 근대인들은 개인의 권리를 보편성에 근거지우려 하면서 자신의 사적인 것을 정당화하려는 경향이 있다. 반면에 이를 시정하기 위한 사회민주

7 Benjamin R. Barber, *Strong Democracy : Participatory Politics for a New Age*(Berkeley : University of California Press, 1984), pp. 154–155.

주의의 노력은 반대로 개인의 사적인 영역을 배제시키면서 사회 전체를 여전히 이익이나 권력의 배분문제로 통제하려고 하는 전체주의에 불과할 뿐이다.

또한 민주주의의 꽃이라고 불리는 선거에서 이루어지는 투표행위는 유권자인 대중에게 있어서 자신의 개인적인 문제와 전체 공동체의 문제 사이의 의미 있는 관계를 연결시키는 데 한계가 있다. 즉 개인은 투표를 통해서는 자신의 비정치적이고 사적으로만 향유하는 개인적 자유만 고려할 뿐이며, 투표에 반영되는 정치적 견해는 기껏해야 개인적 자유를 방해하는 대의정부의 권한만 제한시키는 데 국한된다. 즉 투표에서는 공동체 전체를 고려하는 시민적 정치행위가 나타날 가능성이 적다는 것이다.

그리하여 아렌트는 고대 아테네 민주주의에 주목한다. 아렌트가 보기에, 고대 아테네는 공화민주주의적 특징을 갖는데, 이는 무엇보다도 모든 시민이 민회와 같은 공론장에서 자신의 주장과 의견을 개진하고 설득하면서 서로 의견이 다른 사람들 사이에 공동세계(common world)를 구성하는 장점이 있다. 투표행위만 할뿐 토론을 통해 의견을 제시하고 형성하는 기회가 주어지지 않으면 대중은 신뢰할 수 없고 변덕스러운 개인으로만 존재하게 되며[8], 이런 개인으로 구성된 사회는 민주주의를 실현할 수 없다. 사실 고대 아테네에서는 모든 시민이 모이는 민회(ekklesia)와 법정(dikasteria)에서 중요한 문제에 대한 논의와 결정이 이루어지기는 하지만, 특정한 기능은 추첨으로 선출된 소수의 행정관에게 위임되었으며 이들에게 상당한 권력과 권한이 주어졌다. 즉 정부의 기능은 여전히 소수자

8 Hannah Arendt, *On Revolution*(London : Faber and Faber, 1963), p. 268.

에게 위임되었으며, 그런 점에서 다수를 대리하는 소수의 지배라고 할 수 있다. 하지만 모든 시민이 민회와 법정에 참여하여 실제적인 논의를 행했다는 점에서, 또 추첨이라는 형식을 통해 모든 사람들이 행정관에 이미 후보자로 참여하고 있고 그 자신 행정관이 될 수 있는 '가능성의 평등'(the equality of possibility)[9]을 지니고 있다는 점에서, 모든 구성원은 누가 소수자이고 누가 다수자인지에 대한 구분 없이 참여적이라고 할 수 있으며, 그럼으로써 공동체적 의식이 형성되고 지배와 피지배의 이분법을 극복할 수 있었던 것이다.

그런 점에서 공화민주주의는 공동체를 개인들의 집합으로 간주하면서 다수의 개인들이 지배하는 체제를 수립하고자 하는 것이 아니라, 비록 실제적으로는 소수의 위임받은 정부가 지배한다손 치더라도 모든 사회구성원들이 공적인 문제에 관심을 갖고 여러 층위에 참여하고 소통함으로써 공동체 의식을 지니고 자신을 단순히 피치자로 간주하지 않는 체제를 건설하고자 한다. 따라서 공화민주주의에서 가장 중요한 것은 개인의 권리와 이익보호에 대한 논의가 아니라 그들 사이의 관계를 공동체적 관점에서 주목하는 법치(the rule of law), 소통(communication), 그리고 참여(participation)의 개념이라고 할 수 있다.

9 마넹은 고대 아테네 민주주의의 특징을 '가능성의 원칙'과 '탁월성의 원칙'으로 집약한다. 여기서 가능성의 원칙이란 지배자와 피지배자 사이의 유사성을 높이기 위해 추첨이라는 제도를 통해 누구라도 지배자가 될 수 있는 가능성을 열어주는 원칙을 일컬으며, 탁월성의 원칙이란 이런 상황 하에서도 선거를 비롯해 여러 제도적 장치를 통해 가장 탁월한 자가 지배할 수 있도록 만드는 원칙을 지칭한다. Bernard Manin, *The Principles of Representative Government*(Cambridge : Cambridge University Press, 1997).

Ⅲ. 《독립신문》과 공화민주주의

흔히 《독립신문》에 대해서는 상반된 평가가 존재한다. 혹자는 《독립신문》이 고종과 고종 주위의 수구세력에 반대하는 개화세력의 견해를 대변한 최초의 민간신문으로서 위로부터의 개혁과 민족주의를 주장했고[10], 부르주아의 정치적 견해를 대표하여 국민국가건설과 입헌정체론을 주장함으로써 조선의 근대화에 공헌했다는[11] 긍정적인 측면을 부각시킨다. 반면 다른 혹자들은 《독립신문》이 제국주의의 침략성에 대한 의식이 희박했을 뿐만 아니라 반민중적이었으며,[12] 기본적으로 자유주의자들이 가진 계급적 한계를 전형적으로 드러내고 있고[13], 《독립신문》이 추구한 것은 근대국민국가가 아니라 위계적인 차별과 기존 정치제도를 보완하는 보수적 개혁[14]이라고 평가절하하기도 한다.

그런데 필자의 견해로는 《독립신문》에 나타난 사상적 측면은 분명 근대 국민국가 건설을 추진하고 있다고 여겨진다. 물론 당시 개화파들이 근대 민주정을 목표로 했는가에 대해서는 반론의 여지가 있다. 그들

---

10 김영작, 『한말 내셔널리즘 연구 : 사상과 현실』(서울 : 청계연구소, 1989), 349쪽.

11 신용하, 『갑오개혁과 독립협회운동의 사회사』(서울 : 서울대학교출판부, 1988), 61쪽.

12 주진오, 「독립협회의 주도세력과 참가계층 : 독립문 건립 추진위원회 시기를 중심으로」, 『동방학지』, 77/78/79 합집(1993), 681-682쪽.

13 이나미, 「독립신문에 나타난 자유주의 사상에 관한 연구」, 고려대학교 박사학위논문(2000), 9쪽.

14 김동택, 「독립신문의 근대국가 건설론」, 『사회과학연구』, 서강대학교 사회과학연구소, Vol. 12, No. 2(2004), 70쪽.

이 서구의 자유주의와 민주주의에 대해 잘 알고 있고 그로부터 커다란 영향을 받았음에도 불구하고 왕정을 폐지하고 본격적인 민주주의를 추진하지 않았다는 점에서는 한계를 지닌다. 하지만 이제야 비로소 중국의 영향력으로부터 벗어나 독립된 국가를 만들기 위해 기왕의 중심점이자 권력체인 국왕의 존재를 인정하면서도, 입헌군주제를 통해 전통적인 통치방식에서 벗어나 국민의 권리와 자유를 옹호하는 법치국가를 추구하고, 비록 상원에 한정되었지만 의회설립을 추진했다는 점에서는 분명 민주주의를 염두에 두었다고 볼 수 있다.

특히 필자가 보기에 그들이 지향했던 민주주의는 공화민주주의적 성격을 갖는다고 생각된다. 비록 부분적으로는 권리와 자유에 대해 언급하고 있지만 개인의 권익을 옹호하고 참정권을 강조하면서 민주정 수립을 목표로 하는 서구식 자유민주주의를 추구했다기보다는 독립과 근대화를 위해 조선의 지배자와 피지배자 간의 간극을 줄이고 국민통합을 추구했다는 점에서 공동체를 중시하는 공화의 관점이 더 강조되었다고 볼 수 있다. 바로 이 점 때문에 자유민주주의 관점에서는 《독립신문》이 주장하는 내용들이 미흡해 보일 수 있다.[15] 또한 필자가 강조하고자 하는 《독립신문》의 공화민주주의적 요소는 앞서 살펴본 서구의 공화민주주의와는 사뭇 다르며, 따라서 공화민주주의라고 규정짓기에도 어려운 측면이 많이 있다. 다만 필자가 주장하고 싶은 것은 《독립신문》을 공화민주주의의 관점에서 바라다보는 것이 그 신문의 의도를 더 잘 이해하고 그 의의를 더 잘 드러낼 수 있다는 점이다. 물론 공화민주주의적 관점에서도 《독립신문》의 한계는 많이 노출되며, 그 점에 대해서는 후술할 것이다. 여기

15 민중론자들이 《독립신문》을 비판하는 근거도 어떤 면에서는 《독립신문》이 철저한 자유민주주의에 입각해 있지 않다는 점에 주목하고 있는 것처럼 보인다.

서는 먼저《독립신문》의 특징을 공화민주주의적 관점에서 정리해 보도록 하겠다.

《독립신문》의 최고 관심사는 조선을 독립된 근대국가로 만드는 것이며, 이는 국민통합을 이룰 때에만 가능하다고 본다. 즉《독립신문》의 기본적인 문제의식은 청일전쟁 이후 비로소 중국으로부터 독립한 조선이 다시 외세에 종속되지 않고 독립된 국가가 되기 위해서는 정치사회적으로 근대화되고 근대국가로 재탄생해야 하는데, 이는 국민통합이라는 공화주의적 이상을 달성할 때 가능하다는 것이다.[16] 이때 근대 독립국가의 성립을 위해《독립신문》이 제시하고 있는 것은 먼저 전체 백성을 하나의 통합된 국민으로 만들고, 이들 간의 소통을 원활하게 해주며, 다른 한편 법치에 근거한 통치구조를 만들어야 한다는 것이다. 그러면 이 내용들을 차례로 살펴보도록 하자.

먼저《독립신문》은 당시 조선을 겨우 종속에서 벗어나 가까스로 독립하려는 시초 단계에 있는 국가로 간주한다. 그동안 조선은 대개 "남의 나라 속국으로 남의 압제만 받는 고로 독립 자주가 무엇인지 몰랐으며"(1897. 5. 18),[17] 갑오경장을 통해—비록 타국의 도움을 받긴 했지만—이제야 비로소 독립된 국가로 출발하게 되었다. 따라서《독립신문》에서 말하는 독립이란 중국으로부터의 국가적 독립을 의미한다. 한편 독

---

16 당시 독립에 대한 주장이 단순히 조선의 자발적인 것이었다기보다는 청일전쟁에서 승리한 일본이 청의 조선에 대한 종주권을 부정한다는 의미를 나타내기 위해 조선이 독립국임을 고종으로 하여금 선포하도록 한 측면이 있다. 하지만 출발이야 어떻든 간에 당시 조선의 지식인들이 조선의 독립된 위상을 갖기를 열망했다는 점은 부인하기 어려울 것이다.

17 이 글에서《독립신문》인용구에는 발간 일을 명시하기로 한다. 예컨대 1897. 2. 23은 1897년 2월 23일 발간된《독립신문》을 의미한다.

립이란 말에는 이 외에도 조선 인민의 능동적인 주체성과 자립정신을 강조하는 의미도 담고 있다. "독립이란 말은 남에게 의지하지 않는 것"(1897. 8. 5)으로서 그동안 백성은 피치자 혹은 객체로만 살아온 데 비해 근대국가의 구성원은 인민 스스로 하나의 주체적인 존재로 독립할 수 있어야 한다는 것이다. 따라서 《독립신문》의 독립이라는 말에는 이러한 이중성, 즉 국가의 수동적인 독립과 인민의 능동적인 독립을 함의하고 있다.

독립국가가 되기 위해서는 백성 개개인이 자립할 수 있어야 하고, 국가는 이런 백성들을 국민으로 통합시킬 수 있어야 한다. 《독립신문》은 자유와 평등을 "백성으로서 당연히 가질 수 있는 권리"(1897. 3. 9)라고 말하면서 그들의 권리의식을 일깨워주려 하였다. 하지만 아직 그들에게는 교양과 시민정신이 부족하며, 따라서 주인의식을 갖고 독립된 개인이 되기에는 미흡하다. 《독립신문》은 조선 백성의 주인의식의 결여에 대해 다음과 같이 지적하고 있다.

> 조선 사람 하나가 지나가니까 그 사람더러 외국 사람이 묻되 왜 당신 집앞 길을 정하게 못하고 있느냐 한즉 조선 사람 말이 돈이 없어 못한다 하거늘 외국 사람 말이 돈이 없으면 삭군은 얻어서 못할지언정 왜 당신 손으로 고쳐놓지를 못하느냐 한즉 조선 사람 말이 첫째는 그 길이 내 길이 아니오, 둘째는 내가 그런 일을 하기 좋아 아니 하노라 한즉 외국 사람 말이 만일 그 길이 당신 길이 아니면 왜 남의 길에다 대소변은 왜 보며 더러운 물건은 버리느냐 한즉 조선 사람 말이 그것이 풍속이라 하니 외국 사람이 다시 말 아니 하고 지나가면서 자기들끼리 하는 말이 조선은 풍속 까닭에 될 일이 못 된다고 하더라 (1897. 2. 2).

따라서 무엇보다 필요한 것은 백성들의 풍속을 바꾸기 위한 교육을 하는 것이다. 그것은 지금 당장 어떤 결과를 얻을 수는 없지만 마치 씨를 뿌리고 거름을 주는 것과도 같이 미래를 위해 가장 확실하게 투자하는 일이다. 교육은 또한 외국이 조선을 침탈하는 것을 방지해 주는 효과가 있다. 외국 사람들에게 만사에 있어서 뒤져있는 조선인들이 외국의 문물과 학문을 배우게 되면 외국과 경쟁할 수 있는 힘이 생길 것이다. "조선 안에 있는 인민이 학문이 없고 교육이 없어 외국 사람들과 만사에 뒤떨어져서 볼 수가 없는 고로 조선을 아무 나라라도 와서 임의대로 하게 되었고 인민이 잔약하고 어리석은 까닭에 학문이 있고 강한 사람들이 그 사람만 못한 까닭이니 그 사람들만 못한 까닭은 학문이 없는 까닭"(1897. 2. 13)인 것이다.

또한 계몽되고 독립된 개인들이 하나의 국민으로 통합되기 위해서는 조선 안에 살고 있는 사람들이 남녀노소 빈부귀천을 막론하고 하나의 국민이라는 관념을 가져야 하는데, 이는 사회의 소통구조가 원활하게 진행되어야만 가능하다. 서구의 역사가 보여준 것처럼 근대 국민국가의 형성은 언제나 커뮤니케이션의 변화와 함께 일어났으며,[18] 그런 점에서 《독립신문》이 한글전용을 채택하여 신문을 발간한 것은 조선사회에 커다란 공동의 소통구조를 만들어낸 것과 같다. 즉 《독립신문》은 누구나 읽을 수 있는 한글을 전용함으로써 백성을 인민으로 만들고 나아가 하나의 공동체 구성원으로서의 국민으로 결집하는 역할을 하였던 것이다.[19] 이와

18 앤더슨은 근대에 접어들면서 국어의 사용과 국어로 이루어진 출판물들의 대량생산과 유통이 국민공동체의 실재를 구성하는 데 커다란 공헌을 했다고 보고, 그런 점에서 국민은 혈연관계나 지역을 토대로 한 자연적 공동체가 아니라 문화적으로 구성된 '상상의 공동체(imagined community)'라고 주장한다. 《독립신문》이 국어를 사용하여 근대적 매체인 신문을 창간하고 유포했다는 것은 앤더슨의

연관하여《독립신문》은 창간호부터 이런 목적을 분명하게 밝히고 있다.

> 우리 신문이 한문은 아니 쓰고 다만 국문으로만 쓰는 것은 상하 귀천이 다 보게 함이라. 또 국문을 이렇게 구절을 띠어 쓴 즉 아무라도 이 신문 보기가 쉽고 신문 속에 있는 말을 자세히 알아보게 함이라. … 우리 신문은 빈부귀천을 막론하고 이 신문을 보고 외국 물정과 내지 사정을 알게 하라는 뜻이니 남녀노소 상하귀천 간에 우리 신문을 하루걸러 몇 달만 보면 새 지각과 새 학문이 생길 걸 미리 아노라 (1896. 4. 7).

이러한 소통구조의 형성은 조선의 신분구조가 타파됨으로써 국민으로의 결집을 더욱 용이하게 만들었다. 한글 전용에 관한 논설과 기사는《독립신문》에 자주 나타나는데, 이는 당시 야만의 언어로 전락한 한자를 버리고 문명의 언어인 한글을 채택한다는 의미를 가질 뿐만 아니라, 기본적으로는 한자가 늙어 죽어도 다 배울 수 없는 양반과 기득권층의 언어이며, 모든 인민이 주인인 문명국가에는 모든 국민이 소통할 수 있는 하나의 언어가 존재해야 한다는 근대적인 국민국가 사상을 바탕으로 하고 있는 것이다.[20] 요컨대《독립신문》의 한글전용 채택은 단순히 '국어

관점에서 보면 우리나라의 근대국민국가 형성에 결정적인 역할을 한 것으로 평가될 수 있다. Benedict Anderson, *Imagined Communities : Reflection on the Origin and Spread of Nationalism* (London : Verso, 1983).

19 전인권,「만민공동회 : 한국 근대정치의 원형」,〈독립신문 다시 읽다〉심포지움 발표논문(2004. 9. 2), 111쪽.

20 전인권은《독립신문》의 국어발견이 종교개혁시기 루터가 귀족이나 승려들의 고

의 발견'에서 그치는 것이 아니라 '국민의 발견' 또는 '근대적 국가의 발견'에 이르게 된다.

그러나 한글전용 신문을 발간했다는 사실에 의해서 만으로는 국민통합이 저절로 이루어지지 않는다. 신문의 본래 역할인 공론장의 제공이 제대로 이루어져야 사회구성원 간의 실제적인 소통이 가능하며, 이때야 비로소 국민통합의 목표를 달성할 수 있다. 《독립신문》은 이런 사실을 잘 인식하고 있으며, 자신의 역할을 무엇보다도 공론장을 제공하는 일로 규정한다.

> 우리가 독립신문을 오늘 처음 출판하는데 조선 속에 있는 내외국 인민에게 위의 주의를 미리 말씀드리어 알게 하노라. 우리는 첫째, 편벽되지 아니한 고로 무슨 당에도 상관없고 상하귀천을 달리 대접하지 아니하고 모두 조선 사람으로만 알고 조선만 위하여 공평히 인민에게 말할 터인데, 우리가 서울 백성만 위할 게 아니라 조선 전국 인민을 위하여 무슨 일이든지 대언하여 주려함 … 정부에서 하는 일을 백성에게 전할 터이요 백성의 정세를 정부에 전할 터이니, 만일 백성이 정부 일을 자세히 알고 정부에서 백성의 일을 자세히 알면 피차에 유익한 일만 있을 터이요 불평한 마음과 의심하는 생각이 없어질 터임 (1896. 4. 7).

또한 더욱 중요한 것은 이 공론장이 언론인과 지식인들이 독점하여 일반백성들에게 단지 계몽적인 내용을 전달하고 교육하는 일방적인

급언어였던 라틴어로 된 성경을 일반 평민들의 저속한 언어였던 독일어로 번역했던 것과 같은 의미를 지닌다고 평가한다. 전인권, 「위의 글」, 112쪽.

차원을 넘어서, 일반백성들 자신이 직접 의견을 개진할 수 있게 해줌으로써 실제적인 공론의 장을 형성해 주었다는 사실이다. 《독립신문》에는 요즘보다도 더 많은 비중을 두고 일반백성들의 투고를 게재하고 있다. 그리고 《독립신문》 자체가 일반백성들 사이에서 공론의 장을 형성하는 중요한 역할을 수행하였다. 뿐만 아니라 당시 강원도 양구군 우망리장에 사는 시민 김기서, 조성룡, 김리선 등 3인이 보낸 편지가 《독립신문》에 게재되었는데, 이를 보면 《독립신문》이 개인적인 독서의 수단으로서 뿐만 아니라, 공론의 장을 제공하는 매개체 역할을 톡톡히 했음을 알 수 있다.

> 요사이 본 군수가 한 장시를 설립하고 친히 장에 와서 상고(상인)와 인민이 많이 모인 후에 당세 형편을 일통 연설하고, 국문과 한문 번역 잘하는 사람으로 하여금 소리를 크게 질러 '독립신문'을 읽히니, 오는 사람과 가는 손이며 장사하는 사람과 촌백성들이 어깨를 비비고 둘러서서 재미를 붙여 함께 듣고 모두 찬탄하는지라. 이 다음부터는 물건매매하는 장시 인민뿐 아니라 '독립신문' 들으러 오는 백성들이 길이 멀고 가까운 것을 헤아리지 않고 귀를 기울이고 다투어 모여들어 서로 말하여 가로되, 오직 우리 대한 전국에 크고 작은 일과 천하만국의 아침과 저녁 일이 환연히 눈앞에 벌여 있고, 학식과 법률을 가히 자식과 손자를 가르쳐 어둡던 데를 버리고 밝은 데로 향하는 것을 번연히 가르쳐 깨닫겠노라고 말들을 하기에, 기쁘고 다행함을 이기지 못하여, 본시에 사는 백성들이 서로 의논하고 양포하오니, '독립신문'을 본군에 보낼 때에 일체로 한 장을 더 붙여 보내시면 신문 값은 또한 본군 군수에게로 붙여 보내오리니, 조량하심을 엎드려 바라노라고 하였더라(1898. 11. 9).

이러한 공론장의 형성은 백성의 성격을 바꾸는 데 결정적인 역할을 하였다. 《독립신문》에는 백성이라는 용어와 함께 인민이라는 표현도 자주 등장하고 있는데, 이는 보통의 사회구성원을 당시와는 다른 방식으로 정의하는 용어이기도 하다. 즉 《독립신문》은 조선의 백성을 인민의 수준으로 끌어 올리고 있는 것이다.

다른 한편 《독립신문》은 근대적 독립국가를 형성하고 국민통합을 이루는 데 필수적인 요소로 법치를 강조한다. 먼저 《독립신문》은 과거 조선의 정치가 문제였던 이유가 정부관원들이 힘과 권세를 앞세워 자의적인 통치를 일삼은 데 있다고 본다. 즉 조선의 정치는 "무법한 조선정부, 불쌍한 조선백성"(1897. 3. 16)으로 특징지워진다는 것이다. 특히 조선의 정부관원들은 정치를 담당할만한 점잖음이 없는 천한 사람들이다. 외국의 점잖은 사람들은 "지체도 상관이 없고 형세도 상관이 없고 얼굴도 상관이 없고, 누구든지 남의 권리를 침범치 말고 내 권리를 남에게 뺏기지 않고, 내가 내 마음대로 자유를 하되 만일 그 하고 싶은 일이 법률에 어기지 않고 남의 권리에 상관이 없으면 자기 마음대로 할 말도 하고 할 일도 하는 것이 옳고, 죽더라도 법률에 어기는 일은 하지 말고 남이 나를 법률에 어기는 일을 억지로 시킨다고 하는 것은 시키는 사람과 같이 법률을 범하는 사람이니 죄를 당할 때에는 같이 당하는"(1897. 2. 18) 사람들인 데 비해 우리의 정부관원들은 지체만 앞세우고, 남의 권리를 빼앗고, 마음대로 법을 무시할 뿐만 아니라, "귀하고 형세가 있을수록 그 사람의 몸은 장약하여 추위와 더위와 아픈 것을 조금치도 견디지 못하고 조금만 조심을 아니하여도 병이 나며 몸이 그렇게 약한 까닭에 마음이 약하여 조그마한 일에 겁을 내고 허한 일에 속기를 하며 무서움이 마음에 가득한 까닭에 의리와 충심이 무서움 다음에 오는"(1897. 2. 20) 나약한 존재에 불과하다. 따라서 이런 정부관원들이 하루 빨리 법의 기강을 세우고 자신부터 엄격하게 법을 적용하면서 백성들을 법으로 다스려야 나라가 바로 설 수 있다는 것이다.

요컨대 근대적 독립국가가 되려면 무엇보다도 법률을 세우고 이에 근거하여 통치가 이루어져야 한다. 먼저 《독립신문》은 법이 인민 각자의 권리가 침해되지 않게 보호해주는 역할을 한다고 본다.

> 나라의 법률과 규칙과 장정을 만든 본의는, 첫째는 사람의 권리를 이게 정해 놓고 사람마다 가진 권리를 남에게 뺏기지 않게 함이요, 또 남의 권리를 아무나 뺏지 못하게 함이라. 만일 이 정한 것이 없어놓게 되면 사람마다 남의 권리를 제 권리 외에 더 뺏으려고 하며, 또 제 권리를 남에게 뺏기지 아니하려고 서로 상지가 되어 불평하고 각심이 되어 소란한 일이 많이 생기는지라(1897. 3. 18).

또한 법은 치자의 자의적인 권력행사를 막고 빈부귀천과 남녀노소를 막론하고 누구나 동등하게 대하는 규범으로서, 이에 근거할 때에만 백성은 동등한 국가의 구성원이 될 수 있다고 본다. 《독립신문》은 법의 동등성을 다음과 같이 지적한다.

> 동양제국에서 개화 이전에는 사람마다 생각하기를 권력만 있으면 그 힘을 가지고 옳은 것을 그르다고 하며 그른 것을 옳다고 하는 풍속이 있었거니와 개화 세계에는 이런 법이 없고 세 있는 사람들이나 세 없는 사람들이나 다 법률에 범치만 않을 것 같으면 누구를 두려워할 것도 없고 누구든지 그 사람을 감히 늑박지 못하는지라(1896. 7. 11).

이런 권리와 평등의 원칙 아래 《독립신문》은 법의 성격을 단순히 자연법적 차원에서만 이해하는 것이 아니라 서구 근대의 사회계약론적 관점에서 파악한다. 즉 법이란 정부와 백성 사이에서 함께 논의하여 약조를 한 것과 같다는 것이다.

> 정부와 백성 사이에 교섭하기를 위하여 약조를 정하나니, 이 약조의 목적은 만국간에 공동한 이익을 보존하며 영원히 치평케 함을 위함이라. 그런고로 이 약조를 정할 때 정부와 백성이 난상공의하여 서로 다른 의견이 없으면 그 결정한 의안을 상주하여 재가하신 후 천하에 반포하는 것이니, 이 약조 이름이 법률이라(1899. 3. 3).

따라서 법은 관인이나 일반 백성들 모두에게 공정하게 적용되며 어느 누구라도 법을 어기는 자는 그에 마땅한 죄를 받아야 한다고 본다. 그러나 《독립신문》은 법에 대한 과도한 의존을 부추기는 측면이 있으며, 일종의 법률만능주의적인 태도를 보이고 있다.[21] 즉 법은 일차적으로 인민들에게 유리하도록 만들어야 하지만 아무리 좋은 법이라 하더라도 이것으로부터 불편을 느끼는 사람들이 있기 마련이고, 따라서 설사 불편을 호소하는 사람들이 있다손 치더라도 이를 적극적으로 시행하는 것이 관리들의 임무라고 생각한다. 요컨대 "정부가 법률을 만들 때는 아무쪼록 여러 백성에게 유조하도록 만들고, 50명에게 해로울 것 같으면 그 50명이 원망을 하더라도 그 백 사람을 위하여 그 영을 시행"(1896. 11. 7)하는 것이 법의 본연의 모습이라는 것이다. 따라서 법의 엄격한 적용과 지배를

21 이원택, 「독립신문과 근대법 : 예치에서 법치로」, 〈독립신문 다시 읽다〉 심포지움 발표논문(2004. 9. 2), 40쪽.

강조하는 법치의 틀을 마련하고 있는 것이다.

Ⅳ. 결론

앞에서 우리는 공화민주주의의 의미와 《독립신문》의 문제의식 및 특징에 대해 살펴보았다. 이를 요약하면 다음과 같다. 첫째, 민주주의 정신은 단지 인민의 지배, 다수의 지배를 확립하고 개인의 자유와 권익을 보호하는 데에만 있는 것이 아니라, 법의 지배 아래 적절한 참여와 소통을 통해 공동체적 통합을 이루는 데 있다. 둘째, 《독립신문》의 의의는 이러한 덕목을 중시하는 공화민주주의, 특히 당시의 역사적 맥락에서 조선의 독립을 위해 고려된 자생적 공화민주주의 관점에서 살펴보면 그 의의가 더 잘 드러난다. 셋째, 《독립신문》의 공화주의적 특성은 백성을 국민으로 전화시켜 한데 모으는 국민통합(integration), 이를 위해 백성들 사이 및 백성과 정부 사이에서 이루어지는 소통(communication), 그리고 모든 국민의 자유와 평등을 보장하기 위해 법을 제정하고 이에 근거하여 통치하는 법치로 집약될 수 있다.

이러한 《독립신문》의 문제의식과 공화민주주의적 처방은 당시의 상황을 고려한 고심의 제안이었다고 생각된다. 이 구상의 장점은 너무나도 많기 때문에 여기서는 더 이상 그 장점을 논하는 대신 몇 가지 문제점에 대해 살펴보고자 한다.

첫째, 국민통합을 이루기 위해 《독립신문》이 제시한 '국민관'은 충분히 이해되는 바이기는 하지만 근대 서구의 기준이나 오늘날의 기준에서 볼 때는 미흡한 점이 엿보인다. 이미 필자가 《독립신문》에 관한 이전의

한 연구에서 지적한 바와 같이[22] 《독립신문》에서 주장하는 국민통합은 인민을 통일된 국민으로 결집하는 데 주목하고 있을 뿐 개인의 능동적이고 잠재적인 능력의 강화를 중시하고 있지 않다. 즉 백성을 개인으로 만들고 이를 바탕으로 국민이나 시민을 형성하는 방법을 택한 것이 아니라, 국가의 결집된 구성원으로서의 국민에만 착안하고 있는 것이다. 그런데 이런 결집은 진정한 의미의 통합(integration)이라기보다는 국가라는 전체로의 흡수(inclusion)로 전락하기 쉬우며, 이 경우 국민적 역량 자체가 충분히 발휘되지 못할 위험이 있다.

뿐만 아니라 '개인'의 단계를 거치지 않은 '국민'의 형성은 개개인들의 주권과 권력을 강조하는 '민주'의 관점을 흐리게 할 우려가 있다. 앞에서 지적한 것처럼, '민주'란 '인민의 지배'로서 모든 인민이 주체로서의 권리와 이를 구현할 수 있는 권력을 가짐으로써 국가권력을 분립시키고 독재를 막을 수 있는 근거를 제시해준다. 하지만 《독립신문》에서는 인민의 자유와 권리에 대해 논하고 있기는 하지만 그들의 권력에 대해서는 함구하고 있다. 이점이 서구의 공화민주주의 발달사와 《독립신문》에 나타난 공화주의적 경향 사이의 차이를 선명하게 보여준다. 즉 서구의 경우엔 '국민'보다 '개인'의 형성이 우선이었으며, 그 과정에서 권력분립이라는 '민주적' 과제가 먼저 달성된 후 공화주의 문제가 강조된 반면, 《독립신문》의 경우엔 전통적인 '백성'으로 이루어진 국가관으로부터 '국민'으로 이루어진 국가관으로 변화하는 사이에 '민주'에 대한 문제가 그만큼 소홀히 취급되었던 것이다.

결국 이러한 국민중심의 국가관은 개화파들로 하여금 국민주권

22 이동수, 「독립신문과 공론장」, 『정신문화연구』, 29권 1호(2006), 23-25쪽.

론과 의회개설을 주장함에도 불구하고 강화된 군주권을 바탕으로 하는 입헌군주제를 현실적인 정치체제 방안으로 제시하는 결과를 빚고 말았다. 이런 체제 하에서 정치권력의 최종 주체는 백성이라기보다는 '독립협회'와 같은 지식인 결사체에 주어지며, 개화파가 하원 설치안을 반대하는 대신 중추원 중심의 의회안을 지지하게 되는 이유도 이와 연관된다.

둘째, 《독립신문》은 국민들의 행위를 이끌어내기 위해 백성에 대한 교육과 계몽을 전략으로 제시하고 있는데, 이것은 아주 중요한 덕목이기는 하지만 적어도 국민으로 행동하도록 만드는 데에는 부족해 보인다. 즉 그들로 하여금 국가를 위해 국민통합적으로 행동하도록 만들 수 있는 동인은 그들에게 예컨대 국민교육헌장을 외우게 하거나 국민윤리교육을 실시하는 것이 아니라 그들이 직접 수행적(performative) 경험을 통해 주체적이고 능동적인 국민의식을 갖게 하는 것이다. 즉 국민의식은 '계몽적 교육'보다는 '수행적 행동' 속에서 나오는 것이다. 이것이 공화민주주의에서 참여를 중요시하는 이유이기도 하다.

예컨대 고대 그리스의 정치철학자 크세노폰(Xenophon)의 『키루스의 교육』(Cyropaedia)을 보면 수행적 경험과 참여적 행위가 국민통합을 가져오고 그 집단의 능력을 극대화시키는 데 공헌했다는 사실을 알 수 있다. 잘 알려진 바와 같이 고대 페르시아의 대제국을 이룩한 키루스(Cyrus)의 성공요인은 바로 일반 평민들의 수행적 행동과 국민통합적 정체성을 일구어낸 데 있다.

당시 키루스의 나라는 작은 왕국에 불과했으며 국민과 병사의 수에 있어서도 그리 대단한 규모가 아니었다. 더구나 전통적으로 특권을 누리던 귀족계층과 피지배자인 평민계층으로 양분되어 있으면서, 페르시아인으로서의 정체성과 페르시아군으로서의 무장은 귀족들에게만 허용되었을 뿐이다. 그러나 키루스는 페르시아를 강건한 국가로 만들 욕심이 있었으며, 이 목표를 위해 그는 정복전쟁을 수행하기로 결심하였다. 이때 그가 맨 먼저 취한 행동은 귀족뿐만 아니라 평민들에게도 무장을 시키고 그들에게 공과에 따른 공평한 분배를 약속해 준 것이었다. 키루스는 평민들에게 다음과 같이 연설하면서 그들의 자발적인 전쟁 참가를 유도하였다.

> 페르시아인들이여, 여러분은 우리[귀족들]가 태어나고 성장했던 바로 그 나라에서 태어나고 성장했소. 여러분은 우리 못지않은 육체를 갖고 있소. 그리고 그것은 여러분이 우리 못지않은 영혼을 가지고 있다는 사실과 일치하오. 그러나 여러분이 이와 같은 사람임에도 불구하고, 조국에서 우리와 같은 평등한 몫을 나누어 받지 못했소. 여러분들은 우리에 의해서가 아니라, 여러분 자신의 일용할 식량을 구해야 하는 불가피함 때문에 배제되었던 것이오. 이제 그 반면, 여러분이 그러한 것들을 가지게 되는 것이 신들과 더불어 나의 관심사가 될 것이오. 만약 여러분이 원한다면, 여러분은 우리와 마찬가지로 무기를 들고 일어나 우리와 똑같은 위험을 겪을 수 있소. 그리고 만약 그로부터 귀중하고 훌륭한 무엇인가를 얻게 된다면, 그에 합당한 보답을 받을 자격이 있다고 생각될 수 있을 것이오.[23]

처음에 이 조치는 물론 귀족들의 반대에 부딪쳤으며, 키루스는 평민을 무장시키기에 앞서 먼저 귀족들에게 더 큰 이익을 위해 평민보다 우월한 위치에서 가질 수 있는 기득권을 포기하도록 설득하는 작업을 하였

---

23 Xenophon, *Cyropaedia*, tr. Walter Miller (Cambridge : Harvard University Press, 1968), Ⅱ, i, 15ff.

다. 그 후 키루스는 평민들에게 충분한 보상을 약속해 주고 크고 작은 여러 전투를 겪으면서 평민들은 점차 페르시아인으로서의 정체성을 획득하고 전쟁참여가 능동적으로 이루어졌으며, 정복전쟁도 성공적으로 끝맺음할 수 있었다. 이 사례가 보여주는 교훈은 전쟁에 있어서도 동원보다 참여가 훨씬 더 효과적이라는 사실이다.

셋째, 《독립신문》에서 제기한 법치에 대한 강조는 대단히 중요한 공헌임에도 불구하고 아쉬움이 남는다. 《독립신문》에서 발견되는 법치의 문제점을 한 마디로 요약하면, '법에 의한 지배로서의 법치'(rule by law)와 '법의 지배로서의 법치'(the rule of law)를 혼동하고 있다는 점이다.

《독립신문》은 법을 인민의 권리를 보호하고 그들을 동등하게 대하기 위한 규범으로서 사회협약적 성격을 지닌다고 파악한다. 법에 대한 이런 인식은 대단히 앞선 견해이다. 하지만 법의 적용에 있어서는 이와 상반된 태도를 보인다. 이 문제를 논하기에 앞서 먼저 앞에서 공화민주주의자로 소개된 아렌트의 법률관을 살펴보고 《독립신문》의 법률관과 비교해 보도록 하자.

아렌트는 사회통합 혹은 국민통합을 이룰 수 있는 법치가 근거해야 할 법으로서 초월적 기원의 자연법 대신 인간에 의해 만들어지고 인간들 사이의 관계에 바탕하고 있는 '관계법'을 옹호한다. 그녀가 보기에 그리스와 로마는 모두 자신의 법을 정당화하기 위해 정치세계의 외부로부터 그 원천을 찾을 필요가 없었다. 법에 대한 이해는 서로 달랐지만 어떤 초월적 권위의 원천보다 '사람들 사이의 관계'에 주목했다는 점에서 이 둘은 공통점을 갖는다. 그리스에서 법을 뜻하는 노모스(nomos)는 자연적인 것이 아니라 인공적인 것, 사람의 활동의 경계와 한계를 뜻하며, 로마에서 법을 의미하는 렉스(lex) 역시 세속적이고 공간적인 의미를 지닌다.[24]

보다 구체적으로 그리스에서 입법가는 비록 공동체의 '밖'(outside)에서 왔지만 그 '위'(above)에 서 있는 것으로는 여겨지지 않았다. 여기서 입법가가 '위'에 있지 않다는 것은 그가 신적인 존재가 아님을 뜻하며, '밖'에 있다는 것은 단지 법을 정하는 것이 폴리스가 존재하기 전의 전정치적 활동이라는 것, 마치 도시가 존재하기 전에 도시를 둘러싼 담을 세우는 것과 같은 활동이라는 것을 의미한다. 여기서 노모스는 법의 관습적이며 인공적인 것을 의미한다. 또한 렉스의 원래 의미는 '밀접한 결합'(intimate connection) 혹은 관계, 다시 말해서 외부환경으로 인해 함께 모인 두 사물이나 파트너를 연결시켜주는 어떤 것을 의미하는 것으로서 로마는 법률(leges)을 주로 협약(treatises)이나 공동체 유지를 위한 것으로 이해했다. 요컨대 노모스나 렉스 모두 법을 서로 다른 당사자들 간의 관계와 동의를 의미하는 것으로 간주했던 것이다.[25]

그런데 이와 같은 관계법적 권위는 무엇보다도 시민들의 의사를 모으고 법을 제정하는 행위 자체에서 나온다. 특히 아렌트는 법이 설사 서로 의견이 다르더라도 서로의 관계를 고려하고 공동체 유지를 위해 합의하는 공동의사(common will)에 입각해야 한다고 본다. 일반의지(general will)를 강조하는 루소의 견해와 달리, 사람들은 자유롭고 평등하게 함께 살기 위해 서로 비슷한 생각을 해야 할 필요가 없다. 공화국의 시민을 묶어주는 것은 그들이 같은 공간에 거주하고 공동의 관심사를 공유한다는

---

24 Hannah Arendt, *Op. Cit.*, pp. 188-189.

25 아렌트는 이런 법에 대한 관점이 근대엔 오직 몽테스키외에서만 발견된다고 본다. 몽테스키외는 정치 영역에 절대적이며 신적인 혹은 전체적인 힘을 도입할 필요가 없다고 생각했다. 그는 법이란 용어를 엄격히 로마적인 의미로 사용했는데, 그의 저서인 『법의 정신』 첫 장에서 법률을 rapport 즉 상이한 실체들 사이에 존재하는 관계란 의미로 정의했던 것이다.

사실이지 같은 생각을 갖고 있어서가 아니다. 이해관계는 하나가 될 수 있지만 의견은 오히려 하나가 되기 어렵다.[26]

따라서 법에서 제일 중요한 것은 법의 내용이 아니라 법의 제정과정과 법에 대한 동의여부이다. 아렌트는 미국 헌법을 가장 공화주의적 요소를 간직한 법으로 간주하는데, 여기서 가장 중요한 조항은 그곳에 포함된 다른 어떤 내용보다도 그 내용들을 국민이 지지한다고 적시한 'We hold'라는 부분이다. 이 말을 하는 순간, 우리는 헌법의 권위에 동의했고, 그럼으로써 헌법에 의한 지배를 단순히 지배가 아니라 자유로운 복종으로 받아들이게 되는 것이다.

이런 법률관에 비추어 볼 때 《독립신문》의 법치는 법을 사회계약론적 관점에서 이해하는 단초는 갖고 있음에도 불구하고 엄격한 법의 적용과 지배를 강조함으로써 법제정에 있어서의 국민들의 참여와 지지 혹은 자발적 복종의 측면을 간과하고 있는 것 같다. 따라서 《독립신문》이 주장하는 법치는 법의 형식적 지배에 보다 가까우며, 법에 자발적으로 복종함으로써 이루어지는 법의 실질적 지배 차원이 부족해 보인다.

그러나 이러한 문제에도 불구하고 자생적 공화민주주의의 관점에서 살펴본 《독립신문》의 의의는 분명해 보인다. 특히 《독립신문》에 담겨있는 근대 공화민주주의적 국가건설의 진정성은 충분히 인정되며, 그 구상도 오늘날 여전히 적실성을 갖고 있다고 생각된다. 다만 앞서 한계로 지적되었던 점들이 현대적 관점에서 더욱 보완되고 세련되어야 함은 물론이다.

하지만 다행스러운 것은 우리 사회가 이미 민주화를 달성한 현시

---

26 Hannah Arendt, *Op. Cit.*, p. 73.

점에서, 《독립신문》의 약점으로 지적된 '민주적' 요소의 결핍문제는 이미 해소된 것처럼 보인다는 점이다. 오히려 서구가 자유민주주의 이후 공화민주주의의 필요성을 절감한 것처럼, 민주화 이후 시대를 살고 있는 우리에게 공화주의적 발상이 더욱 요청된다. 《독립신문》은 비록 완전한 의미의 공화민주주의 모델을 제시해주지는 못했지만, 앞으로 우리 사회에 필요한 공화민주주의의 기본적인 요소를 제공해 준 중요한 내재적 근거로 자리매김할 것이다.

참고문헌

《독립신문》

곽준혁. 2005. 「민주주의와 공화주의:헌정체제의 두 가지 원칙」. 『한국정치학회보』 39집 3호.

김동택. 2004. 「독립신문의 근대국가 건설론」. 『사회과학연구』. 서강대학교 사회과학연구소. Vol. 12, No. 2.

김영작. 1989. 『한말 내셔널리즘 연구:사상과 현실』. 서울:청계연구소.

신용하. 1988. 『갑오개혁과 독립협회운동의 사회사』. 서울:서울대학교출판부.

이나미. 2000. 「독립신문에 나타난 자유주의 사상에 관한 연구」. 고려대학교 박사학위논문.

이동수. 2006. 「독립신문과 공론장」. 『정신문화연구』 제29권 제1호.

전인권. 2004. 「만민공동회:한국 근대 정치의 원형」. 〈독립신문 다시 읽다〉 심포지움 발표논문.

정원규. 2002. 「민주주의의 기본원리:절차주의적 공화민주주의 모델을 제안하며」. 『철학』 71집.

주진오. 1993. 「독립협회의 주도세력과 참가계층:독립문 건립 추진위원회 시기를 중심으로」. 『동방학지』 77/78/79 합집.

Anderson, Benedict. 1983. *Imagined Communities : Reflection on the Origin and Spread of Nationalism*. London : Verso.

Arendt, Hannah. 1963. *On Revolution*. London : Faber and Faber.

Barber, Benjamin R. 1984. *Strong Democracy : Participatory Politics for a New Age*. Berkeley : University of California Press.

Habermas, Jürgen. 1996. *Between Facts and Norms : Contributions to a Discourse Theory of Law and Democracy. Tr.* William Rehg. Cambridge : The MIT Press.

Lefort, Claude. 1986. *The Political Forms of Modern Society : Bureaucracy, Democracy, Totalitarianism.* Ed. John B. Thompson. Cambridge : The MIT Press.

Manin, Bernard. 1997. *The Principles of Representative Government.* Cambridge : Cambridge University Press.

Viroli, Maurizio. 2002. *Republicanism.* Tr. Antony Shugaar. New York : Hill and Wang.

Xenophon. 1968. *Cyropaedia.* Tr. Walter Miller. Cambridge : Harvard University Press.

2장

천도교(동학)의 민주공화주의 사상과 운동*

오문환 연세대학교

Ⅰ. 민주공화주의와 3·1운동

대한민국의 정체성은 헌법 제1조 1항에 '민주공화국'으로 명시되어 있다. 이러한 대한민국 정체성에 대한 헌법적 정의를 대한민국의 역사적·사상적 정체성의 총합으로 본다면 '민주공화국'에 대한 사상과 역사를 논하는 것은 정치사상적으로 의미 있는 작업이다.

* 이 글은 『정신문화연구』 30권 1호(2007)에 게재된 글을 재수록한 것이다.

정체로서의 민주공화제는 구한말 신민회에 의하여 본격적으로 제기되어[1] 1917년 「대동단결선언」이라는 문건에서 명확하게 개진된 것으로[2] 논의되고 있다. 그러나 민주공화국의 정치사상은 이미 이전에 배태되었다고 할 수 있다. 특히 3·1운동은 민주공화제의 분수령이라는 데는 별다른 이론이 없다. 그러므로 헌법전문에도 이른바 '3·1정신'이 명시되고 있다. 3·1운동 이후 상해임시정부를 포함한 무려 8개에 달하는 임시정부의 선포가 이루어지는 것을[3] 보아도 3·1운동은 민주공화제의 결정적 전환점이라 할 수 있다.

3·1운동의 민주공화주의 사상과 운동을 이해하기 위해서는 3·1운동을 주도한 천도교의 역사와 정치사상을 고찰할 필요가 있다. 이 글은 '민주공화국'의 정치사상적·역사적 근원을 동학·천도교의 사상에서 찾아보는 데 있다. 비록 헌법에 명시된 민주공화국이 정체를 의미하더라도 논의의 편의상 민주주의와 공화주의에 대한 약간의 개념적 정의가 필요하다.

민주주의의 경우 제헌헌법에[4] 명시된 기본권의 내용을 본다면 자

---

1 이승현, 「신민회의 국가건설사상」, 『정신문화연구』 제29권 제1호(2006), 68쪽.

2 尹大遠, 「한말 일제 초기 正體論의 논의과정과 民主共和制의 수용」, 『中國現代史硏究』 第12輯, 73쪽.

3 서울의 漢城政府(大朝鮮共和國). 朝鮮民國. 平安地方의 新韓民國. 滿洲의 高麗共和國. 吉林과 間島의 臨時政府. 上海의 大韓民國. 露領의 國民議會. 天道教의 京畿民間政府.

4 제헌헌법이 논의되었던 제헌국회에는 다양한 이념적 스펙트럼상의 다양한 정치 엘리트들에 의해 사회의 다양한 이해가 대표되고 논의되었는데, 실질적 합의는 저수준이었지만 절차상에서는 고수준이었다고 이해된다. 백영철, 『제1공화국과 한국민주주의』(서울 : 나남, 1995), 제4장 참조. 제헌헌법의 기초위원을 둘러싼 논쟁과 한민당과 이승만의 갈등에 대해서는 서희경, 「대한민국 건국헌법의 기

유주의적 개인권에 기초한 절차적 자유민주주의의 성격과 함께 사회권과 같은 공화주의적 요소가 없는 것은 아니다. 이러한 요소는 임시정부의 삼균주의의 영향도 받았을 것으로 추산된다. 그렇지만 민주주의는 다양한 정치적 권리를 소유한 개인들 간의 거래·계약·합의의 절차적 성격이 보다 두드러지는 면이 있다. 공화주의에서는 절차적 합리성보다는 민의 일반의지의 표현이나 시민적 덕성 또는 도덕과 같은 윤리적 정당성이 강조된다. 공동체적 다양한 의사결집과 표출들을 통합하는 혼합제적인 정체가 중시된다.[5] 혼합정의 성격은 권력의 실질적 대표자인 왕권, 엘리트주의적인 귀족정, 다수 인민의 의사가 존중되는 민주정의 요소가 복합적으로 짜여진 정체로서 고대 공화정에서 매우 중요한 요소이다.

근대적 맥락에서는 민주주의와 공화주의 사이에는 일정한 길항적 긴장이 존재한다. 인민의 주도권은 때로 정치적 통합과 안정과 충돌할 경우도 있기 때문이다. 민주주의와 공화주의 사이에 존재하는 이와 같은 긴장을 해소시키기 위한 정치사상적 논의들도 제기되고 있다.

공화주의자들은 절차적 합리성보다는 오히려 시민적 덕성이나 윤리적 도덕에 바탕한 공공선을 강조한다. 정치적 통합이나 안정이 중시되기 때문이다. 그러나 공화주의자들의 희망처럼 모든 사람들이 시민적 덕성에 공감하는 것은 아니다. 여기에서 공동체적 도덕정신으로부터 개인의 권리와 자유를 보호하려는 자유주의자들의 비판이 설득력 있게 개진된

초와 수정」, 『공법연구』 제31집 4호(2003. 5) 참조.

5 고대의 그리스나 로마에서의 공화정 그리고 중세의 플로렌스와 베니스에서의 공화정은 혼합정적인 성격이 뚜렷하다. 즉 왕정(전제)·귀족정(과두제)·민주정(민회)의 요소가 복합되어 있었다. S. E. Finer, *The History of Government From the Earliest Times* Vol. 1(Oxford : Oxford University Press, 1995), pp. 316–441 ; 950–1023. 그러나 근대의 공화정은 왕정과 전제권력과 대비되는 의미로 사용된다.

다. 이와 같은 길항관계를 넘어서려는 의도에서 '절차주의적 공화민주주의'[2] 모델이 제시된다. 하버마스가 말하는 의사소통적 합리성에 기초한 '심의 민주주의(deliberative democracy)'도 절차적 합리성과 공화주의적 덕성을 동시에 고려하는 가운데서 나온 산물로 볼 수 있다.[3]

이 글의 관심사는 개인권의 갈등을 조정하는 기제로서의 합리적 절차와 공동체적·일반의지적 덕성의 구현이라는 공화주의적 관심사의 긴장관계를 고려하면서 천도교가 제사하는 정치주체와 정치참여의 문제를 주로 분석하고자 한다. 정치주체를 누구로 설정하며 이들의 정치참여 양태를 어떻게 설정하는가의 문제는 민주공화주의 정치사상에 있어서 매우 중요한 문제이기 때문에 천도교가 이 문제를 어떻게 생각하였는지를 분석하게 되면 천도교의 민주공화주의의 특성을 비교적 뚜렷하게 제시할 수 있을 것이다.

정치주체의 경우 천도교는 다른 정치사상에 비하여 매우 뚜렷한 특성을 보여준다. 다른 정치사상에 비하여 천도교는 깊은 종교철학적 성찰을 통하여 독자적인 인간관을 제시하였기 때문에 이로부터 정치주체의 논의를 이끌어내는 데는 큰 어려움이 없다. 이 글에서는 천도교가 제시하는 '자천자각'(自天自覺) 또는 '자심자배'(自心自拜), '자심자경'(自心自敬) 등의 개념들을 개인성과 공동체성 그리고 합리성과 덕성의 문제의식으로 분석해 보고자 한다. 개인성과 공동체성 그리고 합리성과 덕성은 민주주의와 공화주의의 근간을 이루는 핵심적 개념이기에 이를 통하여 천

6 정원규, 「민주주의의 기본원리 : 절차주의적 공화민주주의 모델을 제안하며」, 『철학』 제71집(2002) 참조.

7 하버마스의 토의 민주주의에 대해서는 다음 논문을 참조. 이동수, 「하버마스에 있어서 두 권력」, 『정치사상연구』제5집(2001년 가을), 172-173쪽.

도교적 정치주체관의 성격을 규명해 보고자 한다.

정치참여는 이 글의 두 번째 과제이다. 민이 정치공동체의 주체로서 정치과정에 직간접적으로 참여하는 실천양태는 민주공화주의 사상에서 중요한 논제중의 하나이다. 천도교의 경우 의회설립 상소, 민회설립운동, 사회변혁운동, 혁명적 민족운동 등의 현실적 참여를 보여주었다. 이 글에서는 주로 1905년을 전후한 시기에 펼쳐졌던 '갑진개혁운동' 또는 '민회운동'과 1919년의 3·1독립운동, 1920년대 이후의 천도교청년회의 주도하에 펼쳐졌던 '전적운동으로서 민회운동'을 주로 분석하고자 한다. 역사적으로 전개되었던 구체적인 정치운동을 통하여 천도교의 민주공화주의의 특성이 비교적 선명하게 드러날 것으로 기대된다.

천도교의 민주공화주의 정치사상은 동학혁명 이전까지 소급해 올라갈 수도 있다.[4] 그러나 이 글에서는 천도교에 집중하여 논의하고자 한다. 천도교가 발전시켜 온 독창적인 개념에 먼저 주목할 필요가 있다.

Ⅱ. 천도교의 민주공화주의 사상

동학·천도교는 근대적 주체형성에 종교철학적으로 뚜렷한 기여를 하였다. '자기 자신이 바로 하늘이라는(自天自覺)' 깨달음이야말로 천도교

8 國史編纂委員會編, 『韓國獨立運動史資料集』 11. 1990. 62쪽. 의암은 3·1독립선언 후 재판정에서 '우리들은 일청전쟁 당시 정부를 전복하지 않으면 인민의 행복은 얻을 수 없다는 생각으로 전복을 꾀했으나 성취할 수 없었다'고 진술하고 있는 것으로 보아 그 당시 공화정을 염두에 두었음을 알 수 있다.

를 다른 근대사상들과 분명하게 구분짓는 점이다. 의암 손병희는 이를 토대로 '사람이 곧 하늘이다'(人乃天)라고 개념화하였다. 사람이 하늘이기에 천도교에서는 자기 마음에 정성을 드리며(自心自誠), 자기 마음을 공경하고(自心自敬), 자기 마음을 믿고(自心自信), 자기 마음을 법으로 삼는(自心自法) 것이 인간의 길이라고 강조한다. 근대의 주춧돌이라고 할 수 있는 주체적 인격이 탄생할 수 있었던 것이다. 이러한 주체는 물론 서구 모더니티적 주체와는 뚜렷하게 다르다. 근대 담론에서 매우 중요한 개념인 개체성과 공동체성 그리고 법치와 덕치의 개념을 통하여 천도교적 주체관의 특성을 분석해 보자.

1. '공개인'(公個人)의 정치주체

개체성의 발견은 근대성의 표징 중의 하나이다. 개체성은 신적 전체질서로부터의 해방과 독립에 의하여 확보된 것이다. 해방된 개인들이 거래·타협·계약·합의 등에 의하여 정치사회를 형성한다는 것이 근대 자유주의자들의 구상이었다. 독립적 개인들 간의 상호작용을 조정하는 기제가 법이다. 그러므로 자치는 언제나 법치를 통해서만 보장되며, 개체들 간의 다양한 갈등조정의 객관적 조정역할을 법이 담당하고 있다. 그러나 이러한 자유주의적 구상은 인민전체의 일반의지나 도덕성의 직접 실현이라는 공동체주의에 의하여 비판받는다.[5] 그리하여 개체성과 공동체성 간

9 김비환, 「아렌트의 정치사상에서 정치와 법의 관계 : 민주공화주의체제에서의 법의 본질을 중심으로」, 『법철학연구』 제2호(2003), 111-112쪽. 김비환에 의하면 아렌트는 "법의 진정한 권위 혹은 정당성은 그것이 다원적이고 자유로운 개인

의 상호길항적 대립은 근대정치철학사에서 중요한 장을 차지하고 있다.

자천자각(自天自覺)을 개체성과 공동체성으로는 어떻게 이해할 수 있는가? 자천(自天), 자심(自心), 자성(自性)은 천도교에서 매우 강조되고 있는 개념으로서 주체성이 강조되고 있다. 이러한 주체성의 개념들은 신앙교리서였던 『천도교회월보』에서 매우 분명하게 자주 언급되고 있다. 이로 보아 주체성의 관념은 천도교인 사이에는 일반적으로 공유되고 있었다고 보아도 좋을 것이다.

뿐만 아니라 자중(自重), 자신(自信), 자각(自覺), 자주(自主). 자용(自用) 등의 개념들이 천도교식으로 설명되고 있는 것만 보아도 천도교는 근대적 주체성을 독자적인 논리에 기반하여 발전시켰음을 알 수 있다. 가령 '내 몸에 이미 신령한 천주를 모셨으니 自重이며, 나는 이미 直接으로 하늘이니 自信하며, 나는 이미 진리의 巢穴임을 아니 自覺이며, 나는 이미 마음대로 할 수 있는 獨裁의 權이 있으니 自立이며, 나는 이미 내 몸에 활동의 원소임을 알았으니 自用'[6]이라는 설명은 서구 모더니티적 논리전개라기보다는 동학·천도교적 논리전개이다. '자주'와 같은 근대적 개념도 단순히 서구적 개념의 수용이 아닌 천도교식 논지에 의거하여 설명되고 있다. 예를 들자면 "움직이지 않는 마음이 곧 독립적으로 자재한 마음이다. 마음이라 함은 곧 자심을 자유로 운용하는 마음이다"[7]라고 하

들 사이의 상호행위-발언과 토론 및 합의-의 결과로 '만들어진' 경우에 한하여, 그리고 행위를 고무하고 행위에 의해서만 표현되는 '원리'를 표현·보호하는 경우에 한해서만 확보된다"고 보았다고 한다.

10 李敦化, 「信仰性과 社會性」其四, 『天道敎會月報』, 第102號(布德60年 2月, 1919), 14쪽. "不動心 卽 獨立自在의 心이라 홈은 卽自心을 自由로 運用ᄒᆞᄂᆞᆫ心이니."

11 李敦化, 「信仰性과 社會性」其四, 『天道敎會月報』, 第102號(布德60年 2月,

여 주체적 인간의 근거를 자유로운 마음에서 찾고 있다. 여기에서 천명(天命), 천리(天理), 천성(天性) 등과 같은 보편적·객관적 개념들이 모두 주체화·자기화되고 있음을 볼 수 있다. 주체를 떠난 보편진리가 아닌 주체 안에 구현된 보편진리라는 시천주(侍天主)의 자기전개 과정을 볼 수 있다.

주체성과 자주성의 발견은 타율과 의존을 배척으로 나타나고 있다. "의뢰하지 말라. 내 마음에 내가 절하니 성현이 여기에 있고 자기 하늘을 자기가 모셨으니 상제가 곧 나로다."[8] 데카르트적 방식과는 분명히 다르지만 일체의 기준점을 자기의 내부에서 찾았다는 점에서 근대성의 확고한 초석은 천도교에 의하여 세워졌다고 할 수 있다. 더욱이 절대·지고의 형이상의 하늘을 주체와 동일시하고 있다는 점에서 서구 근대적 주체와는 차원이 또한 다르다.

이처럼 주체성의 자각이 있지만 그 주체성이 곧 개체성에 한정되지 않는다는 점이 천도교적 주체관의 중요한 특징이다. 자심(自心)이나 자주(自主)는 보편적·객관적 원리의 주체화·자기화이지 보편성 객관성으로부터의 해방이나 독립과는 성격이 다르다. 천도교식으로 설명하자면 천심(天心)이 곧 자심(自心)이라는 뜻이지 천심과 독립되고 해방된 자심이라는 의미가 아니다. 다음의 구절은 이 점을 분명하게 적시한다. "사람마음 가운데 반드시 하늘이라 부르는 마음이 있다. 사람이 비록 천만이라도 하늘은 오직 하나일 뿐이다. 사람마음 가운데 모셔있는 하늘에 존엄하고

1919), 14쪽. "不動心 卽 獨立自在의 心이라 ᄒᆞᆷ은 卽自心을 自由로 運用ᄒᆞᄂᆞᆫ 心이니."

12 李鍾麟, 「吳道ᄂᆞᆫ 平常이며 自由이며 時代니라」, 『天道教會月報』, 第94號(布德59年 5月. 1918). 6쪽. "依賴하지 말라. 自心自拜하니 聖賢이 是在ᄒᆞ고 自天自侍ᄒᆞ니 上帝가 卽我로다."

비천한 하늘이 없다. 사람이 하늘이니 남에게서 구하지 말 것이다. 사람은 하나이니 각각 문호를 세우는 것은 불가하다."[9] 개체적 존재의 가장 내밀한 가운데 하늘이 있으며 이 하늘은 하나이니 높낮이가 없고 문호가 따로 없다는 주장이다. 개체성의 핵심에는 보편성이 내재되었다는 것이다.

보편성을 자기 안에서 찾는 것을 천도교의 가장 뚜렷한 특징이라는 주장은 쉽게 찾아볼 수 있다. 천도교의 대표적 이론가라고 할 수 있는 야뢰 이돈화는 "천하의 종교를 둘러 보건데 자기 하늘을 자기가 모시며 자기 믿음을 자기가 독실히 하여 큰 하늘을 영원토록 모시며 타자신앙은 자기신앙으로 이끄는 자는 우리 교가 아니면 누가 있겠는가?"[10]라고 하여 천도교적 이해는 매우 독자적·독창적임을 강조한다. 이러한 논리는 이미 동학의 '시천주'(侍天主)와 '내가 내된 것 이외에 다름이 아니다'(我爲我而非他)라는 사유에서 왔다. 그러므로 천도교는 다른 것이 아니라 '자기 하늘을 알고 자기 하늘을 사용하고 자기 하늘을 먹는 것'[11]이라는 주장을 『천도교회월보』, 『개벽』 등에서 찾는 것은 어려운 일이 아니다.

이러한 논의는 인간존재성의 개체성과 공동체성에 대한 논의와 직접적으로 연결된다고 할 수 있다. 그러나 천도교의 담론에서 정치사회의 형성이 이러한 보편적 공동체적 주체성에 의하여 이루어진다거나 구

---

13 嗚知泳, 「聖師訓語」, 『天道教會月報』, 第102號(布德60年 2月, 1919), 24쪽. "人의 心의 中에 必曰天이 在ᄒᆞ시니라. 人雖千萬이나 天惟一而已니라. 人心中에 侍在ᄒᆞᆫ 天은 尊ᄒᆞ고 卑ᄒᆞᆫ 天이 無ᄒᆞ니라. 人이 天이시니 他에 求치 勿ᄒᆞᆯ지어다. 人은 一也니 各立門戶가 不可不可ᄒᆞ니라."

14 李敦化, 「信念의 神聖」, 『天道教會月報』 第9號, 明治四十四年四月十伍日, 28쪽. "試看天下之宗教건대 自天을 自侍ᄒᆞ며 自信을 自篤케 ᄒᆞ야 大天을 永侍ᄒᆞ며 他信이 自至케 ᄒᆞᄂᆞᆫ 者ㅣ 非吳教而其孰有之乎아."

15 朴明洙, 「我天」, 『天道教會月報』 第1號, 隆熙四年八月十伍日, 21쪽.

성된다거나하는 논의는 찾기가 어렵다. 정치사회적 실천운동은 있었지만 이러한 정치사회운동을 인간관과 연결시켜 전개하는 논의는 찾기가 쉽지 않다. 즉 천인공화는 논하지만 만인공화(萬人共和)나 공화사회에 대한 담론을 찾기 어려운 것이다. 정치담론 자체가 억압당했던 시대적 상황 탓으로 돌릴 수도 있겠지만 그보다는 동양학의 담론적 특성에서 볼 수 있다. 비록 독창적인 주체적 인간관을 토대로 한 정치사회론이 활발하게 전개되지는 않았지만 천도교는 다음 장에서 살펴보겠지만 적극적인 정치참여 운동을 전개하였다.

자심(自心), 자주(自主), 자유(自由)의 개념이 종교철학이나 심학적 맥락에서 논의되었지만 현실적 구체성과는 일정한 거리가 있다. 자유 개념은 의암의 대표적인 저술이라고 할 수 있는 「무체법경」의 삼심관에서 마음의 최상층의 경지로 표현된다. 이때 자유란 일체의 유무형으로부터 자유로울 뿐만 아니라 모든 일을 뜻대로 할 수 있는 마음의 경지로 이해된다. 오늘날 일반적으로 이해되는 현실적 정치사회 속에서의 자유의 의미가 아니라 동양의 심학적 맥락에서의 마음의 자유로운 경지이다. 달리 표현하자면 천명(天命), 천성(天性), 천리(天理) 등과 같은 보편진리와의 합일에서 나오는 자유이다. 그러므로 천도교에서 사용되는 자유는 자유민주주의에서 제기되는 제반 개인권에 기반한 자유와는 뚜렷하게 구분된다. 오히려 천도교에서 말하는 자유는 공동체론자들이 말하는 보편성과의 합일을 연상시킨다. 루소적 일반의지, 정언명령에 따르는 칸트의 도덕적 시민, 헤겔적 절대이성 또는 국가이성, 마르크스적 계급의식 등을 구현한 개체성이 천도교가 말하는 자천자각(自天自覺)이나 자심자각(自心自覺)과 상호 소통될 수 있는 가능성이 있다.

공동체주의자 바버는 이러한 보편성을 갖춘 개인을 인민이나 대중과 구분되는 시민이라고 주장한다. 즉 시민은 "심사숙고(deliberate)하여 정치에 참여하고 자신의 몫을 공유하며 공동선에 기여"[12]할 수 있어야 한다는 것이다. 공공선을 심사숙고하여 참여할 수 있는 개인이어야 한다는 것이다. 개체성이나 공동체성에 매몰되지 않는 성숙된 정치주체가 민주공화주의를 가능케 한다는 주장이다. 이러한 시민적 주체는 개인적 권리를 확보하기 위한 거래, 타협, 계약을 하는 자유주의적 개인이나 일반의지적 또는 계급적 의지를 관철시키기 위한 공동체성과는 구분할 수 있을 것이다.

천도교에서 '나'는 종교적으로 천주를 모시고 있는 주체이듯이 정치적으로는 국가의 존망을 결정하는 주체로 인식되고 있다. 오상준은 이러한 인격을 '공개인'(公個人)이라 불렀으며, 이들은 종교와 국가에 대하여 '공익심과 공의심과 공덕심과 공무심과 공용심과 공분심과 공법심을 독실하게 지키고 발표하고 실행해야'[13] 한다고 강조하였다. '공개인'은 일종의 공화적 개인이라고 할 수 있다. 천도교의 정치적 주체는 자유주의적 개인, 공동체주의적 계급이나 보편의식, 국가주의적 보편자와는 사뭇 다른 공화적 시민이라 할 수 있다. 이러한 인격체를 동학에서는 '천주를 모시고 있는 존재'(侍天主)라고 표현되었으며 정치사상적으로는 '공화적 개인'으로 표현할 수 있겠다. 공공성을 담지한 개인이라 하겠다. 물론 이때의 공공성이란 단순히 해당 공동체나 국가의 공공성이 아니라 보다 확장되고 심화된 우주적·영적 성격을 갖는다고 하겠다. 이러한 성격은 비교

---

16 Benjamin R. Barber, *Strong Democracy : Participatory Politics for a New Age* (University of California Press, 1984), pp. 154-155 참조.

17 嗚尙俊, 『初等敎育』, 普文舘, 光武十一年(1907), 76쪽. "公個人의 責任으로 言ᄒᆞ면 吳宗敎와 吳國家에 對ᄒᆞ야 公益心과 公義心과 公德心과 公務心과 公勇心과 公憤心과 公法心을 篤守ᄒᆞ며 發表ᄒᆞ며 實行ᄒᆞ야."

적 선명하게 개진되고 있다.

그렇다면 '인내천'적 정치주체는 보편적 공동체성의 맥락을 중시하였다는 점에서 민주공화주의적 특성을 지녔다고도 할 수 있다. 공공선을 중시하는 소통하는 주체라는 점에서 천도교적 정치주체는 공동체주의와 공화주의적 성격을 지니지만 이때의 공공성은 인간의지, 사유적 도덕법칙, 국가성, 계급성과 같은 유한성에 속박되지는 않는다는 특성이 있다. 다시 말하자면 '인내천'이라고 하는 것은 사람은 하늘처럼 규정 불가능한 무한적 존재라는 의미가 내포되어 있기 때문에 어떤 유한성에도 갇힐 수 없다는 점에 주목할 필요가 있다. 다시 말하자면 천도교가 보는 공공선이나 공동체성은 특정한 시대나 사회구속적인 상대적 성격보다는 우주보편적인 성격이 매우 강하다는 점이 그 특징이다.

천도교가 찾아낸 정치주체를 전통적 개념으로 표현하자면 '시천주'(侍天主)적 주체라 할 수 있을 것이며, 풀어 말하자면 우주적 공동체성을 간직한 주체라고 할 수 있겠다. 유학적 개념으로 말한다면 지공무사(至公無私)한 주체라 할 수 있겠다. 천도교는 이러한 인격체가 정치주체로 등장하는 사회를 지향하였다고 하겠다.

2. 천도교적 공화주의

정치주체들의 합리적이며 정당한 절차과정을 통하여 형성된 것이 국가권력이다. 정치과정에 대한 천도교의 이해를 분석하기 이전에 먼저 정치권력을 어떻게 인식했는가의 문제를 분석할 필요가 있다. 정치권력에 대한 천도교의 이해는 매우 독특하다.

법치는 자유민주주의의 중요한 정치과정이다. 법치는 공정한 계약 및 다수합의의 결과물로 간주하기 때문이다. 그러나 공화주의는 이성보다는 역시 시민적 덕성이나 시민적 도덕의 결집을 중시한다.[14] 합리적 법치보다 의사소통적 공론을 중시한다. 확실히 공화주의는 민의 강력한 이니셔티브보다는 다양한 계층의 입장조정을 강조한다.

정치권력에 대한 천도교의 이해가 가장 뚜렷하게 나타난 곳은 「도연구도」(道研究圖)이다. 이 글에는 정치에 대한 천도교의 기본적인 입장이 비교적 선명하게 나타나고 있으므로 간략하게나마 살펴볼 필요가 있다. 「도연구도」에서 의암은 도(道)를 정치권력과 종교의 상위에 위치시킨다. 여기에서 도는 물론 천도(天道)라 하겠다. 이러한 도식에 의거한다면 정치는 도를 실현하는 하나의 방편이며 도를 구현하는 또 다른 길이 종교로 제시되고 있다. 정치는 종교와 함께 도를 구현하는 방편으로 설정되고 있으므로 정치가 도를 떠난다는 것은 불가능하게 보인다. 도로부터 정치의 자율성을 인정하지 않는다는 점에서 근대정치학과는 일정한 거리가 있다. 뿐만 아니라 정치를 종교와 병치·공존시킴으로써 양자균형 또는 견제를 중시하고 있다.

정치와 종교를 정법(政法)과 교리(敎理)로 표현한 것을 보면 의암은 정치를 법치로 파악한 것이 분명하며 종교는 천리로 파악하였다. 천리란 곧 천명으로 중용철학에 의하면 천명을 내면화한 것이 성(性)이며 이 성(性)을 따르는 것이 도(道)이므로 결국 법은 도덕과 균형을 이루어야 한다는 것이 이 도식에 내포된 의미라 할 수 있다. 따라서 천도교가 보는 법치로서의 정치는 언제나 천명이라고 하는 보편적 이치의 궤도를 벗어날 수는 없다.

18 곽준혁, 「민주주의와 공화주의 : 헌정체제의 두 가지 원칙」, 『한국정치학회보』제39집 3호, 39쪽.

근본은 도(道)이고 정치는 종교와 함께 도덕의 하위단위임을 알 수 있다. 「도연구도」에서 나타난 도를 현대적 담론에서의 도덕과 동일시하기는 어렵다. 이러한 천도교적 특성은 민주공화주의를 넘어서는 담론이므로 이 글의 주제와 직접적 관계는 없지만 천도교에서의 정치의 위상에 대한 이해는 민주공화주의에 대한 기초이해로 중요하다.

의암은 일본에 체류하고 있던 당시에 이미 공화정체를 이상적 정체로 제시하고 있었다.[15] 「명리전」에서 개진되고 있는 공화정은 문맥으로 보면 오히려 민주주의적 성격이 강하다. 민을 정치의 객체나 노예로 보는 정치에서 민이 주체나 주인이 되는 정치로의 지향성이 뚜렷하게 나타나기 때문이다. 그러나 민이 주체가 되는 정치는 여전히 민심에 순응하는 합의의 정치로 이해되고 있다. 이 합의의 당사자로 군주를 용인하고 있는지는 분명치 않다.

교리가로 명망이 있었던 오상준(吳尙俊)이 펴낸 『초등교육』(初等教育)에 묘사된 국가관에서 천도교의 민주공화주의의 특성을 찾을 수도 있다. 『초등교육』은 천도교인의 시대관이 잘 반영된 일종의 교양서이기 때문이다. 이 책에서 "공화정체는 국민전체로써 하나의 합의체를 조직하여 국민총회에서 통치권의 작용을 행사하는 것"[16]으로 정의되어 있다. 주권이 다수민에 있는 민주국체와 구분하여 공화주의는 국민합의적 정체로

---

19 「明理傳」, 李敦化. 『天道教創建史』 3편, 89쪽. "今我東洋則 不然 君視民 如奴隷 民視君 如虎威 此則苛政之壓制也 今若一變其政 敬天命而 順民心 養人材而達其技 郁郁乎文風 燦然復明於世則 無往不復之理 可得而致矣 惟我東球中有志君子 念哉念哉."

20 黃錫翹, 「法律經濟槪要」, 『天道教會月報』 第92號(布德59年 3月, 1918), 42쪽. "共和政體ᄂᆞᆫ 國民全體로써 一의 合議體를 組織ᄒᆞ야 國民總會에서 統治權의 作用을 行使ᄒᆞᆫ者ㅣ라."

이해하고 있다. '국민합의'라는 표현에는 군주가 포함되어 있다고 보기는 어려울 듯하다. 이로서 보면 천도교의 정치관은 이미 군주제에서 공화제로 넘어갔다고 볼 수 있다.

천도교에서 '나'는 우주의 주체로 이해되었을 뿐만 아니라 '나'는 또한 '국가의 본체'로 이해되고 있다. 즉, '국가의 성질은 나의 공동적 생활'이며 '국가의 책임과 국가의 본체되는 나의 책임이 중대'하다고 하였다.[17] 정치를 군주나 정치엘리트의 전유물이 아니라 일반 국민의 일로 본다는 사실 자체가 민주적 공화주의의 성격을 보여준다.

국가를 형성하는 영토와 국민도 중요하지만 보다 강조되는 사항은 역시 '나'의 애국심으로[18] 보고 있다는 점이 흥미롭다. 나와 국가의 관계는 나와 몸의 관계처럼 살아서도 떨어지지 못하고 죽어서도 떨어지지 못하는 관계[19]로 이해한다는 것은 국민국가적 성격을 뚜렷하게 보여주는 점이다. 그러나 이때 국가주체로서의 민은 계약론자들이 말하는 시민과도 다르다. 국가를 '나의 본체'로 보는 공화주의적·공동체론적 사유와 국가를 '나의 계약' 결과물로 보는 입장은 현저하게 다른 사상이다. 자신과

---

21 嗚尙俊, 『初等教育』, 普文舘, 光武十一年(1907). 35쪽. "國家ᄂᆞᆫ 一定ᄒᆞᆫ 土地內에 多數ᄒᆞᆫ 吳人의 團合體니 國家의 性質은 吳人의 共同的 生活로 以ᄒᆞᆫ 者오. 國家의 行動은 生活的 安寧 幸福으로 以ᄒᆞᆫ 者오. 國家의 面目은 外에 對ᄒᆞ야 獨立自存의 外敵侵侮를 防ᄒᆞᆫ 者니 國家의 責任과 國家의 本體되는 吳人의 責任이 甚히 重大ᄒᆞ도다."

22 嗚尙俊, 『初等教育』, 普文舘, 光武十一年(1907), 62-63쪽. "我의 墳基와 我의 家屋과 我의 土地가 此에 在ᄒᆞᆫ 바라. 此가 無ᄒᆞ면 我도 無ᄒᆞ며 我의 祖先도 無ᄒᆞ며 我의 種族도 無ᄒᆞᆯ며 我의 親戚도 無ᄒᆞᆯ지오. 我의 墳基와 我의 家屋과 我의 土地가 또ᄒᆞᆫ 無할지니 我國을 愛ᄒᆞ기ᄂᆞᆫ 我를 自愛ᄒᆞᄂᆞᆫ ·觀念에 基因ᄒᆞᆫ 바니라."

23 嗚尙俊. 『初等教育』, 普文舘. 光武十一年(1907), 73쪽. "吳人과 吳國의 接着ᄒᆞᆷ이 吳人身上에 骨肉이 서로 接着ᄒᆞᆷ과 如ᄒᆞ야 生이라도 分離치 못ᄒᆞ며 死라도 分離치 못ᄒᆞᆯ 關係가 有ᄒᆞ니라."

자국을 동일시하는 사상(思想)은 계약론적이기 보다는 공동체론적인 성격이 강하다.

이러한 사상에서는 국가의식이 강조될 수밖에[20] 없게 된다. 왜냐하면 몸은 개인이지만 의식은 얼마든지 국가로 확장될 수 있으므로 국가의식이 중시되고 나아가 '국가의식이 있고서야 국가가 있다'고 하게 된다. 이러한 주장을 입증하는 사례로 미국을 들고 있다. 미국민에게 미국이라는 국가의식이 있었기에 영국과 전쟁을 하여 미국을 세울 수 있었고, 베트남인에게는 베트남이라는 국가의식이 미약했기에 프랑스에게 국가를 잃었다고 하여 애국심이 국가의 바탕이라고 주창하고 있다.[21] 이제 국가의 존망은 국민의 애국심에 달려 있게 된다. "우리나라의 현재 상황을 보건데 국민의 참 의무는 결단코 애국 두 자에 불과하다."[22] 그러나 이러한 천도교의 입장을 국가주의적 애국으로 보기는 어렵다. 왜냐하면 국가주의에 의하여 주체가 상실된 것이 아니라 국가는 오히려 개인의 애국심에 의존하고 있다는 점에서 여전히 주체성은 중시되고 있기 때문이다. 그렇다고 이러한 국가관을 자유민주주의적이라고도 하기 어렵다. 이러한 애국심은 오히려 동학·천도교의 사상적 맥락에서 이해되어야 할 것이다.

「도연구도」에 대한 논의에서도 나왔듯이 천도교에서 종교는 정치와 대등하게 간주되고 있다. 종교성과 사회성에 대한 논의에서도 이런 균

---

24 嗚尙俊, 『初等敎育』, 普文舘, 光武十一年(1907). 73쪽. "吳人의 思想上에 自身과 自國이 進退ᄒᆞ도다."

25 嗚尙俊, 『初等敎育』, 普文舘, 光武十一年(1907), 74쪽. "大凡國은 國民의 思想中出來ᄒᆞᆫ者라. 國民의 思想이 有ᄒᆞ면 英國手下에 在ᄒᆞ던 美國이 英國頭上에 居ᄒᆞ고 國民의 思想이 無ᄒᆞ면 安南國의 獨立이 法國統治下에 入ᄒᆞᄂᆞ니…."

26 嗚尙俊, 『初等敎育』, 普文舘, 光武十一年(1907), 90쪽. "吳國의 現時狀況을 見ᄒᆞᆯ진대 吳國人의 眞義務ᄂᆞᆫ 決斷코 愛國二字에 不過하도다."

형적 입장을 볼 수 있다. '종교와 사회는 개인의 생명'[23]으로 이해되고 있다. 종교성과 사회성의 완전한 실현을 '천인공화(天人共和)'로 표현하고 있다. 즉 지금까지 인류는 무형한 하늘의 절대자에 의한 '전제'(專制)의 상태였는데 수운에 의하여 최초로 유형한 사람도 또한 하늘이라는 '천인공화'의 시대가 열렸다는 주장이다.[24] 이러한 주장을 토대로 수운 이전에는 전제천(專制天)·전제지(專制地)·전제인(專制人)이 지배하던 시대였다면 수운 이후로 비로소 자유천(自由天)·자유지(自由地)·자유인(自由人)의 시대라는 것이다.[25] 무형한 절대자에 의한 보편성의 독점을 전제로 보았다면 유형한 다수자에 의한 보편성의 균등적 점유를 자유로 보았다고 하겠다. 하늘과 사람이 공화하는 '천인공화'처럼 정치도 '나'를 떠나서 특별한 절대군주나 소수정치엘리트의 전유물이 아닌 만인공화(萬人共和)라는 것이다. 즉 모든 존재자들이 자기 안에 하늘의 보편성을 안고 있다는 자각이 정치적으로 확장되는 것을 공화주의로 이해하였다는 것이다.

천도교의 대표적인 이론가였던 야뢰 이돈화는 「신앙성과 사회성」이라는 제목의 긴 글을 3·1독립운동이 있기 4개월 전인 1918년 11월호에서 시작하여 1달 전인 1919년 2월까지 4차례에 걸쳐서 나누어 싣고 있다. 3·1운동을 염두에 둔 글이라 할 수 있다. 야뢰는 '신앙성과 사회성

27 鳳山, 「宗教의 信仰과 社會의 規則」, 『天道教會月報』 第98號(布德59年 9月, 1918). 1쪽. "此의 宗教가 아니면 煩惱疑懼의 心을 何地에 安定ᄒᆞ며 此의 社會가 아니면 危險孤獨의 身을 何所에 存立ᄒᆞ리오. 一言斷之曰 宗教와 社會ᄂᆞᆫ 吳人의 生命이니라."

28 鄭桂玩, 「三新說」, 『天道教會月報』 제9호, 明治四十四年四月十伍日, 23쪽. "鼻祖水雲大神師ㅣ 蕩蕩 上帝로 於焉面會ᄒᆞ야 酬酌이 密勿ᄒᆞ사 天人共和案을 提出ᄒᆞ시다."

29 鄭桂玩, 「三新說」, 『天道教會月報』 제9호, 明治四十四年四月十伍日, 23쪽.

은 인간의 두 개의 본능이며 사람은 두 가지 본능을 수련하여 인내천의 대정신을 발휘하는 것이 종교 최후의 목적이다'라는 의암의 말을 인용하면서 그 의미를 자세하게 분석적으로 설명하고 있다.[26] 의암의 이 말에는 사회성을 실현한다는 말이 빠져 있으며 3·1운동은 인간의 본능인 사회성의 실현임을 알 수 있다. 여기에서 인간의 사회성의 구현은 독립이며 곧 정치성의 회복이라 하겠다. 따라서 천도교는 3·1운동을 인간의 본능인 사회성의 회복이라는 맥락에서 바라보았다는 점을 알 수 있다. 3·1운동은 공화주의의 적극적 실천으로 볼 수 있다.

Ⅲ. 천도교의 민주공화주의 실천운동

1. 민회운동과 민주공화주의

자유민주주의에서 개인의 자유권은 정당정치를 통하여 결집되고, 의회를 통하여 대변되고, 법치적 행정을 통하여 집행된다. 그렇지만 절차적 합리성이 지배하는 체제에서는 다수결의 전횡이나 소수의견의 억압문제가 발생하기도 한다. 이를 해결하는 방안으로 소수자에 대한 배려와 억압배제 그리고 소수자의 대표권 부여 등이 제안된다. 그러므로 배려 민주주의나 의사소통적 합리성의 담론이 제기된다.

공화주의도 시민의 자율권에 기초한다. 그러나 법치보다 시민의

30 李敦化, 「信仰性과 社會性」. 『天道教會月報』 第99號(布德59年 11月), 7쪽. 이 글은 第102號(布德60年 2月)까지 게재되었다.

덕성과 도덕성 등에 의거한 권력의 정당성 문제가 중시된다. 절차주의적인 고려보다는 국민일반의 의지나 공론이나[27] 도덕성이 중시되는 것이다. 이러한 이유로 공화주의는 특정 공동체의 가치적 지향성과 동일시되거나 해당 공동체 밖의 가치와 개인성에 대한 억압과 배제가 문제시된다.[28] 여기에서 이른바 절차주의적 공화주의 논의가 나오게 된다.[29]

정체로서의 민주정은 인민주권을 실현하는 선거와 대의제가 중시되는 반면 공화정은 다양한 정체세력들 간의 소통과 합의 그리고 공론 등을 반영할 수 있는 혼합정이 중시된다. 민주정이 진보성향을 띈다면 공화정은 다분히 보수성향이 강하다. 현실정치 구조로서의 민주공화정이 갖는 이러한 특성들에 의거하여 천도교의 실천운동에 새로운 의미를 찾아낼 수 있을 것이다. 1904년에 천도교에 의하여 시작된 자주적 근대화운동인 민회운동은 다분히 민주주의적 성격이 강조되었다면 일제치하에서 민족독립을 지향한 3·1운동의 경우에는 민족일반 의지의 실현을 통한 독립이라는 공화주의적 성격이 강하다. 1920년대의 민회운동에서는 민주주의적 성격과 공화주의적 성격은 '전적운동론', '좌우통합론' 등으로 구체화되어 가는 점을 분석할 것이다.

---

31 김대영, 「시민사회와 공론정치 : 아렌트와 하버마스를 중심으로」, 『시민사회와 NGO』제2권제1호(2004), 112쪽. 민주주의와 공화주의에 대한 다양한 논의를 소개할 수 있겠지만 하버마스는 일반의지, 공론을 중시하였다. "의사소통적 권력은 시민사회의 공론장에서 국민의 지지와 의견이 형성됨으로써 발생하는 권력으로써 국민주권의 토대이다."

32 정윤석, 「아렌트의 근대비판과 새로운 정치의 모색 : 근대적 정치기획을 넘어서 공화주의에로」. 『철학사상』 제11집(2000), 287쪽.

33 다양한 공화주의의 스펙트럼에 대해서는 곽준혁, 「민주주의와 공화주의 : 헌정체제의 두 가지 원칙」, 『한국정치학회보』 제39집 3호, 41-42쪽 참조.

1) 1904년 근대적 민회운동

1904년부터 시작되는 민회운동은 근대화 운동이었다. 당시 한반도와 만주를 둘러싸고 러시아와 일본의 긴장이 고조되던 상황에서 의암은 국가보존 방책으로 조정에 '민회설립'을 통한 민력의 총결집을 제시하였다.[30] 이때의 민회는 의회설립을 뜻하며 근본취지가 개인권의 대표기구를 설립한다는 것보다는 오히려 국민적 역량의 총결집에 놓여 있음을 볼 수 있다. 의회설립은 기본적으로는 민주정의 요체이지만 의암의 문제의식은 공화주의적임을 알 수 있다. 즉, 민회는 국민공화의 방책이었으며 국가보존 방안으로 제시되었던 것이다.

천도교의 민회운동은 충돌하는 개인적 권리·이익·관심을 조정하는 성격보다는 국가를 보전하고 국민을 각성시키는 민족주의적 성격을 갖는 운동이었다. 그러나 민족자활의 길을 민력향상에서 찾았다는 점에서 민주주의적이었다. 그러나 본의는 민력에 기초한 민족독립이라는 공화주의적인 혁명을 지향하는 성격이 강했던 운동이었다.

민회설립 상소에 대한 정부의 별다른 반응이 없자 의암은 1904년 4월 의회설립에서 자율적 민회설립을 결정하고 박인호와 홍병기를 일본으로 불러 교인들에게 민회 조직을 지시했다.[31] 그리하여 1904년 9월과 10월에 전통의 상징인 상투와 백의로부터 단절한다는 '단발흑의'(斷

34 『天道教百年略史』上, 344쪽. "士林之中에 擇其有志者 幾千百萬하야 招集於化育之內하야 何以名之나 設立民會하야 大小開議하야 政府交涉이면 則外交未達이나 蒼生保生之精力이 骨髓侵入矣리니 如是之後에 外敵難便之請求事件을 指揮則 民心이 死守對抗하야 外敵某對抗을 受之라도 民力暴害之經緯無矣리라."

35 조기주, 『동학의 원류』(천도교중앙총부출판부, 1982), 228쪽.

髮黑衣) 운동으로 전국에 걸쳐서 시행하였다.[32] 1904년이 갑진년이므로 흔히 갑진혁신운동[33]이라고 불리운다. 1904년 10월 9일에는 이른바 '사대강령'[34]을 내걸고 총궐기를 단행하였는데, 이때 궐기에 참가한 사람은 전국적으로 360여주에서 20만 명에 이르렀다고 한다.[35]

운동의 핵심적 사안은 민생보호와 민력신장을 통한 국권보호였다. 다음의 구절에 이 점이 명료하게 나타나고 있다. "국민의 자유대로 자활력을 득하는 것이 제일국가의 유지하는 대계요. 인종을 생존하는 대계요. 강토를 보전하는 대계이니 국민들은 자각자수(自覺自修)하야 자활력을 각득하기로 대주의할지어다."[36] 민력은 곧 국력으로 이해되었다. 자치력을 향상시키기 위하여 향자치안이 '민회' 운동이었다는 점에서 민주주의 운동의 성격을 갖는다. 동학시대부터 뿌리를 내리고 있었던 농촌지역의 자치운동이 민운동이다. 이러한 민회운동 구상과 방향은 이미 「준비시대」라는 글에서 상세하게 검토되었으며 부록으로 첨부된 향촌자치제는 지방자치를 통한 민력증진의 구상을 볼 수 있다.[37] 이러한 민회운동은 3·

---

36 高建鎬, 「韓末 新宗教의 文明論 : 東學·天道教를 中心으로」, 2002, 서울대학교 대학원 종교학과 박사학위논문, 33쪽.

37 갑진개혁운동에 대해서는 『동학학보』 제7호(2004). 특집 갑진개화운동의 재조명 7-88쪽 참조.

38 일본에 체류중이던 손병희가 망경객들과 협의하여 만들어 국내로 보냈다는 진보회의 이른바 4대강령은 "1. 황실을 존중하고 독립기초를 공고히 할 사. 2. 정부를 개혁할 사. 3. 군정 재정을 정리할 사. 4. 인민의 생명재산을 보호할 사." 『天道教會史草稿』, 511쪽. 그러나 지방마다 이 4개강령에 다른 조항을 첨부하는 경우도 많았다.

39 조기주, 『동학의 원류』, 229면.

40 「國民自活力」, 『萬歲報』, 1907. 5. 8.

41 오문환, 「천도교의 민회운동」, 미발표논문, 2006, 참조.

1운동의 토대가 되었다고 할 수 있다.

2) 1920년대 전적(全的) 민운동론

1919년 3·1운동 이후 일제의 탄압과 억압을 떨치고 나아가는 운동방식으로 1920년대 민회운동이 부활하였다. 이때 운동의 주도권은 천도교청년회에 있었다. 운동을 주도한 인물들은 일본의 근대화 문물의 세례를 받았거나 천도교에서 운영하던 보성전문 출신들로서[38] 근대적 사상·과학의 조류를 소개하는 계몽주의적이며 실력양성론적 성격이 강하였다.[39]

천도교청년당 산하에 청년회(1920), 소년회(1921), 학생회(1924), 내수단(여성회, 1924), 조선농민사(1925), 조선노동사(1931)가 설치되어 부문운동을 이끌어가게 된다.[40] 최전성기에는 200여 지회에 8천여 회원을

---

42 천도교청년회를 이끈 이른바 신구파 제3세대 지도자들의 개인적인 이력과 면모에 대해서는 다음을 참조. 조규태, 1999, 78-86쪽.

43 '애국계몽운동'을 제국주의적 근대화에 매몰된 시각으로 보는 연구도 있으며(김도형, 『대한제국기 정치사상연구』(지식산업사, 1994)), 3·1독립운동이 국권회복에 실패한 후 국민형성과 경제·교육 실력을 증진시키려는 운동으로 보는 시각(신용하, 「한말 애국계몽사상과 운동」, 『한국사학』 I(한국정신문화연구원, 1980))이 있다. 박찬승(박찬승, 『한국 근대정치사상사 연구: 민족주의 우파의 실력양성운동론』(역사비평사, 1992))은 운동집단에 따라서 성격을 달리하는 것으로 본다. 이러한 논의는 국권상실 이후 산업과 교육을 통한 민의 형성 이외의 전면적 투쟁이 불가했던 시대상황에서 기인한다. 특히 만주사변 이후 일제로부터의 외적압박에 의하여 제국주의적 근대성에 함몰되어 가는 양상을 보인다.

44 황선희, 「역사적 입장에서 본 천도교 100년」, 『한국 사회에서의 천도교 100년. 그 진단과 전망』. 동학학회 주최(2005. 11. 26), 프레스센터 20층 국제회의실, 98쪽.

가지고 있었다.[41] 이 시기의 민운동은 이후 청우당에 의하여 '신민주주의'로 자리매김되었다.

신민주주의는 '범인간적민족주의'(汎人間的民族主義)[42]라는 흥미로운 개념으로 설명되었다. 풀어 보자면 보편적 휴머니즘의 민족주의라는 것이다. 민족주의 운동이지만 보편적 휴머니즘이 기본 바탕에 깔린 운동이라는 주장이다. 개인권적인 측면보다는 공동체주의적 성격이 보다 강하게 보인다.

1920년대에 이러한 공화주의적 지향성은 '전적(全的)운동'이라는 개념으로 표현되었다. 전적 운동이란 천도교의 운동이 특정 집단이나 특정 계급을 대변하는 것이 아니라 민족 전체를 대변한다는 주장이다. 좌우분열의 상황에 대한 천도교의 독자성을 확보하기 위한 방안으로 볼 수 있다. 그러나 운동의 지향성에 있어서는 전체 구성원의 보편적 대변을 주장하였지만 운동은 천도교내에 한정되었었다. 그러므로 지향성에 있어서는 공화주의적이었지만 현실운동에서는 부문운동의 한계를 넘어서지 못했다고 할 수 있다.

이러한 전적운동론을 이론적으로 뒷받침해준 이론이 야뢰의 '지기일원론'(至氣一元論)[43]이었다. '지기일원론'은 인간사회뿐만 아니라 우

---

45 김병제, 「지상천국의 건설자 천도교정년당의 출현」, 『천도교회월보』, 1923년 10월호.

46 「汎人間的 民族主義」. 『開闢』. 1923.1.

47 李敦化, 『新人哲學』(천도교중앙총부, 1982), 30쪽. 야뢰는 지기일원론으로 좌우통합과 민족통합을 할 수 있다고 보았다. "唯心 唯物의 現象을 더듬어 올라가 그 極 卽 萬物의 本源에 도달하고 보면 여기에는 物質이라고 볼 수도 없고 精神이라고 稱할 수도 없는 一元的 極이 있다는 것이다. 極은 무엇으로 된 것이냐 하면 水雲은 이것을 至氣라 命名하였다. … 이로 보면 至氣는 물질도 아니요 精神도 아닌 宇宙의 實體로 活動力의 單元이 되는 것이다. 이른바 힘이라 함은 自

주 전체가 하나의 기운으로 관통된 공동체적 공화의 존재로 본다. 이 이론을 기초로 천도교는 좌우통합운동의 입장을 보였으며 해방 이후에는 통일운동의 철학적 토대로 작동하였다.

1920년대 이후 자치운동은 1904년처럼 기초단위에서의 자치운동이 아니라 국가단위의 자치운동으로 되면서 식민지체제를 용인하였다는 논란을 제공하게 된다. 식민지 치하에서의 절차적 합리주의란 반민족주의였을 뿐이었다. 천도교내에서도 자치운동과 민족독립운동이 상충하면서 점차 위축되어 갔다. 민족독립운동은 오심당(五心黨) 사건, 6·10만세운동, 신간회 참여, 멸왜기도(滅倭祈禱) 사건 등을 통하여 지속적으로 전개되었으며, 해외에서도 조선혁명당 및 고려혁명당 운동이 전개되었다.[44] 그러나 3·1독립운동과 같은 전 민족의 독립운동의 흐름을 만드는 데는 역부족이었다. 일제의 폭압정치와 함께 내부분열도 큰 원인으로 작용했다. 그 결과 1920년대 민회운동은 3·1독립운동과 같은 그 지향성에도 불구하고 전적 운동을 실현하지 못하였다.

存自活的 힘으로서 他의 影響에 依하여 變化하지 못하는 獨立自存體인데 分割하지 못할 非物質的인 것이다."

48 천도교중앙총부 교서편찬위원회, 『천도교약사』(천도교중앙총부출판부), 포덕 147(2006). 313-342쪽 참조.

2. 3·1운동과 공화민주주의

1) 복합적 통합과 공화주의의 정신

천도교는 한국독립운동사의 분수령을 이루는 3·1운동을 주도하였다. "천도교계는 3·1독립운동의 발의, 민족대표의 선정, 독립선언서의 인쇄와 배포, 거사자금의 제공, 교인의 조직적 동원, 독립신문의 간행·배포 등 중요한 역할을 수행"[45]하였다.

민회운동과 달리 3·1독립운동은 권력의 정당성 문제를 전면에 제기하였다. 일제의 폭압정치를 고발하고 민족자결주의를 주장하였다. 전 민족의 일반의지가 전국에 걸쳐서 표출되었다. 역사적으로 3·1독립운동은 '척왜양'(斥倭洋)이라는 보은집회와 일본군의 침략에 대항하는 제2차 동학농민전쟁의 민족주의 운동의 연장선상에 서 있다고 할 수 있다. 따라서 민족의 자주독립이라는 공동체의 일반의지가 전체 민족구성원에 의하여 평화적이지만 혁명적으로 분출하였다.

이러한 3·1운동에서 우리는 공화주의적 통합주의를 볼 수 있다. 천도교가 주도하여 기독교와 불교의 협력을 이끌어냄으로써 '종교통합'적 성격을 보여주었을 뿐만 아니라 '교정쌍전'(敎政雙全)이라는 종교성과 사회성의 통합성을 보여주었다. 뿐만 아니라 「독립선언서」에서도 명시되고 있는 윌슨의 민족자결주의와 동학의 '척왜양창의'(斥倭洋倡義)적 민족자주는 서로 소통되고 있음을 발견하게 된다. 이처럼 3·1운동에는 다양

---

49 조규태, 「3·1독립운동과 천도교계의 민족대표: 오세창과 나인협을 중심으로」, 『3·1독립운동 86주년기념: 제3회 '민족대표33인'의 재조명 학술대회』(2005. 2. 28), 서울프레스센터 19층, 민족대표33인유족회 주최 학술회의.

한 분절성이 복합적으로 통합되어 있음을 발견하게 된다. 이 공화적 통합을 이루어낸 정신이 무엇인가?

공화적 통합성이 잘 나타난 곳은 공약삼장이다. 대중화·일원화·비폭력의 공약삼장은 이미 3·1운동의 구상단계부터 정립된 것으로 33인 민족대표들을 접촉하고 연락하는 역할을 맡았던 최린은 증언한다.[46] 기독교계와의 접촉에서 이 원칙을 강하게 주장하고 설득하였다고 한다.[47] 세 원칙의 이유는 전체 민족의 의사결집을 위해서였다는 것이다. 공화적 통합이 이루어져야 비로소 민족독립의 정당성이 설득력을 얻을 수 있다는 주장이다.

이러한 공화적 통합의 정신은 역시 동학의 '동귀일체'(同歸一體) 또는 '동귀일리'(同歸一理)라는 우주관에서 찾을 수 있다. 삼라만상은 하나의 기운으로 통해져 있기 때문에 존재자들 사이의 협동과 연대가 존재의 실상일 뿐만 아니라 모든 존재들이 준수해야 하는 도덕이라는 것이다. 즉, 우주를 '일대지기적 생명체'(一大至氣的 生命體)[48]로 보는 종교철학적 토대가 공화적 공동체운동을 뒷받침하였다고 볼 수 있다.

2) 공화주의적 임시정부 구상

3·1독립운동은 임시정부 수립선언과 거의 동시적으로 이루어졌다. 다시 말하자면 3·1운동과 새로운 공화국의 설계는 거의 동시적으로 나타났다. 이는 천도교계에서 3·1운동과 함께 새로운 공화정을 체계적으

50 如菴先生文集編纂委員會, 『如菴文集』上, 1971, 182쪽.
51 如菴先生文集編纂委員會, 『如菴文集』上, 1971, 188쪽.
52 李敦化, 1982, 37쪽.

로 구상하였다는 사실을 말해준다.

임시정부수립 구상은 『조선독립신문』 제2호와 제3호에 발표되었다. 제2호에는 "假政府組織說. 日間 國民大會를 開하고 假政府를 組織하며 假大統領을 選擧하였다더라"라고 보도하고 있으며 제3호에는 "十三道 各 代表者를 選定하여 三月 六日 吾前 十一時 京城 鐘路에서 朝鮮獨立人大會를 開催할 것"[49]이라고 보도하였다.

임시정부 수립을 선언한 이 신문의 창간과 제작은 이종일(李鍾一)과 이종린(李鍾麟)이 담당했다. 이종일은 「독립선언서」 인쇄와 배포 책임을 맡았던 보성사 사장이었으며 이종린은 「천도교회월보」의 편집을 맡고 있었던 천도교 중진이었다. 따라서 정부조직설, 대통령 선거, 조선독립인대회 개최 등은 천도교의 새로운 국가건설안이라 할 수 있다. 이 안에는 대통령 손병희, 부통령 오세창, 국무총리 이승만으로 하는 등 내각진용까지 짜여있었다. 3·1운동을 준비한 오세창, 권동진, 최린 등 천도교의 핵심 인물들이 들어 있다.[50]

의암은 또한 러시아령의 대한국민의회(大韓國民議會)의 노령임시정부(露領臨時政府), 조선국민대회(朝鮮國民大會)·조선자주당연합회(朝鮮自主黨聯合會)의 조선민국임시정부(朝鮮民國臨時政府)에서 새로운 공화국의 수반으로 추대되고 있었다. 이 두 임시정부는 천도교와 직간접으로 관련이 있는 것으로 보인다.[51] 이러한 문건으로 볼 때 천도교의 새로운

---

53 國史編纂委員會 編, 『韓國獨立運動史資料集』資料5(3·1運動編1)(探求堂, 1975), 1-2쪽.

54 천도교의 임시정부안에 대한 보다 자세한 논의는 李炫熙, 『大韓民國臨時政府史』 集文堂. 1982. 54-56쪽.

55 고정휴, 「3·1운동과 天道教團의 臨時政府 수립 구상」, 『한국사학보』 제3·4집(1998), 고려사학회. 218-235쪽 참조.

공화정 수립안은 심도있게 논의되고 준비되었던 것으로 보인다.

주목할 만한 사항은 「조선민국임시정부 창립장정」이다.[52] 총 12장 33조와 부칙으로 구성된 새로운 국가설립안은 매우 구체적이고도 체계적이다. 그 가운데 조선민국의 헌법과 국회조직법 및 의원선거법을 만들 헌법제정위원회의 구성절차를 상세하게 설명하였으며, 대외관계로서 '한일합병조약' 무효화 및 새로운 조약안, 지방행정 자치체, 의무교육, 중요산업의 국영화와 국민균산주의 등의 원칙이 제시되고 있다. 고정휴 교수는 이 문건은 천도교계에서 나왔으며 보성전문출신이며 유학자이기도 했으며 천도교 교리에 관한 많을 글을 썼으며 문집도 나와 있는 경암(敬菴) 이관(李瓘, 1860 –1928)이 중심이 되어 작성한 것으로 추정한다.[53]

천도교계는 3·1운동과 동시에 새로운 공화국의 건설까지 염두에 두었던 것이 분명하다. 이러한 독립운동가들의 낙관적 기대와는 달리 제1차 세계대전 이후 윌슨의 민족자결은 승전국에 한하였으며 아직 조선의 독립은 요원하였었다.

의암은 3·1운동이후 재판정에서 조선독립이 된다면 어떤 정체의 나라를 세울 것인가라는 질문에 '민주정체'라고 대답하였다.[54] 또한 천도교가 관련된 3건의 임시정부안은 대통령 또는 '정도령'(正都領)을 손병희로 명시하고 있는 공화국 체제였다. 임시정부의 국명에 '민국(民國)'이 들어간 것도 민주공화국의 성격을 확고하게 뒷받침해준다. 따라서 천도교는

---

56 姜德相, 『現代史資料』25(朝鮮)(東京:書房), 449–452쪽. 金正明 編, 『朝鮮獨立運動』 II(民族主義運動編)(東京:原書房), 13–17쪽.

57 고정휴, 「3·1운동과 天道敎團의 臨時政府 수립 구상」, 『한국사학보』 제3·4집(1998), 고려사학회. 231–232쪽.

58 國史編纂委員會 編, 『韓國獨立運動史資料集』 11, 1990, 128쪽.

3·1독립운동과 함께 민주공화국의 건설 기획안을 가지고 있었다고 할 수 있다. 따라서 '민주공화국'의 정체와 정치사상적 시원이 천도교에서 비롯되었다고 할 수 있다.

민회운동과 3·1운동은 천도교의 정치참여의 대표적 사건이었다. 1904년부터 시작되는 민회운동은 근대적 시민형성의 민주주의 운동의 성격이 강하였다. 반면 3·1운동은 천도교적 시민을 토대로 운동을 전체 민족으로 확장시키면서 국가의 자주독립이라는 민족주의적 성격이 뚜렷하였다. 그러나 1904년 민주주의 운동도 자유주의적이라기보다는 공동체 전체를 중시하는 민주공화주의적 성격이 강하였으며, 1919년 3·1독립운동도 자유주의적이거나 계급운동적 성격보다는 민족공동체의 자주독립이라는 공화주의적 성격이 뚜렷하였다. 여기에는 동학이래로 견지되고 있는 '동귀일체'(同歸一體)라고 하는 독특한 통일철학이 기본바탕이 되었다고 할 수 있다. 그러나 강력한 통합지향성과는 달리 일제의 억압정치의 강도는 나날이 강도를 높여갔으며, 독립운동계 뿐만 아니라 천도교내에서의 좌우분열도 심해졌으며, 체제순응적 근대화 노선과 민족적 독립자주 노선갈등도 나날이 커져만 갔다.

Ⅳ. 맺음말

지금까지 천도교가 제시하는 '새로운 정치주체'와 '정치참여운동'의 분석을 통하여 민주공화주의의 사상과 실천을 분석하였다. 그 결과 다음과 같은 소결론을 얻을 수 있다.

첫째, 천도교가 제시하는 정치주체는 공화민주주의적 성격을 갖는다. 공화민주주의적인 정치주체란 우주적 공동체성을 특성으로 하는 개인들을 의미하며 자유주의적인 개인, 계급주의적인 프롤레타리아, 국가주의적인 국민과는 또 다른 성격을 가진다. 이러한 정치주체는 천도교에서 '공개인'(公個人)의 개념으로 나타나고 있다. '공개인'은 우주적 공공성을 담지한 주체로서 고립적인 개인이 아니라 보편성·공동체성·공공성을 내면화한 시민이라 할 수 있다. 공공선을 고려할 줄 아는 성숙한 시민과 소통가능성이 높다.

둘째, 법치가 개인들 간의 계약관계를 엄정하고 정의롭게 유지함으로써 공공선을 증대시킨다는 자유민주주의적 절차를 강조한다면 천도교적 공화주의는 '종교성'과 '사회성'에 대한 논의에 잘 나타나고 있다. 여기에서 '종교성'이란 모든 존재들은 '천주'를 안에 모시고 있다는 점에서 영적 존재이며, '사회성'이란 동시에 우주의 한 기운과 소통하고 있다는 점에서 우주적 공동체적 존재라 할 수 있다. 종교성과 사회성을 구현한 이상적 상태를 천도교에서는 '천인공화'(天人共和)로 표현하였다. 하늘과 사람이 공화상태에 이르게 되면 만인간의 공화도 함께 이루어진다고 하겠다. 여기에서 서구적 공화주의와는 또 다른 독창적인 공화주의 사상을 볼 수 있다.

셋째, 이러한 민주공화주의의 정치사상은 현실적인 민주공화주의 운동실천으로 표출되었다. 민회운동은 민주주의 운동의 성격이 강하지만 천도교의 경우에는 단순히 인민주권의 실천 이상의 의미를 지닌다. 왜냐하면 민회운동이 주권자로서의 민의 자각운동이기도 하지만 동시에 민족적 공동체를 각성시키고 강화하기 위한 공화주의적 고려가 강하기 때문이다. 1904년의 민회운동에서는 근대화에 강조점이 주어졌고 1920년대에는 민족통합주의적 성격이 강조되었으나 근본에는 전민족의 통합을 통한 민족독립이라고 하는 공화주의적 고려가 근본 바탕에 깔려 있다.

넷째, 3·1독립운동은 명실공히 민족의 공동체주의적 공화주의가 전적으로 표출된 운동이었으며 이후 임시정부안에서 보이듯이 명백한 민주공화국으로의 이행이 나타났다. 3·1독립운동은 이익을 계산하고 거래관계를 계약하는 공리적 자유민주주의의 성격이나 프롤레타리아 혁명과 같은 계급주의적 공동체주의의 성격보다는 민족공동체적 공화민주주의의 성격이 강하다. 이는 민족공동체 존립의 정당성을 형성하여 실현해야 하는 시대적 요청에 부응하는 과정에서 나왔다. 민족주의적 민주공화주의는 비단 역사상황적 요청이었을 뿐만 아니라 동학의 '혼원일기'(渾元一氣) 또는 '동귀일체'(同歸一體)와 같은 종교철학에서 그 정치철학적 뿌리를 두고 있다고 할 수 있다.

마지막으로 천도교의 민주공화주의의 정치사상은 서구적 맥락의 민주공화주의 담론과는 또 다른 독특한 면이 있다. 예컨대 초월적 절대성으로 이해되는 하늘을 모신 인간주체관이라든지 정치의 상위에 천도(道)를 위치시키는 정치관은 공화민주주의 담론으로는 접근하기 어려운 천도교의 독특한 측면이다. 이러한 점은 서구 민주주의나 공화주의의 문제점을 극복하는 혜안을 줄 수도 있을 것이다. 유감스럽게도 이러한 맥락은 아직까지 본격적인 조명을 받고 있지 못하며 향후의 연구과제로 남아 있다.

참고문헌

김도형. 1994.『대한제국기 정치사상연구』. 서울 : 지식산업사.

姜德相.『現代史資料』25(朝鮮). 東京 : 書房.

高建鎬. 2002.「韓末 新宗教의 文明論 : 東學 天道教를 中心으로」. 서울대학교 대학원 종교학과 박사학위논문.

고정휴. 1998.「3·1운동과 天道教團의 臨時政府 수립 구상」.『한국사학보』제3·4집(1998). 고려사학회.

곽준혁.「민주주의와 공화주의 : 헌정체제의 두 가지 원칙」.『한국정치학회보』제39집 3호

國史編纂委員會編. 1990.『韓國獨立運動史資料集』11.

國史編纂委員會編. 1975.『韓國獨立運動史資料集』資料5(3·1運動編1). 探求堂.

金正明 編.『朝鮮獨立運動』II(民族主義運動編). 東京 : 原書房.

김대영. 2004.「시민사회와 공론정치 : 아렌트와 하버마스를 중심으로」.『시민사회와 NGO』제2권 제1호.

김비환. 2003.「아렌트의 정치사상에서 정치와 법의 관계 : 민주공화주의체제에서의 법의 본질을 중심으로」.『법철학연구』제2호

朴明洙. 1907.「我天」.『天道教會月報』第1號. 隆熙四年八月十伍日.

박찬승. 1992.『한국 근대정치사상사연구 : 민족주의 우파의 실력양성운동론』. 서울 : 역사비평사.

백영철. 1995.『제1공화국과 한국민주주의』. 파주 : 나남출판.

鳳山. 1918.「宗教의 信仰과 社會의 規則」.『天道教會月報』. 第98號(布德59年9月. 1918).

서희경. 2003.「대한민국 건국헌법의 기초와 수정」.『공법연구』제31집 4호.

신용하. 1980.「한말 애국계몽사상과 운동」.『한국사학』I. 한국정신문화연구

원.
如菴先生文集編纂委員會. 1971.『如菴文集』上.
오문환. 2006.「천도교의 민회운동」. 미발표 논문.
嗚尙俊. 1907.『初等敎育』. 普文舘. 光武十一年.
嗚知泳. 1919.「聖師訓語」.『天道敎會月報』. 第102號(布德60年 2月).
尹大遠.「한말 일제 초기 正體論의 논의 과정과 民主共和制의 수용」.『中國現代史硏究』第12輯.
李敦化.「信念의 神聖」.『天道敎會月報』第9號. 明治明治四十四年四月十伍日.
李敦化. 1919.「信仰性과 社會性」其四.『天道敎會月報』. 第102號(布德60年 2月. 1919).
李敦化. 1982.『新人哲學』. 천도교중앙총부.
이동수. 2001.「하버마스에 있어서 두 권력」.『정치사상연구』 제5집.
이승현. 2006.「신민회의 국가건설사상」.『정신문화연구』 제29권 제1호.
李鍾麟. 1918.「吳道ᄒᆞᆫ 平常이며 自由이며 時代니라」.『天道敎會月報』. 第94號(布德59年 5月).
李炫熙. 1982.『大韓民國臨時政府史』. 集文堂.
鄭桂玩.「三新說」.『天道敎會月報』 제9호. 明治四十四年四月十伍日.
정원규. 2002.「민주주의의 기본원리 : 절차주의적 공화민주주의 모델을 제안하며」.『철학』 제71집).
정윤석. 2000.「아렌트의 근대비판과 새로운 정치의 모색 : 근대적 정치기획을 넘어서 공화주의에로」.『철학사상』 제11집.
조규태. 2005.「3·1독립운동과 천도교계의 민족대표 : 오세창과 나인협을 중심으로」.『3·1독립운동 86주년기념 : 제3회 '민족대표33인'의 재조명 학술대회』. 2005. 2. 28. 서울프레스센터 19층. 민족대표33인 유족회 주최 학술회의.
조기주. 1982.『동학의 원류』. 천도교중앙총부출판부.
천도교중앙총부교서편찬위원회. 2006.『천도교약사』. 천도교중앙총부출판부. 포덕 147.

천도교중앙총부. 『天道教百年略史』 上.

黃錫翹. 1918. 「法律經濟槪要」. 『天道教會月報』. 第92號(布德59年 3月).

황선희. 2005. 「역사적 입장에서 본 천도교 100년」. 『한국사회에서의 천도교 100년. 그 진단과 진망』. 동학학회 주최. 2005. 11. 26. 서울프레스센터 20층 국제회의실.

Benjamin R. Barber. 1984. *Strong Democracy : Participatory Politics for a New Age* (University of California Press).

3장

왕정복고운동에서 공화정체제로 :

3·1운동 전후 복벽운동 연구*

박현모 한국학중앙연구원

> 독립에 관하여 원래 조선 내에 사는 사람과 해외에서 재류하는 사람과는 사상이 다르다. 조선 내에 있는 사람은 이조(李朝)의 복벽(復辟)을 말하나, 해외의 조선인은 공화정치라든가 민주정치라든가 하는 것을 주장하여 도저히 공동일치의 행동을 하는 것은 안 된다.
>
> — 김가진(金嘉鎭)[1]

Ⅰ. 문제 제기

삼일운동 직후 선포된 '대한민국임시헌장'(이하 임시헌장, 1919. 4.

---

* 이 글은 박현모, 「정조 사후 63년 : 세도정치기(1800-3)의 국내외 정치 연구」(창비 : 2011)에 실린 것을 약간 수정한 것임을 밝힌다.

1 「대동단사건」 1, 『한민족독립운동사자료집』 5(국사편찬위원회, 1988), 181면, 이달하 신문조서 3.

11) 제1조는 "대한민국은 민주공화제로 함"[2]이라고 규정하고 있다. 그리고 그후 2차(1925. 4. 7), 3차(1927. 4. 11), 5차(1944. 4. 22) 개헌 및 해방 이후의 헌법에서도 계속해서 '민주공화국'은 확인되고 있다. 그런데 아무리 일제에 의해 패망되었다지만, 조선왕조만 하더라도 최소한 500여년 왕정에서 살았던 사람들이 하루아침에 공화정을 당연한 듯이 받아들였을까? 오히려 외세에 의해 부정되고 합병되었기 때문에 왕정에 대한 미련이 남지 않았을까? 3·1운동 이후 나라의 독립을 추구하고 정치체제를 의논하는 과정에서 혹시 왕정을 복구하려는 움직임이 일지 않았을까?

임시정부(이하 임정) 내 최고 의결기구인 '임시의정원'의 초대 의장으로 선출된 이동녕(李東寧)이 "이때야말로 내 생애에서 가장 보람을 안겨주는 순간입니다. 우리는 이제 군주제를 부활하려고 독립운동에 투신한 것이 아닙니다. 세계적인 추세에 따라 이 나라에 민주제를 정착시켜야 한다는 사명감 속에서 회의를 진행하고 있는 것입니다"[3]라고 말하는 것에서 모종의 긴장을 느낄 수 있다. '군주제의 부활'이 아닌 '민주제의 정착'을 위해 독립운동에 투신했다는 어투에서—그것도 '세계적인 추세'라고 힘주어 말하는 데서—'군주제를 부활하려는' 모종의 움직임이 있다는 것을 감지할 수 있는 것이다.

1919년 4월 10일 저녁 10시부터 다음날 오전 10시까지 진행된 임시의정원 제1회의에서 우리나라의 국호(國號)를 제정한 것에 대해서 김희곤 교수는 다음과 같이 말한다. "신석우(申錫雨)와 이영근(李漢根)의 동의와 제청으로 제정된 '대한민국'이라는 국호는 두 가지의 의미를 가졌는

2 「헌법·공보」, 『대한민국임시정부자료집』(국사편찬위원회, 2005), 3쪽.

3 김석영, 『선구자 이동영 일대기』(을유문화사, 1978), 서론; 김희곤 『대한민국임시정부 연구』(지식산업사, 2004), 96–97쪽에서 재인용.

데, 하나는 빼앗긴 국가를 되찾는다는 뜻에서 10년 전에 상실한 국가 이름인 '대한제국'에서 '대한'을 다시 찾아 쓴 것이고, 또 하나는 정치체제에 '제국'이 아닌 '민국'을 채택했다는 사실이다. 민국이라는 국호의 제정은 3·1운동 직전까지 소수이기는 하지만 면면히 이어져오던 복벽주의(復辟主義)를 완전히 극복하고 한국사에서 최초의 민주정체(民主政體)를 달성했음을 의미한다."[4]

그러나 '복벽주의를 완전히 극복'했다는 주장과 달리, 「임시헌장」의 제정 이후에도 복벽운동은 계속해서 일어났다. 1919년 3월 16—17일경에 서울에서 열린 '국민대회 준비위원회'—일본에 대해 독립을 선언했으므로 곧 국민대회를 열어 임시정부를 조직하려는 준비위원회—에서 유림(儒林) 출신 인사들이 대한제국의 회복을 요구한 것, 즉 "우리가 (대한)제국의 이름으로 결단이 났기 때문에 정부조직을 대통령제로 하지 말고 제국식의 이름을 그대로 이어받는 것이 좋겠다"[5]는 요구는 시기상으로 약간(25일) 앞서 있다는 점에서 임시의정원 회의에서 '극복'되었다고 치자. 하지만 조선민족대동단(朝鮮民族大同團, 이하 대동단) 소속의 인물들이 "이조(李朝)의 복벽을 도모"하고, 의친왕 이강을 해외로 망명시켜 "황제로 추대"하려는 일부의 시도(1919. 11)를[6] 어떻게 봐야 하는가.

---

4 김희곤, 같은 책, 89쪽.

5 이규갑, 「한성임시정부 수립의 전말」, 『신동아』, 1969년 4월호, 76쪽. 1919년 4월 23일 서울에서 개최된 '국민대회'와 '한성정부'의 성격에 대해서는 이현주, 『한국 사회주의 세력의 형성 : 1919-1923』(일조각, 2003), 19-51쪽 참조.

6 이에 대해서 신복룡 교수는 "논란의 여지"가 있다고 지적했다. "왜냐하면 대동단원들이 의친왕을 탈출시키려고 한 것은 사실이지만 '당론으로' 황제로 추대하려고 한 것은 아니"기 때문이라는 것이다(본고에 대한 신복룡 교수의 코멘트, 2006. 11). 하지만 정두화(鄭斗和)는 신문조서에서 "조선독립을 도모하는 데는 먼저 이왕(李王), 그 왕세자 및 이강공 전하 중 누군가 한 분을 황제로 추대

3·1운동에서 분출된 독립의 열기를 다시 고양시키기 위해 전국의 각계각층을 망라한 11개 사회 대표자로 조직된 대동단은 선언서 등을 작성하면서 임시정부의 '민국기원'이 아닌 '건국기원'을 사용했다. 뿐만 아니라 대동단의 주요 인물인 이달하(李達河)와 전협(全協)은 같은 해 음력 8월에 나눈 대화에서 복벽을 다짐하고 있다. 즉 이들은 "공화주의라든가 대통령이라든가 하는 담화를" 나누었는데, 이달하가 "조선의 독립은 가장 기뻐해야 할 일이나 청심과욕(淸心寡慾)이 아니면 국사(國事)를 운위할 수 없다. 제(帝)의 의(義)를 위해서 상(喪)을 발(發)한다는 말이 있다. 아무쪼록 이조(李朝)의 복벽을 도모하자"고 말하자, 전협이 전적으로 찬성하고 있다.[7]

한마디로 조선왕조 내지 대한제국으로 돌아가려는 복벽주의는 '대한민국'이라는 국호의 제정에도 불구하고 '완전히 극복'되지 않았으며, 논쟁과 실천적 움직임이 계속되었다. 따라서 「임시헌장」에서 민주공화국이 선언되었다고 해서 '민주정체가 달성'된 것으로 보는 것은 사실에 부합되지 않는다. 더군다나 복벽주의자들을 단순히 구시대에 연연해하는 시대착오적 인물로 매도해서도 안 된다. 뒤에서 살펴보겠지만 왕정 내지 국왕 중심의 정치체제야말로 위기상황을 극복할 수 있는 최선의 대안이라는 '전략적 사고'를 하고 있었고, 이는 조선시대의 영·정조나 세조 등

하고 여기에 조선 민심을 수람(收攬)하는 것이 아니면 도저히 독립은 불가능하다"는 이달하의 말을 회고하면서 자신도 그 말에 "대찬성"했다고 진술하고 있다. 당시 '의친왕 상해망명사건'을 주도한 전협·김가진 등은 대동단의 핵심멤버였던 바, 그 사건이 '당론에 따른 것이 아니었다' 하여 크게 논란거리가 되지는 않는다고 본다.(「대동단사건」 1, 『한민족독립운동사자료집』 5, 197쪽, 정두화 신문조서 3)

7 「대동단사건」 1, 『한민족독립운동사자료집』 5, 143쪽, 이달하 신문조서 1.

국왕 중심의 정치운용론과 맞닿아 있기 때문이다.

이하에서는 바로 이런 문제의식 하에서 조선왕조에서 공화라는 말이 어떤 의미로 쓰였으며, 어떻게 소개되는지를 먼저 살펴본다(제2절). 이어서 본 논문의 핵심 개념인 '복벽'의 의미와 3·1운동 이후의 복벽주의 운동을 그 논리와 실천 차원에서 살펴볼 것이다. 유인석(柳麟錫)으로 대표되는 유림들의 간도지방 복벽주의 의병운동과 국내 한성정부 수립과 관련된 대동단의 복벽주의가 그것이다(제3절). 그리고 이러한 왕정복고론이 갖는 정치사상적 의미를 일극정치론(一極政治論)과 다극정치론(多極政治論)이라는 관점에서 살펴보고 간단한 평가를 내리고자 한다.

Ⅱ. 왕정시대의 왕정–공화정 논의

1. 조선시대에서 공화라는 말

우리 역사에서 '공화'(共和)라는 말이 공식 기록에서 처음 출현한 것은 아마도 『광해군일기』일 것이다. 광해군은 자신을 옹립하는 데 기여한 이이첨(李爾瞻)에게 박승종(朴承宗)·유희분(柳希奮)과 함께 "보합"(保合)할 것을 지시했는데, 이이첨은 그것을 "공화"라고 일컬었다.[8] 그러자 유학 한계(韓誡)가 비판하고 나섰다. 즉 "이이첨이 감히 차자 가운데에서 '공화'라는 두 글자를 썼는데," "공화라는 말"은 원래 "주(周)나라 여왕(厲王)이 체(彘) 땅으로 달아나서" 왕위가 비어 있는 경우를 가리키는 것

8 『광해군일기』 14/2/17 癸未.

으로, 이것은 그가 조정을 "전하의 조정"이 아니라 자기 자신의 물건으로 간주하고 있음을 보여준다고 비판했다.[9] 다시 말해서 '공화의 정치'란 국왕이 부재한 상태에서 몇몇 권세가들이 조정을 사적인 물건[私物]이나 도구[私器]로 여기고 천단(擅斷)하는 좋지 않은 상태를 뜻하고 있는 것이다.[10]

이처럼 조선왕조에서 금기시되던 공화라는 말이 본격적으로 논의되기 시작한 것은 서양의 통치형태가 소개되면서부터이다. 일찍이 최한기(崔漢綺, 1803-1877)는 『지구전요』(地球典要, 1857)에서 영국의 의회와 미국의 민주정을 상세히 소개했다. 그는 영국 의회에 대해서 "도성에 의회[公會所]가 있다. 하나는 상원[爵房]이라 부르고, 하나는 하원[鄕紳房]이라 부르는 것으로 양분되어 있다. 상원은 작위를 가지고 있는 귀족들과 선교사들이 거하고, 하원은 서민들의 추천과 선택에 의해 뽑힌 재주와 학식 있는 자들이 거한다. (…) 이 제도는 구라파 제국들이 모두 같이 시행

9 『광해군일기』 14/8/10 癸酉. 이에 대해서 헌납 민심은 유학 한계가 이이첨의 말을 악의적으로 왜곡하여 인용하고 있다면서 공화의 또 다른 사례를 언급했다. 즉 이이첨은 본래 신하들이 국왕을 위해 "협화"(協和)하고 "상화"(相和)하는 정치를 하겠다는 뜻으로 공화라는 말을 사용했는데, "교묘하게도" 주나라 여왕의 사례로 왜곡되고 있다는 것이다. 민심에 따르면 이이첨이 원래 의도한 공화의 의미는 "주 선왕(周宣王) 때에 주공(周公)과 소공(召公)이 함께 공화의 정사를 행했다"는 주(周)나라 본기(本記)의 경우였다(『광해군일기』 14/8/11 甲戌). 이를 통해서 볼 때 공화라는 말은 좋은 경우(선왕의 사례)와 나쁜 경우(여왕의 사례)를 함께 지칭하는 양가적 용어라 할 수 있겠다.

10 물론 공화의 순기능을 말하는 경우도 있다. 효종 때의 참찬관 김익희(金益熙)의 말이 그것이다. 김익희에 따르면 주 여왕이 달아난 뒤 주공과 소공이 공화를 14년간 실시하여 왕의 은택이 사라지지 않았다. 이 때문에 주 선왕이 그것에 힘입어 주나라를 중흥시킬 수 있었다(『효종실록』 6/10/26 丙子). 하지만 조선왕조에서 공화라는 말은 국왕의 부재를 의미하는 것으로 간주되어 대체로 금기시되는 용어였다.

하고 영국만 그런 것은 아니다"[11]라고 하여 상하원의 이원적 조직과 기능 등을 자세히 소개하고 있다.

최한기는 또한 미국의 최고 권력자인 대통령[President, 勃列西領]를 "대총령"(大總領)이라고 명명하면서 대통령제적 민주정의 구성원리와 주요 관할업무를 설명했다: "건륭 54년(1789)에 논의하여 미국[米利堅]을 세워서 콜럼비아의 워싱턴을 우두머리로 삼았는데, 그 길로 국왕을 세우지 않고 프레지던트 1인을 두어서 전국의 군사, 형벌, 부세, 관리의 출척을 종리(綜理)하게 하였다. (…) 프레지던트는 4년을 임기로 하여 임기가 차면 대체하는데…… 한 번 더 연임할 수는 있으나 세습하거나 종신하는 일은 일절 없다"[12]는 설명이 그것이다.

그런데 세습하거나 종신하지 않는 프레지던트가 나라를 다스리고 국왕을 세우지 않는다는 미국의 사례가 19세기 중반에 이미 소개되었지만 그다지 큰 반향을 가져오지는 않은 것 같다. 그야말로 외국의 다양한 통치 형태의 하나를 개인적으로 소개한 것에 그쳤기 때문이다.

2. 개항기 이후의 입헌군주론

공화정이 우리나라에 공식적으로 소개된 것은 그로부터 30여 년 뒤였다. 1884년 1월 3일자(음력) 『한성순보』(漢城旬報)에는 '구미입헌정체'라는 논설이 실렸다. 그 요점을 정리하면 다음과 같다. "구라파주와 미주에는 여러 나라가 있으나 치국(治國)의 요(要)는 오직 두 가지가 있으

11 최한기, 『지구전요』 권7(여강출판사, 1986), 19-20쪽, 불랑서국 官.

12 같은 책, 권10, 8-9쪽, 북아묵리가미리견합중국 官.

니 군민공치(君民共治)와 합중공화(合衆共和)로서 모두 입헌정체라고 칭한다." "군주국은 그 위(位)를 세습하지만 합중공화는 세습의 예(例)가 없기 때문에 대통령이 그를 대신하며, 대통령의 임직에는 역시 연한이 있다."[13]

갑신정변(1884년 12월 4일) 이전에 개화파의 기관지였던 『한성순보』에 입헌군주제의 유형과 삼권분립의 장점, 그리고 선거방법까지 구체적으로 소개된 것은 특기할 만하다. 하지만 아직까지도 전제군주제의 취약점을 인지하고 입헌군주제, 특히 군민공치제도를 선망하는 차원에 머물렀다. 전제군주제를 입헌군주제로 개혁하려는 움직임은 갑신정변을 계기로 드러났다. 1884년 12월 6일 선포된 '혁신정강' 중에서 13조와 14조가 그것이다. 혁신정강 13조는 "대신과 참찬은 날마다 합문 내 의정소에 모여서 토의 결정한 후 정령을 포고하여 정사를 시행할 것"이라고 선언되었으며, 14조는 "정부 육조 이외의 중요하지 않은 벼슬아치[冗官]들은 다 혁파하되, 대신과 참찬으로 하여금 작량(酌量) 의정(議定)하여 품계(稟啓)하게 할 것"이라고 포고하고 있다.[14] 국왕에 의한 전제적인 결정이 아니라 의정소에 모인 신료들이 의논해서 결정하고 집행한다는 입헌군주제의 의지를 천명한 것이다. 그러나 갑신정변이 '3일천하'로 실패함으로써 입헌군주제로의 전환 시도는 좌절되었다.

입헌군주제가 실현된 것은 그로부터 10년이 지난 후인 1894년 갑오경장에 이르러서였다. 1895년 1월 7일 고종이 종묘에서 선언한 '홍범

---

13 『한성순보』 제10호(1884년 1월 3일자), 歐米立憲政體 참조.

14 김옥균, 『갑신일록』 1884년 12월 5일조, 『김옥균전집』(아세아문화사 1979), 95-96쪽. 신복룡 교수 등이 최근에 쉬운 우리말로 편역한 『갑신정변 회고록』(건국대학교출판부 2006), 132쪽 참조.

14조'의 제2조는 "왕실 전범을 제정하여 대위(大位) 계승과 종척(宗戚)의 분의(分義)를 밝힌다"라고 되어 있으며, 제3조는 "대군주는 정전(正殿)에 나아가 정사를 보되 친히 각 대신에게 물어 재결하고, 왕비나 후궁, 종친이나 외척은 정사에 관여하지 못한다"[15]라고 하여 왕위 계승의 문제와 함께 국왕의 권한, 그리고 종친과 외척의 정치참여 금지를 규정하고 있다. 이 외에도 홍범14조는 왕실사무와 국정사무를 분리(제4조)하고 왕실비용을 절감하는(제8조) 등 국왕의 권한을 축소하는 것으로 일관되고 있다. 그러나 을미사변(1895년 8월 20일)과 아관파천(1896년 2월 11일)으로 갑오경장 내각이 붕괴되면서 왕권축소 시도는 중단되었다. 러시아공사관에서 조직된 신정부는 '구본신참'(舊本新參)의 원칙을 내세우면서 갑오경장 내각이 수립한 내각제도를 폐지하고 의정부를 복구하는 등 국왕 중심의 정치체제를 수립했다.[16]

하지만 군민공치의 방식으로 입헌군주제를 실현하려는 움직임은 멈추지 않았다. 그 움직임은 독립협회라는 시민단체와 『독립신문』 같은 언론매체를 통해 추진되었다. 1896년 7월 2일 창립된 독립협회는 열강의 침략의 위협 하에서 전제군주제가 국왕의 동의 하나만으로 국권이 박탈될 수 있는 취약한 체제임을 절감하고 입헌대의군주제의 수립을 정치운동의 목표로 삼았다. 서재필 등 독립협회의 핵심인사들이 다수 참여한 『독립신문』에는 전제군주의 취약성을 다음과 같이 지적했다.

> 대저 동양 풍속이 나라를 정부가 독단하는 고로 나라가 위태한

---

15 『구한국관보』 제1권, 개국 503년 12월 12일자; 『고종실록』 31. 12. 12 甲寅.

16 신용하, 「19세기 개화파의 자주적 근대화 사상의 구조」, 『한국사학』 6(한국정신문화연구원, 1985), 123-24쪽.

때를 당하여도 백성은 권리가 없으므로 나라 흥망을 전혀 정부에다가 미루고 수수방관만 하고 정부는 나중에 몇몇 사람이 순절(殉節)만 할 줄로 성사를 삼는 고로 나라 힘이 미약하여 망하는 폐단이 자주 날뿐더러…….[17]

"정부, 즉 국왕이 나라를 독단하기 때문에 나라 힘이 미약하여 망하는 폐단이 자주 난다"는 이 지적은 을사조약(1905년 11월 17일)을 체결할 때 현실화되었다. 이토 히로부미가 고종황제에게 '보호조약안'의 수락을 강요하자, 고종은 "나도 그것을 알고 있지만 정부 관료에게 자문하고 또 인민의 의향을 물어야 한다"고 미루었다. 이에 대해 이토 히로부미는 "정부 관료들에게 자문하는 것은 있을 수 있지만, 인민의 의향을 묻는다는 말은 기괴천만한 일이다. 왜냐하면 귀국은 헌법정치가 아니고 군주전제국이기 때문이다"라고 반박했다.[18] 입헌군주국이 아닌 전제군주국에서는 황제의 재가와 내각의 동의만으로 조약을 합법화할 수 있다는 논리였다.

어쨌든 이런 문제점을 인식하고 있었던 입헌군주제 추진세력은 대중 강연과 거리시위를 통해 전제군주제의 개혁을 요구했다. 대략 1898년 3월부터 본격화된 이들의 정치운동은 10월 12일에 친러내각을 붕괴

---

17 『독립신문』 1898년 12월 15일자.

18 강만길, 『한국근대사』(창작과비평사, 1984), 209-10쪽. '을사조약' 체결 당시의 분위기는 황현·임형택 외 역, 『매천야록』(梅泉野錄)(문학과지성사, 2005), 254-57쪽 참조. 『매천야록』에는 고종이 "널리 묻고 알아보아 결정지어야 한다"고 말하자 이토 히로부미가 다음과 같이 말한 것으로 기록되어 있다: "인민이 제멋대로 떠드는 의론은 마땅히 병력으로 진정할 것이니 폐하께서는 양국의 우의를 각별히 생각하여 즉시 처분을 내려주시기 바랍니다"(255쪽).

시키고 박정양, 민영환(閔泳煥) 등을 중심으로 한 개혁파 내각을 수립하기에 이르렀다. 그런데 이 과정에서 제기된 '공화정 수립 음모론'은 어렵사리 채택된 일종의 한국적 의회의 원형인 중추원을 좌절시켰다. 즉 독립협회 회원 등 시민들이 건의한 헌의6조를 고종황제가 받아들여 새로 수립된 중추원 제도(11월 2일)는 조병식의 고발로 인해 무산되고 말았다. 즉 조병식은 "독립협회 세력이 (왕정을) 공화정으로 체제를 바꾸고 (고종을 폐위한 뒤) 박정양을 대통령으로 삼으려 한다"고 고종에게 일러바쳤는데, 이에 위기의식을 느낀 고종은 중추원 제도를 폐지하고 독립협회를 해산시켰다(11월 4일).[19]

어쩌면 왕조체제에서 공화정 수립론이 갖는 위험성은 당연한 것이라 할 수 있다. 이 때문에 유길준은 공화정의 존재를 알고 있으면서도 입헌군주제를 선호했다. 그에 따르면 각국의 정체는 ① 군주가 천단(擅斷)하는 정체, ② 군주가 명령하는 정체(압제정체), ③ 귀족이 주장하는 정체, ④ 군민이 공치하는 정체(입헌정체), ⑤ 국인이 공화하는 정체(합중정체)로 나뉜다.

당시 조선은 ②에 해당되었는데, 유길준 자신은 ④의 입헌정체를 가장 선호했다. 왜냐하면 "이 정체는 그 국중에 법률과 정사의 전반과 대권을 군주 일인이 독단하는 것이 없고, 의정의 여러 대신이 반드시 먼저 작정하고 군주의 명령으로 시행"하게 되는데, "대개 의정의 여러 대신은 인민이 천거하여 정부의 의원이 되는 고로 그 천주(薦主)되는 인민을 대표하여 그 사무를 행"하기 때문이다. 그에 따르면, "인군(人君)의 권세도 한정한 경계가 있어야 법외에는 일보도 나갈 수 없고, 서인(庶人)에 이르

19 신용하, 앞의 책(하권), 509-14쪽.

기까지 지공한 도를 지켜 비록 소사(小事)라도 사정을 따라 행"할 수 없게 된다.[20]

독립협회 회원 중에도 공화정을 주장하는 사람들이 있었다. 이건호(李建鎬), 최정덕(崔廷德), 이승만(李承晩)을 비롯한 일부 청년들은 만민공동회를 주도하면서 공화정을 주장하기 시작했다. 이들의 공화정 사상은 특히 배재학당 학생들을 비롯해 청년학생들 사이에 널리 퍼지고 큰 지지를 받았다. 하지만 독립협회의 중견간부들은 공화정 수립론의 위험성을 감지하고 관민공동회에서 이 사항을 금지항목으로 설정했다. 즉 1898년 10월 28일에서 11월 2일까지 6일간 서울 종로에서 개최된 관민공동회의 규성 중 첫째 항목으로 "황제와 황실에 불경한 언행은 엄금하며, 민주주의와 공화주의를 옹호하는 연설을 금한다"[21]라고 한 규정이 그것이다.

결국 공화정의 실시가 공식적으로 천명되고 명문화된 것은 1919년 고종의 붕어와 3·1운동 이후 수립된 임시정부에 의해서였다. 서재필이 1919년 4월에 말한 것처럼 "한국은 1905년까지 하나의 독립된 왕국"이었으며, "1919년 3월에 (…) 민주공화국 임시정부를" 조직했는데, "이 임시정부는 공화주의의 형태로 이루어졌고, 그 지도정신은 진정한 민주주의의 이념"이라고 선언된 것이다.[22] 그러면 1905년 일제에 의해 멸망한[23] 대한

---

20 유길준, 『서유견문』, 『유길준전서』 제1권(일조각, 1996), 164-65쪽.

21 "An Assembly of All Caste," *The Independent* Vol. 3 No. 128, 1898. 11. 1.

22 『독립운동사자료집』 제4집(3·1운동사자료집), 독립운동사편찬위원회 1974, 99-100쪽.

23 대한제국이 '한일협상조약'(1905년 을사보호조약)으로 끝났다고 보는 근거로는 다음과 같다. 비록 "한국 황실의 안녕과 존엄의 유지"를 보증한다고 명시했지만(5조), ① 모든 외교권을 박탈당했고(1, 2조), ② 통감(統監)에게 국내 통치권마저 빼앗겼기 때문이다.

제국을 복구하려는 노력은 없었는가? 그리고 1919년 임시정부가 수립될 때 사람들은 어떤 생각으로 공화정을 선언했는가? 이에 대해서는 장을 바꾸어서 살펴보기로 한다.

Ⅲ. 3·1운동 전후의 왕정–공화정 논쟁과 복벽운동의 전개

1. 만주와 연해주에서의 복벽운동

『조선왕조실록』에서 복벽이라는 말은 5회 나오는데, 두 가지 의미로 사용되고 있다. 그 하나는 복벽의 사전적 의미, 즉 "물러났던 임금이 다시 왕위에 오른다"[24]는 뜻으로서 몽골족에게 사로잡혀 간 명나라 영종(英宗)황제가 풀려나오면서 잠시 그의 동생 성왕(郕王)에게 갔던 제위를 다시 회복한 것을 지칭하고 있다(『세조실록』, 3. 6. 3 乙未). 다른 하나는 국왕이 아닌 다른 사람이 국정을 돌보다가 다시 국왕이 친정(親政)하게 되는 경우를 가리키고 있다. 명종(明宗)이 문정왕후의 수렴청정을 끝내고 집정하게 된 때(『명종실록』, 4. 7. 12 丙申, 4. 8. 19 丙申, 4. 8. 26 癸亥, 『광해군일기』, 4. 9. 18 己酉)가 그것이다. 다시 말해서 복벽이란 특정 국왕이 다시 왕위(王位)를 되찾는 것 내지 다른 방식으로 운영되던 정치체제가 원래의 왕정(王政)체제로 복귀하는 것을 가리키는 것으로 정의할 수 있겠

---

24 이희승 감수, 『민중 엣센스국어사전』(민중서림, 1998).

다.[25]

이렇게 볼 때 1907년의 고종의 퇴위와 군대해산에 항의하면서 "근왕적 의병전쟁"[26]을 전개한 의병 집단은 대표적인 복벽세력이었다고 하겠다. 이를테면 1912년에서 1914년에 이르기까지 임병찬(林炳瓚) 등이 전주지역을 거점으로 전개한 의병활동은 복벽의 성격을 강하게 가지고 있었다. 하지만 일본군의 '대토벌작전'의 전개로 국내 의병들은 연해주 등지의 해외로 이동하여 활동했다. 예컨대 유인석 부대는 서간도의 통화(通化)현과 지안(集安)현으로, 이진용(李鎭龍)·박장호(朴長浩) 등은 창바이(長白)현·무송현·지안현·린장(臨江)현 등지로, 그리고 조병준(趙秉準)·전덕원(全德元) 등은 관전현과 환런(桓仁)현 등으로 각각 이동하면서 왕정체제를 회복하려 했다.[27]

그런데 이들 의병지도자들에게는 일본군 말고도 넘어야 할 산이 있었다. 그것은 되찾아야 할 독립된 정부의 성격에 대한 의견차였는데, 만민공동회 때부터 등장했다가 1910년 합병으로 더욱 높아진 공화정 수립파의 목소리가 그것이다. 만민공동회의 좌절과 한일합병 과정에서 고종의 역할에 실망한 이들은 전제군주제로의 복귀 대신 공화정의 수립을 희망

25 이현주는 "'구체제로의 복귀', 즉 전제군주제로의 지향"을 복벽주의라 정의한다. 그는 "구체제로의 복귀라 해도 그것이 전제군주제가 아닌 입헌군주제를 지향하는 경우 '보황주의'(保皇主義)라 한다"는 조동걸의 견해를 언급하면서도 복벽주의가 보황주의를 포함하는 보편적인 개념이라고 말하고 있다. 이현주, 『국내 임시정부 수립운동과 사회주의세력의 형성(1919-1923)』, 인하대 박사학위논문 1999, 63쪽 각주. 이 논문은 앞에서 인용한 책(2003)으로 출간되었다.

26 조동걸, 『한국근현대사의 이상과 형상』(푸른역사, 2001), 137-139쪽.

27 같은 책, 98, 139쪽 ; 박환, 「대한독립단의 조직과 활동 : 복벽주의계열의 독립운동단체 일사례」, 한국민족운동사연구회 편, 『한국민족운동사연구』 3(지식산업사, 1989), 188쪽.

하고 있었다. 특히 중국에서 독립운동을 하던 사람들에게 중국의 왕정타파는 충격적이었던 듯하다. 신해혁명(1911년 10월 10일)에 이은 중화민국 임시정부의 수립(1912년 1월 1일), 그리고 쑨원(孫文)과 위안스카이(袁世凱)의 협상에 의한 청나라 황제의 퇴위(1912년 2월 12일)로 이어지는 혁명적 변화는[28] 위정척사 차원에서 '복벽'을 달성하고자 했던 의병지도자들에게 큰 충격이었던 것이다.

실제로 복벽주의 계열의 의병집단인 대한독립군은 광복군사령부로 전환하는 과정에서 내부의 갈등을 겪었다. 대한독립군 내부조직인 총재부 안에서 노년층은 '왕정'을 선호해서 각종 선언문 등에 단기(檀紀) 내지 융희(隆熙)라는 연호를 주장했다. 이에 비해 임시정부와의 연대를 중시한 소장층은 민국(民國)의 연호를 주장했다. 이들의 대립은 점차 악화되어서 내부적으로 분열되기에 이르렀다. 즉 노년층은 박장호, 백삼규(白三奎), 전덕원 등이 주축이 되어 기원(紀元)독립단을 새로 조직했고, 민국의 연호를 주장하던 소장층은 조병준, 신우현(申禹鉉), 변창근(邊昌根) 등의 지도 하에 민국독립단을 조직했다.[29]

한편 그에 앞서 연해주에서 활동하던 의병대장 유인석은 1912년 중국의 중화민국 수립으로 복벽운동이 흔들리자 공화제를 비판하고 나섰다. 그에 따르면 군주제는 적지 않은 폐단에도 불구하고 자칫 외세의 내정간섭을 초래해 국가를 지키기 어려울 수 있는 선거제보다 훨씬 나았다. 국민적 통합과 정치적 안정을 도모하는 데에 유리한 군주제야말로 외세침략을 막아낼 수 있는 최선의 통치 형태라는 것이었다. 그는 아울러

28 임계순, 『청사, 만주족이 통치한 중국』(신서원, 2000), 679-80쪽.

29 김준엽·김창순, 『한국공산주의운동사(4) : 민국독립단』(고려대아세아문제연구소 1974), 68-69쪽.

군사적 자립을 위해 국민개병제를 실시하는 한편 서양의 무기를 도입해야 한다고 주장했다.[30]

복벽운동은 남만주지역에서도 전개되었다. 1923년 봄에 남만주의 대한통의부(大韓統義府)의 이른바 '유림파'(儒林派)의 전덕원은 김평식(金平植), 오완하(吳完夏), 이덕(李悳) 등과 더불어 '통의부'를 이탈해 '의군부(義軍府)'를 조직하고 '통의부'와 유혈충돌까지 벌였다.[31] 이에 대해 채근식은 『무장독립운동비사』에서 다음과 같이 적고 있다.

> 불행히도 간부 중 양기탁(梁起鐸)과 전덕원 등의 의견불화로 의군부의 독립을 보게 되었다. 전덕원은 한말 의병대장 출신이요 대한독립단의 군사부장으로 활약하던 유림으로 복벽운동을 꿈꾸는지라 신사조에 젖은 지사들과 감정 분열이 생겼다. 전덕원은 김평식·오완하·이덕 등과 의군부를 조직하고 채상덕(蔡相悳)을 총장으로 추대하고 이천민(李天民)을 군사부장으로 하여 양부(兩部)에서는 피비린내 나는 대규모의 유혈전이 있었다.[32]

그후 5년이 지난 1928년 1월 20일자 《조선일보》에 "상투 틀고 독립운동"한 "'의군부'의 수령(首領)"이라고 소개된 전덕구 역시 격렬한 복벽주의자였다. 그는 "즐풍목우(櫛風沐雨, 바람에 빗질하고 비에 목욕함)로 23년"을 지내면서 왕정복구를 신념으로 가지고 있었다. 대한제국이 일제에 의해 강제로 패망되었기 때문에 다시 독립된 조국의 모습은 응당 원래

30 유인석, 『의암집』 연보(경인문화사, 1973).

31 『독립신문』(上海) 1923년 5월 12일자, 5월 26일자.

32 채근식, 『무장독립운동비사』(대한민국공보처, 출판연도 불명), 127쪽.

의 체제인 왕정이어야 한다고 생각한 것이다.

그러나 이런 복벽론자들의 신념은 공화정을 수립하려는 집단의 비판을 받았다. 공화정 수립론자들은 중국이 이미 공화제를 수립했고, 러시아도 1917년 혁명으로 사회주의의 길을 가고 있는 판국에 다시 왕정을 복고하겠다는 것은 무의미한 생각이라고 주장했다. 예컨대 '대한민국회장' 구춘선(具春先)이 '대한민국 2년 4월'에 발표한 포고문은 그러한 생각을 잘 말해주고 있다.

> 동포여! 군인이 되려면 정부의 군인이 될 것이요, 죽을 것이라면 정의의 공화(共和) 기치 아래 죽을 것이다. (…) 임시정부 이외에 복벽주의 단체들의 군인이 되어 죽는다는 것은 하등의 가치도 없고 어떠한 성공도 이룰 수 없을 것이다. 가치 있고 성공적으로 죽으려 한다면 공화정부의 군적에 등록하여 공화정부의 군인이 되어라.[33]

"복벽단체의 군인으로 죽는다는 것은 하등의 가치도 없다"는 포고문(1921년 4월)에서 공화정론자와 복벽론자 사이에 건널 수 없는 간극이 있음을 발견할 수 있다. 이런 양 세력 사이의 대립과 갈등은 한동안 계속되었다. 하지만 재만 동포들이 복벽주의를 주장하는 단체에는 군자금을 제공하지 않는 등 여건이 공화주의 쪽으로 기울게 되자,[34] 복벽계열이었던 의군부가 상해임시정부 직할하의 군부대에 합류되고 육군주만참의부(陸軍駐滿參議府)에 편입되었다. 이후로 서간도에서 복벽주의 독립운

---

33 김정명 편, 『명치백년사총서 : 조선독립운동(III)』(東京 : 原書房 1963).

34 박환, 앞의 글 195쪽 각주.

동은 크게 약화되었다.[35]

2. 국내에서의 복벽운동

3·1운동을 전후해 왕정을 복구하려는 움직임은 국내에서도 있었다. 그 대표적인 예가 대동단이다. 대동단은 앞에서 언급한 것처럼, '한성정부' 수립의 취지문과 선언서 등을 작성하면서 '민국기원'이 아닌 '건국기원'을 사용했다. 전협, 최익환(崔益煥) 등이 이끈 대동단은 대한제국으로 되돌아가려는 목표를 가지고 독립운동을 전개했는데, 이는 '의친왕 망명기도사건'에서 잘 드러났다.[36]

이 사건은 의친왕(義親王) 이강(李堈)으로 하여금 "해외로 나가서 강화회의(講和會議)나 국제연맹에 출석하여 조선인이 치열하게 독립운동을 하고 있는 상황을"[37] 국제적으로 알리려는 목적으로 추진되었다. 비록 의친왕이 상해로 탈출하려다 안둥(安東)역에서 검거되고 말았지만, 이 사건은 복벽세력의 독립운동 전략을 상징적으로 보여준다. 대동단의 총재이자 이 사건을 계획한 김가진은 "독립에 관하여 조선 내에 사는 사람과 해외에 재류하는 사람의 사상이" 다르다는 현실을 직시하고, 이를 통합할 수 있는 계기를 마련하고자 했다. 그는 비록 복벽정부의 수반으로서 의친

---

35 김준엽·김창순, 앞의 책 89-101쪽.

36 의친왕 망명기도사건에 대해서는 신복룡, 『대동단실기』(선인출판사 2003) 참조. 이 책은 관련 사실을 넌픽션 스타일로 재구성하여 생생하게 이해할 수 있게 한 바, 이는 정치사에 대한 새로운 접근법으로 주목된다.

37 「대동단사건」 1, 『한민족독립운동사자료집』 5, 136쪽, 정남용에 대한 예심조서 3.

왕 이강이 "다소 부족하다"고 생각했지만 그 당시 "이왕 전하—순종(純宗)—는 창덕궁에 계시고, 왕세자 전하—이은(李垠)—는 일본에 계시어 용이하지" 않았기 때문에 의친왕을 선택했다.[38]

이들은 의친왕이 임시정부로 망명하게 된다면 임시정부의 여러 정치세력들을 규합하고 일제와의 투쟁을 가장 효과적으로 알릴 수 있을 것이라고 생각했다.

> 일제와 투쟁하는 데 있어 가장 효과적인 성공은 우리 왕족이 상해 임시정부로 합친다면 그 이상 좋은 선전이 없다는 관점에서 의친왕의 상해망명이 유지(有志)들 간에 비밀리에 추진되고 있었다. 의친왕은 역대 다른 왕자와 같이 정치에 간여 않고 일종의 유랑생활로 생명을 유지해오고 있었다. 마치 대원군이 집권하기 전에 부랑자로 가장한 것과 마찬가지로 의친왕은 일본 관헌에게 의지가 없는 부랑아로 보였던 것이다. 이런 요건을 파악하고 있던 그의 매부 김춘기(金春基)씨는 그를 변장시켜 상해로 망명을 시키려다가 열차 안에서 체포되었던 것이다.[39]

---

38 「대동단사건」 1, 『한민족독립운동사자료집』 5, 180-81쪽, 이달하 신문조서 3. 참고로 고종의 가계도는 다음과 같다.
고종 — 명성왕후 민씨 → 1남(순종)
— 귀비 엄씨 → 1남(영친왕 은, 1897-1970) → 2남(진, 구)
— 귀인 이씨 → 1남(완친왕 선, 1868-1880)
— 귀인 장씨 → 1남(의친왕 강, 1877-1955)
— 귀인 정씨 → 1남(우)
— 귀인 양씨 → 1녀(덕혜옹주)

39 임병직, 『임병직 회고록 : 근대 한국외교의 이면사』(여원사, 1964), 172쪽.

"상해의 임시정부는 물론 길림의 동지 등도…… 인심을 하나로 합칠 수 있는"[40] 기회를 마련하려던 대동단의 이와 같은 시도는 안타깝게도 좌절되었다. 1919년 11월 9일 서울을 출발, 경기도 고양에서 하루를 보낸 뒤 다시 수색역에서 기차로 한·중 국경인 안동현에 도착했지만, 현지에서 일본 경찰에게 체포되고 말았던 것이다. 이 사건을 추진한 전협에 따르면 대동단은 "상해임시정부 조직의 취지에 찬성하지 않았다." 따라서 의친왕을 상해로 망명시켜 "김가진, 이강 등을 중심으로 한 조선독립 기관을 설치할" 계획이었다. 그리고 그 기관의 취지는 공화정이 아닌 왕정체제를 지향하고 있었다. 1919년 여름 전협으로부터 대동단의 '독립선언서' 기초를 부탁받은 장지영에 따르면 전협은 "왕을 세워야 한다"고 주장했다. 즉 "지금 상해에는 임시정부가 섰소. 그러나 우리나라가 오래 군주국가로 내려온 터이니 지금 대통령을 세운대야 이 민족의 단결이 이루어지기 어렵소. 하니 우리 왕을 하나 세웁시다"라고 말했다. "고종황제의 아드님 한분을 모시고 상해로 나가서 한나라 말년에 소의황제를 세운 듯하면 인심이 움직일 것이니 우리 임시정부를 우리 왕통정부로 만들어봅시다"[41]라고 주장한 것이다.

그리고 이런 생각은 비단 대동단원의 생각만은 아니었다. 처음에 머뭇거리다가 망명계획에 협조한 의친왕 스스로가 조선의 복벽에 강한 신념을 가졌다. 그는 상해로 망명한 후 장차 대한제국의 망명정부를 수립하려고 했다.

---

40 「대동단사건」 1, 『한민족독립운동사자료집』 5, 160쪽, 김춘기 경찰신문조서 2.

41 장지영, 「국어교육에 바친 평생」, 『월간중앙』 1974년 7월호, 204쪽. 주시경의 제자로 한글학자인 장지영의 민족운동에 대해서는 이현주 「일제하 장지영의 민족운동」, 『새국어생활』(국립국어원, 1997) 가을호 참조.

> 우리 집안은 남달리 조선 5백 년 동안의 주인으로 서 온 집안으로서, 그 이외의 조선인은 하인 또는 손발과 같은 관계인데, 그 하인·손발인 2천만 사람들이 주인을 생각하여 조선독립을 위해 소요(騷擾)하고 있음에 그 주인이 모르는 체하고 있을 수는 없다. (…) 이태왕(李太王, 고종, 1852-1919)의 붕어는 그들(일본) 때문에 독살되신 것으로 그들은 아버지의 원수이므로 어떻게 하든지 그 원수를 갚지 않으면 안 된다.(…) 조선 이외의 곳으로 가지 않으면 안 된다. 그러므로 나는 지금부터 외국으로 가서 외교방면에 대해 후원을 하지 않으면 안 된다.[42]

이처럼 의친왕을 비롯한 복벽세력들은 다분히 왕조 중심적인 생각을 가지고 있었다. 그들은 "조선의 현재의 상황은 이조 5백년이 죄 없이 망했다는 이구동성의 민심"에 기반해 있다고 판단했다. 그들에 따르면 "가(假)정부(임시정부)가 주장하는 대통령이라든가 공화정치라든가 하는 것은 신용하는 사람이 적다. 이와 반대로 이조 복벽에는 찬성하는 사람이 적지 않았다."[43] 요컨대 이들 왕정복구론자와 공화정론자들 사이에 의견이 대립되고 충돌되는 것은 불가피했다. "이조재흥"(李朝再興)을 위해 "황제를 추대"하려는 생각과 "인민이 나라의 주인"이고 "관인은 인민의 종"[44]으로 보는 생각이 양립할 수는 없기 때문이었다.

42 「대동단사건」 1, 『한민족독립운동사자료집』 5, 135-36쪽, 정남용에 대한 예심조서 3.

43 「대동단사건」 1, 『한민족독립운동사자료집』 5, 197쪽, 정두화 경찰신문조서 2.

44 『독립신문』 1898년 11월 16일자.

결국 의친왕 망명사건의 좌절로 주요 인물이 납치되고 중국에서 공화정체가 수립되는 등 공화정이 "세계적인 추세"로 자리잡아감에 따라 복벽주의는 국내에서도 점차 세력을 잃어갔다. 특히 대동단 세력조차도 사회주의를 수용하는 등 왕정복구론자들의 입지는 크게 좁아졌다. 즉 1919년 4월 23일의 창립선언에 없던 "사회주의 실행"이 같은 해 9월의 '임시규칙'에 등장하고 있으며, 최익환과 권태석(權泰錫), 김사국(金思國), 김영철(金永喆) 등 초기 대동단의 지도부 일부와 청년·학생층에 속했던 인물들이 출옥 후에 서울청년회의 조직에 관여하면서 사회주의운동에 투신하고 있는 것이다.[45]

Ⅳ. 맺는말

이상에서 살펴본 바와 같이 조선왕조가 패망한 이후 1919년 3·1운동을 전후하여 왕정을 복구하려는 운동이 국내와 만주, 연해주 일대에서 전개되었다. 따라서 임시정부헌장의 선언을 기점으로 모든 복벽주의가 극복되었고, 공화주의 이념이 정립된 것으로 간주해서는 안 된다. 그것은

45 이현주, 앞의 책 128쪽. 이현주는 복벽주의와 사회주의라는 얼핏 어울리지 않아 보이는 두 이념이 만날 수 있는 요소로 '대동사상'을 들었다. 『예기』「예운편」에 "대도가 행해졌을 때 천하는 공공의 것"이라는 문구는 곧 사회주의의 이상사회와 연계된다는 것이다. 그는 또한 중국의 캉유웨이(康有爲)가 입헌군주제를 선호한 '보황주의자'이면서도 "태평성세에는 인류가 모두 평등하며 계급이 없고, 국경 또한 없어진다"〔캉유웨이, 이성애 옮김, 『大同書』(민음사, 1991), 510쪽〕고 주장한 점에서 이들 복벽주의자들의 사회주의자로의 전환이 전혀 이상하지 않다고 주장했다.(이현주, 같은 책 129-33쪽).

사실과 다를 뿐만 아니라 왕정복구운동을 시대착오적인 것으로 간주하는 잘못을 범하기 때문이다. 왕정복구운동은 유인석의 주장에서 보았듯이 단순히 왕정을 회복하자는 움직임이 아니라 어떤 체제가 외세를 막아내고 정치를 안정시키는 데 더 효과적인가에 대한 전략과 관련되어 있다. 그리고 그것은 좋은 정치체제란 어떤 것인가에 대한 한국 정치사상의 뿌리 깊은 논쟁과 잇닿아 있다. 이를 좀더 구체적으로 살펴보면 다음과 같다.

첫째, 왕정론은 우리 역사의 도처에서 다른 용어로 사용되고 표출된 통치형태론의 하나이다. 예컨대 세조는 상대적으로 신하들의 재량권이 중시되는 '의정부서사제'(議政府署事制)를 비판하면서 "어찌 고금천하(古今天下)에 먼저 신하에게 품(稟)하는 일이 있는가? 한 사람에게 (명을) 듣는 의리에 어찌 또한 심히 어긋나지 않겠는가? 만일 논하는 바와 같이 한다면 권력이 장차 옮기는 바를 알지 못할 것"(『세조실록』, 7. 6. 23 壬辰)이라고 말하고 있다. 이른바 '한 사람에게 명을 듣는 의리[聽於一人之義]'는 국왕을 중심으로 한 정치운영론을 표현한 것이다. 그것은 또한 조선 후기의 정조가 "'오직 임금만이 극을 만든다(惟皇作極)' 하지 않았던가. 위에서는 극을 세우고 밑에서는 그 극을 돕는 것인데… … 집의 중심[屋極]이 일단 세워져야 문지도리·문기둥·문빗장·문설주 등이 각기 제자리에 들어서고 북극이 그 자리에 자리 잡고 있어야 수많은 별이 에워싸고 돌아가는 법"(『정조실록』, 24. 6. 16 丁卯)이라고 하여 국왕중심론을 강조한 것과 맥을 같이한다.

이렇게 볼 때 만민공동회 당시 독립협회가 주장한 입헌군주론과 고종의 전제군주론 사이의 논쟁이나 이 글에서 살펴본 일제시대의 공화정론과 왕정론은 유서 깊은 일극정치론과 다극정치론의 연장선상에서 이해할 수 있을 듯하다.

둘째, 공화주의자들의 주장과 (임시헌장으로 구체화된) 운동이 타당하고 역사적 의미가 있는 것처럼 복벽주의자들의 주장과 움직임 역시 역사의 전당에서 제자리를 잡게 해야 한다. 특히 최익환과 전협 등이 한때 일진회 회원이었다는 사실 때문에 그 후 그들이 한 독립운동까지 무시되는 경향이 있다. 그들이 대동단원으로서 독립운동을 할 당시는 물론이고 지금까지도 소외되고 있는 것이다. 하지만 그들이 원래 추구한 바가 전제군주론으로 표현되는 왕정체제를 통한 독립과 개혁이었다면 그들의 입장 역시 재평가될 필요가 있다. 특히 독립협회의 의회개설운동이 진보적인 개혁론으로 평가되는 데 비해, 고종과 일진회가 추구한 황제권강화론은 수구적인 태도로 매도되곤 한다. 하지만 독립협회와 만민공동회 추진을 일본이 내밀하게 지원했다는 주장이 제기된 만큼[46] 일진회와 고종의 개혁 목표 및 역할에 대해서 재검토할 필요가 있다.

끝으로, 복벽운동이 실패하게 된 요인을 내적 측면과 외적 측면으로 나누어 살펴볼 수 있다. 왕정론자들이 주장한 논리의 약점, 예컨대 전제군주국에서 정치가 안정되고 외세침략으로부터 방어하기 쉬운가가 그것이다. 앞에서 지적한 것처럼 이토 히로부미가 고종에게 조약조건으로 내세운 국왕의 재가문제는 왕정론자의 논리적 약점을 보여준다. 다른 한편 외적 요인으로서 고종, 순종 등 실존한 국왕들의 실망스런 모습, 중국의 왕정타파 등 주변환경의 변화도 함께 비판적으로 고찰해야 할 대상인바, 이는 추후 연구를 통해 구명할 예정이다.

---

46 주진오, 「19세기 후반 개화개혁론의 구조와 전개 : 독립협회를 중심으로」, 연세대 박사학위논문 1995 ; 이태진, 『고종시대의 재조명』(태학사, 2000), 서장.

4장

대한민국 건국헌법의 역사적 기원(1898-1919) : 만민공동회, 3·1운동, 대한민국임시정부헌법의 '민주공화' 정체 인식을 중심으로*

서희경 경희대학교

I. 문제의 제기

이 연구는 1948년 대한민국 건국헌법의 역사적 기원을 고찰하기 위한 시도이다. 구체적으로는 1948년 건국헌법의 '민주공화' 정체에 대한 인식을, 19세기 이래의 한국역사와 정치적 경험 속에서 추적하여, 그것이

* 이 논문은 『한국정치학회보』 40집 5호(2006 겨울)에 게재되었고, 일부 내용은 『대한민국 헌법의 탄생 : 한국헌정사, 만민공동회에서 제헌까지』(파주 : 창비, 2012) 제2장에 수록되었음을 밝혀둔다.

대한민국임시정부헌법—건국헌법의 원형이 되는—과 건국헌법의 조항으로 어떻게 법전화되었는지 살펴보고자 한다.

한국 역사에서 민주공화제를 '선언'의 형태가 아니라 '헌법'에 규정한 것은 1919년 4월 11일에 수립된 대한민국 임시정부가 최초이다. 요컨대 '민주공화'에 대한 광범위한 사회적 합의는 1945년 해방 후가 아니라, 1919년 3·1운동 발생과 대한민국 임시정부가 수립되는 기간을 전후하여 이미 이루어졌던 것이다. 그렇다면 1919년 대한민국 임시정부 헌법의 "민주공화제" 규정은 어떻게 가능하게 되었을까? 이 연구에서는 1898년 만민공동회의 「헌의 6조」 의결 이후 1919년 대한민국임시정부 헌법에 의해 민주공화정체로 귀결될 때까지 '민주공화'에 대한 인식이 구체적으로 어떻게 변화·발전되어 왔는지를 살펴보고자 한다.

이러한 연구를 통해서 본 논문은 건국헌법에 대한 두 가지 편향을 재검토하고자 하는 목적을 갖고 있다. 그것은 첫째, 대한제국의 소멸과 미군정의 수립에 의해, 건국헌법의 이념이 자동적으로 형성되었다는 인식이다.

> 「공화국」은 우리 사회의 식민화와 동시에 소멸된 그 「대한제국」에 대한 당연한 역사적 부정이며, 또한 정치적 기본질서에 있어서의 그 자유민주주의는 미군의 진주에 오는 당연한 결과였다. 바로 그러한 까닭에 제헌헌법의 제정과정에 있어서는 그 논의의 대상은 대체로 권력구조, 경제질서, 그리고 常識적 의미의 기본권이었고, 가장 기본적인 공화국, 국민주권, 정치적 기본질서 등에 대해서는 거의 언급이 없었다. 그것은 이러한 사항 등은 그 당시의 정치적 상황에 의하여 그 스스로가 자명한 것으로 전제되었기 때문이었다(한태연 1988, 41).

이상은 건국헌법에 관한 가장 일반적 인식이다. 요컨대 현대 한국의 헌정은 한국인의 정치적 노력이나 경험의 산물이 아니라는 것이다. 그런데 과연 해방 후 한국의 헌법 논의과정에서, '공화국'과 '자유민주주의'의 원리를 단순히 제국의 부정으로서의 '공화국', 그리고 미국의 점령하에서의 '자유민주주의' 질서의 수립 등으로 아주 당연하고 자명한 역사적 귀결로 설명할 수 있을 것인가? 실제 정치현실에서는 정반대였다. 이를 둘러싼 치열한 정치적 공방이 존재했다. 건국헌법을 수긍할 수 없었던 정치세력은 내전으로 나아갔다. 여순반란이나 한국전쟁이 그 예증이다.

그런데 1946년 이후 한국 시민사회가 제시한 모든 헌법 초안에는 —좌우파를 막론하고— 민주공화국, 국민주권과 권력분립이라는 근대입헌주의의 핵심 원리가 규정되어 있었다. 그렇다면 이 핵심원리가 "자명한 것으로 전제"된 사회적 합의는 어떻게 이루어졌던 것일까? 이에 대한 해답은 장기간에 걸친 한국의 헌법혁명의 역사적 진화로부터 설명되어야 할 것으로 생각된다(박명림 2003, 115).[1] 그러므로 본 연구는 해방 후 다양한 시민사회의 헌법안과 건국헌법에 등장하는 민주공화와 국민주권(인민주권) 이념을 19세기 말 이래의 정치사 속에서 탐색하고자 한다.

둘째, 기존연구에서는 건국헌법이 소수의 권력자와 권력집단의 정치적 타협에 의해 제정되었다는 점이 너무 과도하게 인식되어 건국헌법 제정이 장기간에 걸친 집단적 의사의 결과물이라는 점이 간과되는 경향이 있다. 건국헌법 제정과 관련된 기존 연구는 일반적으로 분단국가의 수립과 우파 중심의 정부 구성에 초점이 모아졌다. 즉 1948년 건국헌법이 제헌국회 구성 이전의 각종 헌법구상과는 무관하게 '졸속'으로 단기간에,

1 1948년 건국헌법이 "근대헌정체제를 등장시키기 위한 한국 사회의 거시적인 헌법혁명의 귀결의 의미를 갖는다"는 연구는 박명림(2003, 115-116)을 참조할 것.

그리고 '소수의 제헌의원들과 특정 법률전문가들'에 의해서 상당히 돌출적으로 제정되었다고 인식되었다.[2] 그러나 1948년 건국헌법의 핵심원리들은 19세기 이래의 한국 역사를 통해 광범위한 합의를 거친 것이었다. 이를 알아보기 위해 본 연구는 건국헌법 탄생 이전의 헌법안들이 1948년 건국헌법의 기본 원칙과 그 내용에 끼친 영향과 그 합의를 살펴보고자 한다.

구체적으로 본 논문은 1898년 만민공동회 활동과 1919년의 3·1 운동 및 대한민국임시정부의 수립이라는 세 정치적 사건을 중심으로 '민주공화'의 역사적 기원을 추적하고, 그 속에서 탄생된 헌법 및 규약을 검토하고자 한다. 이 사건들은 모두 입헌군주제 지향으로부터 민주공화제로 이행했다는 헌정적 의미를 함축하고 있다.[3]

좀 더 구체적으로 본 논문은 첫째, 만민공동회의 「헌의6조」에 내포된 군민공치의 의미와 이에 반대한 고종의 전제군주제로의 반전을 검토하고자 한다. 「헌의6조」는 군주권을 제한하여 공공화하려는 것이었으며, 고종이 반포한 「대한국국제」는 이 계약의 파기를 의미했다.

둘째, 1907년 고종황제 퇴위사건 이래 정체에 대한 인식의 변화

2 기존 연구에 대한 반론으로 "공화정에 대한 한민족의 장구한 역사성을 이야기할 것이 아니라 당시 제헌과정에서 공화정에 대한 논의가 얼마나 진지하게, 그리고 다수의 합의를 끌어내면서 돌출된 것인지 논증했어야 한다"는 심사위원 논평이 있었다. 제헌국회 개원 이전 각 정치세력별 헌정구상은 미소공위제출답신안과 시민사회헌법안에서 전면적으로 드러나고 있다. 제헌과정에서의 공화정 논의 연구는 후일의 논문에서 진행하고자 한다.

3 1910년대에 등장한 총 61개의 독립선언서를 분석한 김소진의 연구에 의하면, 한국의 민주공화정체 지향이 "갑오개혁 이후 독립협회를 거쳐 신민회에 이르는 동안 발전하여온 내재적인 이념의 변화"에 따른 것으로 주장되고 있다(김소진 1998, 293).

를 고찰하고자 한다. 이 사건을 계기로 황제와의 공존을 전제로 한 입헌군주제 지향은 사라졌다. 민권운동세력들은 군주와 국가를 분리시키고 국가와 정부를 공적인 사물로 전환시킬 수 있는 대안으로 입헌과 대의정치를 강조하였다.

셋째, 1919년 3·1운동과 공화정체를 공식적으로 표명했던 대한민국임시정부의 헌정적 의미를 검토하고자 한다. 또한 건국헌법의 시원적 헌법의 성격을 지녔던 대한민국 임시정부 헌법의 기본원칙들을 검토하고자 한다.

요컨대 민주공화정체에 대한 광범위한 사회적 합의는 1898년 만민공동회의 입헌군주제 정치적 지향이래, 반전을 거듭하면서 장기간에 걸쳐 이루어졌으며, 1919년 대한민국임시정부의 헌법으로 공식화되었다. 그리고 이러한 합의는 식민지 시대에 거대한 시대적 조류로 전환되어 건국헌법에 수용되었다.

II. 만민공동회(1898)와 대한국국제(1899) : '군민공치'(君民共治)에서 '전제군주제'로의 반전

1. 만민공동회와 '최초의 사회계약'[4] : 공동의사에의 참여, 입헌군주제 지향

1948년 건국헌법이 한국인의 정치생활에 초래한 최대의 변혁은 인민이 유일한 주권자이며, 공동체의 정치적 문제는 기본적으로 전인민의 의사에 의해 결정된다는 점이었을 것이다. 한국 역사에서 주권재민의 원리와 공화제에 대한 강한 관심은 1880년대의 《한성순보》(漢城旬報)와 《한성주보》(漢城週報)에서도 풍부하게 개진되고 있다. 그러나 이것이 하나의 역사적이고 정치적 이념으로 수용되어 한국인의 정치적 열정을 불러일으킨 것은 만민공동회에서였다. 이 운동들은 근본적으로 '민족'과 '독립'이라는 새로운 정치적 자각 위에 서 있었지만 정치이념의 측면에서 볼 때는 훨씬 심오한 각성이 내포되어 있었다. 그것은 자신의 정치적 운명을 스스로의 의지와 결단, 행동과 책임에 의해 책임지려는 정치적 주체의 탄생을 시사하고 있기 때문이다.

한국에서 공화주의적 정치적 지향은 3·1운동 20년 전에 이미 시작되었다. 독립협회를 중심으로 촉발되었던 1898년의 만민공동회는 민

4 여기에서는 "한국 최초의 근대적 사회계약"이라는 의미이다. 김홍우는 광무계약이 자연상태 하에서의 계약, 예컨대 Hobbes, Locke, Rousseau의 "최초의 사회계약" 또는 "원계약"과 구분되는 "신계약"임을 강조하였다(김홍우 2004, 66-68).

회를 통해 공론을 형성하고 이를 국정에 반영하고자 했던 완전히 새로운 형태의 정치운동이었다. 즉, 전통적인 '집단상소'나 '민란'과는 전혀 다른 형태였다. 만민공동회가 공화주의적 맹아를 보여주는 것은 이 민회(people's assembly)가 자치(self-rule)에 대한 인민의 자각에 기반하여 동료 인민들과 공동생활의 문제들을 협의하고 함께 행동하였기 때문이다. 이것은 자신들이 속한 정치공동체에 대한 소속감과 연대감을 갖지 않고서는 불가능한 현상이다(Michael Sandel 1996, 5-6). 그러므로 만민공동회는 인민이 스스로 정치적 주체가 되고자 했던 시도였다. 만민공동회는 법을 통해 자의적이고 전제적 정부를 제한하려고 했던 독립신문의 계몽적 수준을 뛰어넘어, '참여'를 통해 정치체를 변화시키고자 하였다.

이를 간략히 살펴보면, 만민공동회는 독립협회에 의해 제기된 다양한 정치적 의견들 예컨대, 「헌의6조」와 「의회설립안」[5] 등이 실제 정치현장에서 공동의 의사로 형성되는 과정을 보여준다. 1898년 10월 28일부터 31일까지 4일간 독립협회는 정부와 합의한 「중추원개편안」을 공개적으로 선포하기 위해 관민공동회를 개최했다. 이 관민공동회는 비록 정례화되지는 못했지만 인민의 집회에 정부 각료를 입회토록 하여 안건을 결의하고, 각료들의 서명을 받아 황제에게 재가를 요구하는 실질적 의미에서의 직접 민주주의적 민회였다. 예컨대 1898년 10월 29일 관민공동회에서는 정부 대신들과 독립협회 회원 및 서울의 인민들이 함께 모여 「헌의

---

5 독립협회의 윤치호 등은 중추원을 개혁하여 근대적인 의회로 발전시키고자 하였다. 이러한 요구가 수용되어 1898년 11월 2일 중추원의 관제는 개정되었다. 그러나 수구파는 중추원 관제가 공포된 날 '익명서'사건을 조작하여 독립협회 지도자들을 구속하고, 독립협회 해산령을 내리고, 중추원 관제의 실시를 중단시켰다. 중추원 관제는 이후 여러 차례 개정되었다가 1907년 그 기능이 정지되었다.

6조」를 의결하였고, 10월 31일 고종은 「조칙5조」를 발표함으로써 그 내용을 수용했다. 다음은 관민공동회에서 의결한 내용이다.

헌의6조(獻議六條)

1. 외국인에게 依附하지 아니하고 동심협력하여 전제황권을 견고케 할 사.
2. 광산·철도·매탄(석탄)·산림 및 차관·차병과 모든 정부와 외국인과의 條約의 일을 만일 외부 대신과 중추원의장이 합동으로 서명 날인한 것이 아니면 시행하지 못할 사.
3. 전국 재정은 어떠한 稅를 물론하고 모두 度支部에서 句管하되 다른 府·部와 私會社는 간섭할 수 없고, 예산과 결산은 인민에게 공표할 사. (…)

6. 章程을 실천할 사 (독립신문 제178호, 1898. 11. 01).

「헌의6조」는 형식상 전제황권을 기본원칙으로 하고 있다. 그러나 그 내용을 보면, '전제황권'을 제한하여 공공화시키려는 것이다(유영렬 1985 ; 신용하 1986 ; 서영희 1995). 즉 왕의 자의가 아닌, '장정' 곧 인민의 의사를 존중하여 인민과 함께 협의하여 정치를 행해야 한다는 내용이다. 따라서 「헌의6조」의 군민공치(君民共治)는 '입헌군주제'의 다름 아니었다. 공화제는 일반적으로 군주정치의 대립적인 의미의 정치체를 의미하지만, 그러나 '왕과 인민이 함께 협의하여 정치를 행한다'는 의미의 군민공치(君民共治)적 군주정치는 사실상 '공화주의의 싹'이었던 것이다(정용화 2004, 274–288 ; 정용화 2005, 44).

1898년 11월 26일 인민의 의사는 결국 현실화되어, 고종 황제는 200인의 민대표와 직접 접견했으며, 그들의 요구를 수용하는 '국태민안

칙어'를 내려 실행 단계에까지 이르게 되었다. 당시 한규설의 말대로, "관리와 백성들이 협의"했던 이 사건은 "나라를 세운지 5백년 이래 처음 있는 일"이었다(정교 2004, 248-249). 김홍우는 이를 "조선조 역사상 최초로 군민이 직접 체결한 '계약'이라는 점에서 한국 최초의 근대적 헌법"으로 평가하였다 (김홍우 2004, 57).

2. 「대한국국제」의 전제군주제 : 군주권의 공공화 및 '군민공치'의 파기

고종은 독립협회와 만민공동회를 강제 해산시키고, '전제황권'을 부활시키고자 하였다.[6] 즉 고종은 이른바 '익명서사건'—독립협회 세력이 황제를 폐위하고 박정양을 대통령으로 선출하려 한다는—과 중추원에서 정부대신에 합당한 인물로 박영효를 선출한 것 등을 이유로, 박정양 등 개혁성향 대신을 파면하고 독립협회 지도자 17인을 구속함으로써 새로 구성된 개혁파 정부를 해체시켰던 것이다.

그러나 고종이 개혁파 정부를 해체시킨 전후 황제를 위협하는 빈번한 쿠데타와 정변 시도가 계속해서 발생했다. 예컨대 위에서 언급한 익

6 학계에서는 독립협회 해산이후 황제권 강화가 전제 권력의 확립으로 나타났다는 사실에 대해서는 대부분 동의하고 있다. 그러나 그 역사적 성격과 단계에 대한 평가에 있어서는 견해가 상이하다. 한편에서는 대한제국기 고종의 황제권 강화가 개명전제군주에 의한 근대적 개혁 모색을 의미하는 것으로 긍정적인 평가를 하는 반면, 이에 대한 비판론자들은 고종의 우유부단한 리더십으로 군주권 회복에만 집착한 나머지 진보적 개혁 역량을 약화시키고, 개혁을 지속적으로 추진하지 못하였으며, 근대화 개혁보다는 황실비와 군부예산 등에 국고를 낭비했다고 평가하였다.

명서 사건 3달 전 1898년 7월에도 독립협회의 급진파인 안경수가 김재풍, 윤효정 등과 함께 일부 친위대 및 시위대 군사를 동원하여 황제를 퇴위시키고, 황태자 대리를 실현하려는 계획을 도모하다가 발각된 '대한청년애국회' 사건이 발생하였다.(정교 2004, 207-208) 또한 1900년 6월에는 일본 육군사관학교 졸업생인 장호익, 조택현 등 15명이 '혁명일심회' 단체를 조직하고, 황제를 폐하여 의화군을 옹립한 후 유길준 등의 일본 망명자들이 주도하여 신정부를 수립할 쿠데타를 계획하였다.(서영희 2005, 53) 이 사건들은 사건 자체의 진위 여부가 모호하지만, 당시 고종 주변에 황제권을 위협하는 정체변혁운동이 지속적으로 전개되고 있었음을 시사하고 있다.[7]

그러나 이를 방어하고자 하는 고종의 노력은 정체변혁운동이 상징하고 있는 시대적 요구를 수용하는 방향이 아닌, 황제권의 보위를 강화하는 방식으로 전개되었다. 앞서 언급한 바와 같이, 우선 고종은 의심스러운 개혁파 정부를 해체시키고, 당장에 신뢰할 수 있는 측근세력과 독립협회 진압에 공로가 큰 보수파 대신들에 의존하고자 했다. 이러한 대응은 을미사변 이후 1896년 2월부터 약 1년간 신변에 위협을 느낀 고종이 왕궁을 버리고 러시아 공관에 옮겨간 아관파천—이 사건은 개화파에게는 고종이 '군주의 격'을 잃은 것으로 인식되었다—보다는 진일보한 것이었지만 시대적 과제를 해결하고자 하는 것과는 무관한 것이었다. 예컨대 1899년 4월의 신기선 내각은 더욱 보수적인 방향으로 정국을 이끌었

7 한편, 독립협회의 정치적 노선을 정치구조개편운동 노선과 권력장악운동으로 나누어서 고찰한 연구에 따르면, 특히 후자의 입장을 취하던 인물들(안경수 등)은 "고종을 권력에서 축출하고 명목상의 황제를 내세워 자신들이 직접 권력을 행사하려는 의도를 지니고 있었다"고 분석하였다(강상규 2004, 366-367).

다. 1880년대에 동도서기론(東道西器論)을 주장했던 신기선은 이 시기 동도(東道), 즉 유교를 근본으로 하고, 연좌율 부활을 위시하여 갑오경장 이래의 신법(新法)은 모두 폐기해야 한다는 보수적인 입장을 견지하고 있었던 것이다.(권오영 1990 ; 서영희 2005, 57)

그러므로 사실상 1899년 8월에 반포된 「대한국국제」는 대한제국의 자주 독립을 대외적으로 선포하는 성격을 가지지만, 동시에 '전제황권의 강화' 이외의 당시 고종의 대안이 무엇이었는지 극명하게 보여 준다. 주지하듯이 「대한국국제」는 군주권의 무한 보장(민권 및 대의 개념의 부재, 그리고 권력분립의 결여)을 그 내용으로 하고 있다.[8] 구체적으로 그 내용을 살펴보면 다음과 같다.

> **대한국국제(大韓國國制)**
>
> 제1조 대한국은 세계 만국의 공인(公認)되온 바 자주 독립하온 제국이니라.
>
> 제2조 대한제국의 정치는 앞으로 말미암은즉 500년을 전하여 시고 뒤로 말미암은즉 만세를 변치 아니 하오실 전제정치(專制政治)이니라.(…)
>
> 제4조 대한국 신민이 대황제의 두옵시는 군권(君權)을 침손하올 행위가 있으면, 그 이미 행함과 행치 못함을 의논 말고 신민의 도리를 잃은 자로 알지니라.(…) (독립신문 제192호, 1899. 08. 23).

8 「대한국국제」는 신민의 권리와 의무에 관한 규정과 의회에 대한 언급 등이 없으므로 근대적 의미의 헌법으로는 평가될 수 없고, 국가통치의 조직과 통치권의 행사를 황제의 명령-國制-으로 규정한 국가기본법적 성격을 갖는다. 옐리네크(G. Jellinek)의 고유한 의미의 '헌법' 또는 '대한제국의 기본법' 등으로 인식될 수 있다(김효전 2000, 42 ; 전봉덕 1981).

즉 「대한국국제」의 요체는 "군권의 침손을" 절대 용인하지 않겠다는 점이다. 이는 첫째, 전제군주권을 천명함과 아울러 막연히 '전제'로 표현된 황제권의 내용이 근대적인 언어로 공식화되었던 것이다. 즉 그 내용을 보면, 신민의 군권침손행위의 처벌, 육해군의 통솔과 편제, 법률의 제정·반포·개정과 사면·복권의 명령, 행정각부의 관할, 관리의 임면, 외국과의 조약, 선전포고 및 강화, 사신파견 등 입법·사법·행정 3권 일체의 권리가 황제에게 있음이 선언되었다.

둘째, 갑오개혁기 개혁파가 추진한 '내각' 중심의 정치운영방식의 폐기, 즉 '군신공치제'에서 '전제군주제'로의 반전을 의미했다. 실제정치에서 이 시기 정부대신들은 더 이상 황제 독주를 견제할 만한 세력이 아니었던 것이다. 고종은 일체의 권력을 '의정부'가 아닌 자신의 친위부서인 '궁내부'로 이관하고, 국가재정의 관할권을 왕실의 재산을 관리한 관청, 즉 내장원에서 관장하도록 하였다. 궁내부는 갑오개혁 당시 개화파가 군주권 제한을 위해 설치한 것이었으나, 오히려 대한제국 성립 이후에는 황제권의 위상 강화와 함께 의정부를 압도할 만큼 방대한 기구로 확대되었다.

셋째, 중추원을 개편하여 상원을 개설하고, 입헌군주제(군민공치제)를 확립하고자 했던 독립협회(관민공동회)의 지향을 역행하는 것이었다. 1899년 고종은 입법기관으로서의 중추원의 개편을 수용하지 않고, 법규교정소(法規校正所)를 신설하는 조서를 내렸다. 이 기관에서 「대한국국제」를 제정하였다. 「대한국국제」를 제정하는 방식은 의회설립이라는 시대적 요구를 고종이 수용하지 않았음을 보여준다. 한편 미국인 법률고문 르젠드르(Le Gendre, 李善得)와 근왕세력들은 입헌군주제가 일본의 경우와 마찬가지로 당시의 대한제국에 적합하지 않다고 주장하였다(강상규 2004, 360). 그러나 광무 연간의 전제군주제하에서 새로운 정치세력으로 등장한 근왕세력들은 새로운 정치행태를 보여주지 못했다. 민의 공적인 정치참여를 제도적으로 담보하고자 했던 독립협회·만민공동회 세력과는 달리, 이들은 황제의 총애를 받으며 세력 확장을 위한 음모를 벌이는 등의 파행적인 정쟁을 반복함으로써 정치를 부패시켰다.

요컨대 「대한국국제」의 반포는 황제권을 제한하여 공공화시키고자 하는 「헌의 6조」의 민권 의식과 에너지를 흡수하는 것이 아니라 이를 모두 파기하는 것이었다. 더욱이 한국역사에서 최초로 이루어진 왕과 신·민의 "사회계약"을 무효화하고, 계약의 한 주체, 인민을 제거하는 결과를 초래했다.[9]

III. 황제퇴위사건(1907) : 군민공치 지향의 상실, 보호국 정치에서의 민권의식 확장

19세기 후반 이후 군주주권을 기초로 한 왕정은 민의 안녕뿐만 아니라 국가의 안전을 더 이상 보호할 능력이 없음을 여실히 노정했다. 이 때문에 1882년 《한성순보》이래 민을 정치적 주체로 확립하려는 민주공화주의의 이상이 싹텄고, 1894년의 동학혁명과 1898년 만민공동회를

9 그런데 고종의 「대한국국제」 반포를 대외적인 자주독립의 측면에서 적극적으로 평가한 연구도 있다: "고종황제는 「국제」에서 만국공법이라는 레퍼런스를 전면에 내세워 수차례 강조함으로써 존망의 위기 상황에 놓여있는 대한제국이 '만국공법적인 기준에 의거한 군주국가'라는 점을 대내외적으로 부각시켜 외국 열강이 기왕의 조선에 대해 가지고 있던 부정적이 이미지를 쇄신하려 하였던 것이다"(강상규 2004, 363).

통해 역사적으로 운동화 되었다. 그러나 1899년의 「대한국국제」 반포는 이러한 시대적 흐름에 반하는 것이었다. 이로 인해 막 탄생한 민권 의식과 에너지는 사라져버렸고, 1905년 을사보호조약이라는 최악의 상황에 이르렀다.

그런데 현재 학계에서는 1905년 을사보호조약 체결 이후 군주권에 대한 인식이 어떻게 변화되었는지 거의 밝혀져 있지 않다. 이 장에서는 1907년 고종황제 퇴위사건 이후 나타난 정체 인식에 근본적인 변화를 살펴보고자 한다.[10]

요약해서 말하면 1907년을 계기로 「헌의6조」의 군민공치적 지향은 거의 사라지고, 정체 인식은 보다 급진화되었다. 그 표출 방식은 공화제를 명시적으로 주장하는 형태로가 아니라, 군주를 배제한 정치를 상정하는 것으로 전개되었다. 대한제국의 전제황권은 더 이상 관심의 대상이 아니었던 것이다. 이러한 특징은 첫째, 황제퇴위사건에 관한 동정적 태도(동시에 황제 지배에 대한 암묵적 부정)와 일본 지배에 대한 수용적 태도, 둘째, 헌정연구회 및 대한협회의 공화제적 정체구상을 검토함으로써 드러나게 될 것이다.

---

10 역사학계에서는 이 시기를 애국계몽운동기 또는 자강운동기로 설정하고 있다. 그러나 애국계몽에 의한 국권수호 뿐만 아니라 다른 한편으로 어떤 정치체제에 의해 국권을 회복하고, 어떤 체제로 독립된 국가를 만들 것인가라는 문제 역시 국권수호에 필적하는 중요성을 가지고 대두되었다. 이에 대해서는 신용하(1980) ; 박찬승(1992) ; 유영렬(1997) 참조.

1. 황제퇴위사건에 관한 언론의 인식 : 황제에 대한 동정과 통감정치의 수용

주지하듯이 1907년 고종은 이준(李儁), 이상설(李相卨) 등 밀사를 네덜란드의 헤이그에서 열리는 만국평화회의에 파견하여 을사조약(乙巳條約)이 한국 황제의 뜻에 반하여 일본의 강압에 의한 것임을 폭로하고 조약의 파기를 도모하였다. 그러나 이 사건을 계기로 일본은 친일파인 송병준, 이완용 등을 앞세워 고종을 강제 퇴위시켰다.

1907년 고종의 퇴위가 결정되었을 때 한국인들은 묘한 딜레마에 빠졌다. 황제의 퇴위는 국민주권(민권)의 입장에서 환영할만한 일이었으나 국가주권(국권)의 입장에서는 비극적인 일이었기 때문이다. 이 때문에 이 사건 발생 직후, 황제에 대한 상대적 동정론이 강하게 일어났다. 그것은 일본이 황제를 폐위시킨 것에 대한 공분 때문이었다.[11]

그러나 다른 한편으로 1907년 8월 3일자 《대한매일신보》[12]는 황제의 양위가 "황제의 성의로 된 일이면, 전국백성이 춤을 추고 경축할" 일이며, "우리 황제의 성의로 되었으면 명정 리순하다" 라고 논평했다(《대한매일신보》 57호, 1907. 08. 03). 즉 강제만 아니라면 황제의 퇴위는 당연하다는 것이다. 이는 전통 조선에서라면 거의 대역죄 수준의 발언이며, 고종의 퇴진을 원하고 있었음을 간접적으로 시사하고 있다.

11 고종퇴위 당시 대한자강회는 동우회와 함께 반대운동을 하였으나, 조직적인 차원에서 전개하지 않고 개별적으로 시위 군중에 참가하였다(정승교 2004, 112).

12 본 연구에서는 1905년에서 1910년에 이르는 기간 동안의 정체에 대한 인식을 고찰하기 위해 《대한매일신보》의 기사와 논설을 주로 살펴보았다. 《대한매일신보》는 을사보호조약 체결이후에도 민권과 국권, 자유와 권리의 문제, 그리고 법률 연구의 필요성을 강조하였다.

> 대한 황뎨의 위를 폐ᄒᆞ고 세운다… 잇튼날 죠칙이 반포 되ᄆᆡ 온 쟝안 ᄇᆡᆨ셩들이 물 ᄭᅳᆯ틋ᄒᆞ야 필경 피를 흘니ᄂᆞᆫ 디경에 니르럿스니 이 거슨 세계 각국 력ᄉᆞ의 붓슬 잡는 쟈들이 엇더케 평론 ᄒᆞ겟ᄂᆞ뇨 이 번 일이 만일 황뎨의 셩의로 되일이면 젼국 ᄇᆡᆨ셩이 다 춤을 츄고 경 축 ᄒᆞᆯ터인ᄃᆡ 이제 이ᄀᆞᆺ치 ᄇᆡᆨ셩의 ᄯᅳᆺ시 분격ᄒᆞ고 효상이 참담 ᄒᆞᆫ거 슨 이번 일이 외국 사ᄅᆞᆷ의 억졔와 ᄂᆡ각 대신의 강박히 ᄒᆞᆷ으로 된 일 이오(《대한매일신보》 47호, 1907. 07. 23).

그런데 1907년 체결된 한일신협약에 대한 언론의 태도는 고종황제의 퇴위에 관한 보도와 차이를 보인다. 헤이그밀사 사건을 계기로 고종을 강제 퇴위시킨 일본은 법령제정권·관리임명권·행정권 및 일본 관리의 임명 등을 내용으로 한일신협약(정미7조약)을 제시하였다. 이 협약은 1907년 7월 24일 이완용(李完用)과 이토 히로부미(伊藤博文)의 명의로 체결·조인되었는데, "일본통감(伊藤博文)은 대한제국에서 면류관이 없는 왕"이 되었다(《대한매일신보》 51호, 1907. 07. 27). 일본통감이 정무를 지도하고, 법령제정 및 행정처분을 승인하며 임명권을 모두 장악했기 때문이다. 이러한 의미에서 본다면 대한제국의 황제권은 완전히 해체되고 통감이 실질적인 최고 통치권자가 되었다.

그러나 이 논설은 한일신협약에 대해 "관리를 일본 사람으로만 두지 말라"는 정도로 언급하고 있다. 또한 "법을 한국인과 일본인에게 차등하여 적용한 것"만을 지적하였다(《대한매일신보》 51호, 1907. 07. 27). 고종황제퇴위에 대해서는 "전국사람이 분격하여 선비들은 피를 토하고 저자 백성은 전문을 닫았다"라고 보도한 반면, 고종퇴위 이후 체결된 조약에 대해서는 전면 반대하지 않고 일본통감에 의한 통치를 사실상 용인하고 있는 논조를 보이고 있는 것이다. 이러한 모순을 어떻게 이해해야 할 것인가? 다소 이른 시기이지만 1889년 윤치호는 다음과 같이 말하고 있다.

> 나는 조선의 독립문제는 관심이 없습니다. 현재와 같은 정부를 두고는 독립해도 민족에게 아무런 희망을 주지 못할 것이다. 반대로 애족적이고 인민의 복지에 호의적 관심을 가진 더 나은 정부를 가진다면 다른 나라에 종속되었다 해도 실제로는 재앙은 아닙니다(윤치호 2005, 16).

또한 1894년 윤치호는 "소수 독재정치로부터 조선인민을 구하는 유일한 방법은 현정부와 낡은 왕조를 완전히 철폐하는 것"이라고 주장하고 있다.

요컨대 1907년 황제퇴위사건에 대해 다수의 백성들은 공분하였지만, 민권운동세력들은[13] 민권의 신장과 조선의 개명을 위해서라면 황제의 퇴진은 물론이고 국권의 상실조차 받아들일 각오였던 것이다. 이들은 통감부 체제를 인정하고 그 가운데 남은 권력을 분점하고자 했다.

---

13 민권운동세력이란 1905년 이후 헌정연구회, 대한자강회, 대한협회의 민권주창자들을 말한다. '민권'이라는 용어는 '권리'와 더불어 1890년대를 전후하여 널리 통용되었다. 이 용어는 1870년 箕作麟祥(미쓰쿠리 린쇼)가 프랑스어의 droit civil을 번역한 것이다. 정숭교는 이들 단체의 활동방식이나 강령이 독립협회의 민회운동을 계승하면서도, 일제의 국권침탈보다는 대한제국의 전제군주권을 비판한 것으로 보고 있다(정숭교 2004, 2).

2. 황제퇴위사건 전후의 '군주'와 '국가' 인식 : 군주권 '제한'에서 '배제' 및 대의정치 전개

1905년 이후 고종은 실질적 권력을 상실했다. 1907년 황제퇴위사건으로 고종의 정치권력은 완전히 사라졌다. 이것은 전제군주권을 제한하고자 했던 세력들의 오랜 희망이었으나 그것은 국가주권의 상실을 대가로 얻은 것이었다. 즉 국민주권(민권)과 국가주권(국권)은 딜레마에 봉착했다. 이 상황에서 민권론자들의 정치적 지향은 더욱 급진화되었으나 국권상실은 기정사실화되었다.

1898년 공화제는 너무나 위험했다. 그러나 1905년 을사보호조약이 체결된 이후 헌정연구회(1905), 대한자강회(1906), 대한협회(1907), 서북학회(1908) 등의 공화제 지향은 더 이상 위험하지 않았다. 황제퇴위사건으로 황제권이 상실되면서 만민공동회를 해산시켰던 황제의 권력도 함께 사라졌기 때문이다. 더욱이 한말 이래 성장한 공화에 대한 인식 즉, 정치는 더 이상 사유물이 아닌 공적인 것이라는 각성, 이를 공공화하기 위한 입헌의 지향, 그리고 정치에 대한 인민의 참여 폭발은 막을 수 없는 것이었다.[14]

이 새로운 국면은 민권운동세력들에게 근본적인 영향을 미쳤다.[15]

---

14 당시의 폭발적인 규모의 사회단체 조직 형성과 활동은 이 시기까지의 한국 역사에서 유일하며, 이른바 이 현상은 "사회의 탄생"을 시사하고 있다. 선행연구에서는 이 시기에 독립협회운동기에 비하여 오히려 훨씬 많은 정치적 논의들이 등장하여 "자유민권론과 국민국가건설론, 공화정체론과 입헌대의제론, 그리고 지방자치론 등을 체계화하고 한 단계 발전시켜, 한국사회에 민주주의 정치사상을 정리케 하였다"고 평가하고 있다(유영렬 1997, 311).

15 1907년 말이 되면 민권운동세력은 재편된다. 11월 대한자강회계에 천도교 인사

이에 따라 황제와의 공존을 전제로 한 온건파의 입헌군주제 지향도 거의 사라졌다. 그리하여 더 이상 '군민공치'가 아니라, 군주와 국가를 분리시키고 군주를 배제한 정치를 상정하게 되었다. 그러나 이러한 정치적 지향은 고종퇴위 이후 일본의 보호국 질서에 적응하려는 민권운동세력의 정치적 진출을 의미하는 것이었다.

1905년 5월 이준(李儁), 양한묵(梁漢默), 윤효정(尹孝定) 등이 조직한 헌정연구회[16]는 「憲政要意」(1905. 7)에서 '입헌정체론'을 포괄적으로 소개하였다. 이 글은 "국가는 국민의 공동체이지 군주 한 사람의 사유물이 아니라"는 전제하에서 국가와 군주, 정부, 국민의 관계를 논하고 있다.[17] 이 글은 첫째, 국가와 황실의 분별을 주장한다. 군주는 국가의 통치자이지만 국가를 사유할 수 없으며, 황실의 흥망이 곧 국가의 흥망을 뜻하는 것은 아니다. 둘째, 국가와 군주는 구별한다. 그러므로 정부는 한편으로 군주의 명령을 받지만, 다른 한편으로 국민에게 책임을 진다. 이 때문에 군주는 정부 대신을 임명할 뿐 그의 직권을 함부로 침범할 수 없다. 셋째, 군주가 국가를 대표하므로 대외적인 주권은 군주가 갖지만, 이 경우도 주권은 군주 1인이 아니라 군주와 의원이 나누어 갖는 것이다. 넷째, 국민의 의무와 권리를 논한다. 여기서 국민의 권리는 하늘에서 준 것이며

들이 가담하여 대한협회가 결성되었다. 1908년에는 西友學會와 韓北興學會가 통합하여 西北學會를 결성하였다(정숭교 2004, 111).

16 헌정연구회는 을사조약 직전에 활동한 대표적인 정치단체로, 주로 독립협회 관여자들이 중심이 되어 활동하였다. 헌정연구회는 1906년 2월 통감부에 의해 해체된 후 대한자강회로 개편되었다.

17 玄采, 『幼年心讀釋義』 제2권(1907), 31-43 ; 정숭교(2004, 65)의 내용 정리 인용. 이상의 내용은 김우식의 『國民須知』(1905)에 실린 것과 동일하다. 또한 《황성신문》이나 《대한자강회월보》(제3호 1906. 09. 25) 등 당시의 여러 신문 잡지에도 게재되었다.

사람이 사람되는 본분이니, 이것을 잃으면 사람됨을 얻을 수 없다고 주장하였다.

즉 「憲政要意」는 군주제를 그대로 온존하면서도 '국가'나 '정부'를 사유물이 아니라, 공적인 사물로 전환시킬 수 있는 최선의 대안으로 "입헌"을 제시하고 있다. 이것은 영국의 경험과 정치적 지혜의 산물이다. 즉 군주를 완전히 없앨 수 없다면, 군주의 자의성을 규제하기 위해, 국가와 정부의 운영을 군주의 의지(will)가 아니라, 인간의 집단적 지혜인 법(law)에 의지하는 것이다.

요컨대 「헌정요의」는 군주와 국가, 군주와 정부를 구분하고 국민의 권리를 초정치적인 천부인권의 원리에 의해 옹호하고 있다. 더욱이 정치란 군주 일인의 것이 아니라 만인의 것이라는 공화주의의 보편적 원리에 근접하고 있었다. 헌정연구회는 군주와 군주주권을 현실로서 인정하지만 천부인권론에 근거하여 군주권을 제한하려고 하였다.[18]

. 1907년 황제퇴위사건 이후 발표된 대한협회[19] 김성희의 「정당의 사업은 국민의 책임」은 「헌정요의」보다 한 단계 진전된 인식을 보여 주고

---

18 천부인권의 권리 개념을 최초로 소개한 것은 1884년 《한성순보》 제14호의 「美國地略續稿」이며, 갑신정변의 정령 제2조 「閉止門閥, 以制人民平等之權, 以擇官, 勿以官擇人事」에서 문벌폐지와 인민의 평등권을 주장하였다. 1888년 박영효의 상소,「朝鮮內政改革에 관한 建白書」, 유길준의 『서유견문』(1895)에서도 천부인권의 관념을 도입하고 있으며, 특히 기본권은 법률의 범위 내에서 보장되어야 한다고 주장한다. 이후 1906년 薛泰熙는 「法律上 人의 權義」(《대한자강회월보》 제8호)에서 천부인권이라는 것은 "법률이 있어야 비로소 보장되는 것"이라고 법실증주의에 입각하여 권리를 설명하였다. 이상의 자료는 김효전(2000, 317-325)을 참조.

19 대한협회는 1907년 11월 일제 통감부에 의하여 강제 해산된 대한자강회(大韓自強會) 계열과 김가진 등 전직 고위관료, 그리고 천도교 지도부가 결성한 단체이다.

있다.[20] 「헌정요의」에서 천명한 국가·정부와 군주의 분리원칙, 즉 "입헌"은 이 글에서 "대의기관" "정당"이라는 보다 구체적인 정치제도로 진전되고 있다.

> [···]立憲이 行則君王之威가 尊고 政府之權이 益伸야 國家人民이 共享幸福리니 其所以然之由를 試欲一陳於全國公眼노라.
>
> 第一節 論國家 ···立憲上 君主制 民主制之異 ···立憲政體之特質은 卽代議機關也라 其作用이 有四事니
>
> 一 代表全數國民하야 爲統一政體事
>
> 一 君權民權을 法典上制限事
>
> 一 立法部之權利를 保有事
>
> 一 行政官之行爲를 監督事 ···夫生命財産은 是民之最關切肌利害也라 自定良法야 自保其身며 自治其生을 一切不假借於人而自出於共同之意則雖欲不善이 乜得乎아 故로 欲爲生死於政治之思想며 欲爲犧牲於國家之責任者ㅣ 卽 民人이니 此所謂國民的國家니라
>
> 第二節 論政府 ··· 統言之則政府也라 以國民共同的思想으로 造者를 謂之國民的 政府니 近日 文明國責任內閣이 卽是也라. 夫責任內閣云者 始自英政府造而一面은 對君主에 有代表行政之責任이오. 一面은 對國民에 有保護生命財産之責任이 是也니 ···(대한협회회보제1호, 1908/04/25).

위에서 살펴보았듯이 「헌정요의」가 군주의 존재를 인정한 채 그

20 김성희, 「정당의 사업은 국민의 책임」, 《대한협회회보》 제1호(1908).

것을 제한하려고 한 반면, 김성희의 이 글은 군주에 대한 언급이 상대적으로 소홀하며, 오히려 고종황제 퇴위라는 정치적 현실을 고려하면 군주권 배제를 논리적 전제로 하고 있다고 해석된다. 즉 이 글에서는 입헌정체의 특질을 '군수'로부터 설명하지 않고 "대의기관"에 있음을 강조하고 있는 것이다. 그런 후 그 작용으로써 '군권'과 '민권'을 법전(입헌)에 의해 제한할 것을 규정하고 있다. 김성희는 나아가서 '군주 국가'가 아닌 국민이 스스로 정치적 책임을 지는 "국민적 국가"를 논하고, 그리고 "근일 문명국의 책임내각"이 이러한 예라고 주장한다. 또한 그는 정당을 "전 국민의 공동의 책임을 대표하고, 자유민의 參政 정신을 발휘하는 기관"으로 인식했다.[21] '입헌'에 대한 강조가 군주권을 제한하기 위한 것이었다고 한다면, '정당'에 대한 그것은 입헌을 통해 이미 차단된 정부를 견제하도록 하거나, 의회의 다수를 점함으로써 정부를 구성하도록 하고자 하는 것이었다(《대한협회보》, 1908. 5. 25). 그리고 김성희는 "정당이 있은 연후에 입헌정체를 실행할 수 있고, 입정정체가 있은 연후에 국가가 세계에 생존할 수 있으며 그렇기 때문에 정당이라고 하는 것은 입헌의 선구이며 입헌은 국가의 근거"라고 주장하였다.[22] 요컨대 정당이 입헌정치와 대의정치의

21 정당에 관한 한말의 인식은 1884년 《한성순보》 제15호「法國誌畧」의 소개 이후 한일합방 때까지 꾸준히 성장하였다. 다음은 정당에 관해 언급된 신문과 잡지의 실례들이다:「英國黨禍」, 《한성주보》 제54호;《독립신문》(1896. 8. 27);《대한매일신보》(1907. 10. 29);안국선(1908), 「정당론」, 『대한협회회보》 제3호;정교(1908), 「정당의 득실」, 《대한협회회보》제3호;윤효정(1908), 「시국의 급무」, 《대한협회회보》 제2호;김성희(1909), 「眞政黨與非政黨論」, 《대한협회회보》 제12호.

22 […]有政黨 然後에 立憲政體를 可以實行矣오 有立憲正體 然後에 國家를 可以生存於世界라니 夫政黨者 立憲之先驅也오. 立憲 國家之根據也라. 김성희, 「政黨의 事業은 國民의 責任(前號續)」『대한협회회보』 제2호(1908).

핵심적 기관이라고 주장되었던 것이다.

김성희의 이러한 정체인식은 황제권 침탈과 보호국 체제라는 현실적 상황과 당대 조선 인민의 정치적 수준에 대한 현실적 판단이 반영된 것이다. 대한협회는 실제 정치에서 자신들의 조직이 이러한 정당정치를 실현할 기관이며, 장차 만들어질 의회의 대표가 될 것이라고 인식하였다. 대한협회는 종래의 반일적 성향을 유지해 온 단체였으나 1909년에는 이완용 내각과 일진회 사이에서 타협과 반대를 거듭하면서 정권참여를 실현하고자 하는 정치적 결사로서 활동하였다(서영희 2005, 381-383).

IV. 3·1운동과 대한민국임시정부 : 민주공화정체의 공식적 표명

1. 3·1운동 이전의 민주공화정체 선언 : 「대동단결선언」과 「대한독립선언서」

1910년 한일합방 이후의 정체에 대한 인식은 어떻게 변화하였는가. 1910년 연해주에서 유인석, 이범윤 등을 중심으로 한 십삼도의군(十三道義軍)은 고종을 해외로 탈출하게 하여 망명정부를 세우려는 계획을 추진하였다. 그후 1915년에 이상설, 신규식, 박은식, 이동휘, 유동열 등을 중심으로 한 신한혁명당에서도 황제를 옹립하여 망명정부를 수립하고자 하였다. 이들은 청년기에 대부분 민권운동 및 계몽운동을 전개하다가 한일합방 후 노령이나 만주로 망명하여 독립운동을 지속하고 있었다.[23] 신한혁명당은 국제정세의 판단 결과, 동맹의 관계를 유지하여야 할 독일과 중국이 군주정치하에 있다는 점을 중시, 각각의 운동노선과 이념의 차이를 일단 유보하여 고종을 독립운동의 구심체로서 추대하여 망명정부를 세우려고 하였다(김소진 1998, 65-66).

그러나 이들의 계획이 국내에서의 활동 중 실패하였고, 당시 제1차 세계대전에서 독일이 패전하고 연합국이 전세를 만회함에 따라 한국의 독립운동도 일본과 대립한 독일, 중국과의 연합체제로부터 방향전환이 모색되었다. 특히 미국이 전 세계의 정세를 주도해 나가게 되고 독립운동계에도 외교중심론이 부상하게 되자, 이미 1917년 이후 그 세력이 급격하게 쇠퇴하고 있던 복벽주의 노선은 표면적으로는 사라지게 되었다.

이러한 국내외 정세 변동에 대응하여 1917년 7월, 신한혁명당 출신의 신규식, 조소앙, 박은식 등 14인은 「대동단결선언」을 제창함으로써 공화제로 방향을 전환하였다.[24] 이와 관련한 「대동단결선언」의 원문을 살펴보면 다음과 같다.

我韓은無始以來로韓人의韓이오非韓人의韓이아니라韓人間의主權

23 예컨대 신규식과 박은식은 독립협회에서, 그리고 박은식, 이동휘, 유동열은 서우학회, 서북학회, 신민회 등에서 활동한 바 있다(김소진 1998, 65).

24 대동단결선언은 본문과 '제의의 강령' 7개항, 선언일자와 서명자, '찬동통지서'와 회신설명 등으로 이루어져 있다(조동걸 1987, 148, 150). 「대동단결선언」원문은 이 글의 부록을 참조. 提議의 綱領의 핵심 내용을 살펴보면 다음과 같다:(…) 3. 大憲을 제정하야 民情에 합한 法治를 실행할 것 4. 獨立平等의 聖權을 주장하여 同化의 魔力과 法治의 劣根을 防除할 것(…) 7. 右實行方法은 旣成한 각 단체의 代表와 德望이 有한 個人의 會議로 결정할 것.

授受난歷史上不文法의國憲이오非韓人에게主權讓與난根本的無效오韓國民性의絶對不許하난바이라고로庚戌年隆熙皇帝의主權拋棄난卽我國民同志에對한默示的禪位니我同志난當然히三寶를繼承하야統治할特權이잇고 大統을相續할義務가有하도다.

조소앙이 기초한 것으로 알려져 있는 대동단결선언서의 내용을 간단히 살펴보면, 첫째, 주권은 민족의 고유한 것으로 융희황제(순종)가 주권을 포기한 것은 황제로서의 권한을 포기한 것이지 국민이 주권을 포기한 것이 아니며 오히려 국민이 주권을 양여 받게 된 것이라고 하였다. 그런데 앞에서 살펴본 바와 같이 민권론자들이 천부인권론에 의해 주권을 주창했던 것과 달리, 이들은 주권을 "민족의 고유한 것"으로 이해했다. 둘째, 독립을 위한 전단계로서의 임시정부—"제2차의 통일국가"—조직에 대한 필요성과 이를 수립하기 위한 "제1차의 통일기관"(민족대회의)을 구성할 것을 최초로 제안하였다(조동걸 1987, 127-128 ; 김소진 1998, 70).

요컨대 대동단결선언은 '일제로부터의 독립의 선언' 일 뿐만 아니라 '국민주권을 행사하기 위한 정부의 수립', 곧 민주공화정체수립을 지향하였다. 그러므로 이 선언은 한일합방 이후 지속되어 온 신한혁명당 등의 복벽주의를 종결한 선언이며, 이들의 임시정부 구상은 1919년 상해 임시정부 수립으로 현실화되었다.

한편 1919년 2월 초순, 길림에서 만주·노령의 한인사회를 기반으로 하여 김교현, 조소앙, 신규식 등 39인은 「대한독립선언서」를 제창하였다. 「대한독립선언서」는 위에서 살펴본 「대동단결선언」과 이념적으로나 인적구성에 있어서 연속적이다. 즉 두 선언은 일본의 지배로부터 민족의 독립을 선포하는 것과 동시에 민족이 지향하는 독립은 '자주독립과 평등복리' 의 실현을 통한 근대적 민주공화정체의 민족국가 수립을 표방하였다.「대한독립선언서」는「대동단결선언」과 '국민주권', 합병의 무효, 독립의 근거 등에 대한 인식이 거의 동일하다. 그러나 전체적으로「대한독립선언서」가「대동단결선언」보다 한 단계 발전된 형태이다. 그것은「대한독립선언서」가 공화제를 표방하고, 대동평화를 갈망하며 정치·경제·사회적으로 균등한 국가를 완성할 것을 강조하고 있기 때문이다(김소진 1998, 75). 이러한 인식은 이후에 살펴볼 3·1운동에도 연속된다.

2. 3·1 운동의 반군주제와 대한민국임시정부의 민주공화제

대한민국 임시정부의 민주공화제는 3·1운동의 정치적 실현을 의미했다.[25] 만일 조선이 아닌 새로운 국가가 탄생한다면 이 운동은 자주독립국가 건설의 정신적인 구심점을 갖도록 할 민족주의적·공화주의적 요소를 충분히 갖고 있었다. 3·1운동이 일어난 40일 이후, 대한민국임시정부의 선서문에서는 다음과 같이 3·1운동을 표현하였다.

> 존경하고 경애하난 아(我) 2천만 동포 국민이어 민국원년 3월 1일 아 대한민족이 독립을 선언함으로브터 남과 여와 노와 소와 모든 계급과 모든 종파를 물론하고 一致코 단결하야 동양의 독일인 일본의 비인도적 폭행 하에 극히 공명하게 극히 인욕(忍辱)하게 아민족의 독

25 3·1운동 발생 이후 국내외 6 곳에서 임시정부가 발표되었다. 그 가운데 헌장과 선포문, 취지문, 격문 등을 갖추고 정부의 형태를 취한 임시정부는 상해의 대한민국 임시정부와 노령에서 조직된 대한인국민의회(1919년 3월), 국내 한성에서 조직된 한성정부 국민대회(1919년 4월)였다(이현희 2003).

립과 자유를 갈망하난 실사와 정의와 인도를 애호하는 국민성을 표현한지라(…) (국회도서관 편 1974, 30).

즉 1919년의 3·1운동은 민족 내부의 모든 사회적 차이를 뛰어넘어 참가자들 사이의 수평적인 일체감을 가져왔다. 그것이 국민 의식을 고취시켰던 것이다.

그러나 미리 지적해 두고자 하는 것은 3·1운동이 민족외부와의 투쟁이었던 것만이 아니라 민족내부의 투쟁이었다는 점이다. 그것은 반제국주의 운동이자 반군주제 운동이었기 때문이다. 한편 1919년 4월, 상해 대한민국임시정부는 (형식상) 국내 13도의 대표가 입법기관(임시의정원)을 구성하고 임시의정원이 정부를 구성함으로써 수립되었다. 그런데 이와 같이 탄생된 임시정부가 3·1운동을 어떻게 이해했는지 1941년 11월에 공표된 「건국강령」 총강을 살펴보기로 한다.

건국강령(建國綱領)

(…)5. 우리나라의 독립선언은 … 우리 민족의 3·1血戰을 발동한 元氣이며, 同年 4월 11일에 13도 대표로 조직된 임시의정원은 대한민국을 세우고 임시정부와 임시헌장10조를 창조 발표하였으니, 이는 우리 민족의 자력으로써 異族專制를 전복하고 5천년 군주정치의 舊殼을 파괴하고, 새로운 민주제도를 건립하여 사회의 계급을 소멸하는 제일보의 착수이었다(국회도서관 편 1974, 21).

대한민국 임시정부는 요컨대 3·1운동의 정치적 '산물'이자 동시에 3·1운동의 정치적 '해석자'였던 것이다. 해석은 정치적 경험을 '해프닝'이 아니라 '의미'(idea)로 전환시킨다. 그에 의해 '사건'은 '역사'가 되고, 주체의 삶 속에서 '원리'로 성장하게 된다. 대한민국 임시정부는 3·1운동의 의미를 '독립'으로 이해했다. 그것은 두 가지 의미를 지닌 독립 즉, 밖과 안의 지배에 대한 부정, 곧 자기 지배(self-rule)의 요구이다. 그리고 그 주체를 '민족'과 '인민'으로 상정했다. 요컨대 3·1운동은 한국인이 어떠한 형태의 노예상태도 죽음으로써 저항하겠다는 결의에 찬 행위였다.

대한민국임시정부의 「건국강령」에 따르면 그것은 정치적으로 제국주의와 군주정치를 부정하고, 독립적 공화정을 제시했고, 사회적으로는 신분제도(계급)를 부정하고, 평등에 기초한 민주정을 지지했다. 이런 의미에서 한국 민족의 公敵은 민족내부에도 엄존했다. 3·1운동과 대한민국임시정부는 이 모든 공적을 공식적으로 부정함으로써 한국인의 정치적 삶을 근본적으로 변혁했다. 그리고 향후 1세기 동안 근대 한국의 정치가 나가야 할 비전을 명료하게 제시하였다. 그것은 1919년 4월 11일 제정된 상해 대한민국임시정부의 「임시헌장」에서 다음과 같이 표명되었다.[26]

대한민국임시헌장

제1조 대한민국은 민주공화제로 함.

제2조 대한민국은 임시정부가 임시의정원의 결의에 의하여 이를 통치함.

제3조 대한민국의 인민은 남녀 귀천 및 빈부의 계급이 무(無)하

26 임시정부 최초의 헌법문서인 「대한민국임시헌장」(1919. 4. 11)이 (1) 누구에 의해 만들어졌으며, (2) 이를 기초하는 데 참고 가능했던 자료는 어떤 것이었으며, (3) 총 10조의 헌장 내용을 구체적으로 분석한 연구는 신우철(2004. 4)을 참조할 것. 신우철은 "임시헌장 제1조의 민주공화제는 일본뿐 아니라 중국의 수많은 헌법문서들 가운데에서도 유래를 찾아볼 수 없는 독창적인 형식과 내용"으로 규정되었다고 주장하였다.

고 일체 평등임.

제4조 대한민국의 인민은 신교·언론·저작·출판·결사·집회·신서·주소·이전·신체 및 소유의 자유를 향유함.(…)(국회도서관 편 1974 3).

위와 같이 이 시기 '민주공화제'와 '인민'의 '평등'과 '자유'를 표방한 것은 대한민국임시정부의 「임시헌장」 외에도 국내외 여러 단체에서였다. 1919년 4월 23일에 개최된 국내 한성정부 국민대회는 그 대표적인 사례이다.

한성정부 국민대회 약법

제1조 국체는 민주제를 채용함.

제2조 정체는 대의제를 채용함.

제3조 국시는 국민의 자유와 권리를 존중하고 세계평화의 위운을 증진케 함. (…)[27]

이상에서 한성정부국민대회는 민주제, 대의제, 국민의 자유·권리·의무 등을 규정하고 있다.[28]

27 (우남이승만문서편찬위원회편 1998, 26-29). 1919년 4월 23일 종로일대에서는 '國民大會'와 '共和萬歲' 깃발 아래 만세시위가 있었고, 전단을 통해 '한성정부'의 수립이 선포되었다.

28 한편 3·1운동 후 미국에서 최초로 소집된 한국인의 정치집회(1919년 4월 14일-16일)는 서재필, 이승만, 정한경, 임병직, 조병옥, 장택상 등이 참가하여 필라델피아에서 개최된 대한인총대표회의(The First Korean Congress) 였다(김원모, 「서재필의 재미한인회의록 첫 공개」, 200). 유영익은 3·1운동 후 국내외에서 선

그러나 3·1운동에 대한 해석이 민주공화제 지향이라는 하나만 존재했던 것은 아니다. 3·1운동 직후 규모나 지속성에 있어서 최대 규모였던 대동단의 견해는 완전히 달랐다.[29] 1919년 4월 25일 경성에서 조직된 대동단은 복벽주의 이념 하에 정부수립 운동을 추진하였다. 대동단은 의친왕 이강을 "왕통정부"의 수반으로 삼아 상해 임정과는 별도의 정부 조직을 수립하려는 계획을 갖고 있었다(국사편찬위원회편 1994, 330). 그런 의미에서 3·1운동은 「한성순보」이래 공화주의 이념의 구체적 실현이자, 군주정과의 마지막 투쟁이기도 했다. 대동단의 독립선언서의 기초를 부탁받은 장지영의 회고에 의하면, 대동단 당수 전협(全協)은 "우리나라가 오래 군주국가로 내려 온 터이니 지금 대통령을 세운 데야 이 민족의 단결이 이루어지기 어려우니 우리 왕을 하나 세웁시다"라고 하였다(장지영 1974, 204). 그런데 대동단의 정치구상은 이념적이라기보다 다분히 편의주의적인 것으로 생각된다. 명분은 "민족의 단결"이었지만 어떻게 '단결'이 가능한지에 대해서 대한민국 임시정부나 한성정부와는 의견이 달랐다. 임시정부의 경우는 '독립'에 의한 '자유'와 '평등'이 한국 민족의 진정한 단결을 가져올 것으로 생각했다. 대동단은 그 반대였다. 이들의 (저항) 민족주의는 공화주의로 나아가지 못했다. 예컨대 한성정부 국민대회에서 13

포된 다른 임시정부들의 예와 비교하여 필라델피아 대표회의에 참가자들이 특히 "신대한의 정체가 미국식 공화제 즉 대통령중심제일 것을 주장했다"는 점이 독특하다고 주장했다. 또한 이승만은 「필라델피아 총대표회 종지」를 소개하는 글에서 "우리나라를 회복한 후 정부를 미국제도로 할 수 있는 대로 모본하여, 공화정치와 기독교 문명을 숭상하는 나라를 만들어 종교와 통상과 언론 등 모든 사회의 자유를 하겠다"라고 설명하였다(신한민보 제536호 1919. 04. 08 ; 유영익 2004, 382-385).

29 대동단의 조직 실상과 활동에 관해서는 조소앙이 개괄적으로 기술한 「大同團의 槪況」을 참조함(한국정신문화연구원편 1997. 32-36).

도 대표자로 발표된 대동단의 멤버 최전구, 이내주는 국민대회의 정치노선—공화국, 민족자결주의—에 반대하였으며, 13도 국민대표에서 빼줄 것을 요구했다(국사편찬위원회 편 1994, 41).

요컨대 대동단은 국민대회 추진과정에서 한성정부 주도세력과 정치적 견해를 달리함으로써 이탈했다. 상해 임시정부가 수립된 후에는 이들과도 대립하여 국내에서 임시정부 수립을 위한 독자적인 활동을 계속했다. 그러나 의친왕 이강의 상해 망명과 '제2독립선언'—'제2차 시위운동'—등의 계획이 잇따라 실패함으로써 이들의 정부수립 운동은 구상단계에 머물렀다(이현주 2000, 195, 197). 그런 의미에서 3·1운동은 민족 내부의 공화주의와 복벽주의의 투쟁이었다. 대한민국 임시정부의 정치이념은 이 투쟁의 산물이었던 것이다.

3. 대한민국임시정부헌법 : 1948년 건국헌법의 시원

대한민국임시정부는 대한제국의 연장이 아니었다. 1899년의 「대한국국제」로의 반전이나 1910년과 1915년의 고종 망명정부수립계획, 그리고 대동단의 사례에서 보듯 군주제와 단절하고, 근대적 공화주의 정체로의 수립은 지난한 과정을 통해 이루어진 것이다. 심지어 위에서 살펴본 바와 같이 1919년 대한민국임시정부 수립 당시에도 복벽주의적 지향이 존재했다. 즉 "이강을 가정부의 수령으로 추대"하여 한편으로는 "일·한 병합이 조선민족 전반의 의사가 아니었다는 것을 세계에 알리"고, 또 다른 한편으로는 "조선인으로 하여금 한층 독립정신의 통일을 기하는 데 좋으리라"는 의견도 제시되었다(국사편찬위원회 편 1994, 334).

그러나 결과적으로 대한민국임시정부는 "대한은 독립국이고, 대한인민이 자유민임을 선언한" 3·1운동의 집단적 의사에 따라 국가형태를 군주국이 아닌 공화국으로 하고, 인민주권 및 자유·평등의 원리에 입각한 인민의 권리와 의무를 헌법에 규정하였다. 또한 삼권분립(임시대통령/국무원, 임시의정원, 법원-1919년 9월 임시헌법)에 입각한 정부형태를 취했다(국회도서관 편 1974, 4). 요컨대 이러한 민주공화제에 대한 광범위한 합의는 1898년 만민공동회의 정치적 지향이래, 반전을 거듭하면서 장기간에 걸쳐 형성된 것이며, 1919년 대한민국임시정부 헌법에서 공식화되었다.

한편 대한민국임시정부는 1945년 11월 환국할 때까지 전후 5차의 개헌을 통하여 헌정체제를 지속하였다. 망명정부였던 대한민국임시정부가 수정을 거듭한 헌법안을 작성한 것은 한편으로 당시의 정치적 상황에 적응하기 위한 것이기도 하지만(서희경 1993, 18-19, 80-81), 헌법이 정부의 정통성, 즉 정당성(legitimacy)과 합법성(legality)을 동시에 가져다준다고 인식했음에 틀림없다. 만일 대한민국 임시정부가 단지 해외독립운동단체였다면 5번에 걸친 헌법개정을 통해 헌정체제를 지속시키지는 않았을 것이다.

대한민국임시정부 헌법은 건국헌법의 체계 및 용어, 기본원칙, 이념 등에서 시원적 헌법의 성격을 지녔다. 대한민국임시정부의 헌법전과 건국헌법(대한민국헌법)과의 연관성 및 그 특징을 개괄적으로 살펴보면 다음과 같다.[30]

30 대한민국의 '민국'은 'Republic'(공화국)의 한자식 표현이다. 아시아 국가에서 가장 먼저 공화제를 선포한 중화민국에서 영향을 받은 것이다. 국호 자체에 대한민국의 성격이 공화국임을 드러내고 있다고 볼 수 있다.

〈대한민국임시헌장(1944. 4)과 건국헌법(1948. 7) 도표〉

명칭	대한민국임시헌장 (1944. 4. 22)	대한민국헌법(건국헌법) (1948. 7. 12)
전문	3 · 1대혁명정신	3 · 1운동
총강	제1장 (제1조-4조) 민주공화국(제1조) 인민주권(제4조)	제1장 (제1조-제7조) 민주공화국(제1조) 국민주권(제2조)
국민(인민)의 권리와 의무	제2장 (제5조-제8조) 언론출판집회결사 파업 신앙 거주 여행 통신비밀의 자유(제5조 제1항, 제2항) 취학 취직 부양요구권(제5조 제3항) 선거권피선거권(제5조 제4항) 신체의 자유(제5조 제6항, 제7항), 재산권의 보장(제5조 제8항) 준법 병역 공역 납세의 의무(제6조) 질서유지 공공복리 등으로 인한 기본권의 제한(제7조) 광복운동지 규정(제8조)	제2장 (제8조-제30조) 평등권(제8조) 신체의 자유(제9조), 거주이전 · 주거의 자유(제10조), 통신비밀의 자유(제11조), 신앙양심의 자유(제12조), 언론출판집회결사의 자유(제13조) 학문과 예술의 자유(제14조) 재산권의 보장(제15조),[31] 교육을 받을 권리 의무교육(제16조), 근로의 권리의무, 노동조건의 기준, 여자와 소년의 노동 보호(제17조), 근로자의 단결권, 이익균점권(제18조), 생활무능력자에 대한 국가의 보호(제19조), 선거권(제25조), 피선거권(제26조), 청원권(제21조), 재판을 받을 권리(제22조), 질서유지공공복리 등으로 인한 기본권이 제한(제28조), 납세의 의무(제29조), 국방의 의무(제30조)
입법부	제3장 임시의정원 (제9조-제28조)	제3장 국회(제31조-제50조)
행정부	제4장 임시정부 (제29조-제44조) 주석제	제4장 정부(제51조-제75조) 대통령제
사법부	제5장 심판원(제45조-제56조)	제5장 법원(제76조-제83조)
경제		제6장 경제(제84조-제89조)
회계 · 재정	제6장 회계(제57조-제60조) 조세법률주의(제57조) 의회재정주의(제58조)	제7장 재정(제90조-제95조) 조세법률주의(제90조) 의회재정주의(제91조)
지방자치		제8장 지방자치(제96조-제97조)
헌법개정	제7장 보칙(제61조-제62조) 헌법개정(제61조)	제9장 헌법개정(제98조)
부칙		제10장 부칙(제99조-제103조)

31 제15조 재산권은 보장된다. 그 내용과 한계는 법률로써 정한다. 재산권의 행사는 공공복리에 적합하도록 하여야 한다. 공공필요에 의하여 재산권을 수용,사용 또는 제한함은 법률의 정하는 바에 의하여 상당한 보상을 지급함으로써 행한다.

첫째, 대한민국임시정부의 헌법은 체계 및 용어상에 있어서 건국헌법의 시원적 성격을 지닌다. 아래의 도표에서 보듯이 대한민국임시헌장(1944. 4. 22)과 건국헌법을 비교해 보면 전문, 총강, 국민(인민)의 권리와 의무, 입법부, 행정부, 사법부, 경제, 회계·재정, 헌법개정 및 부칙 등 두 헌법이 체계 면에서 거의 동일하다.

둘째, 내용면에서도 두 헌법은 3·1운동의 독립정신을 계승하였고, 민주공화국, 국민(인민)주권, 기본권 보장, 권력분립 등 건국헌법상의 기본원칙들을 모두 수용하고 있다.

우선, 각 헌법안의 전문에서 3·1운동 정신을 규정한 대목을 살펴보면 다음과 같다.

> [1](…) 국가의 독립을 갈망하였고, 무수한 선열들은 피와 눈물로써 민족자유의 회복에 노력하여 3·1대혁명에 일으러 전민족의 요구와 시대의 墜向에 순응하여 정치, 경제, 문화 기타 일체 제도에 자유 평등 및 진보를 기본 정신으로 한 새로운 대한민국과 임시의정원과 임시정부가 건립되었고 아울러 임시헌장이 제정되었다.[32]

> [2](…) 대한민국은 기미 3·1운동으로 대한민국을 건립하여 세계에 선포한 위대한 독립정신을 계승하여 이제 민주독립국가를 건립함에 있어서 정의인도와 동포애로써 민족의 단결을 공고히 하며, 모든 사회적 폐습을 타파하고 민주주의 제제도를 수립하여 정치, 경제, 사회, 문화의 모든 영역에 있어서 각인의 기회를 균등히 하고 능력을 최

32 국회도서관 편, 1974, 「대한민국임시헌장」(1944. 4. 22), 『대한민국임시정부의정원문서』, 15.

고도로 발휘케 하며 각인의 책임과 의무를 완수케 하여 안으로는 국민생활의 균등한 향상를 기하고(···) 헌법을 제정한다.

요컨대 3·1운동의 자유와 평등, 민주주의는 대한민국임시정부 및 대한민국 국가 수립의 정치적 기본정신이 되었고, 헌법제정에 내면화 되었다.

셋째, 1919년 4월 대한민국 「임시헌장」에서 1948년 7월 건국헌법에 이르기까지 민주공화국과 국민(인민)주권에 관한 규정의 변천을 살펴보면, 다음과 같다.

〈민주공화국과 국민(인민)주권 조항의 변천〉

헌법안 명칭	제정년도	민주공화국 · 국민(인민)주권 내용
대한민국임시헌장	1919. 4. 11 제정	제1조 대한민국은 민주공화제로 함 제2조 대한민국은 임시정부가 임시의정원의 결의에 의하여 이를 통치함
대한민국임시헌법	1919. 9. 11 제1차 개헌	제1조 대한민국은 대한인민으로 조직함 제2조 대한민국의 주권은 대한인민 전체에 재함
대한민국임시헌장	1925. 4. 7 제2차 개헌	제1조 대한민국은 민주공화국임 제2조 대한민국은 임시정부가 통치함. 제3조 대한민국은 광복운동 중에서 광복운동자가 전인민을 대함.
대한민국임시약헌	1927. 3. 5 제3차 개헌	제1조 대한민국은 민주공화국이며 국권은 인민에게 있다
대한민국임시약헌	1940. 10. 9 제4차 개헌	제1조 대한민국의 국권은 국민에게 있되, 광복완성 전에는 광복운동자 전체에 있다.
대한민국임시헌장	1944. 4. 22 제5차 개헌	제1조 대한민국은 민주공화국임 제4조 대한민국의 주권은 인민전체에 있음. 국가가 광복되기 전에는 주권이 광복운동자 전체에 있음.
대한민국헌법	1948. 7. 12 제정	제1조 대한민국은 민주공화국이다. 제2조 대한민국의 주권은 국민에게 있고, 모든 권력은 국민으로부터 나온다.

앞에서 이미 인용한 바와 같이 한국 역사상 '민주공화제'를 가장

명시적으로 헌법에 규정한 것은 1919년 4월 11일 선포된 대한민국임시헌장에서이다. 또한 1925년 대한민국임시헌장, 1927년 대한민국임시약헌, 1944년 대한민국임시헌장은 헌법 제1조에 "대한민국은 민주공화국"임을 명확히 규정하고 있다.

한편 주권에 관한 규정은 1919년 대한민국 임시헌법 제2조에 "대한민국의 주권은 대한인민 전체에 재함"이라 규정하였다.[33] 그런데 국민주권은 국민의 평등을 전제로 하고 있고, 이것이 결여된 국민주권은 무의미한 것으로 이해되고 있다. 이 때문에 대한민국 임시정부 헌법의 인민의 기본권은 '자유'보다도 '균등의 원칙'에 근거하고 있다. 이 원칙은 헌법 조항 전체를 지배하고 있다. 이 원칙을 훼손하는 행위나 원리는 설사 '자유'의 원리라 해도 국가에 의해 규제될 수 있다. 이와 관련하여 조소앙이 기고한 것으로 추정되는 「한국독립당당강천석」[34]은 다음과 같이 규정하고 있다.[35]

> 자유는 절대적인 것이 아니고, 선량한 풍속을 해치거나 죄악을 선동하거나 치안을 방해하거나 공공의 이익에 손해를 끼치면, 이것은 평등의 원칙에 어긋나기 때문에 국가가 간섭할 수 있다(추헌수편 1972,

33 1925년 이래 임시정부는 주권이 인민에게 원칙적으로 있으나, 일본으로부터 해방되기 전에는 주권이 "광복운동자"에게 있음을 규정했다. 임시정부("광복운동자")가 대한민국 전 인민을 대표하고자 하였던 것이다.

34 이것은 삼균주의에 대한 체계적인 해설서이다. 임정의 기관지인『光復』(제1권 제3기, 1941. 5.20)에 실린 글로서 필자는 四平으로 되어 있다. 그가 누구인지 현재 정확하게 밝혀지지 않고 있지만 내용상 조소앙으로 추측된다.

35 「한국독립당당강천석」에서는 기본권을 평등권, 참정권, 자유권, 수익권 등으로 분류하였다(추헌수 1972, 146).

146).

3·1운동의 정치적 해석을 둘러싼 1919년의 대립은 식민지 시대에 민주공화국과 국민주권이라는 거대한 시대적 조류로 전환되었다. 그리고 1948년 대한민국 헌법 제1조에도 동일하게 규정하였다. 대한민국이 민주공화국이라는 규정은, 1919년 4월 이래 30년에 걸쳐 "헌법의 구성 원리이자 정치의 근본적인 원칙"으로 규범화되었던 것이다. 이 때문에 신생 대한민국이 민주공화제를 취한다는 것은 1945년에서 1948년에 이르는 헌법제정의 발흥의 시기에 이론의 여지가 없었다.

V. 결론

본 연구에서는 대한민국 건국헌법의 기원을 고찰하기 위해 1898년 만민공동회 활동과 1919년의 3·1운동 및 대한민국임시정부의 수립이라는 세 정치적 사건을 추적하고, 이러한 역사적 경험 속에서 탄생된 헌법 및 규약을 검토하였다. 본 연구에서 검토한 건국헌법 이전에 제정된 헌법 및 규약들은 건국헌법의 이념(idea)과 원칙(principle), 그리고 구조(framework)의 측면에서 연속성을 보여주었다. 이를 구체적으로 살펴보면 다음과 같다.

1) 1898년의 만민공동회는 민회를 통해 공론을 형성하고, 이를 국정에 반영시키고자 했던 새로운 형태의 정치운동이었다. 즉 만민공동회는 인민이 스스로 정치적 주체로 참여하여 정치체를 변화시키고자 했던 한국 민주공화주의적 정치운동의 기원이었다. 또한 만민공동회에서 의결

된 「헌의6조」는 "군민공치적 군주제"라는 기본원칙을 제시하고 있다. 즉, 형식상 전제황권을 수용하고 있으나, 그 내용은 전제황권을 제한하여, 인민과 함께 협의하여 정치를 행해야 한다는 공화제적 원칙 및 정신을 함축하고 있었다.

반면 1899년 8월에 반포된 「대한국국제」는 「헌의6조」의 입헌군주제 지향을 파기하고, 그 반대의 대안으로 제출된 것이었다. 「대한국국제」는 대한제국의 자주 독립을 대외적으로 선포하고, 군주권의 내용을 근대적인 언어로 공식화했다는 의의를 가지지만, 그 기본원칙은 "군권의 침손"을 절대 용인하지 않겠다는 점이었다. 요컨대 「대한국국제」는 '군민공치'에서 '전제군주제'로의 반전을 의미했다. 이후 독립협회와 만민공동회 등이 추구했던 민주공화적 민권 의식과 정치적 에너지의 상실은 곧 을사보호조약이라는 역사상 초유의 정치적 상황에 이르게 되었다.

2) 1907년 고종황제퇴위사건은 한국인의 헌정에 대한 사고와 정체 인식에 근본적인 영향을 미쳤다. 즉 이 사건을 계기로 「헌의6조」의 군민공치(입헌군주제)에 대한 지향은 거의 사라졌다. 이는 전제군주제에 저항했던 세력에게는 선호할만한 일이었으나, 국가주권의 상실을 대가로 얻은 것이었다. 즉 국민주권(민권)과 국가주권(국권)의 모순이자 딜레마였던 것이다.

고종황제퇴위사건으로 인한 군주권의 상실이라는 역사적 환경은 오히려 '민주공화'와 '입헌정치'라는 헌법의 기본원칙과 정신에 대한 풍부한 논의가 전개될 수 있는 토양을 제공했다. 그 내용은 정치는 더 이상 사유물이 아닌 공적인 것이라는 인식, 그리고 이를 공공화하기 위한 입헌의 지향, 그리고 이를 제도적으로 보장할 수 있는 대의정치제도의 모색과 참여 등으로 확장되었다. 그러나 이러한 정치적 지향은 곧 일본의 보호국 질서에 적응하려는 민권운동세력의 정치적 진출을 의미하는 것이었다.

3) 1910년 한일합방 이후 변화된 정체 인식은 1917년 「대동단결선언」을 계기로 보다 명확해졌다. 합방 이래 지속되어 온 복벽주의를 종결하고, 민주공화정체 수립으로 공식화하였기 때문이다. 「대동단결선언」에서는 한일합방이후 상실된 '주권'을 회복하기 위해서 주권에 대한 보다 분명한 이해를 획득하고 이를 표명하고자 하였다. 즉, 황제주권의 포기가 곧 국민주권의 상실이 아니며, 민권론자들이 주창했던 '천부인권론에 근거한 주권'에 대한 이해에서 나아가 '민족국가의 고유한 것으로의 주권' 즉 국가주권의 '우선성'을 획득하고자 하였다. 또한 이 선언은 국민주권을 행사하기 위한 민주공화정체수립을 지향하였는데, 이는 1919년 대한민국임시정부의 수립으로 현실화되었다.

4) 1919년의 3·1운동은 정치적으로 제국주의와 군주정치를 부정하고, 독립에 기초한 공화정을 제시하였으며, 사회적으로는 신분제도(계급)을 부정하고, 평등에 기초한 민주정을 지지했다. 이러한 3·1운동의 이상과 이념은 대한민국임시정부에 의해 해석되고, 헌법에 규정함으로써 한 국가의 기본 원칙으로 공식화되었다. 그러나 3·1운동에 대한 해석이 민주공화국만을 의미하지는 않았다. 3·1운동은 민족 내부의 공화주의와 복벽주의의 투쟁을 함축하고 있었고, 대한민국 임시정부의 정치이념은 이 투쟁의 산물이었다. 그러므로 민주공화국에 대한 광범위한 사회적 합의는 1898년 만민공동회의 정치적 지향 이래 반전을 거듭하면서 장기간에 걸쳐 형성된 것이며, 1919년 대한민국임시정부 헌법에서 완결되었다.

5) 1898년 만민공동회의 「헌의6조」 결의 이후, 1919년 대한민국임시정부 헌법에 이르기까지 탄생된 헌법과 규약들은 살펴보면, 이들은 모두 건국헌법의 이념, 기본원칙, 그리고 구조 등에서 시원적 헌법의 성격을 지녔다. 예컨대 대한민국 임시정부헌법의 3·1운동 정신, 민주공화제, 국민(인민)주권, 기본권 보장, 권력분립 등 기본원칙들은 모두 건국헌법에

수용되었다. 또한 대한민국 임시정부의 헌법은 체계 및 용어상에 있어서 건국헌법의 시원적 성격을 지녔다. 대한민국임시헌장(1944. 4. 22)과 건국 헌법을 비교해보면, 전문, 총강, 국민(인민)의 권리와 의무, 입법부, 행정부, 사법부, 경제, 회계·재정, 헌법개정 및 부칙 등 두 헌법이 체계 면에서 거의 동일하였다.

참고문헌

姜相圭. 2004. "朝鮮の儒教的政治地形と文明史的轉換期の危機." 轉形期の君主高宗を中心に. 東京大學大學院 總合文化研究科 博士學位論文.

국사편찬위원회편. 1983.『한국독립운동사』 제1권 자료편.

국사편찬위원회편. 1994.『한민족독립운동사자료집 5 : 대동단사건 I』.

국회도서관편. 1974.『대한민국임시정부의정원문서』.

김소진. 1998.『한국독립선언서연구』. 서울 : 국학자료원.

김홍우. 2004.「독립신문과 사회계약」.『독립신문 다시 읽다』.

김효전. 2000.『근대 한국의 국가사상 : 국권회복과 민권수호』. 서울 : 철학과 현실사.

박명림. 2003.「한국의 초기 헌정체제와 민주주의 : "혼합정부"와 "사회적 시장경제"를 중심으로」. 한국정치학회편.『한국정치학회보』 Vol. 37. No. 1.

박찬승. 1992.『한국근대사상사연구』. 서울 : 역사비평사.

서영희. 2005.『대한제국정치사연구』. 서울 : 서울대학교 출판부.

서재필기념회편. 2004.『서재필과 그 시대』. 서재필기념회.

서희경. 1993.「독립운동과 정치 : 임시의정원 회의록을 중심으로」. 서울대학교 대학원 정치학과 석사학위논문.

서희경. 2003.「대한민국 건국헌법의 기초와 수정 : 정부형태에 관한 논의를 중심으로」. 한국공법학회 편.『공법연구』 제31집 제4호.

신복룡. 2003.『대동단실기』. 서울 : 선인.

신용하. 1980.「한말 애국계몽과 운동」.『한국사학』 제1집. 서울 : 한국정신문화연구원.

신용하. 1986.「19세기 한국의 근대국가 형성문제와 입헌공화국 수립운동」.『한국 근대국가 형성과 민족문제』. 서울 : 문학과 지성사.

신우철. 2004.「헌정사와 비교헌법(1) : 중국의 제헌운동이 상해 임시정부 헌법제정에 미친 영향－임시헌장(1919.4.11)과 임시헌법(1919.9.11)을 중심으로」. 한국법사학회 편. 『법사학연구』 Vol. 29.

유영렬. 1997.「개화기의 민주주의정치운동」.『한국사상의 정치형태』. 서울 : 일조각.

우남이승만문서편찬위원회편, 1998.『이화장소장 우남이승만문서』 동문편 제4권, 중앙일보사/연세대학교 현대한국학연구소.

윤치호. 박정신역. 2005.『국역 윤치호일기』 제2권. 서울 : 연세대학교 출판부.

이현주, 2000.「3·1운동 직후 국내 임시정부 수립운동의 두 유형 : 공화주의 및 복벽주의 운동에 대한 일고찰」, 인하역사학회편, 2000.『인하사학』 제8집.

이현희. 2003.『대한민국임시정부사』. 파주 : 한국학술정보(주).

장지영. 1974.7「국어교육에 바친 평생」.『월간중앙』.

전봉덕. 1981.「대한국 국제의 제정과 기본사상」.『한국근대법사상사』. 서울 : 박영사.

정숭교. 2004.「한말 민권론의 전개와 국수론의 대두」. 서울대학교 대학원 국사학과 박사 학위논문.

정용화. 2004.『문명의 정치사상 : 유길준과 근대 한국』. 서울 : 문학과 지성사.

정종섭. 2002.「'헌법'이라는 용어의 연원」.『현대공법학회의 과제』. 서울 : 박영사.

조동걸, 1987.「임시정부 수립을 위한 1917년의 '대동단결선언'」, 국민대 한국학연구소 편. 『한국학논총』 제9호.

최형익. 2004.「한국에서 근대 민주주의의 기원 : 구한말 「독립신문」, '독립협회', '만민공동회' 활동」.『정신문화연구』 제27권 제3호(통권96호).

추헌수. 1972.『(資料)韓國 獨立運動』 제2권. 서울 : 연세대학교 출판부.

한국정신문화연구원편, 1997.『한국독립운동사자료집 : 조소앙편(3)』

한태연·갈봉근·김효전 외. 1988.『한국헌법사(上)』. 서울 : 한국정신문화연구원.

Michael Sandel. 1996. *Democracy's Discontent*. Cambridge : Harvard University Press.

《독립신문》,《대한매일신보》,《대한협회보》,《제국신문》《한성주보》,《황성신문》.

5장

해방정국과 민주공화주의의 분열 : 좌우 이념대립과 민족통일론을 중심으로*

장명학 경희대학교

I. 서론

1945년 8월 15일의 해방은 우리 민족에게는 새로운 국가의 창설이라는 중차대한 과제를 부여했다. 특히 일제로부터의 해방에서 1948년 대한민국정부수립 당시까지의 '해방정국'은 한국의 국가적 정체성 확립을 위한 노력들이 다양한 관점에서 제기되었고, 또 그 주도권을 둘러

* 이 글은 『동양정치사상사』 8권 1호(한국·동양정치사상사학회, 2009. 3)에 게재된 것을 재수록한 것이다.

싼 투쟁이 가속화되었던 시기였다. 여기서 해방정국은 첫째, 일제의 패망과 함께 식민지배체제가 붕괴함으로써, 해방직후의 통치 및 권력의 중심이 존재하지 않는 힘의 공백상태를 의미했다. 둘째, 이러한 해방정국은 당시의 국내외 여러 정치세력들이 제각기 새로운 정치질서 구상에 의한 국가건설을 시도할 수 있었던 정치적 가능성이 열려있던 공간이기도 했다.

이처럼 힘의 공백상태와 새로운 이념에 기초한 건국의 다양한 가능성이 열려있던 해방정국은 그러나 서로 상이한 정치세력들 사이의 끊임없는 갈등과 투쟁이 지배하는 상황을 불러왔다. 이때 해방정국을 주도했던 정치세력들은 크게 보아 기득권을 고수하면서 새로운 국가건설을 지향했던 우파 자유주의내지 보수주의 세력과, 프롤레타리아 혁명을 통해 사회를 근본적으로 개혁하고자 했던 좌파 사회주의내지 공산주의세력 그리고 특히 민족을 최우선시하며 좌우연합에 의한 통일민족국가를 지향한 세력 등으로 나누어질 수 있다. 물론 일제에 저항했던 모든 독립운동세력들은 정도의 차이는 있으나 공히 민족이 중심이 되는 '자주독립'을 추구했다. 뿐만 아니라 독립된 국민국가의 이념적 토대를 민주주의와 공화주의에 두었다는 데서 공통점이 있다. 다만 후자의 두 개념에 대한 좌우파 정치세력들의 이해방식의 차이는 해방정국의 정치적 주도권을 둘러싼 갈등과 투쟁으로 나타났다.

그중 해방직후의 정치적 상황을 주도했던 세력은 여운형을 중심으로 한 중도좌파 민족주의세력이었다. 그러나 1945년 말부터 이듬해에 이르는 반탁운동의 전개와 함께 미·소관계가 점차 냉각되면서 한반도에서 전개된 해방정국은 친공 대 반공의 이데올로기 대립으로 격화되어 갔다. 1947년 7월 제2차 미·소공동위원회가 결렬되자 남한에서는 우파 자유주의세력이, 북한에서는 좌파 사회주의세력이 제각기 우월한 정치적 입지를 구축하게 되었고, 궁극적으로는 남과 북이 공히 독자적인 단독정부를 수립함으로써 분단이 고착화되는 결과를 초래했다.

본 논문은 새로운 국가건설 및 정부구성의 방향을 둘러싸고 갈등이 심화됐던 해방정국 당시의 주요 정치세력들의 이념과 사상을 중심으로 민주주의와 공화주의의 관점에서 체계적으로 정리하고자 한다. 돌이켜보면 민주주의와 공화주의의 이념이 결합된 민주공화주의는—우리 헌법 제1조 제1항에 "대한민국은 민주공화국이다"라고 규정되어 있듯이—1948년 8월 15일 수립된 대한민국 정부가 지속적으로 실현코자 노력해왔던 근본이념이다. '민주공화국'이라는 개념은 상해의 대한민국임시정부 임시헌장(1919년 4월 11일)과 제헌헌법(1948년 7월 17일), 국가재건비상조치법(1961년 6월 6일)과 제3공화국 헌법(1962년 12월 26일), 유신헌법(1972년 12월 27일)과 제5공화국 헌법(1980년 10월 27일), 그리고 현행헌법(1987년 10월 29일)에 이르기까지 줄곧 우리 헌법에 일관되게 명시되어 왔다.[1]

이처럼 헌법에 명시된 대한민국의 자기정체성인 '민주공화국'은 국민주권에 기초한 권력행사의 측면과 국민에 의한 국가 및 정부구성의 형태인 공화제 정체를 공히 함축하고 있다. 그럼에도 불구하고 정부수립 이후 우리 한국 사회는 산업화와 민주화를 거치면서 무엇보다도 민주주의의 공고화에 치중해왔다. 반면에 헌법에 명시된 민주공화국의 '공화'라는 용어가 지닌 정치적 의미를 되새기는 데는 상대적으로 소홀히 해왔던 것 또한 사실이다. 현재도 민주주의와 특히 공화주의에 대한 논의는 개념적 이해를 둘러싼 논의에 그치고 있는 실정이다.[2]

1 각 시기의 헌법에 대해서는 정종섭, 『한국헌법사문류』(서울 : 박영사, 2002)를 참조할 것.

2 '민주공화국'이라는 용어는 1848년 프랑스 제2공화국을 지칭하는 '민주적 공화

정치사상사적 측면에서 볼 때 민주주의와 공화주의라는 두 가지 개념은 역사적인 발전과정 속에서 끊임없이 수정되어 온 것으로서, 확고하게 그 의미가 규정된 것은 아니다. 일반적으로 민주주의는 국민주권의 원리와 자유의 실현을 위한 정치적 참여가 강조되는 '국민내지 인민의 직접적인 지배'로 인식되는 반면, 공화주의는 군주에 의한 전제정치나 소수집단에 의한 지배가 아닌 국민 내지 인민에 의한 법치와 사회통합을 위한 정치체제를 지향하고 있다.[3] 따라서 원칙적으로 평등한 주권국민에 의한 지배를 강조하는 민주주의와, 군주 일인 또는 소수집단에 의한 지배를 거부하면서 권력분립에 의거한 법치국가를 지향하는 공화주의는 얼핏 대립적인 관계에 놓여 있는 것 같지만, 이러한 양자를 조화시키려는 노력이 민주공화국의 이념으로 제시되고 있다.

이러한 맥락에서 본 논문은 우리 헌법에 명시된 민주공화국의 이념을 해방정국 당시의 대표적인 정치지도자들의 정치이념 및 사상과 현

국'(république–démocratique)'이라는 말에서 최초로 사용되었다. 이 개념은 국민주권에 기초한 참여를 강조하는 민주주의와 군주제에 대립되는 공화제를 결합한 국가라는 의미로 사용되었다. 아직도 미진하기 하지만 현재 우리 학계에서 공화주의 개념과 연관된 논의들로서는 정원규, "민주주의의 기본원리 : 절차주의적 공화민주주의 모델을 제안하며", 『철학』 제71집(2002)와 김비환, "아렌트의 정치사상에서 정치와 법의 관계 : 민주공화주의 체제에서의 법의 본질을 중심으로," 『법철학연구』 제6권 제2호(2003), 그리고 곽준혁, "민주주의와 공화주의 : 헌정체제의 두 가지 원칙". 『한국정치학회보』. 제39집 3호(2005)와 김경희, "민주화와 공화주의," 『동양정치사상사』 제6권 제2호(2007) 등을 참조.

3 Maurizio Viroli, *Republicanism*, tr. Antony Shugaar(New York : Hill and Wang, 2002), 3쪽 이하 참조. 동일한 맥락에서 바버(B. Barber) 또한 개인의 이익관계를 실현키 위한 정치과정을 중시하는 현대 자유민주주의의 취약성을 비판하면서 시민참여에 의한 공동체의 의지형성을 강조하는 공화주의를 강조하고 있다. 이에 대해서는 Benjamin R. Barber, *Strong Democracy : Participatory Politics for a New Age*(Berkeley : University of California Press, 1984), 154–155쪽 참조.

실정치의 역동적인 전개에 비추어 재검토하고자 한다. 해방정국의 정치세력들은 물론 다양하다. 다만 이 글에서는 지면상의 제약 때문에 한반도의 남쪽에서 국가건설의 주도권을 둘러싸고 투쟁했던 대표적인 정치지도자들 — 즉 상해임시정부 세력과 '한독당'을 이끌었던 김구, '독립촉성중앙협의회'와 '한민당' 세력을 지도했던 이승만, 그리고 해방직후 '건국준비위원회'를 추진했고 조선인민당을 이끌었던 여운형과 '조선공산당'(후의 남로당)의 박헌영 등 — 의 정치사상 및 이념에 대한 분석에 한정할 것이다.[4] 해방정국의 현실정치를 실질적으로 좌우했던 이들 정치지도자들의 새로운 국가건설을 둘러싼 논쟁들을 재구성함으로써 민주공화국의 수립을 향한 이들의 노력 또한 재평가될 것이다.

본 논문은 크게 서론과 본론 그리고 결론의 세 부분으로 구성되어 있다. 제2장 본론의 제1절에서는 김구의 정치이념과 민주적 공화제를 살펴볼 것이며, 제2절에서는 이승만의 자유민주적 공화제를, 제3절에서는 대중민주주의론에 입각한 공화제를 제시했던 여운형을, 마지막으로 제4절에서는 박헌영의 진보적 민주주의론에 기초한 인민공화국에 대해 검토해 볼 것이다. 그리고 제3장 결론에서는 이제까지의 논의를 종합 및 평가할 것이다.

4 이들 중 남과 북에서의 단독정부수립과 분단의 고착화로 인해 박헌영 세력은 북으로 갔다. 그리고 김구를 위시해서 김규식 등 우파 민족주의 세력과 여운형의 건국준비위원회 세력 등 중도좌파 그룹은 분단정국을 타개하기 위하여 남북협상을 시도했고, 남한만의 단독정부 수립에는 참여하지 않았기에 그 후 전개된 현실정치에는 참여하지 않았거나 배제되었다.

II. 해방정국의 전개와 민주공화주의의 분열

일본의 무조건 항복과 함께 해방된 한반도는 북위 38도선을 경계로 남쪽은 미군에 의해 그리고 북쪽은 소련군에 의해 분할 점령되었다. 북에 진주한 소련군은 김일성을 앞세워 북조선 임시인민위원회를 조직해서 공산주의체제를 정착시켜 나갔다. 한반도의 남쪽에 진주한 미군은 9월 10일 '태평양방면 미육군총사령관 포고문1호'를 통해 '주한미육군군사정부'(United States Army Military Government in Korea ; 이하 '미군정' 으로 약칭)를 설치했고, 하지(John R. Hodge) 중장 지휘하의 군정을 실시하게 된다.

그러나 미군의 진주에 앞선 8월 15일의 해방과 함께 남한에서는 여운형 등에 의한 '조선건국준비위원회'(이하 '건준' 으로 약칭)가 발족되었다. 그 후 여운형을 중심으로 한 건준은 중앙정부기구를 구성하기 위해 미군이 한반도에 진주하기 직전인 9월 6일에는 '조선인민공화국'(이하 '인공' 으로 약칭)을 선포하였다. 인공은 지방에 산하 조직인 인민위원회를 설치함으로써 한반도의 남쪽에서는 가장 강력한 정치조직으로 등장했다. 이로써 인공은 여운형을 중심으로 한 중도좌파세력과 공산주의자들이 중심이 되어 '해방공간'이라는 특수한 정치적 공백기에 치안질서유지를 사실상 담당함으로써 국가에 준하는 역할을 떠맡았다.[5] 10월과 12월에는

5 여운형이 주도했던 인공은 그러한 의미에서 국가의 기능을 대신하는 "사실상의 통치기구"(de facto governing body)의 역할을 담당했다. 이에 관해서는 Cho Soon-Sung. "The Failure of American Military Government," *Korean Affairs*(vol. 4. no. 1), 1965, 336쪽 참조.

미국에서 이승만이 그리고 중국에서 임시정부 주석 김구가 귀국함으로써 상해 및 중경의 대한민국임시정부 법통을 유지하고자 했다. 그러나 앞서 말했듯이 이미 군정을 실시하고 있던 미군정 당국은 10월 10일 다시금 북위 38도선 이남에서의 유일한 합법정부는 '주한미육군군사정부'라는 성명을 발표했고, 이와 동시에 정부를 참칭하는 모든 기구들을 불법화시켰다.[6]

그 후 해방정국은 특히 1945년 12월 모스크바 3상회담에서 제기된 신탁통치안을 계기로 요동치기 시작했다. 이 회담에서 미국은 10년간의 신탁통치를 제안했으나, 소련의 반대 때문에 통일된 임시정부 구성과 함께 연합국에 의한 5개년에 걸친 신탁통치안을 골자로 한 회담 결과에 동의했다. 이러한 결정이 국내에 알려지자 그 찬반을 놓고 각 정파들의 논쟁이 벌어졌다. 좌파는 찬탁을 표명했고, 우파는 반탁과 함께 한반도의 즉각적인 독립을 주장하며 격렬하게 반발했다.

신탁통치에 반발하는 국내정세에도 불구하고 미·소 양국은 1946년 1월 16일 신탁통치에 관한 구체적인 논의를 위해 서울에서 제1차 미·소공동위원회를 개최했다. 여기서 미국과 소련 양국은 통일된 임시정부의 구성을 위한 협의 대상에 반탁운동 단체들도 참여시킬 것인가에 관해 의견일치를 보지 못했기 때문에 협상 또한 결렬되고 말았다. 1947년에 열린 제2차 미·소공동위원회조차 결렬되자, 미국은 그해 6월 이후부터 남한만의 단독정부 구성을 위한 정책으로 방향을 선회하게 된다. 단독정부 수립문제가 불거지자 남한 내부의 정세는 다시금 요동치기 시작했다. 김구를 위시한 김규식 등 우파 민족주의 세력과 여운형 등 중도좌파 세력

6 서중석,『한국현대민족운동연구 : 해방 후 민족국가 건설운동과 통일전선』(서울 : 역사비평사, 2002), 257-259 참조.

등은 단독정부구성의 결과가 몰고 올 한반도의 분단 위기를 감지했고, 분단정국을 타개하기 위하여 남북협상을 시도했다.

이러한 해방정국의 소용돌이 속에서도 해방과 함께 한민족에게 부여된 지상과제는 통일된 자주독립국가의 건설에 있었다. 이를 위해서는 무엇보다도 독립을 위해 투쟁했던 각 정치세력들을 하나로 통합하는 것이 급선무였다. 그러나 해방정국의 정치현실은 그러하지 못했다. 오히려 이러한 민족적 과제를 실현하는 방향과는 다른 길로 들어서기 시작했다. 이는 해방정국 당시 정치세력들의 분열상황을 그대로 반영하고 있는 언론들의 논조에서도 확인될 수 있다. 그리고 이들 신문은 각 정파로부터 독립적인 논조를 견지하거나, 자유롭고도 책임 있는 토론의 주재자가 되지 못했다.[7] 이 때문에 해방정국에서 한국 사회가 지향해야 할 통일국가 건설을 위한 합리적인 공론 창출의 책임을 다하는 데는 역부족이었다.

그러면 이러한 해방정국의 정세 변화 속에서 백범 김구, 우남 이승만, 몽양 여운형 그리고 이정 박헌영 등 주요 정치지도자들의 정치이념과 사상의 핵심은 무엇이며, 이들을 중심으로 한 각 정치세력들은 새로운 국가와 정부를 구성하기 위해 과연 어떠한 정치적 활동을 전개해 나갔는가? 그리고 민주공화주의와 연관해서 이들은 각기 어떠한 이해방식의 차이점들을 드러내주고 있을까?

먼저 상해 임시정부의 주석이었던 김구의 정치이념과 정치활동을 분석해보고 민주공화주의와는 어떠한 연관이 있는지 살펴보기로 하자.

7 김민환, 『미군정기 신문의 사회사상』(서울 : 나남출판, 2001), 7쪽 참조.

1. 민족의 자유에 기초한 민주적 공화제를 지향했던 김구

해방정국의 정치상황과 관련해서 가장 중요한 인물들 중 하나는 단연 임시정부의 주석이었던 김구이다. 그는 해방이 되자마자 바로 귀국할 수는 없었다. 그럼에도 불구하고 그는 1945년 9월 3일자로 발표된 "국내외 동포에게 고함"이라는 선언에서 해방과 함께 우리 민족이 나아가야 할 방향을 제시했다. 그 핵심내용은 첫째, 연합국과의 관계를 긴밀히 해야 하며, 둘째 전국적인 보통선거에 의한 정식정권이 들어설 때까지 국내에 과도정부수립을 위해 각 계층, 각 혁명당파, 각 종교집단, 각 지방대표와 저명한 각 민주 영수회의를 소집하기 위해 임시정부가 책임을 질 것을 명시했다. 그리고 과도정부수립 이전까지는 임시정부가 국내외 문제를 일체 책임져야 할 것을 천명하고 있다. 즉 해방을 맞이한 대한민국임시정부의 과제가 집약되어 있는 이 문서는 해방정국에서 어떻게 새로운 국가가 건설되어야 할 것인가에 대한 구체적인 방향과 절차가 제시되어 있다.[8]

그러나 이 선언은 대한민국임시정부의 '정부로서의' 정치적 대표성을 부인했던 미·소의 점령정책 때문에 실현되지 못했다. 뿐만 아니라 임시정부 요인들과 함께 하루 빨리 귀국해서 자주독립 국가를 건설하고자 갈망했던 김구는 미국정부의 무성의함 때문에 조기에 귀국할 수 없었다. 왜냐하면 미국은 김구 주석 지도 하의 임시정부가 귀환할 경우, 이미 시행되고 있던 미군정에 차질을 빚을까 우려했기 때문이다.[9] 임시정부

8 김구, "국내외 동포에게 고함", 『白凡金九先生言論集(상)』(서울 : 나남출판, 2004), 156-157 참조.

9 결국 김구를 위시한 임정요인들의 귀국은 임시정부의 요인 자격이 아닌 사적 개인의 자격으로 귀국하겠다는 서약을 한 후에 가능했다. 이 때문에 김구와 14명

의 정통성을 부정내지 부인하는 미국과 미군정의 이러한 조치는, 향후 한반도의 운명이 한민족의 자율적인 정치적 결정에 놓여 있지 않다는 점을 여실히 드러내주고 있다.

비록 늦긴 했지만 김구는 12월 23일 귀국하자마자 국내의 여러 정치세력들을 통합하는 작업에 나섰다. 그러나 나흘 만인 1945년 12월 27일 모스크바 3상회의에서 결정된 신탁통치안[10] 때문에 김구는 '신탁통치반대국민총동원위원회'를 조직하고 전 민족적인 반탁운동을 벌이게 된다. 반탁운동과 통일국가 수립을 향한 김구의 일관된 사상은 '민족'을 최우선시하는 민족주의에 있었다. 그만큼 해방정국 당시에 김구가 해결코자 했던 지상과제란, 민족의 자주적인 역량에 바탕을 둔 독립국가의 건설에 있었고, 민족의 자주에 관한 권리는 양보나 타협의 대상이 결코 아니었다.

자주적인 독립국가를 건설하기 위해 김구는 1946년 1월 7일 자신의 거처인 경교장에서 5대 정당대표 회합을 추진했다. 신한민족당을 제외한 인민당, 공산당, 한국민주당, 국민당 등의 대표가 참석한 가운데 합작문제를 논의하였다. 그러나 모스크바의 지령을 받은 공산당이 찬탁으로 돌아섰고, 이승만과 김성수는 좌익과의 합작포기를 선언했다. 이러한 배경에서 김구는 후일 신탁통치안에 찬성하는 좌익세력에 대해 다음과

의 임정요인들은 12월 23일에야 일반군용기로 귀국할 수 있었다. 이에 대해서는 송남헌, 『해방3년사I』(서울 : 까치, 1985), 239쪽 참조.

10 1945년 12월 16일부터 27일까지 모스크바에서 삼상회의의 주된 내용은 다음과 같다. 즉 ① 신탁통치 기간을 최장 5년으로 하고, ② 조선 임시정부를 수립하여 미·영·중·소가 신탁통치를 할 것이며, ③ 조선 임시정부 구성을 협의하기 위해 조선 주둔 미·소 양군 대표의 미·소공동위원회를 2주일 내에 개최한다는 것이다. 이에 대해서는 송남헌, 앞의 책, 1985, 249-250쪽 참조.

같이 신랄한 비판을 가했다.

"일부 소위 좌익의 무리는 혈통의 조국을 부인하고 소위 사상의 조국을 운운하며, 혈통의 동포를 무시하고 소위 사상의 동무와 프롤레타리아트의 국제적 계급을 주장하며, 민족주의라면 마치 진리권 외에 떨어진 생각인 것같이 말하고 있다. 심히 어리석은 생각이다. 철학도 변하고 정치 경제의 학설도 일시적이어니와 민족의 혈통은 영구적이다. … 오늘날 소위 좌우익이란 것도 결국 영원한 혈통의 바다에 일어나는 일시적인 풍파에 불과하다."[11]

이처럼 민족주의에 바탕을 둔 김구의 정치적 신념은 지주적이고도 독립적인 국가의 건설을 지향했고, 신탁통치안은 그의 신념과 결코 함께 할 수 없는 것이었다.

미·소공동위원회가 신탁통치안을 구체적으로 논의하기 시작하자 김구는 반탁운동에서 비상국민회의 소집으로 방향 선회를 하고 보다 적극적으로 신탁통치반대와 통일국가 건설을 향해 매진하게 된다. 그러던 중 두 차례에 걸친 미·소공동위원회의 결렬은 미국으로 하여금 한국문제의 유엔이관이라는 절차를 밟게 했다. 한국문제의 유엔이관은 점차 자주적인 남북한 통일정부의 구성과는 거리가 먼 단독정부의 구성이 현실화되는 계기로 작용했다.[12] 이 때문에 좌파공산주의자들에 대한 비판에도 불구하고 한민족의 통일국가 건설을 향한 그의 민족주의에 기초한 확고

11 김구(도진순 주해), "나의 소원", 『백범일지』(서울 : 돌베개, 2004), 424-425쪽.

12 이에 대해서는 Gregory Henderson(박행웅·이종삼 옮김), 『소용돌이의 한국정치』(서울 : 한울아카데미, 2005), 216-217쪽 참조.

한 신념은 북한의 김일성과의 남북협상을 향한 노력으로 발전하게 된다.

이러한 민족주의와 자주독립국가 건설을 위한 김구의 정치적 신념의 핵심은 한민족내지 새로이 창설될 한국국민의 '자유'를 공고히 하는 데 있었고, 따라서 자유는 민족주의와 함께 김구의 정치사상을 구성하는 핵심적인 요소라고 할 수 있다. 이때 자유란 무엇이든 원하는 대로 할 수 있는 무절제한 자유, 즉 방종을 의미하는 것은 결코 아니었다. 그는 자유의 진정한 의미는 오히려 자유를 구속하는 법의 근원이 어디에 있는가에 달려있다고 강조한다. 예를 들어 자유로운 국가의 법은 국민의 자유로운 의지에 바탕을 두고 있지만, 자유롭지 못한 국가의 법은 한 개인이나 일개 집단의 의지에 그 뿌리를 두고 있다.

바로 이러한 자유의 개념은 미국식 민주주의와 소련식 민주주의에 대한 그의 평가에서도 여실히 드러나고 있다. 즉 김구에 따르면 미국의 민주주의는 국민의 자유로운 의견 및 의지가 적절히 반영되는, 그리고 현안에 대한 자유로운 토론의 과정을 거쳐서 다수가 함께 하는 의견이 형성되고, 최종적으로는 다수결 원칙에 의해 법이 제정되는 합리적인 제도이다. 이때 민주주의를 평가하는 핵심사항은 언론자유와 투표의 자유 그리고 다수의 결정에 복종하는 정도에 달려있다. 이러한 관점에서 그는 "일 개인에서 오는 것을 전제 또는 독재라 하고, 일 계급에서 오는 것을 계급독재"라고 규정하면서 당시의 조선공산당이 주장하는 "소련식 민주주의란 것은 이러한 독재정치 중에서도 가장 철저한 것이어서 독재정치의 모든 특징을 극단으로 발휘하고 있다"[13]고 비판했다. 그러나 그는 미국식 민주주의를 가장 이상적인 제도로 간주하지는 않았다. 그는 다만 소련식

13 김구(도진순 주해), 앞의 책, 427-428.

민주주의, 즉 계급독재에 기초한 소련의 인민민주주의에 비해, 언론자유에 토대를 둔 미국의 자유민주주의를 상대적으로 보다 높이 평가했던 것이다.

이처럼 민족의 자유와 민족주의에 기반을 둔 그의 정치사상은 김구 자신이 이끌었던 대한민국임시정부의 헌정질서에 그 토대를 두고 있었다고 해도 과언이 아니다. 임시정부의 헌법적 질서는 '개인과 개인, 민족과 민족 그리고 국가와 국가의 균등', 평등성을 강조하는 조소앙의 삼균주의를 근간으로 하는 체제였다.[14]

정치적인 측면에서 볼 때, 대한민국임시정부의 지도이념은 자유로운 국민의 평등한 기본권과 자치를 강조하는 민주주의와 국민주권에 바탕을 둔 공화제를 지향했다. 다시 말해서 임시정부 헌장에 표명된 국가사상은 개인이나 계급의 독재가 아닌 무엇보다도 민족내지 국민의 평등하고도 자유로운 권리와 민족주의에 바탕을 둔 '민주적 공화제'라는 데 그 핵심이 있다. 경제적인 측면에서는 일본인과 친일세력이 점유하고 있던 토지와 기간산업을 국유화해 균등한 경제체제를 구축하고자 했고, 교육문제 또한 평등을 중요시하는 균등한 교육을 기치로 내걸었다. 그리고 대외적으로는 국가간의 평등을 강조함으로써 국제평화를 추구했다.

요컨대 대한민국임시정부는 국민의 자유와 평등 그리고 자치에 의한 민주적인 공화제를 그 핵심 이념으로 했다. 동시에 자유와 민족주의

---

14 조소앙은 1920년대 후반 민족유일당 운동에 참여하면서 독립운동의 기본 이념으로서 삼균주의를 주창하기 시작했다. 1930년 그는 김구, 안창호 그리고 이동녕 등과 함께 한국독립당을 창당하게 된다. 이때 조소앙의 삼균주의는 한국독립당의 당강 및 당책 확립의 기초가 되었다. 이에 대한 보다 자세한 논의는 홍원표, "조소앙의 국가건설사상", 『국가건설사상』II(고양:인간사랑, 2006), 326-327쪽 참조.

를 끝까지 견지했던 임시정부 수반 김구의 국가사상과 정치이념 또한 헌장에 명시된 '민주공화제'에 그 토대를 두었던 것임을 부인할 수 없을 것이다.

이처럼 자유에 근거한 민주주의와 민족주의에 바탕을 둔 공화제를 골격으로 하는 자주독립국가 건설을 지향했지만, 김구의 이러한 정치적 신념은 해방정국의 역동적인 현실정치에서는 제대로 실현되지 못했다.[15] 해방정국의 정치현실은 오히려 정반대로 진행되어 나갔다. 한국문제는 유엔으로 이관되었고 남북분단이 가시화되면서 국내의 여러 정치세력들은 이 문제를 둘러싸고 찬성과 반대의 입장으로 갈라져서 분열되었다. 여기서 한국문제의 유엔이관은 김구와 임시정부 인사들이 지녔던 대한민국임시정부의 정치적 정통성 자체를 와해시키는 결과를 초래했다. 왜냐하면 임시정부의 법통을 근거로 민족자주성 확립과 정치적인 통합을 끌어내고자 했던 김구의 구상을 무의미하게 만들었기 때문이다.

민족의 완전한 자주독립을 위해 진력했던 김구는 점차 외세에 의존해 남북이 분단되어 가는 상황을 직시했다. 이에 김구의 한독당은 1947년 10월 개최된 임시중앙집행위원회에서 남북대표회의를 조직하여 미·소 양군의 철수를 통한 38선의 타개, 남북한 통일선거 실시 등을 결의했다.[16] 김구는 민족의 비극이 될 분단을 감지했고 따라서 단독정부 수립을 반대하고 통일국가로 나아가기 위한 마지막 방안으로 남북회담을 제

---

15 김구의 자유이념과 민족주의사상은 전제왕권이나 계급독재가 아닌 민족자주에 바탕을 둔 민주적 국가건설을 지향했다. 이와 관련해서 오문환, "백범 김구의 자주통일 국가건설사상,"『국가건설사상』III(고양: 인간사랑, 2006), 129쪽 참조.

16 백범김구선생전집편찬위원회 편, 『백범김구전집』 제8권(대한매일신보사, 1999), 278쪽 참조.

기했다. 그러나 남북회담에 대해 이승만과 한민당 그리고 남로당 세력 또한 적극적으로 반대했고, 북한에서 이미 정치적 주도권을 장악한 김일성 또한 이에 대해 냉담한 반응을 보였다.

그럼 이제 대한민국임시정부의 초대 대통령을 역임했고, 해방정국의 후기에 남한만의 단독정부수립에 박차를 가했던 이승만의 국가건설을 향한 정치이념은 어떠했으며, 더욱이 민주공화주의에는 어떠한 의미를 지니고 있는지 살펴보기로 한다.

2. 자유민주주의적 공화제와 이승만

해방과 함께 새로운 자주 독립국가 수립을 위한 열띤 논쟁이 벌어지고 있던 1945년 10월 16일 이승만이 귀국했다. 서구식 자유민주주의를 옹호했던 그는 한반도에 새로이 건설될 독립국가의 모델 또한 서구 민주주의에 찾고자 했다. 이러한 맥락에서 그는 프롤레타리아 혁명론에 의거한 인민민주주의 체제하의 소련과 공산권국가의 모델을 한반도에 새로이 탄생할 국가에 적용하는 것을 철저히 거부했다. 서구 민주주의 체제, 특히 미국식 민주주의를 선호했던 그는 다음과 같이 주장했다.

> "미·소 양국이 한국에 민주주의적 독립정부를 수립하기로 목적을 삼는 바, 민주주의라는 명사에 2종의 구별이 있으니 소련이 주장하는 민주정체가 하나요, 미국에서 실행하는 민주정체가 또 하나이다."[17]

17 양우정 편저, 『이승만 대통령 독립노선의 승리』(독립정신보급회, 1948), 162쪽.

이처럼 두 가지 민주주의 체제를 구분했던 이승만은 이러한 두 가지 민주제도의 속성을 제대로 구별하지 않고 신생독립국가의 정치체제를 구축하게 되면 국가나 정부의 분열과 혼란을 면하기 어렵다고 강조했다. 요컨대 그는 서구 특히 미국의 자유민주주의 체제를 선호했고, 국가의 정체 또한 군주 일인 또는 소수집단에 의한 지배체제가 아닌, 서구 민주주의 국가들에 일반화된 '공화제'에 기초한 민주적이면서도 자주적인 독립국가를 지향했던 것은 분명하다.

이미 자신의 저서 『독립정신』에서 밝히고 있듯이 청년기부터 이승만은 정치제도를 전제정치, 입헌군주정치 그리고 민주정치의 3가지로 구분했다. 그 중 특히 미국, 프랑스 등 서구 선진국들이 채택하고 있는 민주적인 정부, 즉 헌법에 따라 통치하는 "민주공화국"을 "백성들의 백성들을 위한 백성들에 의해 수립된 정부"로서 가장 좋은 정치제도로 규정했다. 다만 그는 "교육과 학문의 진흥"을 통해 국민의 정치의식이 발전된 후에야 민주정치와 민주공화제의 시행이 가능하다며 구한말 당시의 상황에서 민주정치를 즉시 시행하는 것은 유보하고 있었다.[18]

그러나 일제 식민치하를 거쳐 해방이 되자 이승만은 서구 민주주의, 특히 미국식 민주주의 체제와 공화제를 극력 옹호하고 나왔다. 하지만 서구 민주주의 체제의 근간이 되는 개인주의와 민주정치 운영의 핵

18 이에 대해서는 이승만(풀어쓴이, 김충남·김효선), 『풀어쓴 독립정신』(청미디어, 2008), 119-124와 158 참조. 구한말 당시 서구의 근대적인 새로운 가치관을 전수하던 배재학당에 다니던 청년 이승만은 점차 서구 정치의 원리와 기독교 사상에 접하게 되면서 근대적인 세계관에 입각한 자신의 정치적 신념을 발전시켜 나갔다. 그는 자신의 저서 『독립정신』에서 정치제도를 전제정치, 입헌군주정치 그리고 민주정치의 3가지로 구분하면서 민주정치를 가장 선호했다. 다만 그는 군주제 하에 있던 구한말 당시의 사정을 반영하여 입헌군주제, 즉 헌법에 기초한 군주제를 현실적으로 가능한 정치제도라고 강조했다.

심적인 기능을 담당하고 있는 정당정치를 해방된 한국에서 즉각 적용하는 것 자체는 유보했다. 왜냐하면 그는 해방정국의 일차적인 과제인 국권회복과 자주독립국가 건설을 위해 무엇보다도 모든 정치세력들이 우선은 합심해서 단합, 즉 국민통합이 무엇보다도 중요한 과제라고 인식했기 때문이다. 즉 그에게는 해방정국에서 최우선적인 과제란 한반도에서 새로이 탄생할 국가와 정부의 구성에 있었고, 이를 위해서는 국민 모두를 통합하는 문제가 가장 시급한 과제였던 것이다. 따라서 그는 서구 민주주의의 토대가 되는 개인의 자유와 권리의 원칙, 즉 개인주의의 원리를 인식하고 있었지만 국가와 정부수립이 초미의 관심사로 떠올랐던 해방정국이라는 특수한 상황 속에서는 자신의 이익만을 추구함으로써 국민통합을 저해할 가능성이 잠재된 극단적인 개인주의에는 반대했다.[19] 동일한 맥락에서 그는 서구 민주주의 체제에서 핵심적인 역할을 담당하고 있는 정당정치 또한 효과적인 국민통합에 의한 국가와 정부구성이 성공적으로 이룩된 다음에야 비로소 가능하다고 보았다.

서구 민주주의 체제를 선호했던 이승만은 귀국하자마자 앞서 말한 김구의 경우와 마찬가지로 자주적인 독립국가와 정부수립을 최우선 과제로 삼았다. 이를 위한 이승만의 정치적 행보는 '독립촉성중앙협의회'(이하 '독촉' 으로 약칭)의 결성으로 나타났다. 이승만이 주도한 독촉은 해방 직후 여러 갈래로 분화되어 있던 다양한 정치세력들을 규합하기 위해 1945년 10월 23일 결성됐다. 이승만에 의한 독촉의 결성이 상대적으

19 이에 대해서는 이시형, "이승만의 국가건설사상", 『국가건설사상 III』(고양 : 인간사랑, 2006), 49-51 참조. 즉 미국식 민주주의의 가장 중요한 가치인 자유를 옹호했던 이승만이지만 그렇다고 그가 방종에 가까운 자유의 권리를 옹호한 것은 결코 아니었다. 오히려 그는 국가에 대한 개인의 책임이 함께 따르는 제한된 의미의 자유를 강조함으로써 국민통합을 우선시하는 독립국가 건설을 추구했다.

로 순조로웠던 것은 해방된 지 얼마 지나지 않았고, 또한 무엇보다도 자주적인 독립국가의 결성을 둘러싼 정치적인 견해 차이가 아직은 심각한 갈등을 빚어내기 전이었기 때문이기도 했다. 독촉은 여운형이 주도한 인민공화국 세력과 상해 임시정부를 지지하는 세력 등을 비롯한 해방정국의 주된 정치세력들, 즉 건국동맹, 한국민주당, 조선공산당 등을 포괄하는 각 정당의 대표 200명이 참석한 가운데 결성되었다.[20]

독촉의 결성과 함께 이승만은 본격적인 정치활동을 전개하기 시작했다. 자주독립 국가 건설을 향한 독촉의 정치적인 활동은 우선 모스크바 3상회담에 대비하는 데 주력했고, 이 회담에서 연합국에 의한 신탁통치안이 결의되자 이에 대한 격렬한 반발로 나타났다. 이승만은 연합국의 신탁통치안에 대해 자주독립의 역량이 부족한 민족집단에게는 신탁통치의 필요성을 인정했다. 그러나 그는 우리 한국민족의 경우 식민지 치하의 독립운동 과정을 통해 자주적인 독립국가를 영위할 정치적인 역량을 충분히 갖추었기 때문에 한반도의 완전한 자주독립을 저해하는 그 어떠한 신탁통치안도 철저하게 거부했다. 나아가 이승만은 우리 한국민에게 연합국의 신탁통치란 또 다른 형태의 식민지상태에 지나지 않는다고 격렬하게 비난했다.[21]

독촉을 중심으로 신탁통치안을 단호히 반대했던 이승만은, 초기

---

20 상해임시정부의 초대대통령이었고, 해방직후에는 인민공화국의 주석으로 추대되었던 이승만이었기에 그를 구심점으로 한 독촉의 결성이 그리 어렵지는 않았다. 그러나 얼마 지나지 않아 과도한 지분을 요구한 박헌영의 조선공산당이 탈퇴했고, 여운형의 건준세력 또한 빠져나갔다. 이에 대해서는 김도현, "이승만 노선의 재검토", 『해방전후사의 인식 I』(파주 : 한길사, 2007), 371쪽 참조.

21 이에 관해서는 도진순, 『한국민족주의와 남북관계』(서울 : 서울대학교 출판부, 1998), 50-51쪽과 송남헌, 앞의 책, 234-236쪽 참조.

에는 신탁통치를 반대하는 입장을 표명했지만 모스크바의 지령을 받은 후 신탁통치안에 찬성하고 나선 조선공산당 등 좌익세력들을 민족반역자들로 몰아세웠다. 이미 그는 모스크바 3상회담의 결정이 국내에 보도되기 직전인 12월 26일의 방송을 통해 "만일 우리의 결심을 무시하고 신탁관리를 강요하는 정부가 있다면 우리 3천만 민족은 차라리 독립을 위하여 싸우다 죽을지언정 이를 용납하지 않을 것"[22]임을 분명히 했다.

그러나 신탁통치 반대운동의 전개과정 속에서 좌우익간의 대립과 충돌은 치열했다. 뿐만 아니라 두 차례에 걸친 미·소공동위원회의 소집 또한 이렇다 할 성과 없이 시간만 지나갔고, 한반도를 둘러싼 미·소의 대립과 갈등은 점차 냉전으로 치달아갔다. 미소를 중심으로 전개되는 국제 정세의 변화에 민감하게 반응했던 이승만은 남한 지역에서만이라도 단독으로 정부를 수립하는 것이 불가피하다고 판단했다. 이에 이승만은 1946년 6월 3일 전북 정읍에서 남한만의 단독정부론을 천명하게 된다. 그러나 미군정은 이승만의 단독정부론을 초기에는 거부했다. 그럼에도 불구하고 이승만은 자신의 단독정부론을 지속적으로 주장하였다.

이러한 단독정부론과 신탁통치안에 대한 입장 차이 때문에 이미 독촉은 와해상태에 봉착했다. 이를 만회하기 위해 이승만은 단독정부론을 주창했던 정읍발언 이후 다시금 '대한독립촉성국민회' 전국대표자대회를 개최하여 스스로 총재에 취임함으로써 단독정부 수립을 기정사실화하고자 했다. 단정 수립을 향한 이승만의 노력과는 달리 하지장군을 중심으로 한 미군정은 그와 계속 불화 관계에 있었다. 이 때문에 이승만은 잠시 미국으로 건너가 미국 행정부를 상대로 한 외교전략을 펴게 된다. 이

22 동아일보, 1945. 12. 28일자.

때 이승만의 단독정부론을 지원한 국내세력은 한민당이었다. 한민당은 미군정과 이승만 사이의 갈등완화에 주력했다.

요컨대 국내외 정세변화 속에서 통일된 자주독립국가의 실현가능성이 낮다고 판단했던 이승만은, 차선책이긴 하지만 단독정부 구성을 통해 주권적인 독립국가의 건설이 불가피하다고 판단했던 것이다. 이승만의 단독정부 구성을 향한 이러한 정치적 입장의 수정은 김구와 김규식, 그리고 여운형의 정치적 입장과는 그 길을 달리했다. 즉 김구는 임시정부의 법통을 내세워 반탁 ·자주독립의 방향으로 나아갔다. 그리고 김규식은 하지중장 휘하에 있는 미군정의 후원 하에 여운형의 건준을 상대로 좌우파의 합작운동을 본격적으로 추진하게 된다.[23]

그러면 이제 건국준비위원회를 결성하여 해방 직후의 정국을 주도했던 여운형의 정치이념과 함께 새로운 국가와 정부수립을 향한 그의 정치활동이 어떠했는지 살펴보기로 하자.

3. 대중민주주의 공화제와 여운형

해방되기 전부터 일제의 패망을 감지했던 여운형은 1944년 8월 전국적인 비밀조직인 '건국동맹'을 결성하게 된다. 이 조직의 중앙은 외무와 내무 그리고 재무부 등 3개 부서로 구성되었고, 그해 10월에는 각 도별 책임위원의 선정과 함께 지방조직도 결성됐다. 연합국에 항복한 일본과 함께 한반도가 해방되자 조선총독부의 정무총감인 엔도는 권력이양

23 유병용, "미소공동위원회와 단독정부수립", 『한국현대사의 재인식 2 : 정부수립과 제헌국회』(한국정신문화연구원 현대사연구소 편, 1998), 160쪽 참조.

문제를 논의하기 위해 여운형과 비밀리에 회동했고, 회담 직후 여운형은 곧장 치안유지와 정치활동을 위한 '조선건국준비위원회'(이하 '건준'으로 약칭)를 결성했다.[24]

이때 결성된 건준의 위원장에는 여운형, 부위원장에 안재홍이 추대되었다.[25] 건준이 당면한 핵심적인 과제는 "진정한 민주주의적 정권에로 재조직하기 위한 새 국가건설의 준비기관인 동시에, 모든 진보적 민주주의적 제 세력을 집결하기 위하여 각계각층에 완전히 개방된 통일기관"[26]의 역할을 다하는 데 있었다. 여운형이 주도한 건준은 그러나 내부적으로 좌우파 정치세력으로 분열되어 있었기에 조직 내부의 갈등이 끊이질 않았다. 급기야는 여운형 자신에 대한 무려 12차례에 걸친 테러위협으로 인해 그의 정치활동 자체가 중단되는 사태에 이르기도 했다.

이와 동시에 건준 내부의 다수를 점유해 나가던 조선공산당 중심의 좌익세력들은 점차적으로 주도권을 장악해나간 반면, 외세의 개입을 우려했던 여운형은 전국인민대표자대회를 개최해 미군의 서울 진주 바로

---

24 서중석, 앞의 책, 197-199와 Bruce Cumings, *The Origins of the Korean War : Liberation and the Emergence of Separate Regimes, 1945–1947*(Prinston : Prinston Univ. Press, 1981), 71-80쪽 참조.

25 이때 여운형과 함께 건준에 참여했던 안재홍의 핵심사상은 '국민'이 중심이 되는 그리고 의회주의와 권력분립에 입각한 근대적인 '민주공화국'을 실현시키는 데 있었다. 즉 "국민의회를 최고 권력기관으로 삼권분립을 원칙으로 한 민주공화국"(한성일보, 1947.7.11일자)의 창설이 그에게는 핵심과제로 부각됐다. 그는 해방정국의 분열이 심화되자 이를 극복하기 위해 좌우합작운동에 발벗고 나섰고, 바로 이 "좌우합작은 반드시 극좌·극우를 다 배척하고 … 대중공생·만민공화하는 신민주주의의 국민국가를 만드는 데"〔안재홍선집간행위원회 편, 『민세안재홍선집2』(서울 : 지식산업사, 1981), 129쪽〕 그 핵심이 있다고 강조했다.

26 몽양여운형선생전집발간위원회 편, 『몽양여운형전집 2』(파주 : 한울, 1993), 362쪽.

직전인 1945년 9월 6일 '조선인민공화국'(이하 '인공' 으로 약칭)을 선포했다. 인공 선포와 함께 전국 각 지역에 인민위원회가 설치됐다. 인공의 지방조직으로서는 1945년 말경, 남한 내에서만 145개 시와 군 그리고 북한 내에서는 70여 개의 시, 군에 인민위원회가 조직되었을 정도로 그 위세가 컸다.

그러나 인적 구성에 있어서 건국준비위원회와 대동소이했다. 뿐만 아니라 좌파 공산주의계열 인사들이 큰 비중을 차지함으로써 1945년 11월 초에는 건준에서와 마찬가지로 인공 내부에서도 점차 공산주의자들이 주도권을 잡게 됨으로써 여운형은 인공에 대한 통제권을 상실하기 시작했다. 동시에 중도우파 세력을 대변했던 안재홍은 이때 인공에서 탈퇴해서 조선국민당을 창당하기에 이르렀다.[27] 인공 내에서의 주도권 상실로 운신의 폭이 좁아진 여운형 또한 그해 11월 12일 건국동맹의 정신을 계승한 조선인민당을 창당하게 된다. 이때 참여한 인사들은 대부분이 그의 추종세력들로서 공산주의계열의 인사들은 없었다. 이로써 여운형의 조선인민당은 박헌영이 주도하는 조선공산당과 결별하지 않을 수 없게 된다.

이처럼 해방정국 초기 당시 가장 중요한 정치적 역할을 담당했던 여운형은 새로이 건설될 국가의 정치체제를 대중들의 광범위한 동의에 바탕을 둔 민주적인 정체로 규정했다. 그는 대중의 자발적 지지에 기초한 민주주의를 '진정한 민주주의'라는 용어로 지칭함으로써 다른 정치세력들이 주장하는 민주주의 체제와 차별화시켰다.

"진정한 민주주의는 정치형태의 형식과정이 반드시 대중으로부터

27 이에 관한 자세한 사정은 김충렬, "해방정국에서의 건국준비위원회의 정치적 의미", 『한국동북아논총』. 제37집(한국동북아학회, 2005), 290쪽 참조.

조직되어 올라오지 않으면 안 되는 것이니, 대중에 뿌리박지 않고 위에서 형성된 정치의식을 민중의 이름을 빌어 합리화하려는 일개 수단으로서의 민주주의는 연합국의 힘으로 타도된 가면 쓴 파시즘에 지나지 않는 것입니다"[28]

이처럼 여운형은 대중이 주체가 되며 나아가 대중의 자발적인 정치역량의 발현에 의해 영위되는 정치형태를 진정한 의미에서의 민주주의로 규정하고 있다. 이러한 민주주의 개념은 오늘날 시민참여에 의거한 민주주의와도 크게 다르지 않다. 여운형이 제시했던 진정한 민주주의론의 의미는 해방정국 당시의 여러 정치세력들이 자신들의 정치적 입장을 강권하며 민주주의를 참칭하는 것을 경계하는 데 있었다고 할 수 있다. 즉 그는 대중의 이름을 빌려서 자신들의 정치이념을 합리화시키려는 모든 형태의 '파쇼적' 기도를 반민주적인 것으로 비판했던 것이다.

대중의 자발적인 정치역량의 확대를 통해 영위되는 진정한 민주주의론을 강조했던 그는 나아가 국민내지 인민주권의 원칙에 따른 선거를 통해 민주적인 의회를 구성하고, 입법부와 행정부의 권력균형을 강조했다. 여운형의 이러한 관점은 주권적 존재로서의 국민내지 인민의 중요성을 강조하면서 동시에 선거를 통해 구성되는 의회제 민주주의와 권력분립에 의거한 통치형태이자 정체라고 할 수 있는 공화제를 선호하고 있다는 점은 분명하다. 따라서 여운형이 강조하는 진정한 민주주의론은 그 자체로서 대중에 기반을 둔 민주적인 공화제와 긴밀히 연관되어 있다고 할 수 있다. 그의 이러한 관점은 해방 직후 선포된 인민공화국의 명칭을

28 몽양여운형선생전집발간위원회 편, 『몽양여운형전집 1』(파주 : 한울, 1991), 259쪽.

둘러싼 논의[29]에서도 확인되고 있다.

> "혁명가는 먼저 정부를 조직하고 인민의 승인을 받을 수 있다. 급격한 변화가 있을 때에 비상조치로 생각한 것이 인민공화국이다. 인민이 승인한다면 인민공화국과 정부는 그대로 될 수 있다."[30]

즉 여운형은 해방정국이라는 비상시국에 선포된 인민공화국을 이처럼 정당화하지만 이 공화국의 정당성은 궁극적으로는 인민, 즉 대중의 승인과 동의에 의거해야 한다는 점을 분명히 했다. 따라서 해방정국에서 여운형이 지향했던 국가와 정부수립의 궁극적 목표는 인민 내지 대중에 의한 민주적 공화제라고 할 수 있다.

나아가 여운형의 진정한 민주주의론은 경제적인 측면에서는 최저임금제 확립과 8시간노동제를 도입해 노동자의 권익을 옹호하고자 했고, 국가 기간산업의 국유화와 국가경제의 토대가 되는 주요 기업과 상업기관의 국영화를 제안했다. 다만 중소기업에 대해서는 사적인 자유 경영을 인정했다.[31]

대중이 주체가 되는 진정한 민주주의 정부와 공화제국가를 수립하고자 열망했던 여운형은 찬탁과 반탁운동을 거치면서 좌우로 분열된

---

29 이때 국호를 '조선민주공화국'으로 지칭하자는 논의도 있었지만, 결국에는 '조선인민공화국'으로 선포되었다. 다만 인공수립에 참여했던 공산주의계열의 입김이 컸고, 이 때문에 여운형이 별로 내켜하지는 않았지만 승인했다는 견해도 있다. 이에 대해서는 G. Henderson, 앞의 책, 195-196쪽 참조.

30 몽양여운형선생전집발간위원회 편, 『몽양여운형전집 1』, 앞의 책, 217쪽.

31 몽양여운형선생전집발간위원회 편, 『몽양여운형전집 1』, 앞의 책, 247쪽, 238-239쪽 참조.

정치세력들의 대립과 충돌을 중재하는 데 진력을 다하게 된다. 1946년 3월에 개최된 제1차 미·소공동위원회의 결렬은 한반도 문제의 미래를 예측하기 어렵게 했다. 점차 가시화되는 남북분단의 진행과정 때문에 정읍 발언 이후 이승만에 의한 단독정부론이 점차 힘을 얻기 시작했다. 이에 민족분단의 위기를 직시했던 여운형은 민주적 통일국가를 건설해내기 위해 좌우파 세력의 연합내지 합작을 모색하게 된다. 공산당원은 아니었지만 좌익에 가까웠던 몽양은 우익세력과도 긴밀한 관계를 유지했던 정치지도자였기 때문에 찬탁반탁의 대립구도를 민족통일의 방향으로 이끌 수 있었던 협상능력이 있었다.[32]

하지의 미군정 또한 1946년 7월 초 미·소공동위원회가 다시 재개되었을 당시까지는 여운형과 김규식에 의한 좌우합작을 주선했고 또 이를 적극 지지했다. 이때 좌우익 세력은 합작7원칙을 제시했다. 그 핵심 내용으로서는 민주주의임시정부 수립과 미·소공위 재개, 주요 산업의 국유화와 토지개혁, 친일민족반역자 처리, 입법기구의 설립, 그리고 언론, 집회, 결사, 출판, 교통, 투표의 자유보장 등이다.[33] 그러나 조선공산당은 미온적인 친일파 처단문제와 토지개혁을 빌미로 한민당은 유상몰수 무상분배에 기초한 토지개혁을 거부하면서 좌우합작 원칙을 비난했다.[34]

그럼에도 불구하고 여운형은 범민족적 제휴를 통한 좌우연합정부의 구성을 추구했다. 우선 그의 좌우합작 계획은 남북합작을 염두에 두고 있었다. 이는 여운형이 단계적으로 추진하고자 했던 통일민족국가의

32 정병준, 『몽양여운형평전』(파주 : 한울. 1995), 240쪽 참조.

33 좌우합작 7원칙에 대한 조선공산당과 한민당의 불만과 비난에 대해서는 김남식 외, 『한국현대사자료총서』10(파주 : 돌베개, 1986), 244-245쪽 참조.

34 이에 관한 보다 자세한 사정은 서중석, 앞의 책, 470-476쪽 참조.

구상과도 일치한다. 이 계획은 먼저 각 정당과 사회단체의 주요 책임자가 개인자격으로 연석협의체를 구성한 다음 구체적인 합작을 추진하되, 남한 내의 주요 정치세력들을 포괄하는 연석협의체가 북한을 방문하여 북한의 수요 정치세력과 합작하는 좌우 및 남북협의체로 발전시켜나간다는 데 그 핵심이 있다. 그런 다음 여운형은 미·소공동위원회와 보조를 맞추어 하나의 통합된 임시정부를 구성하고자 했다.

이러한 좌우합작을 통한 민족통일계획을 실현에 옮기기 위해 여운형은 북한을 5차례나 방문하게 된다. 그러나 박헌영의 견제와 김일성의 미온적인 입장 때문에 기대했던 성과를 보지는 못했다. 1946년 7월 31일 김일성과 회담한 여운형은 좌익3당 합당 제안서를 제출했다. 그러나 이에 반대하고 나선 공산당과 조선인민당은 자체 내분의 소용돌이에 휘말리게 된다. 이러한 난관에 봉착한 여운형의 정치적인 입지는 점차 축소되었고, 1947년 7월 19일 우익테러에 의해 희생되고 만다.

이제 여운형과 함께 해방정국 초기에 인공의 주도권을 장악했던 박헌영의 정치이념을 그의 정치활동과 연계시켜 살펴보자.

4. 진보적 민주주의와 인민민주 공화제를 지향한 박헌영

일제치하에서 조선공산당을 창당했고 고려공산청년회의를 결성하는 등 조선 사회주의운동의 핵심적인 역할을 수행했던 박헌영은 해방 직후인 1945년 9월 정통마르크스주의에 입각한 사회주의혁명노선을 기치로 조선공산당을 재건하게 된다. 원래 1920년대부터 시작된 조선공산주의 운동은 일제의 집요한 탄압과 공산당 지도부의 파벌성 때문에 해체되었다.

해방 직후 조선공산당 재건 당시 박헌영은 당내투쟁을 통해 장안파의 핵심인물들인 장익환, 정백 등을 당중앙에서 배제시킴으로써 당지도부 장악에 성공했다.[35] 그런 다음 박헌영은 다시금 당외 투쟁을 통해서 여운형의 조선인민공화국 내에서의 주도권 또한 장악해 나감으로써 인공 내의 여운형 계열과 박헌영 세력은 대립하기 시작했다. 민족국가 건설을 최우선 과제로 삼았던 여운형에 비해 박헌영은 부르주아민주주의혁명 이념에 토대를 둔 국가건설을 지향했다.[36] 이처럼 당 내외 투쟁에서 주도권을 장악한 박헌영의 조선공산당은 해방정국을 어떻게 진단했고 또 해방정국에서 건국을 위해 어떠한 실천방안을 추진하였을까?

먼저 해방 직후의 정세진단은 박헌영이 조선공산당을 재건하면서 1945년 8월 20일 밝힌 "현정세와 우리의 임무", 이른바 '8월테제'에 잘 드러나고 있다. 여기서 마르크스·레닌주의의 계승자임을 의심하지 않았던 박헌영은 해방정국 초기의 정세를 당시의 국제정세에 비추어 평가했다. 먼저 그는 제2차 세계대전의 의미를 국제파시즘의 궤멸과 '진보적 민주주의'와 '사회주의'의 승리로 규정했다. 여기서 그는 사회주의체제를 채택하지 않은 미국, 영국, 중국 등을 진보적 민주주의 국가로 분류했고, 해방자로서의 미·소 관계를 특히 중요시했다.[37]

이러한 정세판단을 근거로 박헌영은 첫째, "지주, 고리대금업자, 반동적 민족부르주아지 등 친일파들은 자본가와 지주 독재정권인 반동적 민족주의 국가의 건설을 요망하고" 있기 때문에 모두 배제되지 않을

35 김남식, "박헌영과 8월테제", 『해방전후사의 인식 2』(파주 : 한길사, 1985), 109쪽 참조.

36 서중석, 앞의 책, 231쪽 참조.

37 조선인민보, 1946. 6. 2일자.

수 없으며, 그 대신 "노동자, 농민, 도시 시민, 인텔리겐치아 등의 노동계급"이 중심이 되는 "진보적 민주주의 사회" 건설을 강조했다. 그리고 둘째, "착취와 압박과 전쟁과 빈궁과 실업의 원인을 제도 자체 내부에 포함하고 있는 자본주의 사회"를 거부하고, "자유와 평화의 발전을 보장하는 착취와 압박과 실업이 없는 사회주의 제도의 사회"[38]와 "근로인민의 이익을 옹호하는 혁명적 민주주의 정권을 내세우는"[39] 과업을 강조했다.

요컨대 박헌영은 자본주의와 자유주의 또는 민족주의에 기초한 사회와 국가의 건설을 근본적으로 거부하면서 이를 배제하는 입장을 견지했다. 그는 오로지 노동계급이 중심이 된 진보적 민주주의와 사회주의를 지향했다. 박헌영의 민주주의에 대한 이해는 철저하게 마르크스·레닌주의에 입각한 동구 사회주의의 관점을 대변하고 있고, 이는 김구나 이승만 그리고 여운형의 그것과는 근본적인 차이를 드러내주고 있다. 이러한 맥락에서 박헌영은 이승만과 한민당이 추구한 미국식 민주주의를 다음과 같이 비판한다.

> "그것은 형식적 민주주의국가의 건설로서 그들 지주와 대자본가의 독재하에 그들의 이익을 옹호 존중하는 정권수립의 기도이다. 이것은 해외에 있는 망명정부와 결탁하여 가지고 저 미국식의 데모크라시적 사회제도 건설을 최고 이상으로 삼는다. 반동적 민족 브르조아지 송진우와 김성수를 중심으로 한 한국민주당은 지주와 자본계급의 이

38 박헌영, "현정세와 우리의 임무", 『이정 박헌영전집 5』(서울 : 역사비평사, 2004), 53쪽.

39 박헌영, 앞의 책, 54쪽.

익을 대표한 반동적 정당이다."[40]

자유민주주의를 근간으로 하는 미국식 민주주의와 이를 추종하는 한민당 등 보수 우익세력을 지주와 자본가의 이익을 좇는 반동적 정치세력으로 비판한 박헌영의 진보적 또는 혁명적 민주주의는 궁극적으로는 소련을 비롯한 동구 사회주의의가 취하고 있는 인민민주주의와 이에 기초한 정부형태인 인민민주 공화제를 지향하고 있음에 다름 아니다.

이러한 그의 관점은 해방공간의 한국 사회를 우선 '부르주아민주주의혁명'의 단계로 규정한 데서도 드러난다. 그는 이 혁명을 추동케 하는 요인을 마르크스주의에 상응하게 봉건적인 토지소유 관계에 바탕을 둔 지주와 소작인 사이의 모순에서 찾았다. 이러한 모순을 해소하기 위해 박헌영은 친일파를 비롯한 일제잔재의 청산과, 봉건적 토지문제의 해결이 필수적이라고 판단했다. 원래 박헌영도 해방 직후에는 민족단합을 통한 국가건설의 차원을 고려해서 친일파와 반동지주의 토지만 몰수하고 친일파가 아닌 지주들의 토지와 사유재산을 용인하고자 했다.[41]

그러나 해방정국의 전개와 함께 박헌영은 진보적 민주주의 실현의 전제조건인 토지문제를 근본적으로 해결하기 위해 대지주가 소유한 모든 토지에 대한 무상몰수와 몰수된 토지의 농민들에 대한 무상분배 원칙을 견지하기 시작했다. 이는 박헌영에게 사회주의의 전 단계인 진보적 민주주의 사회의 건설을 위한 핵심관건이었다. 이로써 박헌영의 조선공산당은 다른 정치세력들과는 '타협'보다는 적대적인 대결을 추구했고, 해방정국의 좌우대립과 갈등은 날로 심화되어 갔다.

---

40 박헌영, 앞의 책, 55쪽.

41 해방일보, 1945. 10. 31일자.

IV. 결론

이제까지의 논의를 요약·정리하면 다음과 같다. 일제의 패망과 함께 찾아온 해방은 우리 민족에게 새로운 독립국가 건설의 기회를 부여했다. 그러나 한국민의 자력이 아닌, 미·소 연합국에 의한 해방이라는 제한된 조건 하에서 자주적인 국가건설은 결코 쉽지 않은 과제였다. 그럼에도 불구하고 해방정국의 각 정치세력들은 독립국가 건설의 방향, 즉 국가적 정체성의 확립을 향한 노력을 멈추지 않았다.

여기서 새로운 독립국가 건설을 둘러싸고 경쟁했던 정치지도자들이 추구했던 국가내지 정부의 형태는 군주제가 아닌 공화제를 지향했음은 분명하다. 다시 말해서 공화정을 근본으로 한 국가형태를 공히 추구했다는 점에서는 해방정국을 주도했던 정치지도자들인 김구, 이승만, 여운형 그리고 박헌영까지도 이견이 없었다고 할 수 있다. 그러나 이들은 민주주의와 공화주의를 이해하는 방식에 있어서는 서로 차이점을 드러내주고 있다.

먼저 상해 임시정부 주석이었던 김구의 정치이념에서 민주주의와 공화주의적 요소를 추적해보면 다음과 같다. 즉 그의 국가건설사상은 민족의 자유와 국민의 평등한 기본권에 바탕을 둔 민주주의와 국민주권에 기초한 공화주의를 그 핵심으로 하고 있다. 그는 개인이나 계급 등에 의한 독재체제가 아닌, 국민의 자유와 자주적인 민족의 발전을 보장해주는 '민주적 공화제'를 추구했던 것이다. 그러한 한에 있어서 국민의 자유와 평등 그리고 민족주의를 끝까지 견지했던 임시정부 수반 김구의 국가사상과 정치이념 또한 대한민국 임시정부의 헌장에 명시된 '민주공화제'에 그 토대를 두었던 것임을 부인할 수 없을 것이다.

반면에 구한말 당시부터 서구 특히 미국의 자유민주주의 체제를 선호했던 이승만은 시종일관 국가의 정체 또한 군주 일인 또는 소수집단에 의한 지배체제가 아닌, 서구 민주주의 국가들에 일반화된 '공화제'에 기초한 민주적인 자주독립국가를 지향했다. 국가건설을 향한 그의 정치이념의 핵심은 따라서 자유민주주의에 기초한 공화제, 즉 자유민주공화국의 형성에 있었다고 할 수 있다. 특히 그는 미국, 프랑스 등 서구의 선진 민주주의 국가들이 채택하고 있는 민주적인 정부, 즉 헌법에 따라 통치하는 민주공화국을 가장 이상적인 형태의 정치제도로 선호했다.

다만 그는 교육을 통한 국민의 정치의식이 발전되어야만 이러한 자유주의에 바탕을 둔 민주정치와 공화제의 운영이 무리 없이 시행될 수 있다고 보았기에, 해방직후의 한국에서 극단적인 개인주의를 옹호하는 자유주의적 민주정치는 금기시했다고 볼 수 있다. 나아가 그는 해방정국의 일차적인 과제인 국권회복과 자주독립국가 건설을 위해 무엇보다도 모든 정치세력들이 우선은 합심해서 단합하는 것, 즉 국민통합이 무엇보다도 중요한 과제라고 인식했기 때문에 서구선진국에서는 일반화된 정당정치 또한 해방된 한국에서 즉시 적용하는 것을 보류했다.

그리고 일제치하의 국내에서 활동했고, 일제의 패망과 함께 건준과 인공을 주도적으로 이끌었던 여운형은 신생국가의 정치체제로서 대중들의 광범위한 동의와 지지에 바탕을 둔 민주적인 공화정체를 선호했다. 이승만과 달리 여운형은 무엇보다도 아래로부터 조직화되는 대중의 자발적인 정치적 역량을 신뢰했다. 그리고 그는 이들의 지지에 의한 민주주의를 '진정한 민주주의'라는 개념으로 포착했다. 따라서 그는 대중에 뿌리박지 않고 위에서 형성된 정치의식을 민중의 이름으로 합리화시키려는 일체의 시도를 거부했다. 이처럼 대중의 자발적인 정치역량의 확대를 통해 영위되는 진정한 민주주의론을 강조했던 그는 나아가 국민주권의 원칙에 입각한 선거에 의한 의회구성 및 입법부와 행정부의 권력균형을 강조했다. 여운형의 이러한 관점은 주권적 존재로서의 국민내지 인민의 중요성을 강조하면서 동시에 선거를 통해 구성되는 의회제 민주주의와 권력분립에 의거한 통치형태이자 정체라고 할 수 있는 공화제를 선호하고 있기 때문에, 그가 주창하는 진정한 민주주의론은 그 자체로서 대중에 기반을 둔 민주적인 공화제와 긴밀한 연관관계에 놓여 있는 것은 분명하다.

마지막으로 조선공산당을 지도했던 박헌영은 진보적 민주주의와 사회주의에 기초한 인민민주주의 공화제를 지향했다. 여기서 그가 사용한 진보적 민주주의라는 용어는 소련과 함께 미국, 영국, 중국 등 한반도를 해방시킨 연합국의 정치제도를 총칭하는 수사적 표현이라고 평가된다. 해방정국 초기에 그는 소련과 함께 미국을 중요시했던 것은 분명하다. 다만 해방정국의 전개와 함께 점차 미국에 대해 비판적인 태도를 견지해 나가기 시작했다. 또한 박헌영은 자본주의와 자유주의 또는 민족주의에 기초한 사회와 국가건설의 사상들을 공히 거부했다. 동시에 마르크스·레닌주의에 입각한 동구 사회주의의 관점을 대변했던 그는 노동계급이 중심이 된 민주주의, 즉 인민민주주의를 강조함으로써, 앞서 말한 김구, 이승만 그리고 여운형과는 민주주의에 대한 이해방식에 있어서 근본적인 차이를 보여주고 있다. 결론적으로 말하자면 박헌영은 소련 및 동구 사회주의국가들이 취하고 있는 인민민주주의와 이에 바탕을 둔 프롤레타리아 독재를 지향하는 인민민주주의 공화제를 지향했음이 분명하다.

이러한 민주주의와 공화주의에 대한 이해방식의 차이는 해방정국의 정치적 분열상을 극명하게 반영해 주고 있다. 해방정국의 분열은 최종적으로는 이승만의 단정론에 의한 단독정부수립, 즉 대한민국 정부수립에 의해 종지부를 찍게 된다. 그럼에도 불구하고 중도 우파로 자리매김할 수 있는 김구와 중도 좌파의 정치지도자 여운형은 이러한 해방정국의 좌우 대립을 극복함으로써 자주적이며 통일된 민족국가를 건설하기 위해 매진했다. 김구와 여운형 그리고 지면상의 제약 때문에 여기서 논의되지는 못했지만, 김규식, 안재홍 등 크게보아 좌우합작내지 연합에 의한 통일민족국가를 건설하고자 했던 중도 세력의 정치적인 노력 또한 우리는 결코 간과할 수 없다.

참고문헌

곽준혁. 2005. 「민주주의와 공화주의 : 헌정체제의 두 가지 원칙」. 『한국정치학회보』 제39집 3호.

김구. 2004. 「국내외 동포에게 고함」. 『白凡金九先生言論集(상)』. 파주 : 나남출판.

김경희. 2007. 「민주화와 공화주의」. 『동양정치사상사』 제6권 제2호.

김구(도진순 주해). 2004. 「나의 소원」. 『백범일지』. 파주 : 돌베개.

김남식. 1985. 「박헌영과 8월테제」. 『해방전후사의 인식 2』. 파주 : 한길사.

김남식 외. 1986. 『한국현대사자료총서』 10. 파주 : 돌베개.

김도현. 2007. 「이승만 노선의 재검토」. 『해방전후사의 인식 I』. 파주 : 한길사.

김비환. 2003. 「아렌트의 정치사상에서 정치와 법의 관계 : 민주공화주의 체제에서의 법의 본질을 중심으로」. 『법철학연구』 제6권 제2호.

김민환. 2001. 『미군정기 신문의 사회사상』. 파주 : 나남출판.

김충렬. 2005. 「해방정국에서의 건국준비위원회의 정치적 의미」. 『한국동북아논총』 제37집. 한국동북아학회.

도진순. 1998. 『한국민족주의와 남북관계』. 서울 : 서울대출판부.

몽양여운형선생전집발간위원회 편. 1991. 『몽양여운형전집 1』. 파주 : 한울.

몽양여운형선생전집발간위원회 편. 1993. 『몽양여운형전집 2』. 파주 : 한울.

박헌영. 2004. 「현정세와 우리의 임무」. 『이정 박헌영전집 5』. 서울 : 역사비평사.

백범김구선생전집편찬위원회 편. 1999. 『백범김구전집』. 제8권 대한매일신보사.

서중석. 2002. 『한국현대민족운동연구 : 해방후 민족국가 건설운동과 통일전선』. 서울 : 역사비평사.

송남헌. 1985. 『해방3년사 I』. 서울 : 까치.

안재홍선집간행위원회 편. 1981.『민세안재홍선집 2』. 서울 : 지식산업사.
양우정 편저. 1948.『이승만 대통령 독립노선의 승리』. 독립정신보급회.
오문환. 2006.「백범 김구의 자주통일 국가건설사상」.『국가건설사상』 III. 고양 : 인간사랑.
유병용. 1998.「미소공동위원회와 단독정부수립」.『한국현대사의 재인식 2 : 정부수립과 제헌국회』. 한국정신문화연구원 현대사연구소 편.
정병준. 1995.『몽양여운형평전』. 파주 : 한울.
정원규. 2002.「민주주의의 기본원리 : 절차주의적 공화민주주의 모델을 제안하며」.『철학』 제71집.
정종섭. 2002.『한국헌법사문류』. 서울 : 박영사.
최장집. 1997.「남북에서 존경받는 포용과 신념의 지도자」.『몽양여운형전집 3』. 파주 : 한울.
홍원표. 2006.「조소앙의 국가건설사상」.『국가건설사상 II』. 고양 : 인간사랑.
Henderson, Gregory(박행웅/이종삼 옮김). 2005.『소용돌이의 한국정치』. 파주 : 한울아카데미.
《동아일보》 1945년 12월 28일자
《조선인민보》 1946년 6월 2일자
《해방일보》 1945년 10월 31일자

Barber, Benjamin R. 1984. *Strong Democracy : Participatory Politics for a New Age*. Berkeley : University of California Press.
Cho, Soon-Sung. 1965. "The Failure of American Military Government". *Korean Affairs*. vol. 4. no. 1.
Cumings, Bruce. 1981. *The Origins of the Korean War : Liberation and the Emergence of Separate Regimes, 1945-1947*. Prinston : Prinston Univ. Press.
Viroli, Maurizio. 2002. *Republicanism*(tr. Antony Shugaar). New York : Hill and Wang.

6장

시민사회의 헌법 구상과 건국헌법에의 영향(1946–1947) : 해방 후 시민사회헌법안·미소공위답신안 제정을 중심으로*

서희경 경희대학교

I. 서론

본 연구의 목적은 해방이후 등장한 시민사회의 다양한 헌법안과 미소공동위원회 답신안 제정과정을 연속적 관점에서 비교 검토하여 이들 헌법안 및 헌법구상이 1948년 건국헌법의 기본 원칙과 내용에 어떠한 영

* 이 글은 『동양정치사상사』 6권 2호(2007.09)에 게재되었고, 일부 내용은 『대한민국 헌법의 탄생 : 한국헌정사, 만민공동회에서 제헌까지』(파주 : 창비, 2012) 제4장에 수록되었음을 밝혀둔다.

향을 미쳤는지를 해방 3년의 정치사적 배경 속에서 보다 폭넓게 이해함으로써 현대 한국 헌정의 기원과 형성을 고찰하려는 것이다.[1]

이러한 연구를 통해서 궁극적으로는 당시의 헌법제정자들이 헌법을 만드는 행위를 어떻게 이해하고자 했는지를 고찰하고자 한다. 이와 관련하여 한나 아렌트는 '헌법'의 용어가 두 가지 의미를 담고 있다고 하였다. 즉 그것은 '입헌행위'—정부 형성 이전의 행위—와 '입헌행위의 결과'—성문화된 문서—를 말한다.[2] 선행 헌법 연구에서는 종종 후자의 의미만이 주목되었다. 본 연구에서는 아렌트가 지적한 전자의 측면도 동시에 검토하고자 한다. 식민지에서 해방된 한국으로서는 미국의 건국 기초자들과 마찬가지로 새로운 권위체를 창출해야만 할 필요성에 직면하였고, 따라서 헌법제정에 참여한 구성원들의 상호동의가 권위의 최고 원천이 될 수도 있었을 것이기 때문이다.

헌법(constitution)이란 한 정치공동체의 구성원들이 바람직한 것

1 이 연구는 대한민국 건국헌법의 기원과 형성에 관한 세 번째 논문에 해당된다. 제1논문은 대한민국 건국헌법의 '민주공화'에 대한 광범위한 합의가 1945년 해방 후가 아니라 1898년 만민공동회 활동, 1919년의 3·1운동, 그리고 대한민국 임시정부가 수립되는 시기를 전후하여 이미 이루어졌음을 고찰한 것이다〔서희경, "대한민국 건국헌법의 역사적 기원(1898–1991) : 만민공동회·3·1운동·대한민국임시정부헌법의 '민주공화' 정체 인식을 중심으로",『한국정치학회보』, 제40집 5호(2006)〕. 제2논문은 건국헌법의 민주공화주의의 구체적 실천 이념인 균평균등이념이 헌법 및 강령에 어떻게 표현되고 연속되었지 검토하기 위해 대한민국임시정부의 헌법문서 및 해방 후에 제정된 시민사회의 헌법안을 실증적으로 고찰한 것이다〔서희경·박명림, "민주공화주의와 대한민국 헌법이념의 형성,『정신문화연구』제30권 제1호(2007)〕. 본 논문은 제2논문 후반부에서 고찰한 해방 후 시민사회의 헌법제정 연구에서 출발하여 유진오의 「헌법기초관계자료」에 존재한 「대한민국임시헌법」, 각 정치세력의 미소공동위원회 「답신안」으로까지 확대한 것이다.

2 한나 아렌트,『혁명론』(파주 : 한길사, 2004), 324.

으로 여기는 정치상(政治像, political ideal)에 기초해 있을 뿐 아니라, 그것을 어떠한 정치적 방안에 의해 실현할 것인가를 표현하는 가장 근본적인 사회협약(social contract)이다. 그러므로 헌법은 특정한 정치지도자의 교시나 법률 전문가의 기술적 산물이라기보다 정치집단 간의 오랜 동의의 과정을 거쳐 형성되는 공동의 역사적 산물이라고 볼 수 있다. 그렇기 때문에 법과 제도에 대한 인식은 역사적·정치적 콘텍스트 속에서 보다 심도 있게 이해될 수 있다고 생각된다.

그럼에도 불구하고 대한민국 헌법 제정에 관한 적지 않은 연구들이 제헌국회 이전의 각종 헌법구상과는 무관하게 졸속으로, 그리고 소수 제헌의원들과 특정 법률전문가들에 의해서 돌출적으로 제정되었음을 주장하였다. 이러한 평가는 분단된 국가의 수립과 우파중심의 정부 구성 때문에 종종 제고되지 않고 수용되었다.

해방 전후에 등장한 다양한 정치사회 단체들은 자율적인 국가 수립을 위해 헌법을 제정하려 시도했다. 한국 문제 해결을 위한 1945년 12월의 모스크바 삼상회의 결정은 시민사회의 국가건설 및 헌법 작성 참여의 직접적인 계기가 되었다. 모스크바 삼상회의의 결정에 따라 1946년 3월과 1947년 5월 두 차례에 걸쳐 임시정부 수립 준비를 위한 미소공동위원회(미소공위)를 개최하였다. 그러나 이 위원회에 참여할 정당·사회단체의 자격에 대해 미소간의 의견이 대립되는 등 미소공위를 통한 통일임시정부 수립은 그 결실을 맺지 못했다. 그렇지만 미소공동위원회는 임시정부수립을 대비한 헌장을 작성하기 위한 기초작업으로서 각 정치사회단체의 의견을 수집하였다.

미소공위 활동이 지속되었다면, 남북한의 각 정치사회단체들이 한 자리에 모여 임시정부수립을 위한 헌장에 관해 협의할 수 있는 공동의 장이 마련되었을지도 모른다. 1946년 1월 7일에는 임시정부 수립 절차에 관한 통합 노력의 일환으로 좌우중간파가 협의하여 모스크바 삼상회의 조선 문제 결정에 대한 공동 코뮤니케 작성을 시도하기도 했으며, 7월에는 좌우합작 회담을 통해 합의 도출을 시도하기도 하였다. 그러나 1947년에도 여전히 각 정파들은 분리된 채 미소공위 답신안을 제안하고 있다. 즉 당시의 답신안 제정자들은 헌장을 작성하여 미소공위에 제출하는 행위 자체에 주목할 뿐 헌장의 통합을 위한 절차를 모색하고 토의 과정 및 그 내용을 채워가는 행위에는 소홀했다고 볼 수 있다. 예컨대 설의식 등은 『임시정부수립대강－미소공위자문안답신집』에서 '공화' 이념을 강조하면서 이것의 의미를 "모든 정책이 「전체」의 조화"를 이루는 것, 그리고 "전체의 균형이 확보되지 않는 권력의 편재는 一律로 부정되어야 할 것"이라고 주장하였음에도 불구하고 실제의 입헌행위는 그렇지 못했다.[3]

미소공위는 1946년 4월 제5호, 제6호 성명을 통해 조선 내 민주주의 정당과 사회단체와 협의할 항목을 채택하는 성명을 발표하였다. 그 내용은 "조선민주주의 임시정부 조직의 기구 및 조직원칙에 관한 헌장을 제출할 것"과 "조선민주주의임시정부의 정강, 기타 적의한 법규문제를 작성할 것" 등이다(동아일보, 46. 04. 19 ; 조선일보, 46. 04. 25). 이러한 미소공위 공동성명의 내용은 헌법의 골격을 형성하는 내용들이다. 이후 5월 1일 미소공위는 공동성명 제7호에서 민주주의 정당과 사회단체에 설문할 항목을 구체적으로 발표하였다(서울신문, 46. 05. 03).[4]

3 설의식, "임정을 앞두고", 『임시정부수립대강 : 미소공위자문안답신집』 12, 1947.

4 그 구체적인 설문의 내용은 다음과 같다 : (가) 조선민주주의임시정부와 지방행정기구의 조직과 원칙에 관한 건 1) 인민의 권리 2) 앞으로 수립될 임시정부의 일반체제와 성질 3) 중앙정부의 행정 및 입법권 시행기구 4) 지방행정기구 5) 사법기구 6) 임시헌장의 변경 및 수정방법 (나) 조선민주주의 임시정부의 정강에 관한 건 1) 정치대책 2) 경제대책 3) 교육 및 문화대책(서울신문 46. 05. 03).

선행연구에서는 미소공위 제5호, 제6호 성명에 대한 답신안을 중심으로 '1948년 건국헌법이전의 정치사회단체의 헌법구상'을 구체적으로 분석하였다(홍기태 1986, 27-45 ; 심지연 1986 ; 정병준 1998 ; 정상우 2007 ; 김수용 2007). 위에서 인용한 새한민보사편의 「임시정부수립대강-미소공위자문안답신집」자료에는[5] 민주주의민족전선(민전, 좌익측), 시국대책협의회(시협, 중간 측),[6] 임시정부수립대책협의회(임협, 우익 측),[7] 그리고 남조선과도입법의원(입의, 과정 측)의 답신안이 수록되어 있다. 즉 이 답신안은 현재 학계에서 좌파와 중간파, 우파 및 과도입법의원의 헌법구상을 비교 검토할 수 있는 가장 유용한 자료였다.

그러나 건국헌법 헌법기초위원회 전문위원이었던 유진오의 「헌법기초관계자료」(2001년 고려대학교 박물관 기증자료)는 미소공위 답신안을 포함하여—이 자료에도 새한민보사의 임시정부수립대강이 포함되어 있다—시민사회의 전체영역에서 각 정파의 헌법안들이 각기 어떤 특징을 띠며, 어떠한 위치를 점하는지 보다 연속적이고 포괄적으로 분석할 수 있도록 한다는 점에서 그 의의가 매우 크다.[8]

따라서 본 연구에서는 위에서 소개한 유진오 자료에 기반하여 1946년에 등장한 각각의 이념지형을 대표하는 세력들의 헌법안과 1947년에 작성된 미소공위 답신안을 보다 연속적인 관점에서 분석하고자 한다. 구체적으로는 첫째, 각 정치세력들의 헌법구상 및 헌법안이 등장하

5 새한민보사편, 『임시정부수립대강-미소공위답자문안답신집』, 1947 참조.

6 시협은 1947년 6월 중순 김규식, 여운형, 안재홍, 원세훈, 홍명희 등 중간파 100여 명이 결성한 단체이다.

7 임협은 한민당, 대한노총 등의 우익진영이 결성한 단체이다.

8 고려대학교 박물관 편, 『현민 유진오 제헌헌법관계자료집』(고려대학교 출판부, 2009).

는 정치적 배경과 기초 경위를 비교 검토하고자 한다. 이 과정에서 본 연구가 주목하고자 하는 것은 각 정파의 헌법제정자들이 헌법을 만드는 행위를 어떻게 이해하고자 했는가 하는 점이다. 둘째, 각 정치세력이 기초한 헌법안의 특징을 기본권과 정부형태 및 경제체계를 중심으로 살펴보고자 한다. 이들 사이의 차이와 일치점을 분석하면 해방 직후 각 정파의 헌법 구상들과 건국헌법과의 연속성/단절성 여부를 규명할 수 있을 것이다.[9]

본 연구에서 분석의 대상이 되는 헌법안 등은 민주주의 민족전선의 「조선민주공화국임시약법(試案)」, 「임시헌장」 및 미소공위 「민전의답신안」, 중간파의 「대한민국임시헌법」(남조선대한민국대표민주의원안),「시협의 답신안」, 그리고 우파인 행정연구위원회의 「한국헌법」과 「임협의 답신안」 등이다.

II. 시민사회의 헌법안과 미소공동위원회 답신안의 비교 검토

1. 좌파의 「임시약법(試案)」·「임시헌장」·「민전의 답신안」

좌파의 집결체인 민주주의 민족전선(민전)의 헌법안 기초과정은 미소공동위원회 활동과 관련하여 작성되고 등장한 것이었다. 민전은 미소공동위원회 자문 활동에 적극적으로 참여했을 뿐 아니라 모스크바 삼상

9 그러나 본 논문에서는 지면의 제약으로 인해 건국헌법의 영향을 구체적으로 다루지는 않는다.

회의의 결정에 따라 미소공동위원회 '승인'을 통한 임시정부 수립을 지지한다는 입장을 취했다. 그것은 첫째, 유진오의 「헌법기초관계자료」에 포함된 「조선민국공화국임시약법(시안)」(이하 임시약법) 겉표지에 "1946년 제1회 미소공위에 제출하라고 준비되었던 민전 측 조선민주공화국임시약법 시안"이라고 기록되어 있고, 둘째, 「민전의 답신안」에 내각 구성이 "민주주의 정당·사회단체의 건의에 기초하며 미소공동위원회에서 조직되며 4개국 승인으로써 성립한다"고 규정한 점에서도 확인된다.

그동안 헌법학계에서는 민전이 작성하였다는 「임시약법」을 인정하지 않아왔다. 따라서 만일 이 「임시약법」이 있었다면, 민전의 공식안이 아닌 좌익에 관계한 법률가 개인이 만든 사안이라고 평가했다.[10] 그러나 유진오의 「헌법기초관계자료」에 포함되어 있는 「임시약법」을 살펴보면, 그의 회고 내용은 사실이라는 것을 알 수 있다. 그는 "1946년 1월 민전의 박문규가 허헌 등이 작성한 「조선민주공화국 임시약법(試案)」을 가지고 와서 이를 검토해 달라는 부탁을 했으나 거절한 바 있었다"고 회고했었다(유진오 1980, 15).

요컨대, 민전의 「임시약법」은 완성되어 있었으며, 그 명칭은 조선민주공화국이었다. 그러나 정확한 기초 경위 및 민전의 공식안인지 여부는 여전히 불확실하다. 그렇다고 하더라도 현재까지 밝혀진 자료에 의하면, 민전 「임시약법」은 허헌 등 소수의 민전 관계 법률가들이 비공개적으로 작성했던 것이며, 또한 이 약법의 검토를 위해 사적인 접근을 통해 유

10 홍기태, 「해방 후의 헌법구상과 1948년 헌법성립에 관한 연구」, 서울대학교대학원 법학과 석사학위논문(1986), 25 ; 이영록, 「유진오 헌법사상의 형성과 전개」, 서울대학교대학원 법학과 박사학위논문(2000), 82. 그러나 유진오 자료를 활용한 최근의 박사논문들은 이를 정정하고 있다(정상우 2007 ; 김수용 2007).

진오 등의 헌법전문가에게 요청했다고 볼 수 있다. 이러한 약법 제정절차는 집단적 민주주의 정치제도를 취하는 그들의 약법의 내용과는 상당히 대조적이다. 더욱이 민전약법은 민전이 정식정부가 수립될 때까지 과도적 임시의회의 역할을 담당하는 것으로 규정했다. 앞서 언급했듯이 민전 임시헌법 및 답신안 제정은 미소공동위원회에 제출을 위한 것이었다. 그러므로 민전의 관심은 국가권력을 어떻게 새롭게 구성할 것인가, 권한의 배분을 어떻게 할 것인가 하는 점에 집중되어 있었다.

민전의 「임시약법」은 전문은 없고, 「조선민주공화국 임시국가조직약도」를 포함하여 총 9장 103조로 구성되어 있다. 이 안의 작성시기와 관련하여 유진오의 기록이 맞다면 「임시약법」은 1946년 4월 21일 민전이 발표한 보다 공식적인 성격의 「임시헌장 정부 및 행정기구조직요강」(이하 임시헌장)을 작성하는데 기초가 되었을 것이다. 그러나 아래에서 살펴보겠지만, 흥미로운 것은 앞서 제정되었다는 「임시약법」이 이후에 발표된 「임시헌장」과 민전의 답신안에 비하여 훨씬 체계적이다.

「임시헌장」은 민전 중앙위원회 제2차 회의에서 부의장 이여성이 보고한 것인데, 현재는 총 39항 중 19항의 정부 및 행정기구조직 요강의 내용만 알 수 있다. 「임시약법」을 「임시헌장」 및 미소공동위원회에 제출했던 「민전의 답신안」과 비교하여 그 특징을 살펴보면 다음과 같다.

첫째, 인민의 기본적 권리와 의무의 경우, 「임시헌법」과 「임시헌장」, 「답신안」은 거의 동일하며, 대한민국 임시정부의 기본권을 계승하고 있다. 특별히 임시헌법에는 '중소개인자본의 기업경영의 자유' 등을 규정하고 있고, 「임시헌장」에는 '재산사용의 권리'를 보장하고 있다.

둘째, 정부 형태 및 조직과 관련해서는, "인민이 주권자가 되고, 인민의 복지와 행복을 민주주의적 방법에 의하여 철저히 보장 향상하는 형태를 가져야 한다"고 규정하면서 '민주주의적 인민 정부'를 구성할 것을 강조하였다. 그 구체적인 조직으로서는 최고기관으로서 임시정부단계에서는 내각, 정식정부 단계에서는 인민대표대회를 두고 조선 내의 민주적 정당과 사회단체를 광범하게 참가시켜 행정과 입법의 직무를 수행토록 하고자 하였다. 이러한 규정은 「임시약법」과 「임시헌장」에서 동일하다. 「임시약법」에는 잠정 인민대표대회 구성원이 약 1000명—「임시헌장」에는 600명—이며, 그 중에서 약 300명—「임시헌장」에는 200명—을 잠정 인민의회의원으로 선출할 것을 규정하고 있다(서희경·박명림 2007, 97). 요컨대, 좌파 민전은 권력의 기원을 인민과 인민회의에 두어 인민중심의 "계급연합정권"의 수립을 목표로 하였다(조선인민보 1946. 04. 21). 주지하듯이 이러한 인민민주주의 이론은 북한 헌법 제정의 기본원칙이 되었다.

그러나 특히 정부형태와 관련하여 이례적인 것은 "조선공화국의 원수를 임시대통령으로 할 것"이라고 규정한 임시헌법과 대통령이 "국가행정을 통할하며 국외에 대하야 국가 및 정부를 대표한다"고 규정한 「임시헌장」과는 달리, 답신안에서는 "대통령을 單獨制機關으로 하여 거기에 권력을 모다 집중시키는 것은 민주주의 원칙으로 보아도 올치 않을 뿐 아니라 현실의 조선에는 더욱 타당치 않다"고 하여 반대하고 있다는 점이다(새한민보사 편 1947, 43). 민전의 6호에 대한 답신안에서는 "조선 인민의 총선거가 실시되기까지는 대통령제 또는 주석의 제도를 채용치 말고 수상 또는 부수상회의제도를 채용하며 각부는 그 책임자와 부책임자의 회의결정제도를 채용하고 내각회의에 최대의 구성을 부여하는 제도를 채용하여야 한다"고 하였다(새한민보사 편 1947, 104). 즉 좌파 민전의 경우, 대통령을 중심으로 하는 정부구성은 민주주의와 배치되는 것으로 이해되었으며, 집단적 민주주의 정치제도, 특히 인민위원회제도는 개인의 권력전횡을 막는다는 측면에서 대통령제보다 우월한 것으로 주장되었다. 요컨대 민전의 정부구성의 원칙이 되었던 인민민주주의는 특정한 개인이나 집단에 의해 권력이 독점되지 않도록 권력을 다수에게 평등하게 배분함으로써 권리를 보호하는 체제로서 민주주의를 의미하는 반면, 다수 인민의 지배 속에 소수의 권리와 이익의 보호, 그리고 공동체 속에서의 조화를 이루고자 하는 공화의 측면은 간과되고 있었다고 볼 수 있다.

셋째, 경제 조항과 관련하여 이후 기술할 다른 헌법안들과 비교하면, 임시헌법과 「임시헌장」은 경제조항을 구체적으로 진행시키지 않았다. 그것은 민전 전국대회에서 해결할 문제로 남겨두었기 때문이다. 그러나 민전의 답신안에는 좌파의 당시 경제구상을 살펴볼 수 있다. 답신안에 표명된 '조선민주주의임시정부 경제정책'의 내용을 살펴보면 다음과 같다.

1) 토지농업부문에 있어서 "일본국가, 일본인 및 조선인민족반역자와 계속적으로 소작(을) 주는 조선인 지주들의 토지를 무상으로 몰수하야 토지 없는 농민, 토지적은 농민들에게 무상으로 분배"해야 한다는 것이다. 2) "일본 국가, 일본인 및 조선인민족반역자 소유였던 일체의 공장, 광산, 발전소, 통신, 금융기관 등은 (…) 일본이 조선인민을 착취한 피와 땀의 결정이므로 이는 당연히 조선인민에게 환원하여야 할 것임으로 이를 무상으로 몰수하야 국유화해야 된다"는 것이다. 3) 운수부문에 있어서는 "철도, 항만, 군수, 선박 등 조선의 중요한 운수기관은 일본국가, 일본인 및 조선인민족반역자의 소유이었으므로, 당연히 몰수하야 국유화해야 된다"는 것이다(새한민보사 편 1947, 104-105). 요컨대 적산 및 민족반역자 소유의 토지(조선인 지주 포함) 중요 산업기관, 그리고 중요 운수기관은 모두 몰수하여 국유화해야 된다는 것이다.

또한 답신안에 표명된 토지소유정책의 구체적인 내용을 살펴보면 1) 일본 식민지 시대에 행했던 토지이용과 소작제에 관한 대책은 "이를 근본적으로 개혁하여 일체의 지주의 토지소유 및 소작제도를 철폐하고, 토지의 소유 및 이용권을 농민이 가지게 해야 한다"고 규정하였다.[11] 2) 농민의 토지 소유 및 완전자유처분권을 부여할 것인가 하는 점에 대해서는 "토지는 사유하나 국가로부터 농민에게 분여되는 토지는 매매 및 저당 등 자유처분권을 금지하여야 한다"고 규정하였다. 3) 조선인지주의 토지가 소작인에게 분할된다면 지주에게 보상할 것인가 하는 점에 대해서는 "조선인 지주의 토지는 무상으로 몰수하여야 한다"고 규정하였다. 답신안에서 무상몰수를 주장한 이유는 다음과 같다.

> 지주에 의한 보상금은 거액이 됨으로서 국가재정으로서는 부담하지 못하고, 만일 국가재정에서 지출한다면, 정부의 산업 문화 기타의 부흥비 및 건설비 지출이 불가능할 뿐 아니라 최소한도의 정부유지비도 지출 곤란한 상태로 되고 더구나 이것을 대중과세에 의한 재원에 구한다면, 대중의 생활을 파탄시킬 만한 고율의 세금징수를 하여야 할 것임으로 불가능하다. 혹은 토지를 분여받은 농민에게 지출한다면, 농민의 토지획득은 곤란할 것이며, 또 분여받은 농민이 채무농민화하여 지주토지의 농민분여의 의미가 없어진다(새한민보사 편 1947, 107-108).

다음으로 민전의 답신안에 표명된 산업의 소유권에 관한 정책을 살펴보면 1) 대산업(철강화학공업)의 경우는 국유로 규정하였다. 그 이유는 대산업이 "경영과 건설에 거액의 자본과 기술이 필요한 까닭에 조선과 같이 사자본의 발전이 빈약한 곳에 있어서는 오직 국가의 힘에 의하여서만 그 발전을 기할 수 있는 것"이기 때문이었다. 2) 중산업(섬유, 제화)

11 일본 통치시대에 있던 토지이용과 소작제에 대한 개혁은 구체적인 요강으로 실시한다고 규정하고 있다(새한민보사 편 1947, 106).

은 국유 또는 공유로 규정하였다. 이들 중산업도 대부분이 일본인 및 민족 반역자의 소유이었으므로 조선인민의 전체적 이익을 위하여 국가에 의하여 경영되어야 하며, 또한 인민들의 긴급한 생활자료를 생산하기 위하여서는 국가경영 또는 개인자본의 협애한 한도를 타파할 수 있는 협동조합적 경영에 의하여야 할 것이라고 하고 있다. 3) 소산업(가구, 농구)은 모두 사유로 하고 일부에만 공유로 할 것이라고 규정하였다. 민전 답신안에 따르면, 소산업을 사유로 하는 것은 "대부분 소산업이 사자본의 소유이며, 또한 사자본으로서 경영하여 나갈 수 있는 까닭으로 이들 사자본에 의한 소산업을 보호육성하며 사자본의 생산의욕을 조장하는 것이 생산력 발전에 큰 도움이 되기 때문"이었다. 4) 은행 보험업은 국유로, 그리고 도매업은 국유 또는 공유로, 소매업은 사유 또는 공유로 할 것을 규정하고 있다. 5) 광물(지하자원) 삼림, 철도, 선박회사, 공리기관(예 전력, 수도, 통신기관), 대어업은 전부 국유로 하고 소어업은 사유 또는 공유해야 한다고 규정하였다(새한민보사 편 1947, 111).

〈표 1〉 「조선민주공화국임시약법(試案)」·「임시헌장」·「민주주의민족전선 답신안」 비교 도표[12]

조선민주공화국임시약법(試案) 1946년 1–2월 기초	임시헌장정부및행정기구조직요강 1946년 4월 21일 발표	민주주의민족전선 답신안 1947년 7월 제출
제1장 총강(제1조–6조) 조선민주공화국(제1조) 인민주권(제4조)	1. 국가의 전 권력은 인민에 속함	임시정부의 일반적 형태 조선인민공화국, 인민주권, 민주주의적 인민정부

12 1946년 3월 21일 제2회 상임위원회에서 수정통과된 민전의 강령과 거의 동일함. 강령의 전문은 『조선해방연보』 107–115 ; 민주주의민족전선 편, 『조선해방 1년사』(경성 : 문우인서관, 1946)(MF) ; 『해방조선 I : 지주적 통일민족국가 수립투쟁사』(과학과 사상, 1999)으로 재발간.

제2장 인민의 기본적 권리 및 의무(제7조-21조) 평등권(제7조) 강제와 금지를 받지 않을 자유(제8조) 선거권과 피선거권(제9조) 언론 · 출판 · 집회 · 결사 · 행동의 자유(제10조) 청원 · 서원 내지 소송할 권리(제11조) 거주이전, 신서비밀의 자유(제12조) 신체의 자유 신앙의 자유(제14조) 노동력을 보호받을 권리(제18조) 중소 개인자본의 기업경영 자유(수정 제18조 1) 등	1. 인민은 법률 앞에 일체 평등함 1. 인민은 법률에 의하여 권리와 자유를 박탈당한 자를 제외하고는 모다 000000 문화, 사회, 생활의 가 영역에 나아갈 권리가 보장됨. 1. 만 18세에 달한 조선 인민은 선거권과 피선거권을 향유함. 1. 인민은 언론, 출판, 집회, 결사, 신앙, 연구, 행동의 자유가 보장됨 1. 인민은 거주 이전의 자유가 보장됨. 1. 인민은 신체의 자유가 보장됨. 1. 인민은 통신, 00 비밀의 자유가 보장됨. 1. 인민은 재산 사유의 권리가 보장됨.(…)	1. 민권 1. 인민은 성별, 재산, 사회출신, 교육, 신앙 등 여하를 불구하고 법률의 앞에 절대 평등하다. 2. 만 20세에 달한 인민은 성별, 재산, 사회출신, 교육, 신앙, 거주장단 등 여하를 불구하고 평등하게 선거권, 피선거권을 갖는다. 3. 인민은 민주주의적 언론, 출판, 집회, 결사, 신앙, 시위의 권리를 가진다. 4. 인민은 신체의 자유, 거주의 불가침, 신서의 비밀에 관한 권리를 가진다.(…)
제3장 민주주의민족전선(민전)(제22조-30조) 조선임시민주정부가 수립된 후 1년 이내에 정식 전국인민대표자대회를 소집할 의무(제24조) 「민전」 전국대회(약칭 전국대회)는 민주주의적 각 정당의 대표, 대중단체, 사회단체, 학술문화단체의 대표, 지방거주자의 대표 및 당해 사회층을 대표할만한 무소속 개인으로서 구성. 구성원의 수는 일천명을 초과함을 요함(제25조) 전국대회는 좌기사항을 처리함.(…)	1. 정식 선거에 의하여 정식 인민대표대회가 성립될 때까지 잠정 임시대표대회를 소집하여 이것을 최고권력기관으로 함. 1. 잠정 인민대표대회는 세계민주주의 노선에 입각하여 진실하게 민주주의를 실천하는 정당 단체의 대표자(비례대표제에 의함) 지방대표자 及 당해 각 계층을 대표할만한 무소속 개인으로써 구성함.(약 600명)(…)	행정 및 입법기능을 수행할 중앙정부의 기관 혹은 기관들 총선거에 의한 입법기관을 창설하기 전에 조선임시정부에게 법률제정권을 부여해야 한다.(…) 최고정권기관은 내각이다. 정식정부가 수립될 때에는 인민대표회의가 최고권력기관인 것이나(…) 내각은 수상, 부수상 2명, 내무상, 외무상, 재정상(…) 내각은 좌의 직무를 수행한다.(…)
제4장 인민의회 및 상임의원회(제31조-45조) 인민의회는 중앙의회와 지방의회(제31조) 중앙의회는 전국대회에서 선출된 3백명 이하의 중앙의원으로서 구성(제32조)	1. 잠정인민대표대회에서는 그 속에서 잠정인민 의회의원(약200명)을 선출하여 잠정인민의회를 구성함. 잠정인민의회는 입법기관으로써의 권능을 가지며, 잠정인민00000 대회 중 그 임무의 일부를 대행함.(…)	

제5장 임시대통령 및 임시민주정부(제46조-70조) 조선민주공화국의 원수를 임시대통령으로 하고 중앙정부를 임시민주정부로 함(제46조) 대통령은 여하한 경우에도 인민의회를 해산할 수 없음(제50조) (…)	1. 대통령은 국가행정을 통할하며, 국외에 대하야 국가及 정부를 대표함. 1. 부대통령은 대통령을 보좌 대리함. 1. 대통령及부대통령은 합의하야 중앙인민위원회(정무위원회)의 결의사항을 결재함.(거부권이 유함) 1. 대통령은 중앙인민위원회(정무위원회)의 결의에 의하야 행정조직, 조약체결, 계엄, 특사, 행정부서의 임면 등에 관한 권한을 행사함.(…)	대통령 1인을 단독기관으로 하여 거기에 권력을 집중시키는 것은 민주주의 원칙에 어긋남
제6장 사법(제71조-83조)	1. 재판소(…) 1. 검찰소(…)	
제7장 군사(제84조-제91조)	1. 군사위원회 (…)	
	1. 지방은 중앙 (해독불능) 야 잠정지방인민위원회, 잠정지방인민00 (해독불능) (…)	
제8장 재정(제92조-102조)		
제9장 약법수정(제103조)		

요컨대 민전의 핵심적인 경제원칙이 되었던 국유화 및 공유화는 첫째, 당시의 경제적 여건 하에서 국가만이 대규모 자본과 기술의 동원이 가능하다는 인식에 기반한 것이며, 둘째는 적산 처리를 위한 당연한 정책이었으며 셋째는 개인의 경제 독점과 집중을 막기 위한 정책을 의미했다.

2. 중간파의 「대한민국임시헌법」·「시협의 답신안」

1946년 초부터 헌법작성에 대해 비교적 공개적으로 논의한 정치사회단체는 「비상국민회의」였다. 이 점이 앞서 살펴본 민전의 임시헌법 작성과정과 상이했다. 임시정부 관련자들이 대거 참여한 이 단체가 헌법 작성을 첫 번째 당면과제로 채택한 것은 지극히 이해할 만하였다. 이 조직에 참여한 다수 인물들은 이미 여러 번 수정을 거친 헌법안을 기초한 경험을 갖고 있었다. 그러나 헌법작성과정 자체가 순탄한 것은 아니었다. 가장 큰 이유는 미군정의 정부 자격 부인이었지만, 임정 관련자들 역시 신생정부에서의 임정의 유일 정통성을 전면적으로 주장하고자 했기 때문이었다(서희경·박명림 2007, 91). 임정 관련자들은 해방후 신생국가건설에 있어서 임정의 우선성을 인정받고자 하였다. 그러므로 조소앙은 "국무위원 자격은 20년 동안 독립운동에 전사한 자로 한정을 하자"고 주장하였다.[13] 그러나 그의 주장이 정치적 현실로서 실현될 가능성은 전무했다.[14] 더욱이 미군정뿐만 아니라 한국민주당과 조선공산당을 포함해 이미 국내에서 확고한 정치적 기반을 구축하고 있던 정치세력들은 대한민국임시정부의 정부로서의 지위를 인정하지 않았다. 따라서 조소앙의 이러한 태도는 이에 적극 반대했던 김준연의 입장과 비교 검토되어야 한다. 1948년 1

13 이인, 『반세기의 증언』(명지대출판부, 1974), 181. 조소앙은 비상국민회의 정무위원회에는 선임되었으나, 헌법선거법 수정위원회 명단에 들어 있지 않다. 또한 그는 남조선대한민국대표민주의원의 헌법대책위원회가 아닌 임시정부수립예비방안위원회, 선전위원회, 재외동포원호위원회 등의 명단에 들어 있다. 그러나 조소앙은 미군정으로부터 김붕준과 더불어 민주의원의 「대한민국임시헌법」 기초과정에 참여해달라는 위탁을 받았던 것으로 알려져 있다. 김준연, 「신조선 건설의 구상」, 《동아일보》, 1948년 1월 1일자 참조.

14 대한민국임시정부의 과도한 임정법통론이 오히려 한민당 등 우익을 강화시켜주었고 반면에 중간파 결집 및 그 노선을 좌절시켰다는 주장은 다음을 참조할 것(정상우. 2007. "미군정기 중간파의 헌정구상에 관한 연구". 서울대학교 대학원 법학과 박사학위논문. 112).

월 1일 김준연은 동아일보에서 다음과 같이 언급하였다.

> 나는 작년(실제로는 1946년임) 春에 민주의원에 있어서 헌법문제 토의에 당한 적이 있었는데 그 때에 해외파에서는 「대통령은 30년 이상, 국무총리는 20년 이상, 각부 부장은 10년 이상 독립운동을 유일한 취지로 하여 계속해서 활동한 사람」으로 하자는 것을 주장하였었다. 그래서 나는 「대통령, 국무총리는 그래도 좋으나 각부 부장에 부하여는 그런 문항을 붙일 필요가 없다. 국내에 있었던지 해외에 있었던지 막론하고 각부 부장에는 적재적소주의 로 나가야 한다. 만일 당신네들 주장대로 하면 국내에 있던 사람으로서는 한 사람도 부장될 사람이 없을 것이라고 하였었다.[15]

위에서 말하는 해외파는 조소앙 등의 임정세력을 말하는 것이다. 해외파의 이러한 주장에 대한 김준연의 불만은 각부 부장의 참여 불참여라는 단순한 문제가 아니었으며, 정치통합의 관점에서 볼 때 보다 근본적인 갈등 및 균열의 의미를 함축하고 있었다. 요컨대 대한민국 임시정부 및 독립운동자의 정통성 주장은 해방 후 정치현실에 받아들여지기가 매우 어려웠다.

이러한 현실정치적 상황을 고려하여 조소앙의 제헌 인식을 검토해 보면, 그는 해방된 후의 새로운 제헌 과정을 임정헌법의 개정으로 인식했다. 조소앙은 1919년 대한민국임시정부가 수립된 이래 근대 한국의 헌법과 헌정을 독립운동의 정치과정에서 가장 깊이 있게 성찰해왔던 인

15 《동아일보》, 1948년 1월 1일자.

물이었다(서희경·박명림 2007, 82). 그럼에도 불구하고 그의 해방 후의 제헌에 대한 인식 및 활동은 상당한 한계를 지녔다고 볼 수 있다. 그가 제헌과정에서 임정의 정통성을 주장하기보다는 권위체를 새롭게 창출해야 하는 제헌행위 그 자체에 더 주목했다면 상황이 달라질 수 있지 않았을까. 또한 제헌과정에 참여하는 구성원들의 상호동의가 새로운 권위의 기반이 되도록 했어야 했다.

1946년 2월 1일 비상국민회의는 헌법선거법기초위원을 선정하기 위해 선출 방법에 관하여 장시간 논의하였으나 합의에 이르지 못하였다.[16] 2월 10일 비상국민회의는 헌법선거법수정위원회를 개최하여, 위원장에 김병로, 부위원장에 이인을 선정하였다.[17] 이들은 모두 임시정부 헌법안 기초 주축세력이 아닌 인물들로서 당시 사법계의 대표적인 인물들이었다. 이후 이들은 미군정청의 사법관련 업무를 담당하였다. 유진오 역시, 자신은 이 위원회에 참석하지 않았다고 회고했지만 그도 선거법분과위원회에 명단에 들어있었다.[18] 그리고 이 기구의 명칭이 헌법기초위원회가 아니라 수정위원회였던 것도 흥미롭다(서희경·박명림 2007, 92). 비상

---

16 이날 진행된 비상국민회의 제1차 회의에서 의사규칙 8개조와 비상국민회의 조직대강 15개조를 통과시켰다. 韓國精神文化硏究院 國學振興硏究事業 推進委員會 編. 『한국독립운동사자료집 : 조소앙편 4』(성남 : 한국정신문화연구원 1997). 869-870.

17 헌법선거법수정위원회 위원은 다음과 같다. 金炳魯, 安在鴻, 崔東旿, 金若水, 金用茂, 姜柄順, 曺晩植, 元世勳, 金朋濬, 金俊淵(이상 헌법분과위원회 총 10명), 李仁, 兪鎭吾, 張澤相, 趙炳玉, 高秉國, 韓根祖, 趙擎韓(이상 선거법분과위원회총 7명), 申翼熙, 高昌一, 李鳳九, 金鼎卨, 鄭寅普(이상 의원법분과위원회 총 5명). 《조선일보》, 1946년 2월 12일자.

18 국회도서관편. 1958. 7. 「국회보」 제20호. 31 ; 유진오, 『헌법기초회고록』(일조각 1980). 13.

국민회의는 이 날 "과거 6·7차나 수정하여 온 대한민국 임시정부의 「임시헌장」을 그대로 계승할 것과 그 외 다른 여러 나라의 헌법을 참작하여 기초"할 것을 결의하였다[19].

그러나 비상국민회의가 헌법선거법수정위원회에서 임시정부 「임시헌장」을 수정하여 기초했을 것으로 기대되는 헌법초안은 아직 발굴되지 않고 있다. 이인의 회고에 따르면, 이 기구는 헌법기초위원회였고, 조직된 시점도 1945년 12월 3일이었다. 그러나 그의 이 회고는 신문자료와 상당한 차이를 보인다. 당시 신문기사에 따르면, 이 시기 그가 참여한 단체는 국민대회준비회였으며, 1945년 12월 16일에 그는 이 기구의 헌법연구위원으로 선임되었다.[20] 그는 "각 분과에 따라 4,5개월 동안 (헌법) 자료 조사와 연구가 거듭됐는데" 앞에서 언급하였듯이 조소앙의 국무위원 자격 발언으로 인해 "위원회 자체가 유야무야되고 말았다"고 하였다(이인 1974, 181).

한편, 1946년 4월 2일 남조선대한민국대표민주의원(이하 민주의원)에서는 소위원회를 구성하고, 헌법대책연구위원회 위원으로 비상국민회의에서 활동했던 김붕준, 최익환, 김도연 등을 선임하였다.[21] 본 연구에서 활용하는 유진오의 「헌법기초관계자료」에는 이 민주의원에서 작성된 「대한민국임시헌법」(총 6장 74조)이 포함되어 있다. 이 헌법안의 기초경위를 당시의 자료에 기반하여 검토해보면 다음과 같다.

1946년 2월 14일, 남조선대한민국대표민주의원은 과도정부수립을 촉진하기 위해 미군정청내에 개원되었다. 민주의원의원은 앞서 언급한 비

19 《조선일보》, 1946년 2월 12일자.
20 《동아일보》, 1945년 12월 23일자.
21 《서울신문》, 1946년 4월 3일자.

상국민회의 조직에서 추천하고, 미군정이 선임하여 구성하였으며, 의결기관이 아닌 자문기관의 성격을 띠었다.[22] 그러나 3월 19일 민주의원 의장인 이승만이 사의를 표시하였으며, 인민당을 대표한 여운형이 참여를 거부했고, 이후 의장대리역할을 했던 김규식도 좌우합작운동에 주력하여 민주의원은 독자적으로 활동하지 못했다. 그럼에도 불구하고 민주의원은 비상국민회의에서 완성하지 못했던 헌법안을 작성하였다.[23] 이와 관련하여 《동아일보》는 다음과 같은 기사를 보도하였다. "헌법기초도 기초위원 5명을 선정하여 비상국민회의에서 선정된 기초위원과 전문가와 연락하여 기초를 마치고 민주의원에 상정하야 수정 통과되었다는데 내용은 嚴秘에 부하므로 전연 窺知할 수 없다."[24]

비상국민회의 헌법선거법구성위원회 위원 22명 중 헌법과에 소속되었던 안재홍, 원세훈, 김붕준, 김준연 등이 민주의원 각분과위원회에 참여하고 있었다. 양 기구에 모두 참여했던 이들 중 김준연은 비상국민회의와 민주의원에 대해 다음과 같이 논평했다.

> 민주의원은 비상국민회의로부터 발원한 최고정무위원회이니 그 임무는 과도정권수립에 있는 것이오 비상국민회의는 중경서 들어

22 남조선대한민국대표민주의원은 "과도기의 대표기구"(미군정과의 협상 대표로서), "미군정의 자문기구", "각당각파의 연석회의" 등으로 평가되고 있다.(이기하 1961, 『한국정당발달사』; 한태수 1961, 『한국정당사』; 중앙선거관리위원회 1968, 『대한민국정당사』; 김혁동 1970, 『미군정하의 입법의원』)

23 김수용, 2007. 「해방 후 헌법논의와 1948년 헌법제정에 관한 연구」. 서울대학교 대학원 법학과 박사학위 논문, 50-51 참조.

24 「미소공동회담과 민주의원 : 전권수립의 성안 완료」《동아일보》, 1946년 4월 2일자.

> 온 대한임시정부에서 기획한 비상정치회의와 이승만 박사가 창설한 중앙협의회와의 합성체로서 대한임시정부의정원의 직능을 계승하여 멀리 3·1운동에 연계된 것이다. 그러므로 입법의원이 성립되어도 엄연한 독립운동기관으로서 그 존재는 민족국가완성에 공헌을 할 수 있을 줄로 생각되는 바이다(김준연 1947, 47).

즉 그는 민주의원이 비상국민회의로부터 발원한 기구이며, 비상국민회의는 대한민국 임시의정원의 직능을 계승한 기구임을 주장하고, 이들 조직간의 연계성을 강조하였던 것이다.

그러나 이러한 입장과는 달리, 비상국민회의 의장이었던 홍진은, 민주의원과 비상국민회의가 별개의 기구임을 표명하였다 : 미군정 자문기관인 민주의원과의 관계는 말하고 싶지 않으나, 비상국민회의는 자주적 국권존재를 자임하는 전국적인 민의의 기관, 즉 민주의원 최고권력기관인 동시에 금후 과도정권 수립에 적극 매진하지 않으면 안 된다. 그러므로 민주의원과 비상국민회의는 그 임무가 다른 것을 이 기회에 언명 강조하는 바이다.[25]

즉 그의 주장에 따르면, 두 조직은 임무와 구성배경에서 상당한 차이가 있다는 것이다. 헌법안 제정과 관련해서도 비상국민회의 헌법선거법수정위원회와 민주의원의 헌법대책위원회(또는 헌법기초위원회)는 인물의 연속성은 있으나 별개의 조직이었고, 헌법안 제정 활동 및 기초된 헌법안도 각기 독립적인 것으로 이해할 수도 있을 것이다(서희경·박명림 2007, 93-94).

---

25 《서울신문》, 1946년 3월 20일자.

비상국민회의의 수정헌법초안의 미발굴로 인하여 명백한 사실을 알 수는 없으나, 흥미로운 점은 민주의원이 제정한 「대한민국임시헌법」이 국호 및 정체, 주권, 기본원칙, 이념의 측면에서 한국헌법체제의 기원과 원형을 형성한 '대한민국 임시정부 헌법'과 거의 유사하다는 점이다.(서희경·박명림 2007, 86–87) 그런 점에서 김준연의 주장대로 민주의원은 대한민국임시정부(또는 대한민국임시의정원)가 제정한 대한민국임시정부헌법을 실제적으로 계승하였다. 그리고 대한민국임시헌법은 이후 남조선과도입법의원에 제출된 「조선민주임시약헌초안」(또는 조선민주임시헌법)과도 거의 동일하였다.[26] 이 조선민주임시약헌초안은 '김붕준안'으로도 불리는데, 김붕준은 두 기관의 헌법제정에 모두 관여했던 것이다.

그러나 한편 앞에서 언급했듯이, 민주의원은 미군정청 산하 자문기관으로 구성되었던 기구이며, 따라서 우파적 경향의 헌법안을 작성했을 것으로 여겨지지만, 실제로는 대한민국 임시정부 헌법과 연속성이 강한 헌정구상을 담은 헌법을 작성하였다.[27] 이는 대한민국임시정부의 정치

---

26 1947년 4월 22일 第56차 남조선과도입법의원 본회의에서는 임시헌법·임시선거법기초위원회 위원장 김붕준 의원이 이 위원회가 작성한 「조선민주임시헌법」을 낭독·설명하고 있다. 이후 이 헌법안은 남조선과도입법의원에 이미 제출된 「남조선과도약헌」과의 통일안을 작성하기 위해, 법제사법위원회, 임시헌법·임시선거법기초위원회, 행정조직법기초위원회로 구성된 연석회의에 회부되었다.

27 민주의원은 1946년 3월 18일에 「임시정책대강」 27개조를 발표하였는데, 그 핵심내용은 계획경제에 입각한 균등사회 건설이었다. 즉 균평균등이념을 추구했던 임시정부의 헌정구상을 수용하였던 것이다. 이보다 앞선 1946년 2월말 이승만(당시 민주의원 의장)은 「과도정부당면정책 33항」을 발표하였는데 이 헌정구상도 균등사회를 지향하고 있었다는 점에서 유사했다. 그러나 1946년 6월 3일 이승만에 의해 정읍 발언에서 보다 명확히 표현되었던 바와 같이, 1945년 해방 전후이래로 우파의 경우, 좌우합작의 가능성을 부인했고 반탁을 강력히 주장했던 것을 고려한다면, 이승만의 이러한 중간 지향적인 발표는 오히려 과도기적 헌

세력의 우선성 인정(승인) 문제와 별개로, 당시에 대한민국 임시정부의 헌정구상이 해방 후에도 여전히 헌법구상에 있어서 중심적 위치를 점하고 있었음을 의미하는 것이다.

다음은 대한민국임시헌법과 시국대책협의회의 답신안을 비교하여 그 특징을 검토하고자 한다. 첫째, 시협의 답신안은 임시헌법에 비해 재산권을 보다 강조하고 있다. 그럼에도 불구하고 재산권의 내용은 사회이익과 조화되어야 하며, 정당한 보상의 전제하에 공공복리를 위해 사유재산을 사용할 수 있다고 규정하였다. 이러한 규정은 개인을 자유롭게 할 목적보다는 전체가 실제 생활에 균등해지도록 하기 위한 목적에 부합된 것으로 보인다. 이러한 내용은 대한민국임시헌법 및 건국강령에서 제시한 골지를 따르고 있는 것이다.

한편 임시헌법은 국민의 권리 의무 장에 "생활균등권" "문화후생균등권" 등을 규정하고 있다. 이는 국가의 계획경제수립, 통제관리, 토지사유의 제한, 주요 산업의 국유 또는 국영 등이 국민의 실질적 평등을 보장한다는 원칙하에 규정된 것이다. 기본권에 경제생활과 경제질서와 관련된 내용을 규정한 것은 국민의 자유와 평등의 실현이 계획경제, 산업의 국유화라는 생산 및 소유방식과 직결되었다는 인식에 기반한 것이다. 특히 『임시정부수립대강: 미소공위자문안답신집답신집』 서문에서 설의식은 "「생활」이라는 개념이 「物心」 양면을 통함이 물론이려니와 생활의 기초가 「物」에 있으매 생활권의 중심구상이 「경제 제생활」에 있다"고 하였다(새한민보사편 1947, 12). 이러한 인식은 앞서 제정된 대한민국임시정부의 「임시

정구상으로 볼 수 있을 것이다(서희경 2007. "현대 한국헌정과 국민통합, 1945-1948 : '단정파'와 '중도파'의 정치노선과 헌정구상", 『한국정치외교사논총』 제28집 2호. 19).

헌장」에서도 그리고 남조선과도입법의원의 「조선민주임시약헌초안」의 경우에서도 드러난다.

또한 기본권의 측면에서 민전 답신안과 비교해보면, 임시헌법은 균등권을 우선 강조하면서도 근대적인 자유권을 구체화하였고, 민전안은 국유화를 우선 강조하면서도 사적소유권도 인정하였다.

둘째, 정부형태에 있어서는 임시헌법은 대의제와 입법권, 행정권, 사법권의 삼권분립제를 취했다. 이는 앞서 살펴본 민전의 인민위원회제와 구별되며, 대한민국임시정부 헌법의 영향을 받은 것이다.

셋째, 경제정책과 관련해서는 답신안에 구체적으로 표명되고 있다. 그 핵심정책은 다음과 같다: 1) 토지개혁을 실시하여 사유의 제한, 농민본위의 경작권 확립을 하여야 한다. 2) 산업체제는 계획생산, 계획분배를 원칙으로 한다. 3) 대규모의 중요공업, 광업은 국영 또는 국가관리로 하여야 한다. 4) 노동자의 생활을 안정키 위하여 최저임금제를 확립하여야 한다.

다음으로 토지소유에 대한 정책에 대해서는 다음과 같다: 1) 일본통치시대에 있던 토지이용과 소작제에 관한 대책으로는 "일본 국책본위의 모든 식민지 토지정책과 지주 본위의 모든 법령 및 제도는 전부 철폐하야 조선민족 및 농민본위 신토지정책을 확립하고 농민본위로 경작권을 확립하여야 한다"고 규정하였다. 2) 토지소유에 관한 정책은 "몰수, 유조건몰수, 체감매상하야 경자유전의 원칙에 의하야 무상으로 분배하여야 한다"고 규정하였다. 또한 조선경제의 현단계에 있어서는 "토지를 완전히 국유로 하야 영구사용권만을 부여하고 농민에게 소유권은 허락지 않아야 한다"고 규정하였다. 일본인이 소유하였던 토지와 관련해서는 "일본국가, 개인단체소속의 토지는 전부 이를 몰수하야 농민에게 분배할 토지의 대상으로 한다"고 하였다.

다음으로 산업조직 산업생산 및 분배에 관한 정책과 관련해서는 계획경제원칙으로 하며, 산업조직은 "종래의 기업가 본위의 방법을 揚棄하고 노동자 기술자에 대하여 어느 정도 발언권을 허용함으로써 3자협력의 정책을 취한다"고 규정하였다. 소유권 종류는 대산업은 원칙적으로 국가가 경영하며, 중산업(예 섬유, 제화) 官民合辨으로 하며, 소산업(예 가구, 농구) 사유사영에 방임한다고 규정하였다. 은행업은 중앙은행, 전부 국영으로 하며, 광물(지하자원)은 公有로, 삼림은 "농가소유의 최고 한정면적(예컨대 10정보) 이외는 公有로 함을 원칙으로 하나 조선현상에 있어서 임업을 장려할 필요상 일정한 기간 허가제로 그 경영에 필요한 면적의 점유권을 허한다"고 규정하였다. 철도는 공유국영하며, 어업에 있어서 연안어장은 공유로 하되 경영은 허가제로써 국가의 감독하에 사영한다고 규정하였다.

요컨대 이러한 이들 헌법안 및 답신안은 첫째, 정치, 경제, 교육의 균등 원칙을 기초로 한 균평균등사회의 건설을 지향하였으며, 둘째, 민주공화제, 보통선거제에 의한 국민의회 구성, 대의제, 권력분립 등을 추구하였다. 셋째, 적산 몰수, 주요 중공업·광산·산림 등 국유 국영, 농민의 경작 능력에 의존한 대지주 토지 및 몰수 토지에 대한 재분배 정책 등으로 요약될 수 있다. 즉 토지 개혁과 적산처리문제, 친일파 처벌에 있어서 대한민국 임시정부 헌법과 건국강령에서 크게 벗어나지 않았던 것이다.

〈표2〉「대한민국임시헌법」·「시협의 답신안」·「조선민주임시약헌초안」 비교 도표

남조선대한민국대표민주의원 「대한민국임시헌법」 (1946년 3월말 또는 4월 기초)	시국대책협의회 「답신안」 (1947년 7월 제출)	남조선과도입법의원 「조선민주임시약헌초안」 (또는 「조선민주임시헌법」) (1947년 4월 공개)
제1장 총강(제1조–제4조) 제1조 대한민국은 민주공화국으로 함 제2조 대한민국의 주권은 국민	임시정부의 일반적 형태 혹은 성격 1. 조선의 주권은 인민전체에 속함	제1장 총강(제1조–제3조) 제1조 조선은 민주공화국임 제2조 조선의 주권은 국민전체에 속함

전체에 속함 제3조 대한민국은 대한 인민으로 조직함 제4조 대한민국의 강토는 경기도, 충청북도, 충청남도, 전라북도, 전라남도, 경상북도, 경상남도, 황해도, 평안도, 평안북도, 강원도, 함경남도, 함경북도의 13도로 함.	정권형태는 전국민을 대표하는 민주공화정체라야하며 일부계급만의 공화정체 허용하지 못한다. 2. 기본적인 인권의 보장을 확실하게 하기 위하야 삼권분립의 정치이념을 토대로 한 임시정부를 구성하여야 한다. 3. 임시정부의 구성은 공위대상의 각정당사회단체가 대표자 협의로 산출하여 한다.(…)	제3조 조선의 국민은 국적법에 규정한 국적을 가진 자임
제2장 국민의 권리의무(제5조-제10조) 제5조 대한민국 국민은 좌기 각항 정책의 확립에 의하여 생활균등권을 향유함 1. 국민의 기본 생활을 확보할 계획경제의 수립 2. 주요한 생활필수품의 통제관리와 합리적 물가정책의 수립 3. 세제의 정리와 누진율의 강화 4. 토지사유의 제한과 농민본의의 경작권 수립 5. 대규모의 주요공업 및 광산의 국영 또는 국가관리(…) 제6조 대한민국 국민은 좌기 각항 정책의 확립에 의하여 문화 및 후생의 균등권을 향유함(…) 제7조 대한민국은 좌기각항의 자유권을 향유함 (…) 제8조 대한민국 국민은 국가기관에 대하여 좌기 각항의 요구권을 향유함(…) 제9조 대한민국 국민은 좌기 각항의 참정권을 향유함(…) 제10조 대한민국 국민은 좌기 각항의 의무에 복종함(…)	민권 1. 조선인민의 정의 조선에 국적을 가진자(…) 2. 주권의 소재(…) 3. 자유권 인신의 자유(체포 감금 심문 처벌을 당하지 않은 자유) (…) 신앙사상학문의 자유(…) 언론출판결사의 자유, 거주이전의 자유, 기타 인간의 천부의 자유 4. 재산권 재산권은 보장한다. 재산권의 내용은 사회이익과 조화되도록 법률로서 규정한다. 사유재산은 정당한 보상으로서 공공복리를 위하야 사용할 수 있다. 5. 선거권(…) 단 임시정부는 전국의 진정한 애국적 혁명운동자 중심으로 조직할 것 (부일협력자 친일파 간상배를 제외할 것)(…) 6. 평등권. (법률상의 평등, 경제적문화적 평등한 기본생활권 확보할 권리, 노동의 권리와 의무) 7. 국가기관에 대한 권리(청원의 권리, 변호인을 선정할 권리, 손해배상 청구 권리)	제2장 국민의 권리의무(제4조-제9조) 제4조 조선 국민은 좌기 각항 정책의 확립에 의하야 생활균등권을 향유함 1. 국민의 기본 생활을 확보할 계획경제의 수립 2. 주요한 생활필수품의 통제관리의 합리적 물가정책의 수립 3. 세제의 정리와 누진율의 강화 4. 토지사유의 제한과 농민본의의 경작권 수립 5. 대규모의 주요공업 및 광산의 국영 또는 국가관리(…) 제5조 조선 국민은 좌기 각항 정책의 확립에 의하여 문화 및 후생의 균등권을 향유함(…) 제6조 조선 국민은 좌기각항의 자유권을 향유함(…) 제7조 조선 국민은 국가기관에 대하여 좌기 각항의 요구권을 향유함(…) 제8조 조선 국민은 좌기 각항의 참정권을 향유함(…) 제9조 조선 국민은 좌기 각항의 의무에 복종함(…)

제3장 입법권(제11조-제19조) 제11조 대한민국의 입법권은 국민의회에 속함 제12조 국민의회는 각도 · 시 · 부 · 군 · 도로부터 선출된 의원으로 이를 조직함. (…) 제14조 국민의회의 직권은 좌와 여함. 1. 법률안의 제출 2. 법률의 의결 3. 법률에 의할 명령 및 법률의 집행에 관한 명령의 제정 발포를 행정기관에 위임하는 의결 (…) 제15조 국민의회는 대통령이 소집함(…)	행정 및 입법기능을 수행할 중앙정부의 기관 혹은 기관들(…) 미소공위 대상의 각정당사회단체의 대표자회로 임시입법권을 대행함이 가하다(…) 입법기관 전국 유일한 입법기관으로 국회를 둔다 국회는 단원제로 하고 전국적으로 계급재산교육종교성별의 구별없이 보통균등직접비밀투표방법으로 선거된 의원으로써 조직한다 국회는 국권의 최고기관으로 그 권한은 아래와 같다(…) 국회의 임기는 2년으로 한다.(…)	제3장 입법권(제10조-제17조) 제10조 조선입법권은 국민의회에 속함 제12조 국민의회는 각도 · 시 · 부 · 군 · 도로부터 선출된 의원으로 이를 조직함.(…) 제14조 국민의회는 원이 자행소집함.(…)
제4장 행정권(제20조-제65조) 제1절 대통령, 부대통령 제20조 대통령은 국민의회에서 차를 선거함(…) 제23조 대통령은 행정권을 통할하고 좌의 권한이 유함(…) 11. 의회의 소집 · 정회 및 해산 (…) 제4장 행정권(제20조-제65조) 제1절 대통령, 부대통령 제20조 대통령은 국민의회에서 차를 선거함(…) 제23조 대통령은 행정권을 통할하고 좌의 권한이 유함(…) 11. 의회의 소집 · 정회 및 해산 (…) 제2절 국무원 · 국무회의 · 국무의회비서장 제26조 국무회의는 대통령 · 부대통령 · 국무총리 및 국무원으로써 조직하고 대통령이 의장이 됨 제27조 국무총리 및 국무원은 대통령의 추천으로 의회에서 선거함. 국무원은 9인 이상으로 함(…) 제3절 국무총리 · 행정회의	(나) 이상 정무를 수행하는 기관 혹은 기관들의 성질 및 구성 행정기관 행정기관으로 대통령, 부대통령제를 채용하고 대통령직속하에 국가결의기관으로 국무위원제를 채용하는 동시에 행정집행을 보좌감시하는 법제고시 감찰기관을 특설함 (나) 이상 정무를 수행하는 기관 혹은 기관들의 성질 및 구성 행정기관 행정기관으로 대통령, 부대통령제를 채용하고 대통령직속하에 국가결의기관으로 국무위원제를 채용하는 동시에 행정집행을 보좌감시하는 법제고시 감찰기관을 특설함 가. 대통령, 부통령 대통령은 외국에 대하야 국가를 대표하고 법률을 성실히 집행하야 좌의 권한을 행사한다(…) 국무위원회 국무위원회는 국무총장 및 국무위원 10인이상 20인 이내로써 조직하고 국무총장이 그 위원장이 된다.(…)	제4장 행정권(제18조-제49조) 제1절 대통령, 부대통령 제18조 대통령은 국민의회에서 차를 선거함(…) 제21조 대통령은 행정권을 통할하고 좌의 권한이 유함(…) 제2절 국무원 · 국무회의 제4장 행정권(제18조-제49조) 제1절 대통령, 부대통령 제18조 대통령은 국민의회에서 차를 선거함(…) 제21조 대통령은 행정권을 통할하고 좌의 권한이 유함(…) 제2절 국무원 · 국무회의 제24조 국무회의는 대통령 · 부대통령 · 국무총리 및 국무원으로써 조직하고 대통령이 의장이 됨 제25조 국무총리 및 국무원은 대통령의 추천으로 의회에서 선거함. 국무원은 9인 이상으로 함(…) 제3절 국무총리 · 행정회의(…) 제4절 법제장관 · 감찰장관 · 고시장관(…)

제4절 법제장관 · 감찰장관 · 고시장관(…) 제5절 행정각부총장(…) 제6절 지방행정-도장관(…) 제7절 문무관 임면(…)	행정각부장 법제위원장, 고시위원장, 감찰위원장	제5절 행정각부총장차장(…) 제6절 지방행정-도장관(…) 제7절 문무관 임면(…)
	지방정권체의 구성조직 권한 및 책무	
제5장 사법권(제66조-제71조)	사법기관	제5장 사법권(제50조-제55조)
제6장 회계(제72조-제74조)		제6장 회계(제56조-제63조)
	기타 국호는 고려공화국이다(…)	제7장보칙(제64조-제69조) (…) 제65조 임시정부조직은 입법의원에서 이를 행함 제66조 임시대통령 취임후 6개월 내에 본약헌에 의한 임시국민의회를 소집하고 이 임시국민의회가 소집될 때까지는 본 입법의원이 임시국민의회의 직능을 대행하고 이 임시국민의회가 소집된지 1년 이내에 국민투표에 의한 정식국민의회를 소집함.(…)

3. 우파의 「한국헌법」·「임협의 답신안」[28]

행정연구위원회의 「한국헌법」은 당시 우파 진영에서 제시된 가장 체계적인 헌법안이었다. 먼저 이 헌법이 탄생된 배경 및 기초과정과 체계를 살펴보면 다음과 같다. 1945년 12월 17일에 첫 모임을 가진 행정연구위원회는 신익희가 주도하여 약 70명[29]의 식민시대 고등문관 출신인물들

28 새한민보사 편, 1947, 16-40.

29 이종구에 의하면 80명이다(이종구, "대한민국헌법이 제정되기까지",『신동아』(1965.8, 297). 미군 방첩대(CIC)가 입수한 자료에 의하면, 행정연구위원회 위원은 약 70명이다. 중앙일보 현대사연구소(편). 『현대사자료총서 I : 미군 CIC 정

로 조직되었다.[30] 행정연구위원회의 제헌활동을 살펴보면, 민전만큼은 미소공위 활동에 민감하지 않았던 듯하다. 또한 이들은 식민지 시대의 대일협력으로 인해 중간파와 같이 임시정부의 우선성을 주장할 수도 없었다. 그렇지만 이들은 다른 그룹들에 비해 상대적으로 경험있는 법률 전문가를 갖고 있었다. 1946년 3월경에 이 그룹의 최하영, 이상기, 장경근, 윤길중 등이 중심이 되어 한국헌법을 기초하였다.

무엇보다도 행정연구위원회 헌법안 작성의 가장 큰 의의는 후일 건국헌법 헌법기초위원회 전문위원이 되는 유진오가 작성하는 헌법안과 조우하여, 헌법기초위원회의 주축안 ―이른바 유진오 행정연구위원회 합작안 ―의 토대가 됨으로써 건국헌법의 탄생에 직접 기여했다는 점이다. 건국헌법제정에 유진오, 이승만 못지않게 신익희와 행정연구위원회의 역할이 컸음을 알 수 있다(서희경·박명림 2007, 98). 건국헌법 헌법기초위원회 전문위원이었던 윤길중의 회고에 따르면, 행정연구위원회 조직 등 헌법제정과정에서의 신익희의 중심적 역할을 확인할 수 있다.[31] 실제로

보보고서 I(RG 339 Office of the Chief of Military History)』(선인문화사, 1996), 416-421.

30 최하영, 「정무총감, 한인과장 호출하다」, 『월간중앙』(1968. 8) 134-135 ; 박진희, 「해방직후 정치공작대의 조직과 활동」, 한국역사연구회편, 『역사와 현실』 제21권(1996. 9), 172, 173-174 .

31 그는 행정연구위원회 위원과 유진오와의 헌법 작성 공동작업에 관하여 다음과 같이 회고하고 있다 : 우리가 6,7개월만에 헌법초안을 만들었을 때 인촌 김성수 선생의 계열로 공법학자인 유진오 박사를 영입하게 되었는데, 상당히 연구한 헌법안을 갖고 있었다. 또 임정에서 작성한 헌법과 사법부에서 만든 헌법안 등 각계에서 헌법안이 제출되었다. 따라서 제헌국회에 제출, 심의한 헌법안은, 이중 어느 것이라고 지적할 수 없으며 입법의원에서 6,7개월 만에 만든 안을 중심으로 하여 각계의 헌법안을 참작, 약 2개월만에 헌법안이 완성되었다. 윤길중, 『청곡 윤길중 회고록 : 이 시대를 앓고 있는 사람들을 위하여』(서울 : 호암출판사,

1948년 총선 이후 정부수립 일정이 구체화되자 행정연구위원회는 자신들의 '1단계 헌법초안'을 재검토하는 작업에 유진오와의 협력을 직접 요청하였다.

한국헌법은 총7장, 부칙, 제2편 88조로 되어 있다. 그 특징을 살펴보면 다음과 같다.

첫째, 이 헌법안은 국가의 조직(제1편)이 국민의 권리의무편(제2편)에 앞서 구성되었다는 점이 특징적이다. 이는 선행연구에서 지적한 바와 같이 바이마르헌법의 영향 때문이었다.[32] 그러나 이 헌법안의 구성이 설사 바이마르헌법과 동일하다해도 이러한 체제를 택했던 것은 최하영의 다음과 같은 헌법인식에서 비롯되었다.

> 헌법은 역시 국가의 구성요소, 국가권력의 구조, 국가권력의 행사절차를 규정하는 것이죠. 그런데 「불란서」나 「영국」은 인권이 소중하다고 해서 인권규정을 헌법의 첫머리에 내놓고 있죠. 이러한 나라들은 역사적으로 보아서 국민들의 민권옹호 투쟁하에서부터 입헌민주국가가 출발한 것이므로 그러한 헌법조문 나열체제가 의미가 있는 것입니다. 그러나 우리는 그런 인권옹호투쟁의 정치적 의의라고 할까 역사적 의의는 희소하고 오히려 상실하였던 국가를 찾는다는 점 즉 광복한다는 점에 우리 대한민국 건국의 특수성이 있지 민권투쟁에 의한 즉 민주혁명에 의한 건국이 아닙니다.[33]

1991), 79.

32 최하영, 1958 ; 홍기태, 1986, 24.

33 최하영, 1958. 7, 43 : 서희경·박명림, 2007, 99 재인용.

즉 행정연구회 헌법분과위원들은 헌법을 "국가의 구성요소, 국가권력의 구조, 국가권력의 행사절차를 규정하는 것"으로 이해했다. 이러한 헌법에 대한, 그리고 헌법제정행위에 대한 접근은 이들이 헌법을 만드는 행위를 어떻게 이해하고자 했는지를 단적으로 보여준다. 즉 그들은 건국을 '민권옹호투쟁 없는 건국', '민주혁명 없는 건국' 으로, 특히 헌법을 '국가권력의 구조 및 행사절차' 로 이해했던 것이다.

둘째, 행정연구위원회 헌법안은 대한민국임시헌법과 마찬가지로 제2편 국민의 권리 의무 제3장에 경제생활을 아주 구체적으로 규정하고 있다는 점이 특징적이다. 그 내용도 당시 시민사회 헌법안 중 가장 상세하다. 한국헌법의 기본원칙을 살펴보면, 계약 및 영업의 자유, 소유권의 보장, 토지의 분배 및 이용원칙, 공공성을 가진 기업 및 대외무역의 국가 공영, 노동정책(여자, 아동노동 특별보호, 결사의 자유), 사회보험(농민복지, 보험제도) 등으로 요약될 수 있다. 한국헌법은 당시 가장 우파적인 헌법임에도 불구하고, 제75조에 "국민각개의 균등생활의 확보"와 "민족전체의 발전" 및 "국가보위"를 위한 정의의 원칙을 경제의 기본 원칙으로 규정하고 있었다. 그리고 개인의 경제상 자유도 이 한계 내에서만 보장되고 있다. 이러한 한국헌법의 기본원칙은 임시정부 헌법 및 건국헌법과도 거의 동일하다. 국민의 권리 의무 및 경제생활과 관련한 조항을 앞선 헌법들과 구체적으로 비교검토하면 다음과 같다.

1) 우선 계약 및 영업의 자유(제76조) 등 경제상의 자유를 인정하는 것은 민전안과 상당한 차이가 있다. 즉 평등권보다 자유권(언론, 출판, 집회, 결사, 신앙의 자유)을 우선적으로 규정하였던 것이다. 그러나 그 자유는 "균등"원칙과 "법률이 정하는 한계"내에서였다. 또한 노동의 권리를 영업·계약의 자유와 함께 자유권(노동의 자유)으로 분류시키고 있다.

2) 소유권(재산권)은 "법률"의 한계 내에서 및 "공공복리"의 목적

하에 보장하였다.(제77조) 이 점은 중간파의 임시헌법과 유사하다. 그러나 특히 토지의 분배 및 이용, 사영사업 등은 국가가 감독하고 상당한 보상을 지급한 후에 공용 징수하도록 함에 보다 촛점을 두고 있다.(제78조, 제81조) 이점은 건국헌법에 연속적이지만, 민전 및 중간파 안에는 수용되고 있지 않았다. 민전안에는 소규모의 사영기업만이 허용되고 있다.(서희경·박명림 2007, 101)

3) "공공기업의 국가 공영"(제79조) 및 "국민의 생산사업 및 대외무역의 국가 지도 및 보호"(제80조) 등은 민전안과 중간파안과 동일하며, 건국헌법과도 동일하다.

4) 노동의 생활 개량, 생산기능 증진, 실업방지 구제를 위한 노동정책 실시와 부녀 또는 아동노동자의 특별보호를 위한 보다 구체적인 내용을 담고 있다. 이러한 노동보호정책 조항은 노동력의 특별보호와 노동법 제정만을 규정하고 있는 바이마르헌법 제157조와도 비교된다.

그러나 한국헌법은 앞선 모든 헌법안 및 답신안이 채택하고 있는 균평, 균등이념을 매우 조심스럽고 소극적으로 다루고 있다. 즉 노동상황의 보호와 개선에 대해 세심한 배려를 하고 있는 반면, 건국강령, 민전안, 중간파안이 규정하고 있는 토지 국유화, 적산몰수, 중요산업의 국유화는 언급하고 있지 않다. '소유'에 관한 사항은 조심스럽게 회피되고 있는 것이다. 소유권을 제한해야 하는 경우에는 '재산권의 보상'을 전제로 하고 있다. 한국헌법에서는 민전안 및 중간파안의 '토지국유'를 "토지의 분배 및 이용은 국가가 이를 감독 하에서 그 남용 겸병을 방지"한다는 규정으로 대체되고 있으며, 적산에 관해서는 구체적으로 규정하지 않았다. 중요산업의 국유화와 관련해서는 "공공사업 및 기타 독점성을 유하는 기업은 국가의 공영을 원칙으로 함"으로 대체되었다. 즉 '소유'의 문제는 '감독'이나 '방지', '공영'으로 대체되었던 것이다. 그러므로 한편으로 노동상황에 대한 세심한 배려는 '소유' 문제에 대한 보수성을 보완하려는 의도를 가진 것으로 생각된다(서희경·박명림 2007, 102).

다음으로 임협의 답신안에 규정하고 있는 경제정책은 구체적으로 살펴보면 다음과 같다.[34] 1) 국민의 생활을 확보하며 국력을 신장하는 원칙하에서 생산력을 증가하기 위하여 국가의 계획과 통제정책이 필요하다. 2) 토지제도의 개혁을 단행하되 자경자농의 원칙하에 적산토지와 정부에서 매상한 대중지주의 토지는 경작농민에게 유상분배하여 소유케 한다. 3) 산업전체에 대한 국가의 계획통제정책을 수립한다. 4) 산업 발전을 위하여 자본기술물자 및 노력을 총동원하되 경영체는 산업의 특수성에 의하여 국영 공영 사영 영단(團營 임) 등 같은 것을 선택케 한다. 5) 산업운영에 있어서는 개인의 창의를 존중하며 노자협조 정신을 기본으로 한다.

또한 토지소유 정책을 살펴보면 다음과 같다. 첫째, 일본통치시대에 있던 토지이용과 소작제에 관한 대책에 관해서는 "일본의 본위로 하였든 토지이용방법을 폐지하고 조선민족본의의 토지계획을 실시하여 토지를 개발이용하되 농경지는 원칙적으로 농민의 소유로 함으로써 종래의 소작제를 철폐한다"고 규정하였다. 둘째, 토지소유에 대한 정책은 1) "토지를 농민에게 사유하게 하되 자작자농의 원칙 하에서 최대한도 소유면적(요컨대 1호당 최고 5정보)을 정하고 처분에 대하여는 이를 제한하야 국가 또는 공공기관의 허가를 요케하여 토지 겸병의 폐를 방지한다"고 규정하였다. 2) "토지의 사유권을 인정하되 국가는 법령을 제정하여 매매 혹은 저당권을 제한한다"고 하였다. 3) 지주의 토지를 국유화하여 무상으로 영구사용권만을 부여하는 것은 "농민에게 소유권을 인정치 아니하는

34 새한민보사 편, 1947, 26-34.

것으로 농민의 생산의욕을 저감하여 농토보존과 농업생산력의 발전을 기하기 난할뿐만 아니라 농민을 영구히 농노화하는 것"이라고 반대하며, 토지를 국유화함에 있어서 무상몰수하는 경우에는 "사유재산제를 근본적으로 부인하는 것이며, 유상몰수하는 경우에는 국가재정상 부담이 과중함으로 불가하다"고 하였다. 4) 일본국가 개인단체 소속의 토지는 전부 이를 몰수하여 농민에게 분여할 토지의 대상으로 한다. 5) "조선인지주의 토지를 국가에 매수하여 소작인에게 분할하는 경우에 지주에게는 누진체감율에 의하여 보상한다"고 하였다.

산업생산 및 분배에 관한 정책에 대해서는 1) 중앙정부의 경제기획원을 통하여 산업전체에 대한 국가의 기획과 통제를 수립한다. 2) 소유권 종류와 관련해서는 대산업(예 강철화학공업)은 원칙적으로 公有 혹은 共有로 하되, 국가경영으로 하고 종류에 따라서는 위임경영제도 취할 수 있게 하며, 중산업(예 섬유, 제화)은 원칙적으로 사유사영으로 하고 국방상 필요한 것은 예외로 한다고 규정하였다. 반면에 소산업(예 가구, 농구) 사유사영에 방임한다고 규정하였다. 기타 은행업은 중앙은행, 특수은행은 公有 혹은 共有로 하고, 보통은행은 국가의 감독하에 사유 사영으로 하며, 광물(지하자원)은 公有로 삼림은 농가소유의 최고한정면적(예컨대 10정보) 이외는 公有로 함을 원칙으로 하나 조선현상에 있어서 임업을 장려할 필요상 일정한 기간 허가제로 그 경영에 필요한 면적의 점유권을 허한다고 규정하였다. 철도는 또한 공유국영으로 하며, 어업에 있어서 연안어장은 공유로 하되 경영은 허가제에 사영케 하고 원양어업은 국가경영 또는 보조로써 사영을 장려하게 한다고 규정하였다(새한민보사편 1947, 26-29).

〈표3〉「한국헌법」·임시정부수립대책협의회「답신안」비교 도표

행정연구위원회「한국헌법」(1946년 3월 기초)	임시정부수립대책협의회「답신안」(1947년 7월 제출)
국민의 권리의무 국민 평등권, 신체의 자유, 재판권, 거주의 자유, 이전의 자유, 언론저작출판, 통신, 종교, 신앙의 자유, 집회결사의 자유, 청원권, 선거 · 피선거권, 헌법및 법률명령준수의무, 납세및 병역의 의무, 공직취임권리와 의무, 사회질서와 공공이익에 한하여 자유와 권리 제한, 국가의 안전 보장및 국가위난, 공공이익 보장에 필요한 경우에 자유와 권리 제한배상청구권	一. 민권 1. 생명보장의 기본권, 2. 자유권(인신, 주택불가침, 거주이전, 언론 저작 간행 집회 및 결사, 신서비밀, 신앙사상학문, 영업노동 및 계약, 기타 인간발달의 필요한 모든 자유) 국민권리를 제한 혹은 박탈하는 법률은 국가의 안전, 사회의 질서 또는 공공의 이익을 보장하는데 필요한 것이 안이면 제정치 못함을 원칙으로 함. 3. 재산소유권(불법한 재산의 징발 몰수 혹은 추세를 받지 아니하는 권리) 4. 국가기관에 대한 요구권(청원권, 진정권, 행정재판요구권, 법관심판을 받을 권리) 5. 참정권(공직취임권, 보통선거 및 피선거권) 6. 평등권(법률상 평등우대권, 계급특권 불허권, 경제적 기본생활 균등권, 문화후생의 균점권)
국가의 조직 국가 한국은 민주공화국 한국의 주권은 국민으로부터 발함	二. 수립할 임시정부의 일반적 형태 혹은 성격 1. 국호 대한민국 2. 국체 민주공화의 단일국가(비연방국가) 3. 주권 대한민국의 주권은 국민전체에 속함. 대한민국 국민에게서 발원하지 아니하는 권력은 이를 행사할 수 없으며 또한 일부계급만의 독재정치를 허용할 수 없다.(…) 6. 정체 삼권분립

III. 결론

본 연구에서는 해방이후 등장한 시민사회의 다양한 헌법안과 미소공동위원회 답신안, 그리고 남조선과도입법의원의 약헌안 제정과정을 연속적 관점에서 비교 검토하고자 하였다. 이를 위해 본 연구는 구체적으로 첫째, 각 정치세력들의 헌법구상 및 헌법안이 등장하는 정치적 배경과 기초 경위를 살펴보았다. 이러한 연구를 통해서 본 연구가 밝히고자 하는 점은 헌법제정자들이 헌법을 만드는 행위를 어떻게 이해했으며, 헌법제정

의 과정에서 공동의 세계를 어떻게 구축하고자 했는가 하는 점이었다. 둘째, 각 정치세력이 기초한 헌법안의 특징을 기본권과 정부형태 및 경제체계를 중심으로 비교 검토하여 건국헌법과의 연속성과 단절성 여부를 규명하고자 하였다.

첫 번째 주제와 관련해서 우선 살펴보자. 미소공위 활동이 성공했다면, 남북한의 각 정치세력들이 한 자리에 모여 임시정부수립을 위한 헌장에 협의할 수 있었을 것이다. 당시의 미소공위 답신안 작성 및 제출과정을 보면, 답신안 작성자들은 헌장을 작성하여 미소공위에 제출하는 행위 자체에 주목할 뿐, 각 정파의 헌장을 통합하기 위한 절차를 모색한다거나 공동의 헌장을 마련하려는 노력에는 상당히 소홀했다고 볼 수 있다.

1) 좌파의 집결체인 민전의 헌법안 기초과정은 미소공동위원회 활동과 관련하여 작성되고 등장한 것이었다. 민전 「임시약법」은 미소공동위원회에 제출하기 위해 허헌 등 소수의 민전 관계 법률가들이 비공개적으로 작성했던 것이며, 또한 이 약법의 검토를 위해 사적인 루트를 통해 유진오 등의 헌법전문가에게 요청했다. 이러한 약법 제정절차는 집단적 민주주의 정치제도를 취하는 그들의 약법 내용과는 상당한 대조를 보인다. 요컨대, 민전 「임시약법」에서의 핵심은 국가권력을 어떻게 새롭게 구성할 것인가, 권한의 배분을 어떻게 할 것인가 하는 점을 헌법에 규정짓는데 집중되어 있었다.

2) 중간파는 민전의 임시헌법 작성과정과 상이했다. 비상국민회의는 헌법논의를 비교적 공개적으로 다루었다. 그러나 이들은 해방 후 신생국가건설에 있어서 임정의 우선성을 인정받고자 하였다. 그러므로 조소앙은 "국무위원 자격은 20년 동안 독립운동에 전사한 자로 한정을 하자"고 주장하였다. 그러나 그의 주장이 정치적 현실로서 실현될 가능성은 전무

했다. 조소앙은 1919년 대한민국 임시정부가 수립된 이래 근대 한국의 헌법과 헌정을 독립운동의 정치과정에서 가장 깊이 있게 성찰해왔던 인물이었다. 그러나 그는 해방된 후의 새로운 제헌 과정을 임정헌법의 개정 정도로 인식했던 듯하다. 그는 제헌과정에서 임정의 정통성을 주장하기보다는 권위체를 새롭게 창출해야 하는 공동의 제헌행위 자체에 더 주목해야 했었다. 또한 제헌과정에 참여하는 구성원들의 상호동의가 새로운 권위의 기반이 되도록 했어야 했다. 헌법은새롭게 구성된 성원들 간에 재생성되고, 그들이 동의할 때 권위가 새롭게 부여되기 때문이다.

3) 다음으로 우파 행정연구위원회의 제헌활동을 살펴보면, 민전만큼은 미소공위 활동에 민감하지 않았던 듯하다. 또한 이들은 식민지시대의 대일협력으로 인해 중간파와 같이 임시정부의 우선성을 주장할 수도 없었다. 그렇지만 이들은 다른 그룹들에 비해 상대적으로 경험있는 법률 전문가를 갖고 있었으므로 보다 체계적인 헌법안을 작성할 수 있었다. 그러나 한편 행정연구위원회 등의 우파세력은 헌법을 "국가의 구성요소, 국가권력의 구조, 국가권력의 행사절차를 규정하는 것"으로 이해했다. 이러한 헌법에 대한, 그리고 헌법제정행위에 대한 접근은 이들이 헌법을 만드는 행위를 어떻게 이해하고자 했는지를 단적으로 보여준다.

그럼에도 불구하고 행정연구위원회 헌법안 작성의 가장 큰 의의는 후일 건국헌법 헌법기초위원회 전문위원이 되는 유진오가 작성하는 헌법안과 조우하여, 헌법기초위원회의 주축안을 마련함으로써 건국헌법의 탄생에 직접 기여했다는 점이다.

두 번째 주제와 관련해서 살펴보면 다음과 같다.

1) 좌파 민전의 임시헌법에서 주목되는 것은 대통령을 중심으로 하는 정부구성이 민주주의와 배치되는 것으로 이해했다는 점이다. 그들

에게 있어서 집단적 민주주의 정치제도인 인민위원회제도는 특히 개인과 특정 집단의 권력 전횡을 막는다는 측면에서 대통령제보다 우월한 것으로 주장되었다. 그러므로 민전의 정부구성의 원칙이 되었던 인민민주주의는 특정한 개인이나 집단에 의해 권력이 독점되지 않도록 권력을 다수에게 평등하게 배분함으로써 권리를 보호하는 민주주의를 의미하는 한편, 다수 인민의 지배 속에서의 소수 권리의 보호, 그리고 공동체 속에서의 조화를 이루고자 하는 공화주의적 지향은 박약했다고 볼 수 있다.

또한 민전의 핵심적인 경제원칙인 토지 및 산업의 국유화와 공유화는 첫째, 당시의 경제적 여건 하에서 국가만이 대규모 자본과 기술의 동원이 가능하다는 인식에 기반한 것이었으며 둘째, 그것이 적산 처리를 위한 당연하고 유일한 원칙으로 받아들여졌으며 셋째, 개인의 경제 독점과 집중을 막기 위한 정책을 의미했다.

2) 다음으로 중간파의 경우를 살펴보자. 남조선대한민국대표민주의원은 미군정청 산하 자문기관으로 구성되었던 기구이며, 따라서 우파적 경향의 헌법안을 작성했을 것으로 여겨지지만, 실제로는 대한민국 임시정부 헌법과 연속성이 강한 헌정구상을 담은 헌법을 작성하였다.

기본권의 측면에서 대한민국임시헌법과 민전 답신안을 비교해보면, 임시헌법은 균등권을 우선 강조하면서도 근대적인 자유권을 구체화하였고, 민전안은 국유화를 우선 강조하면서도 사적소유권을 인정하였다. 정부형태에 있어서는 임시헌법은 대의제와 입법권, 행정권, 사법권의 삼권분립제를 취했다. 이는 앞서 살펴본 민전의 인민위원회제와 대비된다.

시협의 답신안은 임시헌법에 비해 재산권을 보다 강조하고 있다. 그럼에도 불구하고 재산권의 내용은 사회이익과 조화되어야 하며, 정당한 보상의 전제하에 공공복리를 위해 사유재산을 사용할 수 있다고 규정하였다. 이러한 규정은 개인을 자유롭게 할 목적보다는 전체가 실제 생활에

균등해지도록 하기 위한 목적에 부합된 것으로 보인다. 이러한 내용은 대한민국임시헌법 및 건국강령에서 제시한 골자를 따르고 있는 것이다.

기본권에 경제생활과 경제질서와 관련된 내용을 규정한 것은 국민의 자유와 평등의 실현이 계획경제, 산업의 국유화라는 생산 및 소유방식과 직결되어있다는 인식에 기반한 것이다. 이러한 특징은, 앞서 제정된 대한민국임시정부의 「임시헌장」에서도 그리고 조선민주임시약헌초안의 경우에서도 드러난다. 결국 유진오의 최초의 초안이 작성되기 이전의 헌법문서는 모두 동일한 특징을 띠었다고 볼 수 있다.

요컨대 중간파의 헌법안 및 답신안은 정치, 경제, 교육의 균등 원칙을 기초로 한 균평균등사회의 건설을 지향하였다. 이를 실현하기 위해 첫째, 민주공화제, 보통선기제에 의한 국민의회 구성, 대의제, 권력분립 등을 추구하였으며, 둘째, 적산 몰수, 주요산업·광산·산림 등의 국유·국영, 농민의 경작 능력에 의존한 대지주 토지 및 몰수 토지에 대한 재분배 정책을 실현하고자 하였다. 즉 토지 개혁과 적산처리문제, 친일파 처벌에 있어서 대한민국임시정부 헌법과 건국강령을 계승하였던 것이다.

3) 우파의 경우, 행정연구위원회 한국헌법은 민주의원의 대한민국임시헌법과 마찬가지로 국민의 권리 의무장에 경제생활을 아주 구체적으로 규정하고 있다는 점이 특징적이다. 그 내용도 당시 시민사회 헌법안 중 가장 상세하다.

한국헌법의 기본원칙을 살펴보면, 계약 및 영업의 자유, 소유권의 보장, 토지의 분배 및 이용원칙, 공공성을 가진 기업 및 대외무역의 국가 공영, 노동정책(여자, 아동노동 특별보호, 결사의 자유), 사회보험(농민복지, 보험제도) 등으로 요약될 수 있다. 한국헌법은 당시 가장 우파적인 헌법임에도 불구하고, 제75조에 "국민각개의 균등생활의 확보"와 "민족전체의 발전" 및 "국가보위"를 위한 정의의 원칙을 경제의 기본 원칙으로 규정하고 있었다. 그리고 개인의 경제상 자유도 이 한계 내에서만 보장되고 있다. 이러한 한국헌법의 기본원칙은 임시정부 헌법 및 건국헌법과도 거의 동일하다.

그러나 한국헌법은 앞선 모든 헌법안 및 답신안이 채택하고 있는 균평균등이념을 매우 조심스럽고 소극적으로 다루고 있다. 즉 노동상황의 보호와 개선에 대해 세심한 배려를 하고 있는 반면, 건국강령, 민전안, 중간파안이 규정하고 있는 토지 국유화, 적산몰수, 중요산업의 국유화는 언급하고 있지 않다. '소유'에 관한 사항은 조심스럽게 회피되고 있는 것이다. 소유권을 제한해야 하는 경우에는 '재산권의 보상'을 전제로 하고 있다. 한국헌법에서는 민전안 및 중간파안의 '토지국유'를 "토지의 분배 및 이용은 국가가 이를 감독·하에서 그 남용 겸병을 방지"한다는 규정으로 대체되고 있으며, 적산에 관해서는 구체적으로 규정하지 않았다. 중요산업의 국유화와 관련해서는 "공공사업 및 기타 독점성을 유하는 기업은 국가의 공영을 원칙으로 함"으로 대체되었다. 즉 '소유'의 문제는 '감독'이나 '방지', '공영'으로 대체되었던 것이다. 그러므로 한편으로 노동상황에 대한 세심한 배려는 '소유' 문제에 대한 보수성을 보완하려는 의도를 가진 것으로 생각된다.

결론적으로 말하면, 한국의 헌법은 그 내용에 있어서 민주적이며 공화적 특징을 강하게 담고 있으나, 반면에 입헌행위를 통해서 조화로운 공동체를 모색하고자 하는 지향과 통합을 위한 실천은 박약했다고 볼 수 있다. 또한 대한민국 임시정부 이래 시민사회 헌법안의 기본권, 정부형태, 경제체제 구상의 핵심은 균평균등사회 실현이었고, 이를 사회적으로 실현할 수 있는 조건을 마련하고자 한 것이었다. 이것은 개인들 사이의 관계를 공동체적 관점에서 접근한 것이었다.

참고문헌

고려대학교박물관편. 2009.「현민유진오제헌헌법관계자료집」. 서울 : 고려대학교출판부.

국회도서관편. 1958. 7.『국회보』제20호.

민주주의민족전선 편집부. 1988.『해방조선 I : 지주적 통일민족국가수립투쟁사』. 과학과 사상.

새한민보사편. 1947.『임시정부수립대강 : 미소공위자문안답신집』

중앙선거관리위원회편. 1968.『대한민국정당사』서울 : 중앙선거관리위원회.

중앙일보 현대사연구소편. 1996.『현대사자료총서 I : 미군 CIC 정보보고서(RG 339 Office of the Chief Military History)』. 서울 : 선인문화사.

정신문화연구원 국학진흥연구사업 추진위원회편. 1997.『한국독립운동사자료집 : 조소앙 편 4』. 성남 : 한국정신문화연구원.

김수용. 2007.「해방 후 헌법논의와 1948년 헌법제정에 관한 연구」. 서울대학교 대학원법학과 박사학위논문.

김준연.「신조선 건설의 구상」.《동아일보》1948년 1월 1일자.

김준연.『독립노선』. 서울 : 시사시보사.

김혁동. 1970.『미군정하의 입법의원』. 서울 : 법우사.

박진희. 1966.「해방직후 정치공작대의 조직과 활동」.『역사와 현실』제21권. 한국역사연구회.

서희경·박명림. 2007.「민주공화주의와 대한민국 헌법이념의 형성」.『정신문화연구』제30권 제1호.

서희경. 2006. "대한민국 건국헌법의 역사적 기원 1898-1991 : 만민공동회, 3·1운동, 대한민국임시정부헌법의 '민주공화' 정체인식을 중심으로."『한국정치학회보』제40집 제5호.

서희경. 2007.「현대한국헌정과 정치통합 1945－1948 : '단정파'와 '중도파'의 정치노선과 헌정구상」.『한국정치외교사논촌』 제28집 제2호.
유진오. 1980.『헌법기초회고록』. 서울 : 일조각.
윤길중. 1991.『청곡윤길중회고록 : 이 시대를 앓고 있는 사람들을 위하여』. 서울 : 호암출판사.
이국운. 2001.「공화주의헌법이론의 구상」.『법과 사회』. 제20호.
이기하. 1961.『한국정당달사』. 서울 : 의회정치사.
이영록. 2000.「유진호헌법사상의 형성과 전개」 서울대학교대학원 법학과 박사학위논문.
이인. 1974.『반세기의 증언』. 서울 : 명지대출판부.
이종구. 1965.「대한민국헌법이 제정되기까지」.『신동아』 1965. 8.
정상우. 2007.「미군정기 중간파의 헌정구상에 관한 연구」. 서울대 박사학위논문.
최하영. 1968.「정무총감 한인과장 호출하다」.『월간중앙』 1968. 8.
한나아렌트 (홍원표 역). 2004.『혁명론』 파주 : 한길사.
홍기태. 1986.「해방후의 헌법구상과 1948년 헌법성립에 관한 연구」. 서울대학교대학원 법학과 석사학위논문.
《동아일보》 1945년 1946년.《서울신문》 1946년.《조선일보》 1946년.

2부

산업화, 민주화 그리고 지구화 시대

7장

제도적 틀의 구비를 통해서 본 한국의 근대국가 건립*

샤오밍 후앙 Xiaoming Huang, 빅토리아대학교

I. 서론

이 글은 한국이 어떠한 역사적 진화를 거쳐 근대국가로 자리잡았는지에 대한 고찰이다. 한국이 근대국가로 변모해 나간 과정을 논할 때마다 학문적 연구의 핵심이 되었던 문제는 한국 근대국가의 역사적 뿌

---

* 본 논문의 내용 일부는 Xiaoming Huang, "Crafting the modern state: religion, family and military in Japan, China and Korea," Mehdi Amineh, ed., *State, Society and International Relations in Asia. Amsterdam: Amsterdam University Press.* (Amsterdam 2009)에도 실려 있음을 밝혀둔다.

리가 과연 어디에 있느냐는 것이었다. 이는 한국이 근대국가로 발전해 나가면서 일제 식민통치와 남북분단이라는 두 가지 독특한 요소를 경험했던 데서 비롯된 것으로 보인다. 학자들 사이에서는 한국이 근대국가로 전환되는 것과 관련하여 일제 식민통치가 가지는 본질적 측면을 두고 의견이 분분하다. 이처럼 다양한 시각의 한 극단에는 신기욱(Shin Gi-Wook)과 마이클 로빈슨(Michael Robinson)이 이른바 "민족주의 계열"(nationalist paradigm)이라고 지칭한 학자들이 있다(1999). 일본의 식민통치로 말미암아 한국이 정상적인 역사의 궤도에서 이탈했다는 것이 민족주의 계열의 기본 시각이다 (Hwang 2004 : 337).

일례로 한영우(Han Young-Woo)는 일제 강점에 들어가기 전 한국에는 이미 대한제국(1897 1910)이라는 최초의 근대국가가 있었다고 주장한다(Han 2008). 한영우에 따르면 대한제국은 근대국가를 특징짓는 요소인 "주권, 자치, 독립"을 기본 원칙으로 삼았다. 게다가 고종황제는 통치제도를 근대화하기 위해 일련의 개혁을 단행하기도 했다. 태양력을 도입하고 서학을 통한 실용적 교육을 강조했으며 산업발전 정책을 추진한 것 등이 그것이다. 한영우는 이처럼 독립된 근대국가로 발전해 가던 대한제국의 행보가 식민지화로 인해 끝이 나버렸고 또 그 때문에 정상적인 국가의 발전마저 가로막혔다는 점을 대단히 중요하게 보고 있다. 특히 일본의 식민통치가 종국에는 한국의 국가적 분열로까지 이어졌다는 것이 한영우의 견해이다. 그는 가혹한 식민통치로 인해 일반 국민들이 국가를 불신하게 되었고, 이것이 정치적 민주주의의 발전을 더디게 했으며, 일본이 구축해 놓은 국가 기반시설도 한국의 경제발전에 전혀 기여하지 못했다고 했다. 뿐만 아니라 식민통치 기간에 사회적 분극화 현상이 나타났고 한국의 역사와 한국인의 정체성 및 관습을 왜곡시키는 문화정책이 펼쳐졌다고 했다. 이와 같은 논거에 입각하여 한영우는 한국의 빠른 성장을 이른바 "식민지 근대화론"(colonial modernization)에 기반을 두고 설명하는 것은 설득력이 없을뿐더러 한국에 대한 모독이라고 결론짓는다(Han 2008).

한영우의 포괄적인 주장에서 나타났듯이 민족주의 계열의 학자들은 일제 식민통치가 한국을 정상적인 행로에서 이탈하게 만들었고, 역사적 단절을 가져왔다고 보거나 적어도 한국의 발전에 저해요소로 작용했다는 입장이다. 이들은 식민통치에 들어가기 이전의 한국 사회에서 이미 근대성의 요소들이 신장되고 있었다는 점을 들어 이 시기를 이상화시키는 경향이 있다. 이들은 당시 확고한 국가 정체성, 강한 주체의식, 정부 주도의 산업개발 등 근대성의 요소들이 갖추어져 있었고 또 갑오개혁을 통해 국가제도와 군사·경제·사회 분야의 근대화 방안이 제시되었던 만큼 일제 식민통치라는 방해 요소가 없었더라면 한국은 자연스럽게 근대국가로 발전해 나갔을 것이라고 보고 있다. 더 나아가 독립 이후 한국이 거둔 경제·사회·정치 분야에서의 성공은 이들에 의해 반역사적 주장(counter-historical argument)을 뒷받침하는 논거로 자주 인용되고 있다. 여기에는 현재의 한국을 이상화시키는 측면도 나타나 있다. 이 때문에 1950년대부터 1980년대에 이르기까지 한국이 혼란을 겪으며 정치적 발전을 이루는 과정에서 나타난 문제들이 간과되거나 혹은 이 문제들이 식민시대의 잔재로 치부되기도 한다.

민족주의 계열의 대척점에 자리하고 있는 학파는 "식민지 근대화론" 주창자들이다. 이들은 현재 대세를 이루고 있는 민족주의적 시각에 맞서 일제 식민통치를 옹호하면서 식민통치가 한국의 근대화에 미친 영향을 인정하고 그 역할을 객관적으로 평가하자는 입장이다. 한국을 근대국가로 변모시킨 주요 동인들 간의 복합적이고 역동적인 관계를 제대로 이해하기 위해서는 객관적인 태도가 반드시 필요하다. 카터 에커트(Carter

Eckert)도 한국의 식민지 근대화론에 대해 신기욱과 로빈슨이 공동 저술한 유명한 책의 에필로그에서 이 점을 강조했다. 신기욱과 로빈슨은 이 같은 태도를 "다원적 접근법"(pluralist approach)'이라고 칭했다. 다원적 접근법에서는 한국을 근대화시킨 세 가지 주요 동인, 즉 식민주의와 근대성과 민족주의를 상충 관계가 아닌 상호 보완 관계로 본다. 민족주의론자들이 국가를 중심에 두고 설명하는 것과는 달리 다원적 접근론자들은 국가건설(state building)보다는 국민형성(nation building)을 보다 강조하는 "색다른 설명방식"(alternative narratives)을 취한다. 이 같은 태도는 특히 식민통치기에 대한 설명에서 두드러진다. 한 예를 들어보자. 신기욱은 식민통치기에 나타났던 반근대적 토지균분론자들의 입장을 연구한 바 있는데(Shin 1999: 788), 그의 설명에 따르면 한국의 토지균분론자들은 근대론자들의 역사 발전관은 물론 도시를 중심으로 하고 있는 부르주아와 마르크스주의자들의 관점도 배격한 것으로 나타난다. 그들이 내다본 한국의 미래는 자본주의나 공산주의의 관점에서 나온 것이 아니었다. 다만 한국의 유교적 전통에 그 맥이 닿아 있다고밖에 볼 수 없는 자족적 자치사회가 그들이 그렸던 한국의 미래였던 것이다(Shin 1999: 804)

다원적 접근론은 한국이 일본의 식민통치 기간에 경험한 근대성이 매우 다양하고 복합적이었음을 보여준다. 특히 식민통치가 한국의 근대화와 민족주의의 발전에 얼마나 중요한 부분을 차지하고 있는가에 대해 정확히 인식하는 데 있어 포괄적이면서도 편향됨이 없는 자세로 임할 것을 우리에게 요구한다. 한국의 근대성에 대한 논의에서 국가를 중심에 두는 논조가 항상 대세를 이루어 왔음은 주지의 사실이다. 이 논조는 일본의 식민통치에 대해 적대적 입장을 보일 수밖에 없다. 이런 점을 감안할 때 다원적 접근론은 그 발상이 참신하다 아니할 수 없다. 또 이 같은 접근방식은 새로운 자료와 함께 우리가 일반적으로 이해하고 있는 한국 근대화에 대해서도 흥미로운 해석을 내놓고 있다. 오래 전부터 식민지 근대성에 대한 인식이 있었음에도 불구하고 그것이 한국의 근대화 과정에서 과연 어느 정도의 비중을 차지하고 있느냐 하는 문제가 제대로 다루어지지 않고 있다는 점에서 볼 때 다원적 접근론자들이 식민 시대에 초점을 맞추는 데는 나름의 이유가 있다. 민족주의 계열에는 한국의 국가 발전에 대한 관념론적 가설이 아직 존재한다. 식민통치 이전의 한국과 현재의 한국 사이에 단절이 있다는 주장이 여전히 우세하다. "식민지 근대화론자들이 식민통치기를 과대평가하는 경향이 있기 때문에 그 반대편에서는 오히려 이 시기를 한국의 근대화 과정에서 제외시키고 있다"는 것이 황경문의 관찰이다.

위 두 학파의 중간 입장에 놓인 학자들 중에는 식민지 근대성이 역사적 연속성을 지니고 있는 만큼 한국의 국가 발전 과정에서 결코 빼놓을 수 없는 부분이라고 믿는 사람들이 있다. 황경문은 "식민통치 시기를 정상적인 역사의 경로에서 이탈한 것으로 가볍게 보아 넘기는 것은 잘못일 수 있다"고 말한다. 그러면서 "국가 발전에 대한 개념을 정립하고 그를 통해 식민통치 시기의 차별적 특성을 설명함과 아울러 이 시기에 대한 근대화 과정에서의 올바른 자리매김이 필요하다"고 했다(Hwang 2007 : 337). 황경문은 20세기 후반기에 본격적인 산업화와 도시화가 이루어졌지만 20세기 전반기에 그 준비 작업이 이루어졌다고 보고 이 시기에 형성된 "한국의 근대적 사회구조"에 대한 조사를 벌이고 있다. 그는 20세기 초에 나타난 한국의 근대화에는 국민형성(nation building)과 국가건설(state building)이라는 두 가지 과정이 있었다는 입장이다. 각종 사회적 이해관계에 구애받지 않는 권한을 가짐과 동시에 추구하고자 하는 목적에 맞게 사회를 재편시키기 위해 국가를 개입시킨 것이 국가건설(state building)이며, 이는 '사회' 그 자체와는 개념적으로 별개인 어떤 영역을 새로이 창출해 내려는 과정에서 나타났다(Hwang 2004 : 338). 한국의 개혁 작업은 20세기로 진입하던 무렵 일본의 지배를 받기 전부터 진행되었다. 하지만 근대국가가 출현할 수 있는 토대는 그보다 훨씬 이전, 즉 유교국가였던 조선왕조 시대에 이미 마련되었다는 것이 황경문의 견해이다(Hwang 2004 : 337). 한편 국민형성(nation building)에는 "정체성 형성"(identity formation)의 과정이 반드시 필요했다. 정체성의 형성은 집단행동으로 연결되기 마련이고, 그 결과 사회 정치적 의식이 확산되고 국가적 자원에 대한 접근의 폭이 넓어지는 변화가 일어나게 된다(Hwang 2004 : 333). 이 두 가지 과정 모두에서 일어나고 있던 기존의 변화는 일본의 식민통치로 인해 보다 가속화 되었다(Hwang 2004 : 342).

연속론적 입장을 취하는 학자들은 식민지 근대성을 한국 근대화의 역사적 맥락에 반드시 포함시킨다. 아울러 이들은 한국의 근대화를 국가 발전에 있어서의 당연한 하나의 과정으로 보면서도 이를 더욱 가속화시키는 역할을 한 것이 바로 일본의 식민통치였다고 인식한다. 이런 면에서 볼 때 연속론자들은 한국의 근대화가 본질적으로 점진적인 과정을 밟아 왔다고 믿고 있으며 이런 주장은 민족주의론자들이나 다원적 접근론자들의 주장과도 일치한다. 더불어 연속론적 관점은 우리로 하여금 현재의 한국 사회에 대한 몇몇 독특한 측면들을 이해할 수 있게 만들어주기도 한다. 한국은 전통적으로 사회적 위계질서가 명확했다. 그렇기 때문에 생득적인 사회적 지위를 바탕으로 한 정체성 형성을 시민권에 기초한 것으로 바꾸려는 움직임은 항상 끊임없는 도전을 받아야만 했다. 시민의식이 확고히 자리 잡은 오늘날에도 시민권의 가치와 사회적 위계질서라는 실체 사이에서 긴장이 형성되기도 하며 국가적 정체성(national identity)과 지역적 정체성(sub-national group identity) 간의 긴장도 여전하다. 식민통치 이전이든, 식민통치 기간이든, 광복 이후이든 가릴 것 없이 한국의 국가건설(state building)에 있어서는 국가의 이해집단 조정 능력 향상과 관료제도의 발전, 그리고 여기에 덧붙여 사회에 대한 공권력의 행사 범위를 "제도적으로 확대"(institutional extension)하고 국가의 권위에 대한 "이념적 공감"(ideological projection)을 넓혀나가는 것이 반드시 필요한 부분으로 여겨진다(Hwang 2004 : 338). 종전 이후 수십여 년 동안 한국의 정치체제는 이와 같은 제도적 진화를 거치면서 크게 변모했다.

위에 언급된 내용으로 미루어 볼 때 학계에서는 한국의 근대성을 형성시킨 동인들을 낱낱이 파헤치고자 오래전부터 한국의 근대화에 대해 연구해 왔음을 알 수 있다. 이를 통해 우리는 광복 이후에 나타난 한국의 물질적, 사회적, 정치적 근대화의 토대를 식민통치 기간은 물론이요 그 이전의 한국 전통사회에서도 찾을 수 있다는 것을 알게 되었다. 더불어 정체성의 형성, 물질적 발전, 사회적 틀의 재구성 등이 근대화 과정의 중요한 요소라는 것도 확인되었다.

본 논문은 그동안 제대로 주목받지 못했던 한국 근대화의 한 측면을 연속론을 바탕으로 다뤄보고자 한다. 근대국가를 건립한다는 것은 본질적으로 근대적 조건(modern conditions)에 상응하도록 제도적 발전을 이뤄 나가는 과정이라고 말할 수 있다. 여기서 말하는 근대적 조건이란 대량의 인구와 기술집약적 형태의 생산, 유통, 운송 그리고 통신을 뜻한다. 막스 베버는 중앙집권적 관료제의 비중이 높아지는 것은 근대적 조건이 형성되는 데 따른 제도적 대응의 일부라고 했다(Weber 1947, 1968). 앞에서도 논의한 바 있지만 한국에서는 근대적 조건이 형성되기 훨씬 전부터 "이해집단에 대한 조정력"(autonomous interests)을 갖춘 데다 중앙집권적 관료제까지 실시했던 국가가 이미 존재했었다. 제임스 팔레(James Palais)는 조선 후기 개혁에 관한 그의 걸작(Palais 1999)에서 조선 후기의 쇠퇴와 위기, 그리고 국가를 소생시키고자 하는 개혁 노력들을 다루었다.

그의 저서를 들여다보면 조선의 정부 제도가 잘 정비되어 있음을 알 수 있다. 왕과 조정을 위시하여 중앙집권적 관료제, 지방 행정조직은 물론이고 군사·재정·토지제도까지 갖추어져 있었다. 조선 후기에 사회에 대한 국가의 권위와 역량을 높이려는 국가적 노력이 있었다는 점은 황경문의 연구에서도 나타난다. 그는 이 당시에 나타난 제도적 확대의 근간은 관료제와 관료적 질서의 급격한 신장이었다고 설명한다(Hwang 2004 : 338).

제도적 확대에 관한 다음과 같은 사항들은 아직도 조사가 진행되고 있다. 어떻게 하여 식민시대와 광복 이후에 걸친 수십여 년 동안 제도적 확대가 지속될 수 있었으며, 근대국가 건립의 전반적 맥락에서 이 같은 제도적 확대가 가지는 본질은 정확히 무엇이고, 아울러 이것이 어떻게 근대국가로 발전해가는 길을 닦아놓았는가 하는 점들이다. 본 논문은 바로 이 같은 문제들을 다루고 있다. 국가는 그 스스로가 유일무이한 합법적 권위를 갖고자 노력한다. 따라서 전통적 형태의 어떤 공적 권위가 잠재적으로 혹은 실질적으로 국가 권위와 경쟁 관계에 놓여 있을 때 국가는 이를 억압하거나 무시하거나 또는 포섭을 통해 권위의 우위를 지켜나간다는 것이 일반적인 분석틀이다. 본 논문은 이 분석틀에 대한 논의로 시작된다. 그 다음으로 세 가지 사례연구가 제시된다. 종교와 가족과 군(軍)이 국가와의 관계 속에서 제각기 근대국가를 형성하는 데 있어 핵심적으로 작용한 측면들이 하나씩 있는데 이에 관한 것들이다. 그리고 마지막 부분에서는 한국 근대화의 의미를 동아시아의 상황과 연계시켜 논해볼 것이며 동서 비교의 관점에서도 들여다 볼 것이다.

II. 분석틀

우선 근대국가의 개념부터 논의해보기로 한다. "국가"(state)라는 말은 흔히 좁게는 일정 지역에 미치는 공적 권위(public authority)를 가리키며, 넓게는 정치체제와 같은 어떤 공적 권위 하에 정치적으로 조직된 집합체를 가리키기도 한다. 이 같은 개념은 근대국가를 이해하는 데 있어 대단히 중요하다. '근대적 정치체제'(*modern polity*)란 구성원 모두가 동등한 자격을 갖는다는 원칙을 바탕으로 단일한 공적 권위 아래 조직된 인적 집합체를 말한다. 이 평등의 원칙이야말로 근대적 가치의 핵심이라고 말할 수 있다. 루시안 파이(Lucian W. Pye)는 누구나 참여할 수 있고(mass participation) 법적 공정성(legal universalism)이 확보되고 능력에 따라 공직을 가지게 되는 것도 평등의 원칙에 해당한다고 말한다(Lucian W. Pye 1966: 47).

다른 한편으로, 역시 파이의 견해를 빌리자면 좁은 의미에서의 '근대국가'(*modern state*)는 대중 사회에 질서를 부여할 수 있는 역량(capacity) 및 기능성(functionality)과 관련이 있다고 한다(Lucian W. Pye 1966 : 45-47). 정치제도의 역량(capacity)은 그 산출물로 측정된다. 사회와 경제에 미칠 수 있는 영향력, 공공정책의 실행에 따른 효과와 효율성, 그리고 행정의 합리성이 그 대상이 된다. 기능성(functionality)은 각급 정부 기구의 구성과 체계에 관한 것이며 궁극적으로는 그 기구의 기능과 관련이 있다. 이러한 가치에 입각하여 대중사회를 관장하려면 중립적인 공적 권위가 경쟁관계에 있는 다른 형태의 권위보다는 우위에 있어야 할 것이다. 더불어 체제 구성원들과의 직접적이고 효과적인 관계도 요구되며 경쟁관계에 있는 여타 형태의 권위가 시민들과 직접적으로 소통하거나 시민들을 조직화하지 못하도록 해야 할 것이다.

이처럼 근대국가를 2단계로 정의하게 되면 근대국가의 문제를 이해하는 데 있어 대단히 유용하고도 유익한 개념적 틀을 얻을 수 있다. 막스 베버를 예로 들어보자. 그는 관료적 합리성이라는 개념을 통해 근대적 제도에 정당성과 합법성을 부여했다.[1] 사회적 상황이나 가치체계는 시대의 흐름에 따라 달라진다. 중앙집권적 관료제는 달라진 대중사회의 여건에 부합할 수 있도록 제도적 합리화가 이루어진 것의 한 예이다. 베버는 대중사회를 효과적으로 통치하려면 공적 권위가 중요한 역할을 해야 하며 이를 위한 이상적 형태로 근대국가를 생각하고 있었음이 분명하다. 관료제의 중요성을 인식하고 있었던 데서 이 점을 엿볼 수 있다.[2]

베버의 주장은 여기서 그치지 않는다. 그는 사회를 조직하는 데 있어 종교의 역할을 이례적으로 강조했다. 그는 종교적 색채가 짙어지면서 무엇보다도 '근대적 정치체제'(*modern polity*)에 대한 합법성의 기반이 변하고 있다고 보았다. 베버에 의하면 대중사회는 종교적인 정치체제 하에서 사람들의 상호작용이 왕성하게 이루어지는데 바로 여기서 정치적 질서와 그 정당성에 대한 문제가 제기된다고 했다. 이런 상황에서 세속주의와 과학적 합리주의가 부상하게 되고 이것이 종교를 밀어내고 그 자리를 차지하면서 정치적 질서의 정당화 수단으로 자리 잡는다는 것이다. 그런 정치질서의 추구에 있어서는 그에 연관된 사람들의 "세속적" 이해가 지배해야 한다. 스미스(Donald E. Smith 1974 : 4)가 설명하듯이 정체의 세속화는 "전통적 체제가 급진적 차이화 과정을 겪는 과정이다. 그 결과 정체와 종교적 구조가 분리되며, 정체의 관할권에 대한 세속적인 정당화 양

---

1 Max Weber, 'Bureaucracy' Greth & Mills 1958 : 196–266.

2 Max Weber, 'Politics as a Vocation' Greth & Mills 1958 : 78.

식이 들어서고 그 이전에 종교에 의해서 규율되는 영역들 속으로 정체의 관할권이 확대된다."

서유럽에서는 근대국가가 등장하면서 관료적 제도와 과학적 합리주의가 기세를 떨쳤다. 하지만 한국의 근대화는 이 틀로 이해되거나 설명될 수 없다. 한국은 조선 후기에 들어서서야 근대적 개혁을 시도했지만 그 이전부터 오랫동안 이미 중앙집권적 관료제를 시행한 나라였다. 이 내용은 뒤에서 다시 언급될 것이다. 갑오개혁 또한 한국 사회에 내재해 있던 "근대적" 요인에 의한 것이라기보다는 국가의 위기관리 능력이 갈수록 쇠약해지고 있고 또 메이지 유신을 통해 일본을 뒤바꿔 놓은 서구의 힘과 이념의 영향력이 점점 커져갔던 데 따른 것이었다.

유럽에서는 국가가 종교의 지배를 받는 상황에서 과학적 합리주의가 태동했지만 한국에서는 국가가 종교의 영향을 받은 사례를 거의 찾아볼 수가 없다. 게다가 국가가 종교로부터 기대하는 도덕적 뒷받침의 역할을 유교[3]가 전담해 왔으며, 이런 경향은 조선시대에 더욱 짙어졌다. 불교가 국교로 비쳐질 만큼 크게 장려된 적이 역사상 몇 차례 있었지만 이 또한 모두 국가가 주도한 것이며 그러다가도 필요한 경우에는 불교를 배격하거나 심지어 억압한 사례마저 있다. 고려시대이래 불교가 자체적으로 세력을 확장해 나갔지만 그 스스로 어떤 공적 권위를 내세운 바 없었다는 데서도 나타난다. 이후 조선시대에 들어서서는 노골적인 억불정책이 펼쳐졌다. 따라서 어떤 시기를 특정하여 그 때에 비로소 근대적 정치 발전을 위한 세속주의와 과학적 합리주의가 나타났다고 말할 수는 없다.

---

3 유교는 통상 종교를 뜻하는 말로 쓰이지는 않는다. 유교는 영적이거나 형이상학적인 것과는 거리가 있으며 단지 지극히 현실적인 도덕적 기준과 행동 양식의 체계일 따름이다.

이런 점으로 비춰볼 때 베버의 근대국가 이론도 문제가 있는 것으로 보인다. 베버는 대중사회가 대단히 중요하며 대중 사회의 질서와 관리를 위해서는 공적 권위가 필요하다고 여겼다. 하지만 베버는 근대국가로의 전환요인을 대단히 좁게 한정했기 때문에 근대국가 형성 과정에서 나타나는 여러 상황 및 사회 또는 정치세력과 국가와의 다양한 관계를 제대로 설명하지 못한다. 여타 세력의 간섭을 전혀 받지 않고 공적 권위가 국민 개개인에게 직접 가해지게 함으로써 국가의 기능이 효과적이고 효율적으로 이루어지게 하는 것은 근대국가 건립에 있어서 가장 필요한 것일지도 모른다. 따라서 이런 세력들이 공적 권위를 발휘하지 못하게 만드는 것은 반드시 필요하다. 그러나 근대국가 건립이란 신과 개인과의 관계를 단지 국가와 개인과의 관계로 대체시키는 것은 아니다. 국가가 줄곧 공적 권위를 독점해 온 나라에서는 여타의 사회 또는 정치세력들과 협력함으로써 그 세력들이 지니고 있는 조직적 역량을 근대화의 도구로 잘 활용할 수도 있다. 따라서 이런 세력들은 국가가 새로이 건립될 때 뒷전으로 밀리기보다는 공적 권위를 국가와 지속적으로 공유할 수도 있고 때로는 그 권위를 국가의 이름을 빌려 행사할 수도 있다. 이들 사회 또는 정치적 주요 세력과 국가와의 관계가 어떻게 바뀌어 가는가에 대한 세 가지 사례 연구를 제시하기에 앞서 나는 우선 한국이 근대국가를 이룩하는 과정에서 겪은 역사적 경험을 간략하게나마 전반적으로 훑어볼 것이며 그 경험의 주요 특성 몇 가지를 살펴보고자 한다.

Ⅲ. 한국의 근대국가 건립

서구와 달리 한국에서는 근대화를 시도하기 훨씬 전부터 틀을 제대로 갖춘 국가가 오랫동안 존재해왔다. 중앙집권화된 국가 모델이 채택된 시기는 6세기경이며 이는 일본보다도 약간 앞선 것이다. 카터 에커트(Carter J. Eckert)와 그의 연구진은 신라 법흥왕(514−540) 때 중앙집권적 귀족국가의 특성을 고스란히 담고 있는 행정 체계가 만들어졌다고 말한다(Eckert at el., 1990 : 28). 더 나아가 그들은 중앙집권적 귀족국가의 출현과 함께 국가의 토지가 모두 왕에게 귀속되며 모든 백성이 왕의 신하라는 새로운 개념이 나타난 것으로 보고 있다(Eckert at el., 1990 : 35). 신라에 앞서 백제와 고구려에서 중앙집권화된 국가 체제를 먼저 갖추었을 가능성도 배제할 수 없다.

한국에는 오랫동안 중앙집권화된 형태의 국가가 있었지만 19세기 말에 이르러서는 근대화보다는 국권(state power)이 보다 시급한 문제로 대두되고 있었다는 것이 팔레의 연구(1996)에 나타나 있다. 한국은 외부 위협에 맞서 자주 국가로서 생존해나가기 위해 근대적 개혁이 필요했으며 그 절실함은 중국이나 일본보다도 더 컸다. 당시의 역사적 상황을 감안해 볼 때 근대적 가치에 입각한 "보다 나은"(better) 국가제도가 도입되어야 한다는 압력은 대단히 높았다. 그 압력은 나라를 살려야 한다는 절박함과 일본을 신속하게 근대국가로 탈바꿈시킨 서구식 제도에 대한 한국 엘리트들의 "집단적 선망"(institutional envy)이 합쳐져 나타난 것이었다. 19세기 말과 20세기 초에 걸쳐 일본과 서구 열강들과의 관계를 눈여겨봐왔던 이들 엘리트들은 근대적인 새로운 정치제도와 경제제도에 흠뻑 빠져 있었다. 그들은 이 새로운 제도로 말미암아 서양 여러 나라들의 "부국강병"(rich country and strong army)이 가능했을 것으로 여겼으며, 비교적 최근에 일본이 부강해진 것도 바로 이 제도 때문이었을 것으로 생각했다.

초기 근대화 개혁에 있어서 가장 중요한 문제는 공적 권위가 누구에게 합법적으로 주어지느냐 하는 것이었다. 한국에서는 식민지배로 인해 이 문제가 모호하게 되어버렸다. 그러나 왕조가 무너지고 한국을 두고 벌어진 열강들과의 힘겨루기에서 일본이 승리를 거둔 이후 일본 식민 기관의 권위는 한국에서 절대적인 위치를 확보하게 되었다. 1910년에 이루어진 한국과 일본의 공식적인 합병은 하나의 전환점이 되었던 것으로 보인다. 그 이전까지 수세기 동안 중국의 제도를 모방해 왔기 때문에 한국의 국가제도에는 중국의 중앙집권 국가에서 나타나는 특성들이 많이 남아 있었다. 그러다가 1910년부터 1945년까지 일본의 지배를 받으면서 경제, 사회적으로 '근대적'(modern) 움직임이 활발해지기 시작했다. 광공업에서부터 철도부설, 토지조사, 금융 및 세금제도의 도입은 물론 한국을 일본 제국에 통합시키기 위한 중앙집권적 정부기구까지 갖춰졌다. 일본은 한국을 효과적으로 지배하고자 가능한 모든 수단을 동원하여 국가와 한국 국민들 사이에 놓여 있는 방해 요소들을 제거했다. 기존의 군대를 해산한 것은 물론이고 모든 정당활동을 금지시켰으며, 언어 및 사회적 관습, 신앙을 일본의 것으로 바꾸도록 했고, 일본에 대해 정치적 충성을 바치도록 했다.

식민지로부터 독립 이후 일본이 남긴 식민지 유산은 상당 부분 청산되었다. 40년대 말 한때는 비록 짧은 기간이지만 다양한 이념적 성향을 가진 정파들의 활동이 왕성하게 이루어지기도 했다. 하지만 일본식 근대국가의 틀은 대부분 그대로 남아 있었다. 강력한 중앙집권적 정부와 군대, 국민들에 대한 직접적이고도 효과적인 통제력과 때로는 국민을 무자비하게 다루던 행태도 여전했다. 그러나 중국의 영향력에서 벗어나지 못했던 역사적 경험과 일본의 식민통치 경험을 통해 강력한 주체의식이 형성되었다. 이 같은 주체의식이 바탕이 되어 강력한 근대식 통치 체제에 대한 요구가 커졌다. 북한의 위협을 막기 위해서 일뿐만 아니라 국가의 최우선 과제인 빠른 경제성장과 근대화를 위해서라도 더욱 그러했다.

한국의 역사를 들여다보면 근대국가를 형성시켜 나가는 데 영향을 미친 대단히 독특한 요소들이 있음을 알 수 있다. 우선 근대화를 위한 제도적 틀의 핵심이라 할 수 있는 공적 권위의 문제를 들 수 있다. 일본 식민통치와 한국전쟁 이후 두 개의 한국이 존재하는 상황 때문에 공적 권위의 합법적 주체에 대한 모호한 상황이 만들어지기도 했지만 한국은 일찍부터 틀을 갖춘 국가가 존재했었고, 그 국가가 유일하고도 합법적인 공적 권위를 지니고 있었다. 따라서 근대국가가 새로이 출현했다기보다는 기존의 국가가 그 스스로 변화의 과정을 겪은 것으로 볼 수 있다. 다시 말해서 중앙집권 국가의 맥이 다시 이어진 것이며 사회에 대한 국가의 권위가 확대된 것이고 식민통치와 분단 상황으로부터 국가의 정통성과 민족 주체성을 되찾은 것이라고 볼 수 있다. 또 하나는 통치 체제를 더욱 강력하게 만들어 나가는 것이 근대화하라는 생각을 한국인들이 갖고 있었다는 점이다. 많은 한국인들은 물질적 성취와 그것을 이룰 수 있는 국가의 능력이라는 측면에서 근대화를 이해하고 받아들였다. 따라서 여타 사회, 정치적 주요 세력과의 관계를 재정립하고 국민들을 직접 통솔하고자 하는 국가의 노력은 대부분 강력하고 경쟁력을 갖춘 효율적 국가를 만들고자 하는 방향으로 모아졌다. 이러한 모색은 한국 근대국가 형성의 양태를 결정짓는 데 중요하게 작용했다.

Ⅳ. 국가와 군의 관계

군이 공적 권위의 주요 형태로 자리 잡은 것은 오랜 역사를 가지고 있는 만큼 군은 근대국가에 대해 가장 강력히 도전하는 세력으로 인식될 수 있다. 어떤 사람들은 근대국가로 가기 위해서는 군의 전문화(professionalism)[4]가 반드시 필요하다고 말할지도 모른다. 하지만 근대화 초기 단계에 국민의 지지와 협력을 이끌어 내는 데 있어 군이 가장 큰 힘을 발휘할 수도 있다는 것이 한국의 경우를 통해 드러났다. 이익을 정확히 할당하고 자원을 골고루 배분할 수 있는 제도적 장치를 마련하지 못한 나라가 근대화를 추진하려 할 경우 제일 먼저 직면하게 되는 어려움은 정치적 질서와 국민에 대한 통솔력이다. 강력한 공적 권위가 있을 때 이런 문제를 해결할 수 있는 대책이 마련된다. 이는 "사회변동"(changing societies)에 관한 사무엘 헌팅톤(Samuel Huntington)의 초기 연구에서 도출된 명제이다(Huntington 1968 ; Janowitz 1964도 참조할 것). 이런 사례는 일본의 초기 근대화 과정에서도 찾아볼 수 있다. 근대화 작업

---

4 군의 전문화란 군이 정치적으로 중립을 유지하고 일반 국민의 명령에 따라 움직이는 것을 원칙으로 하며 스스로를 공적 권위의 한 형태로 보지 않는 것을 말한다. 이 문제는 헌팅턴이 자신의 초기 저작(1957)을 통해 처음 제기했다. 이를 기점으로 1960년대와 70년대에 이 문제에 대한 집중적인 논의가 이루어졌다. 헌팅턴의 주장에 맞섰던 사람들은(Janowitz 1964 ; Abrahamsson 1972 외) 대체로 헌팅턴이 군의 전문화와 정치적 중립을 연관시킨 것(Godwin 1978 : 220)은 문제가 있으며 특히 신생국이나 개발도상국에 이를 적용시키는 것은 무리라고 생각했다. 요즘의 학술 연구에서 보듯 군의 정치개입은 전근대적 제도에 따른 것으로 근대국가 건립 초기 단계에서 나타나는 현상이다. 군의 전문화야말로 근대국가 건립의 핵심 요소이다.

의 시작과 함께 메이지 정부에서 주도적 역할을 했던 군은 소와(Showa)시대에 이르러서는 군국주의를 일으키기까지 했다(Westney 1986 ; Umetani 1978 ; Matsushita 1960 ; Kang 1991). 중국도 마찬가지였다. 공화정 시대의 군 지도자들과 마오쩌둥의 공산 정권 아래에서의 군의 정치적 역할이 상당히 달랐다고는 하지만 1911년의 공화국 정부 이래로 군이 꾸준히 주도권을 쥐고 있었다. 그 외 아시아 신흥국가들도 2차 대전이 끝난 이후 아주 잠깐 동안 다당제를 경험하다가 1960년대부터 1980년대 사이에 대부분 다당제가 아닌 여러 형태의 정치 체제로 옮겨갔다(Huang 2009 : chapter 1). 이처럼 군이 나서서 국가를 주도해 나간 나라는 상당히 많다. 한국도 그 중 하나이다. 한국에서는 군이 정치에 적극 가담함으로써 근대국가 건립 과정에서 중요한 역할을 담당해왔으며 군이 본연의 자리로 돌아가게 된 것은 한참 뒤의 일이다.

한국에서 군이 정치권력과 그 영향력을 확대시켜 나간 것은 그 자체로 끝나지 않았다. 근대화 과정에서 군을 개입시킨 한국의 경험은 아시아 전역에 영향을 미쳤다. 한국은 비정규군을 정규군으로 개편한 다음 군에 통치의 중추적 역할을 맡겼다가 최종적으로는 국가와 군을 분리시킴으로써 군이 제자리를 찾도록 했다. 아시아에서는 한국의 이런 경험을 본 떠 한국과 유사한 행보를 보인 국가들이 많이 나타났다. 1950년대 한국의 경제는 붕괴 직전의 상태였다. 정부는 극도로 부패하고 무능했던 데다 북한의 공작에 의한 것으로 여겨지는 우려할만한 사태들이 전국 곳곳에서 발생했다. 이런 상황에서 국민들은 질서와 안보와 경제를 책임질 강력한 공적 권위를 갈망하게 되었다. 마침내 군은 1961년에 "반공"(anti-communism)과 "민족 경제"(economic nationalism)라는 기치를 내걸고 행동에 돌입했다(Han 1993 : 47).

박정희 장군과 그 일파가 권력을 쥐고서 20여 년 간 가까이 국가를 통치하게 된 것은 군 내외의 제도적 여건과도 관련이 있었다. 우선 군 내부를 살펴봤을 때 한국은 일본과 유사한 점이 대단히 많았다.[5] 고위 장교들 간의 파벌주의가 군의 뼈대를 이루고 있었던 것이다. 일본의 지배를 받기 전까지 한국에는 '군벌'(*gunbatsu*)이 존재하지 않았다. 그러나 광복 이후 제도가 크게 바뀌면서 군에 파벌주의가 생겨나게 되었다. 정규군인 '국민방위군'(*National Defense Security Garrisons*)은 배경이 각기 다른 인사들을 모아 창설되었다. '광복군'(*the Recovery Army*), '독립군'(*the Independence Army*), '중국군'(*the Chinese Army*), '일본 사관후보생'(*the Japanese Army Cadets*), '의용군'(*the Special Korean Volunteers Army*) 출신에다 모집병까지 있었다. 군의 파벌주의는 바로 여기에서 생겨났다. 당시의 군 인사제도 역시 파벌주의를 키우는 데 한 몫을 했다. 이 때문에 군은 정치적 행동을 취하고자 하는 유혹에 더욱 빠져들었다(Lee 1982 : 84). 단적인 예로 참모총장을 비롯한 일부 고위직에는 임기 제한이 없었다. 결국 고위 장교들의 진급 적체가 커지면서 장교들 사이에 갈등이 빚어졌고 그로 인해 파벌싸움이 더욱 고조되어 갔다.

외부적으로 볼 때는 나라가 새로운 환경에 처하게 됨으로써 군의 영향력과 역량이 급격히 커질 수밖에 없었고 급기야 정치군인(political soldier)이라는 개념까지 생겨나게 되었다. 군은 처음부터 정치적으로 대단히 중요한 임무를 부여 받았다. 북한의 사주에 의한 반란 세력의 움직임이 컸기 때문에 이를 진압하라는 임무였고 군은 이 임무를 충실히 수행해냈다. 그리고 초창기에 이미 엘리트 장교를 양성하기 위한 군사영어학교(The Military English Academy)가 설립되었다. 1946년에는 미군의 인적·

5 일본과 한국의 군부 내 파벌에 대한 여러 가지 정치적 측면들을 비교 조사한 내용이 강창성(Chang-Sung Kang)의 연구에 나타나 있다(Kang 1991).

물적 지원을 받아 조선경비사관학교(The Korea League of Military Elites)가 세워지면서 국군 창설의 전망을 구체화해 나갔다. 군 엘리트 양성기관의 교육과정을 들여다보기만 해도 군 엘리트들이 국가나 사회에 대한 책임감을 어떻게 키워나가게 되는지 바로 알게 된다. 박정희를 비롯하여 그에게 협력한 사람들, 그리고 그 뒤를 이은 전두환, 노태우가 모두 사관학교 출신이었다.

권력을 잡은 이들은 군을 운영하듯 국가를 운영해 나갔다. 물론 국회도 여전히 있었고 선거도 치러졌다. 그리고 이 세 사람 모두 민선 대통령의 형태를 갖추기 위해 군에서 예편했다. 하지만 실권은 국가재건최고회의(The Supreme Council of National Reconstruction)나 국가보위비상대책위원회(The Special Polity Committee on National Defense)와 같은 군 사령부 형태의 임시 기관에 있었다. 일본이 메이지 정부 초기에 그랬던 것처럼 한국도 1962년부터 1987년까지 군이 국가를 지배했다.

제도적 역동성의 측면도 무시할 수 없다. 독립 이후 군은 폭넓은 '근대적'(modern) 변화를 겪었다.[6] 군대와 군사 관련 사항이 체계화되기 시작한 것은 국군조직법(National Army Organization Law 1948)이 발효되고서부터이다. 국군조직법은 군이 근대국가의 중요한 요소임을 명문화했고, 군을 대통령의 통수권 아래 두었으며, 국방부와 참모총장에 대한 각각의 관할권을 규정했다. 군의 교육 훈련도 제도화되었고, 이를 통해 군인들이 국가에 대한 충성심 갖도록 만들었다. 파벌주의 문제를 해결하기

6 일본의 식민지배를 받기 전인 1870년대부터 정부는 군사조직을 재편하고 군을 중앙에서 직접 관리하기 위해 노력했다. 군 개혁의 목적은 신무기와 근대식 훈련 및 관리 체계를 도입하려는 데 있었다. 이동희(Lee Donghee 1982 : 214)는 이 개혁이 군의 명령 계통이나 보고라인에 보다 초점이 맞춰져 있었을 뿐 군과 국가와의 관계는 논외의 대상이었다고 보고 있다.

위한 노력은 1950년대 말부터 있었다. 특히 박정희가 대통령이 된 1962년에는 파벌주의의 확산을 막기 위해 군인사법(Military Personnel Law)을 제정하여 군 고위직의 복무 기간 규정 및 중간 장교들을 위한 복무체계를 도입하는 등 진급과 인사 관리에 대한 표준화된 기준을 마련했다. 군이 제자리를 찾을 수 있는 제도적 장치가 뿌리를 내림과 함께 군이 정치에 개입할 여지가 줄어들면서 군은 곧 국방에만 매진하는 자세를 보였다. 노태우를 대통령으로 당선시킨 1987년의 선거는 헌법 절차에 따라 공개경쟁 방식으로 진행되었다. 이를 기점으로 군이 비로소 제자리로 돌아가기 시작했다. 그런 점에서 이 선거는 상징성을 가진다.

위에서 살펴본 바와 같이 한국은 국가를 지탱시킬 수 있는 능력을 지닌 강력한 군대를 보유하고 있었다. 그리고 바로 그 점 때문에 한국의 근대국가 건립이 대단히 수월했던 것으로 파악되고 있다. 서양 여러 나라와 달리 신생국가인 한국이 근대화를 추진하려는 상황에서 군은 결정적인 동력으로 작용했다. 근대화의 전 과정에서 군의 전폭적인 지원과 적극적인 개입이 있었던 것이다. 한편 국가는 군과 합리적인 관계를 유지하되 군이 합법적인 공적 권위의 형태가 되거나 혹은 정치적 도전 세력이 되는 것을 막고자 했다. 관념적 근대화 이론에서는 국가와 군을 대립적 차원으로 볼 것이고, 또 군에 대한 국가 권력의 확대가 정치적 근대화 과정에 있어서 반드시 필요한 것이라고 여길 것이다. 물론 이러한 이론적 틀을 가지고서도 한국의 근대화 과정을 상당 부분 설명할 수는 있다. 하지만 그것으로는 발전 가도를 끊임없이 내달리던 근대화의 각 단계에서 군이 수행했던 중요한 역할을 모두 이해할 수 없을 뿐더러 한국의 근대 정치사와 한국이 근대국가로 급부상한 것에 대한 정확한 본질을 설명하기 힘들다.

V. 국가와 종교와의 관계

군과 국가와의 관계에서만큼이나 종교와 국가와의 관계에서도 모호함을 찾아볼 수 있다. 한국의 역사에서 국가는 항상 종교가 군사·경제·정치적 힘을 가질 수 있는 여지를 없애버리고자 했으며, 국가의 일에 그 어떤 영향도 미치지 못하도록 종교의 세력을 약화시키려고 애썼다. 한국에서 국가와 종교와의 관계는 대부분 근대에 들어서기 훨씬 이전부터 이미 설정되어 있었다. 역사적으로 국가와 종교와의 관계를 살펴보면 크게 다음 세 가지 측면으로 요약할 수 있다. 우선 종교의 도덕적 측면을 지나치게 강조한다는 것이고 다음으로는 모든 종교를 탈정치화시켰다는 것이며, 마지막으로는 정치적 동기를 가진 종교 세력과 종교적 행위에 대해서는 가혹한 탄압을 가했다는 것이다.

불교가 하나의 체계화된 종교로서 중국으로부터 한국에 도입된 것은 4세기경이었다. 7세기 중반에 신라가 한반도를 통일한 이후에는 국교로 지정되어 이념적, 도덕적으로 국가를 떠받치는 역할을 담당했으며, 이때부터 국가의 지원 아래 불교 사찰이 급속히 번져나갔다. 그러나 10세기에 들어서면서부터 정부의 조직과 관리에 대한 유교의 영향력이 급격히 커지면서 점차 그 자리를 내어주고 말았다. 고려 말기에는 엘리트들 사이에서 반불교 정서가 일기 시작했다. 1392년에 건국된 조선은 유교를 공식적인 국가이념으로 채택함과 아울러 국가제도 속에 남아 있는 모든 불교적 색채를 일소시키고자 했다. 그리하여 불교의식은 모두 유교 의식으로 대체되었고 사찰의 수도 크게 줄어들었으며, 사찰이 소유하고 있던 토지는 모두 몰수되었다. 종파도 11개에서 7개로 통폐합되었고, 사찰이 종복을 고용할 수 없도록 했으며, 승적제도도 폐지시켰다. 엄밀히 말하면 유교는 종교가 아니다. 그런 의미에서 조선은 종교를 국가로부터 완전히 분리시켜 놓았다고 할 수 있다.

종교 탄압 정책은 18세기에 한국에서 세를 확장하기 시작하던 신,구 기독교에게로 이어졌다. 기독교는 믿어서도 안되고 반드시 몰아내야 할 '사교'(邪教, evil religions)로 여겼으며, 순조와 헌종 시절에는 법을 들이대면서 사제들에게 박해를 가했다. 19세기 초에 높은 수위의 '종교적 위험'(religious perils)을 경험했던 조정은 '사교'(邪教)를 일소시키기 위해 수천 명에 달하는 기독교 사제들을 체포했으며, 고종 즉위 이후 10여 년 동안에도 조직적인 종교박해가 이루어졌다.

종교적 억압이 다소 누그러졌던 때는 일본 식민통치 기간이었다(Shin 1995). 1910년에 체결된 '합방조약'(Merging Treaty)에 메이지 헌법에서처럼 종교의 자유를 포함시켰기 때문이었다. 1922년에는 새로운 법률을 제정하여 종교 단체에 법적 지위를 부여하였는데 이러한 법적 지위는 일본의 토속 종교인 신토(Shinto) 사원에도 허용하지 않았던 것이었다. 종교 문제에서 가장 역점을 둔 사항은 불교에 대해 가해졌던 조선시대의 가혹한 종교정책을 완화시키는 것이었다. 일본 식민정부는 사찰을 보수하고 교구를 재정비하는 등 불교 보호와 불교 회생을 위한 정책을 펼쳐나갔다. 1911년 식민정부는 불교를 직접 정부 관할 하에 두어 보호하고 재정 지원을 할 수 있도록 하는 법률을 제정하여 통과시켰다. 기독교에 대해서는 줄곧 미심쩍은 태도를 보여 왔지만 그럭저럭 우호적인 관계가 유지되었다. 종교 문제에서 두 번째 역점 사항은 한국에 신토를 도입하는 것이었다. 식민정부는 모든 학생들에게 천황에 대한 충성을 강요하였고 신사를 지어 신토의식을 행하도록 했으며, 말도 일본어를 쓰도록 하고 이름도 일본식으로 바꾸도록 했다.

식민정부가 종교 장려 정책을 폈다고는 하지만 종교가 정치적 주장의 무대가 되는 것만큼은 철저하게 가로막았다. 불교의 조직과 재산을 정부가 엄격하게 통제하였으며 불교도들의 활동도 "순수하게 종교적 성격을 갖는 것으로만 제한"했다(Kang 1976 : 87). 동학과 같은 몇몇 종교는 일종의 정당으로 취급되어 늘 감시를 당하고 기금 모금에도 제한을 받았으며 관련 시설이나 학교가 폐쇄되기도 했다.

아직 근대화 과정에 들어서지 않았던 19세기 당시 한국에서는 국가가 직접적이고도 폭력적인 방법을 동원하여 종교를 정치적으로 탄압했다. 한국에서 국가와 종교와의 관계를 설정하는 기본 틀은 바로 여기에서 비롯되었다고도 볼 수 있다. 종교적 활동은 비정치적인 것으로 한정되어야 한다는 분명한 선긋기가 바로 이때 이루어진 것이다. 조선은 국가의 권위를 도덕적으로 뒷받침하고 정당화시키기 위해 굳이 종교를 끌어들일 필요가 없었다. 건국 때부터 이미 유교를 국가적 이념으로 채택해 왔기 때문이었다. 이에 따라 불교와 기독교는 억압당하거나 멸시당하면서 국가적인 일에는 전혀 관여하지 않는 한낱 사회단체로 머물러 있었다. 기독교가 급격히 세를 넓혀가면서 한국전쟁 이후 한국에서의 기독교의 위상이 대단히 커졌음에도 불구하고 기독교가 국가에 대한 정치적 도전의 구심점이 되었던 적은 한 번도 없었다. 결국 종교와 국가와의 관계는 19세기에 마련된 틀을 여전히 벗어나지 못하고 있다고 봐야 한다.

한국에서 국가와 종교와의 관계는 문제를 폭력으로 해결했던 유럽의 경험을 되새겨보게 만든다. 유럽에서는 신앙을 달리하는 사람들이 서로 대립하고 수많은 전쟁을 벌이면서 종교를 중심으로 제각기 정치적 세력권을 형성시켜 나갔는데 이것이 나중에는 근대국가로 나아가는 기반이 되었다. 그에 비해 한국에서는 다름 아닌 종교가 기존의 확고한 국가 권위에 맞서 저항했다.

또 이러한 한국의 경험은 근대화 과정에서 국가와 종교의 관계가 어떤 기반 위에서 정해져야 하는가에 대한 중대한 의문을 제기한다. 예를 들면 국가가 아닌 다른 기구가 공적 권위를 주장할 수 있는 것인가, 국가와 종교가 분리되어야 할 정당성은 무엇인가 하는 문제이다. 또 한 가지 문제가 남아 있다. 근대사회는 모든 성원에게 동등한 자격을 부여하고 그를 위한 국가의 역량과 기능성을 궁극의 가치로 삼는다. 그런 만큼 그 가치를 지키고 강화하기 위해 국가가 세워진 것으로 보고 있다. 그러한 근대사회에서 종교의 역할이 과연 무엇인가 하는 문제가 있다. 이것은 비단 한국에만 국한된 것이 아니다. 근대국가 건립 과정에서 항상 제기되는 보편적인 문제이다.

Ⅵ. 국가와 가족과의 관계

많은 시민들 중에는 군대나 종교와 직접 관련이 없는 경우가 있을 수 있다. 그러나 가족에 대해서는 그렇지 않다. 가족과 관련을 가지지 않는 사람은 아무도 없다. 가족은 국민 개개인과 직접적인 관계를 발전시키려는 국가의 노력에 가장 많은 영향을 미치는 1차 집단이다. 국가는 "국가 권력을 나타내는"(the expression of state power) 중요한 표현 양식의 하나로써 결혼을 포함하여 가족과 관련된 사항에 규제를 가하기도 한다(Glosser 2003 : xiii). 그러나 다른 한편으로는 국가의 비전이나 역량이 공식적인 법률만큼이나 가족의 태도에 의해 좌우되는 경우도 자주 나타난다. 특히 한국은 다음 두 가지 주요 이유 때문에 이 같은 경향이 더욱 짙다. 첫째, 국가의 이념인 유교에서는 가족을 사회 질서의 토대로 본다. 따라서 전통적인 한국의 중앙집권적 국가 체제에서 가족은 결코 빼놓을 수 없는 요소로 간주된다는 점을 들 수 있다. 둘째는 사람들 사이에서 일어나는 모든 관계와 그 행위의 기본 단위를 가족으로 본다는 점이다. 공적 영역이나 사적 영역을 가릴 것 없이 어디에서든 가장 중시되는 것이 가족의 가치이고 가족들의 관계야말로 인간의 모든 관계 중에서 가장 바람직한 것으로 여긴다. 그리고 모든 사회적 관계의 합법적인 기준 역시 가족에다 두고 있다.

앞에서 살펴본 군이나 종교에서의 경우처럼 식민통치 이전에는 가족 역시 공적 권위의 중요한 형태 중 하나였다. 한국 사회에서 가부장적 권위의 뿌리는 대단히 깊다. 그런데 어떤 의미에서 볼 때 근대화란 가부장적 권위를 바탕으로 한 가족의 기능을 없애버리자는 것과 다름없었다. 근대적 가치를 장려해야 하는 국가는 난관에 봉착할 수밖에 없었다. 근대적 가치와 전통적 가족제도 사이에 긴장이 조성되었기 때문이었다. 이 문제를 이해하기 위해서는 우선 전통적인 가족의 가치와 그것이 제도적으로 어떻게 명시되어 있는지를 살펴볼 필요가 있다. 한국에서는 가족이 국가 제도의 가장 기본적인 단위가 되었으며 국가를 대신하여 각 가정에 관련된 문제를 스스로 처리했다. 더 나아가 국가는 제왕을 가장으로 하는 가족의 연장 형태로 생각했다. 국가의 권위와 가장의 권위는 동일한 공적 권위로서 다만 그 수준과 형태에서 약간의 차이가 있을 뿐이었다. 따라서 국민들이 국가에 대해 지니는 충성심과 가족 성원들이 가장에 대해서 지니는 자식으로서의 의무는 동일한 것으로 취급된다. 로버트 우(Robert Wu)가 일본의 사례에 대해 밝힌 바 있지만 가족 간의, 또는 가족 외부의 타인들과의 관계는 사실상 가장의 권위에 따라 달라졌다 (Wu 1998 : 122).

한국에서의 가부장적 권위는 국가의 제도적 규약에 의한 것이라기보다는 오히려 관습에 의한 것임에도 불구하고 한국 전통사회의 가부장적 성격은 유달리 강하다. 실제로 일본 식민통치 기간에 발효된 한국 최초의 민법 법전에는 "한국인의 친족 및 상속관계가 법률보다는 관습에 따라 결정된다"라고 명시되어 있을 정도다(Bae 1978 : 119 혹은 Han 1992).

김병규에 따르면 이와 같은 가부장적 체제 아래서 "가장은 가족 성원들을 이끌고, 결속시키고, 보호할 권한과, 분가를 허락할 권한, 가족의 모든 혼사(婚事)에 관여할 권한을 가진다. 특히 혼인은 다른 가족과의 결합이자 가계의 혈통과 제사를 이어나가게 할 수 있는 수단으로 여겼기 때문에 가장이 관여할 수 있는 권한이 컸다."(Kim 1971 : 48) 가족의 재산에 대한 결정권이 가장에게 주어진 것도 가부장적 권위를 더욱 강화시키는 요인이었다. 가족의 재산은 어느 한 사람에게 귀속되는 것이 아니고 가장이 내표 역할을 하는 해당 가족의 소유로 여겼다.

한국의 사례에서 특히 중요한 문제는 가족 성원들 사이에서도 남녀에 따른 차별이 심했다는 점이다.[7] 여성, 그 중에서도 특히 아내의 신분을 가진 여성이 완전한 법적 주체인가 여부는 이 논문의 목적에도 부합하는 문제이다. 전통 체제 아래서 여성은 "법적 권한을 행사할 수 없는"(incompetent) 존재로 여겨졌고, 그들의 정체성과 대내외적 관계는 전적으로 가장에 의해 규정되고 통제되었다. 하지만 이른바 '식민지 근대화론'(colonial modernity)[8]의 부상과 더불어 1925년에 민법 개정이 이루어지면서 일부다처제가 금지되고 여성이 이혼소송을 제기할 수 있게 되었다(Bae

7 이 문제에 대한 배경을 알아보려면 Wells 1999 : 191–220을 참조할 것.

8 '식민지 근대화론'은 1920년대와 30년대에 한국이 일본의 식민지배를 받으면서 근대화를 이루게 되었다는 논리이다. 전통적인 가족제도의 문제는 당시 광범위하게 논의되던 핵심 문제 중 하나였다. 이 문제에 대한 보다 심도 있는 논의는 Shin and Robinsson 1999를 참조할 것.

1978). 1958년에는 기존의 민법 조항이 폐지됨으로써 여성의 법적 권한이 비로소 완전하게 인정되었다. 이것은 남성이 중심이 된 기존의 가족 제도를 근본적으로 변화시키지 않으면서 국가와 '여성들'과의 직접적인 관계를 구축시키려는 의도에서 나온 것이 분명했다. 민법에서 남성과 여성의 평등 원칙이 인정된 것은 1968년이었다. 그럼에도 여성의 지위가 남성 가장에 의해 좌우되는 문제, 즉 여성이 직접 국가를 상대하는 데 있어 가족이 개입할 수 있게 하는 조항은 여전히 남아 있었다. 그러다가 1987년에 있었던 커다란 정치적 변화 분위기를 타고서 1989년에 민법 개정이 이루어졌고, 이때에 이러한 독소 조항이 완전히 사라졌다.

한국의 근대국가 건립 과정에서 국가는 근대적 가치와 양립하기 어려운 전통 체제에 대해 애매한 입장을 취했다. 가족의 문제에 대해서도 국가는 그와 유사한 태도를 보였다. 가족은 줄곧 사회의 기본 단위가 되어 왔으며, 국가운영이나 사회적 변동에 있어서도 마찬가지였다. 따라서 국가는 가족이 갖고 있는 사회적·문화적 토대로서의 중요성을 인식하고 있다. 하지만 평등권과 시민적 권리에 대한 요구가 높아지면서 국가는 국민 개개인과의 직접적인 관계 구축을 위해 전통적인 가족의 권위에 도전하지 않을 수 없었다. 결국 한국 가족 제도의 근대화는 이중가치구조를 낳고 말았다. 공적 영역에서는 국가가 규정한 제도나 가치가 그 권위를 확립해 나감에 따라 상대적으로 사적 영역의 권위는 점차 줄어들었다. 그러나 사적 영역만을 놓고 봤을 때는 가족 관계의 상당 부분이 여전히 전통적 규범이나 관례에 따라 이루어지고 있음을 볼 수 있다. 또 가족이 각 성원들의 여러 주장과 기대를 적극적이고도 효과적으로 규제하는 역할을 담당하고 있는 것 역시 여전하다.

Ⅶ. 결론

이 글은 종교와 군과 가족의 문제를 한국의 정치적 근대화와 관련지어 살펴본 것이다. 일반적으로 볼 때 근대국가 건립에는 국가제도의 발전 문제, 시민권 향상의 문제, 그리고 국가와 사회와의 관계에 대한 문제가 포함된다. 이것들은 근대적 가치와 근대적 조건에 수반되는 것들이다. 실제로 군이나 종교, 가족과 같은 전통적인 형태의 공적 권위가 변동을 겪어 나가는 것은 근대국가 건립에서 반드시 필요한 부분이다. 그 변동 과정을 통해서 근대적인 국가 제도의 영역이 새로이 규정되고, 중앙집권적 국가 권력과 그 권력이 발휘될 수 있는 토대가 마련되며, 국가와 사회와의 관계에 활기가 넘쳐나고 또 내용적 변화도 생기게 된다.

앞에서 살펴봤듯이, 한국에서도 이러한 변동이 있었고 그 변동양상에 영향을 미친 요소는 여러 가지가 있었다. 우선 전통사회를 통해 면면히 내려오던 제도와 정치구조를 손꼽을 수 있다. 다음으로 식민지배와 한국전쟁과 분단을 들 수 있으며, 1960년대 이후 경제·사회·정치적으로 급격한 변화를 겪었던 경험도 중요한 요소 중 하나이다. 이 논문에서 주장하는 바는 이러한 요소들이 제각기 역사적으로 중요한 의미를 갖고 있고 또 역사적 연속성을 지닌다는 점이다. 한국의 근대화 과정은 이전 단계를 부정하고서 발전을 지향해 나간 방식으로 이루어진 것이 아니다. 오히려 역사의 각 단계에서 작동되었던 물질적, 제도적, 이념적 동력이 한국의 근대화에 고스란히 영향을 미쳤다. 따라서 한국은 근대적 요소들이 오랜 시간을 두고 차근차근 발전해 나가는 과정을 밟으면서 근대국가의 모습을 갖춰나갔다고 말할 수 있다. 근대국가로 변모한 한국의 제도적 성격을 자세히 들여다보면 이처럼 오랜 시간을 두고 발전을 거듭해왔다는 점이 드러난다. 정치활동에 관련된 일부의 어떤 제도들이 역사적으로 여러 시기를 거쳐 오늘날에 이르기까지 꾸준히 작동되고 있는 것을 봐도 알 수 있다. 또 여타 일부 제도들의 뿌리를 식민통치기 이전으로 거슬러 올라가 찾아볼 수 있다는 것도 이를 입증한다. 이것들이 어우러져 현재 한국의 모습이 빚어진 것이다. 따라서 지금의 한국은 역동적인 역사적 과정의 일부라는 맥락으로 이해되어야 한다.

이러한 분석틀 안에서 봤을 때 한국 근대국가의 제도적 특성은 다음과 같이 요약될 수 있다. 첫째, 한국은 강력한 국가 통제주의적 전통을 구현하고 있는 나라이다. 한국 근대사에서 찾아볼 수 있는 여러 형태의 정치제도 중 그 어떤 것도 이 전통을 무너뜨리지는 못했다. 다만 이 전통이 일시적으로 중단된 사례가 몇 차례 있었을 뿐이다. 조선 후기에 조정이 국가 조직에 대한 통제권을 상실했을 때와 1950년대 다당제 정치가 대세를 이루던 때, 그리고 권위주의적 군사 통치에서 벗어났던 1980년대 후반부터 현재까지의 시기가 이에 해당한다. 이런 맥락에서 일본 식민통치의 본질에 대한 문제는 계속 논란이 되고 있다. 어떤 사람들은 이 시기에 국가건설(state building)보다는 국민형성(nation building)에 보다 중점이 두어졌거나 혹은 국가가 없는 상태에서 국민형성(nation building)이 이루어진 것이라고 여긴다. 반면 다른 편에서는 일본의 식민통치를 적극적 의미에서 국가의 형태로 간주한다.

둘째, 군과 종교와 가족을 국가편으로 끌어들여 공적 권위의 중요한 대행자로 삼는 데는 성공하였으나 그 권한의 행사 범위를 분명히 규정하지는 못하고 있다. 이점에서 이상적인 형태의 근대국가와는 사뭇 다르다. 유럽에서는 종교가 '근대국가의 출현'(rise of the modern state)을 이끌어낸 출발점이 되었던 반면, 한국에서는 종교가 공적 권위에 대한 잠재적 도전자로 간주되어 오랫동안 뒷전으로 밀려나 있었다. 따라서 한국의 경우에는 근대화의 출발점이라고 칭할 만한 시기가 따로 정해져 있지는 않다. 군이 통치를 주도했던 기간도 대단히 길었다. 그런 반면 1980년대 국가와 군의 분리는 빠르게 진행되었다. 전통적인 가족의 가치도 아주 강하게 남아 있고, 특히 사적 영역에서는 그 힘이 대단히 크다. 공적 영역에서 근대적 가치와 제도가 갈수록 힘을 얻어가는 상황에서 새로운 가치기준이 마련되어 이에 따라 국가가 장려하는 근대적 가치와 전통적인 가족의 가치 및 사회적 관계가 양립할 수 있었던 것이 아닌가 여겨진다.

마지막으로, 국가의 제도를 만들어 나가고 또 국가와 사회와의 관계를 결정짓는 데 있어 국가적 또는 지역적 정체성이 대단히 중요하다는 점을 들 수 있다. 일본의 식민 지배를 받기 이전 한국은 중국의 영향권 아래 놓여 있는 상황이었지만 근대적 개혁에 성공한 일본이 한국을 넘보면서 그 입김이 점점 커지고 있었다. 이러한 양국의 틈바구니 속에서도 한국은 자신의 정체성을 찾고 있었다. 일본은 한국을 통치하면서 한국의 국가적 정체성이 신장되지 못하도록 하기 위해 가혹한 정치적 탄압을 가했다. 그러나 오히려 그러한 정치적 환경 속에서 한국의 민족의식은 엄청나게 굳건해졌다. 광복 이후에는 정치적 분열과 한국전쟁을 거치면서 국가 정체성의 신장은 한층 더 어려움을 겪었다.

한국의 근대국가 건립 경험은 동아시아의 정치적 발전에 대한 역사적 맥락에서 뿐만 아니라 동서비교 차원에서도 대단히 의미가 있다. 일본이나 중국과 마찬가지로 한국의 근대화 역시 국가주도형 근대화에 더 가깝다. 국가가 주도하는 근대화 과정에서 가장 핵심적인 것은 국가 스스로가 그 제도와 목적과 기능을 변환시킨다는 데 있다. 따라서 국가가 여타의 잠재적 또는 실질적인 공적 권위를 어떤 방식으로 제압하였고, 또 이들과의 관계를 어떻게 재설정했는지를 반드시 살펴봐야 한다. 일본과 중국에서도 그랬지만 이들 여타 형태의 공적 권위가 항상 국가에 대해 도전하는 입장을 취했던 것만은 아니다. 실제로 근대국가 건립 초기 단계에서 군과 전통적 가족제도는 국가의 힘을 덜어주는 데 중요한 역할을 했다. 군의 역할이 결정적이었음은 두말할 나위 없고 전통적인 가족 관계와 그 가치는 오늘날까지도 공적 권위와 연관을 갖고 있다. 게다가 근대국가를 건립하려는 노력의 일환으로 국가와 개인과의 관계에서 가족이 개입할 수 있는 여지를 만들어 주었다. 그리고 권위를 이중적인 구조로 만들어 국가와 가족이 공적 권위를 공유할 수 있게 했다.

동서비교 차원에서 볼 때 한국의 경험은 근대국가가 과연 대중사회라는 근대적 조건에 부합되는 것인가 하는 문제를 제기한다. 이 논문의 서두에서 우리는 근대적 조건이 많아질수록 근대국가의 필요성과 타당성과 효용성은 더할 나위 없이 커질 것이라고 가정했었다. 하지만 한국에서는 근대적 조건들이 근대화의 마지막 단계에서만 나타났을 뿐이다. 근대적 조건이 모여져 근대국가가 생겨난다는 일반적 가설과 맞아떨어진다고 보기가 힘들다. 초기 단계만 놓고 봤을 때는 더더욱 그러하다.

초기에 근대화를 시도하려는 추진력이 어디에서 나왔는지를 이해하기 위해서는 국제적인 이념이나 국제적인 움직임이나 국제적인 사건들이 개별 국가의 정치적 근대화에 끼친 영향이 어떤 것인가를 반드시 고려해 봐야 하지 않을까 생각된다. 한국의 근대적 개혁 노력은 일본이 메이지 개혁에 성공함에 따라 그 영향을 받아 한국에서 근대적 개혁 노력이 시작되었다는 것은 분명한 사실이다. 그 영향은 일본 식민통치기에 보다 직접적으로 가해졌다. 광복 이후에는 미국적 이념과 정치적 가치의 영향이 절대적이었다. 1980년대에 일어난 정치적 변화는 당시 세계적으로 번진 제3의 민주화 물결(Third Wave)에 따른 것으로 볼 수 있다.

끝으로, 한국의 근대화 경험은 근대국가 건립이 역동적인 역사적 과정임을 암시한다. 한국에서는 근대적 제도의 확립 등과 같은 실질적인 도약이 초기 단계에서는 일어나지 않고 오히려 한참 뒤에 나타났다. 초기 단계에는 변화와 결속을 추구하는 국가와 공적 권위를 두고 국가와 경쟁관계에 있는 세력들 사이에 일종의 협상이 이루어지는 걸 볼 수 있다. 이에 따라 국가와 이 세력들과의 관계가 모호해지기도 했다. 한국의 근대화는 예상을 훨씬 뛰어 넘었다. 만만치 않던 제도적 장벽을 무너뜨렸고 국가와 경쟁관계에 있던 여타 세력들에 대한 개편을 단행하면서 근대국가로 탈바꿈하는 데 성공했다. 이러한 성공은 이들 수많은 사회 또는 정치세력들이 국가적 과업을 수행할 수 있는 역량을 갖추고 있었던 데다 경제와 기술적 측면에서 유리한 여건이 형성되었던 데 힘입은 바 크다. 더 넓게는 국제적 환경도 도움이 되었다고 볼 수 있다. 국가가 경쟁관계에 있던 세력을 개편시켰다는 것은 도약의 중요한 지표로 볼 수 있다. 결론적으로 말하면 근대국가 건립의 핵심은 국가 스스로가 반드시 변모해야 한다는 데 있다. 그리고 변모된 모습을 갖춘 국가가 사회 또는 정치적으로 위세를 떨치고 있는 세력들과 어떤 관계를 갖느냐 하는 것과 그 세력들이 궁극적으로 국가를 유일하고도 합법적인 공적 권위 기관으로 받아들이고 그 권위에 따를 수 있느냐는 것이다. 한국의 근대화 경험은 이런 문제를 연구하는 데 있어 분명 유용한 사례가 될 것이다.

8장

국민국가와 민족건설자로서의 국가 :

1960년대와 1970년대 박정희정부의 민족건설 정책

송창주 오클랜드대학교

Ⅰ. 들어가는 말 : 한국에서의 민족주의와 국가

한 나라의 민족(또는 '국민')이 구체적으로 어떤 경로로 형성·발전되어 왔는지를 추적하고 설명해내는 일은 쉬운 작업이 아니다. 비록 오늘의 한국이 아주 강력한 민족주의를 갖고 있고 한국인들 개개인이 한국인으로서의 아주 뚜렷한 민족정체성을 갖고 있기는 하지만, 어떤 과정을 거쳐 오늘날의 한국인들이 현대적 의미의 '민족'으로 발전해 왔는가를 설명하는 일은 아주 어려운 일이다. 한국뿐만 아니라 대부분의 나라들에서 현대 민족의 형성은 아주 복잡한 과정의 결과이다(Anderson 1983 ; Gellner 1983 ; Smith 1993). 우리는 대부분의 제3세계국가들에 있어서 현대 민족의 형성이 대체로 식민지시대의 종식이후 — 비록 민족주의의 씨앗은 식민지 시대 때나 또는 그 이전에 뿌려졌을 수도 있지만 — 라는 사실을 알고 있다. 비록 한국인들이 아주 오랜 세월동안 대체로 하나의 통합된 영토 내에서 공동체를 형성하고 살아왔고, 이것이 한국을(또 몇몇 국가의 경우에도) 다소 예외적인 국가로 취급되게 하기는 한다. 예를 들면 던컨(Duncan 1998) 등의 역사학자들에 의해면 한국의 경우도 — 중국, 일본, 그리고 영국 등과 같이 — 근대 이전 시기에 이미 오랜 공동체의 역사를 갖고 있었으므로 홉스바움(Hobsbawm) 등이 상정한 소위 '프로토 내셔널리즘'(proto nationalism) 의 경우에 해당한다고 주장되었다. 그러나 큰 의미에서 보면 한국의 현대 민족주의도 본격적으로는 식민지 시대 후에 발전한 것으로서 예외는 아니다. 물론 대부분의 한국 역사가들은 한국 민족주의의 역사를 훨씬 더 뿌리 깊은 것으로 인식한다. 그 이유는 아마도 이들이 민족주의적 시간에서 역사를 보고 또 특히 '민족'의 개념을 좀 더 확대해서(즉 현대 이전에 사람들이 갖고 있었던 아주 느슨하고 막연한 연대감을 '민족의식' 이라고 보는 것) 보는데서 생겨나는 문제인 듯하다. 그러나 한 가지 명확한 사실은 유럽에서조차도 현대적 의미의 '민족'이나 '시민' 등의 등장은 산업혁명 이후의 현상이라는 점이다(Gellner 1983 ; Anderson 1983). 또한 이 글의 뒤에서 살펴볼 것이지만 한국에서의 '민족건설' (또는 '국민국가 건설') 작업은 한국의 산업화와 마찬가지로 지난 수십년에 걸쳐 체계적으로 진행되었고, 현재에도 진행 중이라는 점이다. 특히 1960–70년대 박정희 대통령의 재임기간에 '민족건설' 작업이 아주 활발했고, 이 시대에 강력한 국가가 등장하여 여러 가지 방식을 동원하여 적극적으로 한국 사회의 성원들을 '국민' 으로 만드는 작업을 수행했다는 것을 잊으면 안된다.

실제로 근대국가야말로 민족주의라는 현상을 이해하는 데 가장 중요한 요인이다(Breuilly 1994). 제2차 세계대전 이후 대부분의 제3세계 국가들에서 민족건설 작업은 국가에 의해 주도되어 왔는데, 그 이유는 이런 나라들의 경우 사회가 아직 분화되지 않아 계급 등의 발달이 늦었기 때문이다. 게다가 국가의 입장에서 보면 확고하고 동질적인 민족을 형성하는 것이 국가 자신의 힘을 키우는데 필요하고, 동시에 강력한 민족주의 이념의 존재는 국가가 산업화나 혹은 전쟁에서의 승리 등의 목표를 달성하기 위해 사람들을 동원하는 데 도움을 준다. 이 때문에 이런 나라들에서 국가가 주도적으로 민족주의를 이끈 것이다.

그러나 민족주의가 항상 국가의 열망으로부터만 생겨나는 것은 결코 아니다. 국가대신 자본가계급이나 또는 지식인계급 등이 민족주의를 이끌 수 있다. 또한 어떤 경우에는 자신보다 강력한 어떤 것에의 소속을 열렬히 갈망하는 일반 민중의 열망이 민족주의를 일으키기도 한다. 그리고 일반인들은 민족국가가 자신들의 이런 열망을 충족시켜주기 때문에 민족국가를 지지한다. 그리고 이런 이유로 말미암아 세계화 시대 속에서도 민족주의는 존속하고 또 더욱 강력해진다(예를 들면 Smith 1999 ; Arnason 1995). 그러므로 결국 민족주의는 민중들의 더 큰 그 무엇에 대한 소속의 욕구와 또 민족문화를 건설하고 발전시켜 이들에게 강한 민족정체성을 형성시킴으로써 이들의 충성심을 배가하려는 국가의 의지와의 사이의 작용으로 발전한다고 볼 수 있다.

제2차 세계대전 후에 생겨난 제3세계 국가들의 경우 대부분 민족건설 과정에서 국가가 다른 사회기구들보다 우위를 점했다. 왜냐하면, 국가 이외의 다른 세력이 부재하거나 약했기 때문이다. 이런 피식민지국가들의 경우 식민세력의 퇴조는 이 나라들의 사회를 계급과 종교, 언어, 그리고 지역적 이해로 분열시킨 채 진행되었고, 피식민지사회의 지도세력은 식민세력과의 협조라는 역사적 부담 때문에 정통성이 약했거나 또는 변화하는 세대에 지도력을 발휘할 만큼 강력하지 못하였다. 그러므로 시민사회가 약하거나 부재하는 상황에서는 식민지시대의 관료나 또는 민족해방을 위해 싸웠던 민족주의 세력 등이 주도하는 국가가 해방이후시대의 정치에서 주도적인 위치를 점하였다. 이러한 국가들의 경우 식민시대의 억압으로부터의 해방을 위한 이념으로서 시작된 민족주의의 이념은 이제 막 생겨난 신생국가들에 의해 국내적 통합과 대중적 에너지의 동원을 위해 더욱 강화되거나 변형되었다.[1]

한국의 경우 사회를 구성하는 사람들의 종족적 정체성, 문화, 그리고 영토에 기반한 민족정체성을 이용하고 강화하여 국가가 사람들을 효율적으로 다스릴 수 있었다. 이렇게 국가가 주도하여 스스로의 이념적 지도력을 강화하는 민족주의를 보통 '국가 민족주의' 또는 '공식적 민족주의'(state nationalism 또는 official nationalism)(Seton Watson 1977 : 148)라고 부른다. 그리고 이런 이념은 근대국가가 시민사회에 대해 우위를 확보하고 또 단합력이 있는 사회를 건설하기 위한 국가의 이념적 노력의 일종이다.

---

1 예를 들어 인도네시아 같은 신생국은 한 번도 통일국가로 살아본 적이 없는 다양한 인종을 포함하는데 오로지 식민지로 부터의 해방 후에 이들을 하나의 국가공동체로 통합한 것은 '다양성 속의 통합'(*Bhinneka Tunggal*) 이라는 이념을 창조해낸 국가이다. 식민지에서 해방된 터키의 경우에도 역시 국가가 주도하여 아주 급진적인 사회문화적 개혁을 통해 근대민족국가를 형성했다. 그 지도자인 케말 아타튀르크(Kemal Ataturk)는 터키에서 지배적인 오토만문화와 터키를 단절시키기 위해 비종교 '유럽국가로서의 터키'를 창조해냈다. 아일랜드의 경우에도 아일랜드부흥주의자들이 자국의 전통을 부흥시키기 위해 민족의 도덕적 정치적 중심으로서 '갈탁트'(Galltacht)를 국가이념으로 만들었다(Hutchinson 1987 : 305－6).

그러나 이러한 '국가 민족주의'는 일단 한 번 형성이 되면 국가의 이익을 위한 이념적 도구로 되는데, 이는 이 이념이 국가와 사회의 다른 조직들의 관계에 있어서 국가에 우선권을 주는 방향으로 작용하기 때문이다. 마르크스주의자들과 달리 국가를 지배계급의 도구 그 이상으로 보는 네오마르크스주의자들에 따르면(예를 들면 Miliband 1969 ; O' Connor 1973 ; Poulantzas 1975) 국가는 자본가계급의 전유물이 아니라 그들로 부터 일정한 자율권을 가진다(Gramsci 1971 ; Althusser 1971). 그리고 국가는 국가 민족주의의 이념을 통해 자신과 민족의 유기적 통일성을 강조함으로써 국가 자신과 민족을 동일시할 수 있다(Cohen 1989). 바로 이런 이유로 인해 국가의 입장에서는 어떻게 민족주의 이념을 생산하고 또 이를 유지시키는가하는 것이(즉 민족주의 이념의 재생산이) 아주 중요한 임무가 된다.[2]

식민지에서 해방된 후 한국의 국가도 바로 이러한 경우였다. 사실 한국의 경우에는 역사적으로 오랫동안 국가가 사회이념의 생산과 유지에서 늘 중심적 위치를 점해 왔다. 전근대사회를 통해 봉건제 내에서 지방분권적 국가가 존속해 온 유럽이나 일본의 경우와 달리 한국에서는 중앙집권적 국가가 주된 형태였으며, 이런 중앙집권적 국가는 조선시대에 국가의 지배이념으로서 유교이념에 바탕한 왕조에 의해 유지되었다.[3]

2 브라질 국가의 이념을 를 연구한 Youssef Cohen(1989)에 따르면 비자유적이고 권위주의적인 브라질국가의 이념이 민족과 국가의 유기적 관계를 강조하면서 산업화에 따르는 부담을 하층민들에게 부담시키는 것을 정당화했다.

3 조선왕조는 500년 이상을 존속했는데, 이런 장기적 존속이 한국민들을 문화적, 정치적, 그리고 경제적으로 통합하는 데 기여했다. 이런 연유로 혹자는 근대민족국가 형성 이전의 한국을 'proto-nationalism'으로 부르기도 한다(Hobsbawm 1990 ; Duncan 1998).

한편 일본에 의한 조선의 식민통치는 이런 전통적인 중앙집권적 국가의 이념에 권위주의적 요소를 한층 더 더하였다. 해방 후 미군에 의한 통치, 한국전쟁(1950-1953), 그리고 그후의 정치적 변화 등은 또한 한국의 국가를 아주 간섭적인 '과대발전된' 국가로 만들었다(최장집 1989). 한국국가의 이런 성격은 국가가 일반인들의 생활 깊숙이 파고든 박정희 시대(1961~1979)를 통해 더욱 강화되었다.

이 글은 1960년대와 1970년대의 박정희 시대에 국가가 한국에서 민족주의의 이념을 어떻게 생산하고, 발전시키고, 또 유지했는지를 살펴본다. 특히 박정희 시대의 국가가 어떻게 국가중심적 민족이념(국가 민족주의)을 형성하였고, 또 이 과정에서 어떻게 한국인들이 '한국 민족'의 일원(지방적·계급적·성적 정체성을 억압하면서)이라는 정체성을 강하게 갖도록 만들었는지에 초점을 맞춘다. 이렇게 함에 있어서 이 글은 당시의 국가가 또한 현대 민족국가의 형성을 위해 어떻게 교육과 대중동원이라는 수단들을 효율적으로 이용했는지를 살펴본다.

박정희 시대에 이뤄진 한국의 성공적 경제발전과 산업화에 대해서는 이미 아주 많은 논의가 있어왔지만, 이 시기를 통해 어떻게 국가가 한국 사회의 정신적·이념적 창조자 그리고 이의 조작자로서 성공적으로 기능했는지에 관해서는—바로 이 점이 결국 경제발전을 결정적으로 도왔고, 또 이런 점이야말로 한국의 발전모델을 배우려는 다른 신생국가들이 정말로 눈여겨 보아야 할 점임에도 불구하고—상대적으로 논의가 되어오지 않았다. 이 글은 국가 민족주의라는 이념을 통해 박정희 시대의 한국 국가가 성공적으로 자신의 이익을 다른 사회집단들과 개인들의 이익에 우선시킴으로써 아주 빠른 경제발전과 산업화가 가능했다는 점을 강조하고자 한다.

물론 '민족'을 건설하려는 노력이 박정희 시대에만 있었다고 주장하려는 것은 아니다. 사실 이승만(1948–1960) 시대에도 한국인들의 마음을 탈식민화시키거나 민족감정을 배양하려는 다양한 이념적 노력이—특히 경쟁자인 북한 공산국가에 대항하여—있어 왔다. 뿐만 아니라 여러 연구자들이 지적하듯이 박정희 정부는 산업화 자본의 확보를 위한다는 명분으로 일본과의 국교정상화를 모색하면서 스스로 민족적 지향성을 변화시키는 길을 걸었다는 말을 듣기도 한다(박종철 1993). 또한 외견상으로는 민족주의적 성향을 보였으나 선성장후통일이라는 목표를 내세우면서 민족주의적 성향을 잃었다고 보는 시각도 있다(이우영 1990). 그러나 또한 박정희 정부는 산업화 초기부터 초지일관 '민족중흥'과 '민족주체성'을 강조했고, 집권 전 기간을 통해 이런 기조를 유지했다. 그리고 비록 민족정통성 문제를 둘러싸고 북한과 경쟁을 하고 있었던 탓이기도 하지만(강만길 1987) 박정희 정부는 끊임없이 민족주의적 가치를 표방했다. 그리고 이 시대에 들어서서 그 전에는 서서히 진행되어 오던 '국민국가 형성'이 아주 빠르게 추구되었다.

뒤에서 보겠지만 박정희 시대에는 국가가 적극적으로, 체계적으로, 또 아주 효율적으로 국가가 가진 자원—특히 교육과 대중동원 등의 수단—을 이용하여 '국민'을 만드는 과정이었다.

Ⅱ. 교육 : 문화의 통일과 단일화

국가가 민족주의 이념의 주 형성자인 나라들의 경우 대개 공적 교육체계는 민족주의 이념형성의 주역이 된다. 크두리가 지적했듯이 민족주의의 발전에는 교육의 역할이 필수적이다.

> [교육]의 목표는 지식, 전통적 지혜, 일반적 문제해결을 위해 사회가 개발한 해결책을 후세에 전달하는 수단이 아니다. 교육의 목표는 전적으로 정치적이며, 궁극적으로 젊은이들의 의지를 국가의 의지로 대체하기 위한 것이다. 학교는 군대, 경찰, 그리고 재무부처럼 국가정책의 도구이다(Kedourie 1993 : 83-4).

민족국가를 건설하려는 국가에게는 교육이야말로 가장 유용한 수단인 것이다. 근대 국가와 교육과의 이런 밀접한 관계 때문에 여러 학자들이 이 문제에 대해 널리 토론해왔다. 네오마르크스주의자들은 교육을 지배계급의 도구로 보는데, 이들에게 있어서 자본주의 국가의 교육이란 근본적으로 자본계급이 요구하는 종류의 질서를 재창조해내기 위한 수단이다(O' Connor 1973 : 354). 한편 민주국가들의 관점에서는 교육은 국가를 포함한 다양한 사회세력들에 의해서 통제되어야 하는 것으로 여긴다. 반대로 권의주의적인 나라에서는 교육이 국가에 의해 독점되거나 또는 강력히 통제된다. 스프링이 말한 바와 같이,

> 권위주의 국가에서 사람들은 국가, 지도자, 그리고 국가가 만든 법을 사랑하고 보호하도록 교육받는다. 또한 사람들은 자신들의 사회적 위치를 받아들이며 또한 공공의 이익을 위해 스스로를 희생해야 한다고 교육받는다(Spring 1994 : 15).

한국도 이런 면에서 예외가 아니고, 국가가 교육을 통제하는 오랜 전통을 유지해 왔다. 조선시대의 경우 국가는 과거제도를 통해 교육의 내용을 통제해 왔는데, 알다시피 오로지 유교의 경전만이 과거시험의 과목

이었다. 국가가 교육을 지배하는 이런 전통은 일제세대를 통해 더욱 강화되었는데, 특히 이때는 모든 교육활동이 조선통독부에 의해 철저히 통제되었다(Lee 1993 : 75 ; Cumings 1981 ; Kim 1987). 국가가 교육을 통제하는 이런 전통은 해방 후에도 변하지 않고 계속 유지되었다.

특히 박정희 시대에 들어와서 정부는 새 교육이념을 만들었고, 학교교육을 국가의 더욱 강한 통제 하에 두었다. 그 시대에 교과서는 국가민족주의의 이념을 충실하게 반영하고 있었고, 국가가 이를 완벽하게 통제하였다. 특히 정부는 1968년에 국민교육헌장을 공표하여 한국에서의 교육의 목표와 기본 원칙들을 규정하였다. 국민교육헌장은 교육의 목표를 민족중흥, 산업화, 그리고 반공에 두었다. 또한 헌장은 주권국가로서의 한국의 오랜 역사, 외국침략자들에 대한 저항, 그리고 한국인들의 문화적 독창성 등을 강조했다. 헌장은 한마디로 국가가 원하는 모습의 국민국가건설을 그 목표로 하였다.

> 이상적 한국인의 모습은 아직 한국민들의 마음속에 강하게 새겨져있지 않다. 대신 극단적 개인주의, 기회주의, 그리고 자유주의 등이 우리 문화를 지배하고 있다. 이런 타락상에서 우리 자신을 구하기 위해서 우리는 민주주의의 한국화, 민족주의의 민주화, 그리고 근대화의 인도주의화 등을 우리 교육의 목표로 삼아야 한다…. 국민교육헌장은 바로 이와 같은 목표를 강조한다(Oh 1973 : 298. My translation).

헌장의 기초목표는 '민족중흥'이며 이의 궁극적 목표는 '민족의 새 인간상 창조를 통한 새 역사의 창조'이다(Pak 1971 : 29–34). 관변 역사가들에 의하면 헌장은 "민족의 새 역사를 창조하고 한국인의 새 이념을 만들기 위해 준비된" 교육이념이었다(한국정신문화연구원 1983 : 195).

민족건설과 관련하여 이러한 교육의 의도와 기능은 무엇인가? 그것은 문화적으로 통합되고 단일화된(비판적인 사람들은 이를 '획일화' 라고 말한다) 사회를 건설하기 위한 것인데, 이것은 국가가 상상하는 표준화된 한국의 문화로 사람들을 동화시키고 동질화시키는 것을 요구한다. 이 장에서는 박정희 시대의 한국의 국가 민족주의 이념의 주요 내용과 또 이것이 한국의 교육(특히 교과서) 과 국민교육헌장에 어떻게 반영되었는지를 살핌으로써 국가가 민족건설을 위해 어떤 작업을 하였는지를 살펴본다.

사회와 문화의 동질화를 위한 교육

그런데 여기서 미리 지적해두어야 할 것은 박정희 시대 한국의 국민국가건설과 민족주의의 발전은 빠른 산업화와 함께 이뤄졌다는 사실이다.[4] 많은 사람들이 간과하는 사실이지만, 박정희 시대의 이런 빠른 경제성장과 민족주의의 발전 사이에는 깊은 연관이 있다. 산업화와 국민국가건설은 사실 대부분의 나라에서 동시에 이루어져 왔다. 겔너에 따르면 산업화는 근대 민족주의를 가져온 근본적 원인이었다(Gellner 1983). 산업화는 전통적인 농업적·지방적 사회를 산업화되고 도시화된 생활로의 변화를 요구하고, 또 이것은 보편적인 교육제도를 요구한다. 즉 이러한 상황에서 산업화의 주도자인 국가는 사회성원 모두를 위해 표준화되고 체계화된 공교육제도를 확립해야 한다. 특히 시골에서 도시로 몰려든 다양한 사람들을 일단 언어적으로 통일할 필요성이 있었다. 또한 동시에 사회적으로 또 문화적으로 지방화되고 주변화되어 있는 사회구성원들을 단일화

4 1960년 중반부터 1970년대를 통해 한국의 경제는 괄목할 만한 성장을 보였는데 연평균 경제성장률이 10% 이상이었다.

된 중심, 즉 민족사회로 통합하는 '민족화'(즉 '국민화')가 필요하다. 그러므로 산업화 시대의 국민국가는 근본적으로 사회동질화의 역할을 한다(Richmond 1984 : 5). 박정희 시대의 한국에서 국가가 아주 능동적으로 수행한 역할이 바로 이것이다. 즉 국가가 교육체계를 통해 다양하고 이질적인 '전근대적' 사회성원들을 동질화(또는 '획일화' 라고 할 수도 있다)한 것이다.

실제로 한국에서 '민족건설'의 과정은 곧 문화 동질화의 과정이었다. 한국 사회가 아주 오래 전부터 동질적인 사회였다고 주장하는 오늘날의 역사담론에도 불구하고 한국의 전통사회가 문화적으로 또 언어적으로 다양한 지방적 요소로 구성되어 있었으며, 이런 다양한 전통이 상당부분 계속 유지되어 왔다는 것을 부인할 수 없다. 현대적 교통, 통신수단이 도입되기 전 한국 전통사회는 지방에 따라 다른 문화적 전통을 갖고 있었다. 조선왕조 후기에 이르기까지 지방의 양반계급은 자기 지방의 독특한 전통과 문화를 창조하고 유지해 왔고, 이런 전통은 현재의 한국사회에서도 여전히 사람들의 정체성의 기본적 요소로 작용하며, 그들을 감정적으로 뭉치게 하는 힘으로 작용한다(Fujiya 1995).

한국 내의 다른 여러 가지 문화적 다양성 가운데서도 여러 지방들 사이의 언어적 차이가 특히 두드러진다. 근대에 들어 나라 전체의 교통체계가 발달하기 전까지 한국에서 지방 사이의 상업과 무역활동은 별로 발달하지 않았다. 통신 또한 정부기구의 관료들 사이, 보부상들 또는 간혹 있었던 부정기적 여행자들에게만 국한되었다. 이런 상황에서 서로 다른 지방 사람들끼리의 의사소통과 통신은 언어적 차이 때문에 쉽지 않았을 것이다.[5]

그리고 우리가 잊고 사는 경향이 있지만 해방 후에 남한과 북한 모두에서 자기 사회내의 언어적 차이를 제거하고 이를 통일시키기 위해 각각 서울지방의 말과 평양지방의 말을 표준말로 제정하여 이를 강제로 통용시켰다는 사실을 기억해야 한다. 일단 제정된 표준어는 교육체계를 통해 사람들에게 강제되고, 지방의 '사투리'는 흔히 표준어를 습득한 사람들에 의한 문화적 조롱과 사회적 차별을 수반했다. 표준어를 구사하지 못하는 사람들은 공직을 얻는데서 차별을 받거나 또는 문명화되지 않은 시골사람으로 취급되었다. 국가기관 내에서 문화적 차별은 자주 폭력적 억압을 수반했으며, 이는 특히 군대의 훈련소 등에서 공공연히 발생했다. 표준어가 아닌 지방어의 억양을 쓰는 신병들은 훈련소에서 벌을 받거나 조롱거리가 되곤 했다. 지방어는 필연적으로 지방적 정체성을 수반하고 있었으므로 이러한 억압은 결국 지방의 문화와 정체성을 억압하고 새로 제정된 표준화된 중앙의 '국민문화'로 사람들을 통합하기 위한 '국민화' 작업의 일환이었다. 때로 중앙의 권력은 특정 지방 또는 가문의 사람들에게 독점되어 다른 특정한 지방의 사람들을 체계적으로 억압하고 차별하기도 했다.[6]

5 이런 사실에도 불구하고 한국에서 이런 국내의 문화적 차이성을 강조하는 것은 정치적으로 민감한 문제이며, 공식적 역사담론은 이런 차이성을 의도적으로 경시하는 경향이 있다. 민족주의적 역사담론은 한반도의 사람들이 아주 이른 시기부터 민족 및 문화공동체를 형성해 왔으며 삼국시대부터 한국인들이 언어적 통일성을 형성해 왔다고 주장한다. 그러나 교통과 통신이 발달한 오늘날에도 관찰되는 지방 방언들 사이의 큰 차이를 고려할 때 삼국시대에 한반도의 사람들이 상호 의사소통이 가능한 언어를 공유했다는 것은 상상하기 어렵다. 사실적인 몇몇 언어학자들이 말하듯이 삼국시대에는 각국이 서로 통용되지 않는 다른 언어를 갖고 있었다. 특히 고구려의 언어는 신라, 백제의 그것과 크게 달랐다(Yi 1972 :32).

6 이런 전통적인 지역문화는 현대에 들어서 특정 지역의 차별이나 또는 특정지역 출신의 사람들이 권력을 독점하는 형태로 재등장했다. 특정지역에 대한 정치적 억압은 지역차별로 발전했고, 이는 다시 '지역감정'으로 발전했다. 한국에서

더 객관적인 시각으로 보면 전통적으로 한반도는 다양한 문화적 배경을 가진 사람들의 사회였으며, 오늘날의 한국인들이 인종적으로 순수하다는 것은 의문의 여지가 많다. 예를 들어 한국인들의 인종적 순수성에 대해 한 진보적인 학자는 다음과 같이 말한다.

> 사람들이 자주 한국인들이 '단일민족'이라고 하면서 마치 한반도가 고대에 단일한 문화를 가진 것처럼 묘사한다…. 우리가 한국의 고대사회에 대해 알 수 있는 자료는 오로지 중국의 자료뿐이다. 그 자료에 의하면 만주와 한반도에는 예로부터 다양한 민족집단들이 거주했었고, 그들은 언어와 문화 등에서 서로 달랐다…. 그러므로 오늘날의 한국 문화는 예전에 존재했던 다양한 민족들의 문화를 계승한 것이며, 이런 것은 오늘날에 관찰되는 지역적 문화적 차이에서도 나타난다(Pyŏn1995 : 7-9).

여기에 덧붙어야 할 것은 한국 사회가 좌파와 우파로 이념이 갈려 이 두 이념 사이에서 아주 강렬한 투쟁을 경험했으며, 이것이 현대 한국정치에서 아주 중요한 요소였다는 사실이다. 1920년대 이후 특히 러시아혁명 이후 좌파이념이 한국에 수입되면서 한국인들은—아시아 각국의 식민지사회가 그러했듯이—20세기 내내 이념적으로 갈라져왔다. 민족주의를 천명하는 사람들도 이념을 두고 서로 갈라졌으며, 이는 결국 제2차

는 아직도 개인들의 출신지역이 어디냐에 따라 그의 사회생활이 영향 받을 수 있으며, 현재까지도 한국인들의 투표성향은 지역감정에 큰 영향을 받고 있다. 예를 들면 1997년의 대통령 선거의 경우 97% 이상의 전라도 사람들이 그 지역 출신 후보인 김대중을 지지했는데, 전라도와 대립해 오던 경상도 지역의 경우 90%이상이 김대중 후보에게 투표하지 않았다.

세계대전 후에 한반도가 남북으로 분단되는 근본적 원인이 된다. 이런 상황에서 한국에서는 사회성원들 간의 이념적 차이를 최소화할 필요가 있었고 국가가 적극적으로 사회내의 이념통일을 추구했던 것이다.

1968년 국민교육헌장이 반포된 직후 중학교와 고등학교의 교과과정에 국민윤리라는 새로운 과목이 별개의 과목으로 더해졌다. 이것은 사람들에게 직접적으로 한국 민족사회의 규범을 가르치기 위한 것이었다. 문교부에 따르면 이 새 과목의 목표는 사람들에게 윤리의식을 가르치기 위한 것인데 그렇게 함으로써 사람들이 '민족의 중흥'과 '통일'에 기여하게 하려는 것이었다(문교부 1968).

위에서 본 바와 같이 국가가 만들어서 강제로 보급하는 교과서는 물론 국가 민족주의의 이념을 전파하는데, 한국에서는 특히 국사, 국민윤리, 사회생활, 그리고 국어 같은 과목들이 이를 담당했다. 그 중에서도 특히 국사와 국민윤리 같은 과목이 직접적으로 국가가 지지하는 민족주의 이념을 학생들에게 주입시켰다. 물론 이 과목들의 내용은 시대가 변함에 따라 변화해왔다. 그러나 국가 민족주의의 기본 철학은 여러 차례의 개정과 정치적 변화에도 거의 변치 않고 유지되어 왔다.[7] 사실 1980년대까지 지속적인 교과서 개정을 통해 국사교과서는 더욱 더 민족주의적인 것으로 되어왔다(Yi 1983 : 299). 특히 국민교육헌장이 반포되고 나서 1970년대에는 한국 민족의 특수성이라든가 전통문화를 지켜갈 필요성, 그리고 민족의 중흥 같은 국가 민족주의의 가치들이 더욱 강조되었다.

7 1990년대 후반부터 10년간 진보적인 정부들 아래서 상당한 변화가 있기는 했지만, 2008년 현재의 정부가 들어선 이후 다시 이전의 상태로 돌아가는 추세이다. 현 정부의 교육정책은 과거 10년간의 '좌파정권'하에서 약화된 '국가정체성'을 다시 회복하는 것이라고 이명박 대통령이 말한 바 있다.

국민교육헌장에서 더 나아가 한국은 1970년에 들어 인간주의, 국가주의, 그리고 개발주의에 입각한 장기교육발전 계획을 수립했다. 또한 10월유신과 더불어 1972년에 '국적 있는 교육'이라는 모토 하에 다시 교육을 개혁했다. 1973년판 국민윤리 교과서는 '민족'이나 '국가'라는 가치가 무려 250회나 반복됨으로써 1964년판의 120회에 비해 훨씬 더 이런 가치들이 강조되었다(Suh 1988 : 99).

그러나 민족의 건설, 즉 사회성원들의 문화적, 이념적 단일화라는 목표는 학교 안에서 뿐만 아니라 실제 사회에서도 추구되어져야 한다. 그러므로 박정희 정부는 이런 것들을 학교 밖에서, 즉 일터, 군대, 그리고 심지어는 가두에까지 — 대중동원의 수단을 통해 — 확대했다.

Ⅲ. 대중동원 : 기율 잡힌 사람들로 만들기

박정희 시대에 국가는 산업화를 위해 다양한 사람들과 문화를 단일화시키는 메커니즘으로 기능했다. 또한 국가는 산업화를 위해 일반대중을 '기율 잡힌' 사람들로 만들고 또 급변하는 사회에서 이들을 통합하기 위해 대중동원의 수단들을 이용했다. 또한 국가는 한국인들의 민족감정을 자극하고, 이를 근대화와 산업화를 위한 대중동원으로 전환시켰다. 박정희 시대를 통해 국가는 끊임없이 사람들을 동원하고 이들을 기율 있는 사람들로 만들기 위해 여러 가지 대중조직을 만들고 대중운동을 벌였다. 예를 들면 향토예비군, 새마을운동, 그리고 학생들의 조직인 학도호국단 같은 것들이 그러했다. 이런 대중조직과 운동들은 사회의 통제, 경제건설, 국방력 강화, 그리고 애국심의 고취에 아주 중요한 역할을 하였다. 덧붙여 국가관은 사람들이 일상생활에서 민족주의 의식을 행하게끔 강제하였다. 예를 들면 사적인 행사 등에서 사람들로 하여금 국기에 대해 경의를 표하게 하거나 또는 국민교육헌장을 낭독하게 한 것 등이다. 특히 중요한 것은 국가가 이런 대중동원과 의례들을 통해 수동적인 개인들을 '군기가 든' 사람들로 바꿈으로써 보다 적극적인 민족의 성원으로 변화시킨 것이다.

향토예비군조직은 1970년에 설립되었다. 이것은 1968년 1월에 있었던 북한 공작원들의 남파사건—남한의 주요 산업시설과 박정희 대통령의 암살을 목표로 했다—과 관련하여 창설되었다. 이 조직의 창설로 한국의 국가는 강제적인 군복무를 마친지 5년 이내의 수백만 명의 젊은 이들올 그들의 거주지역과 직장에서 동원할 수 있게 되었고, 또한 이들로 하여금 자기 거주지역과 직장의 방위를 위해 매년 수차례에 걸쳐 군사훈련을 받도록 했다. 그리고 매년 한 번씩 전투력 향상을 위하여 이들이 실제 군부대에 배치되어 실전훈련에 참여하도록 했다. 이런 군사훈련의 기회는 국가에 의해 잘 활용되어 이들에게 반공이념, 애국주의, 그리고 남한이 북한과 같은 적대국가들의 지속적인 위협에 대항하기 위해서는 안정적이고 강력한 국가가 필요하다는 생각 등을 주입시켰다. 특히 선거철에 정부는 이들 조직을 통해 자신들의 업적을 홍보함으로써 이들의 정치적 지지를 얻어내려고 했다.

향토예비군이 창설된 같은 해에 정부는 일반학교에도 군사교육과목을 정규 과목으로 신설하여 일반 학생들에게도 군사훈련을 시켰다. 고등학교와 대학에서 학생들은 매주 두 시간씩의 군사훈련을 받았는데 이 훈련은 일선에서 은퇴한 군 장교들이 맡았다. 대학생들의 경우 매주 있는 군사훈련 이외에도 일 년에 한두 주일씩 군부대에서 실습훈련을 받았다. 이 밖에도 학생들은 국가의 여러 행사에 동원되어 군사적 의식을 행하였다. 학교에서의 군사훈련은 국가가 학생들의 '군기'를 잡음으로써 이들을 산업사회에서 요구되는 기율 있는 노동력으로 기르는 역할을 하였고, 특히 이들을 사상적으로 그리고 물리적으로 통제하는 역할을 했다.

이에 더하여 1975년에는 학도호국단이 창설됨으로써 그때까지 존재하던 모든 학생 자치기구들이 학도호국단으로 대체되었다. 알다시피 한국현대사에서 학생들의 단체는 자주 강력한 정치적 힘으로 작용했으며, 특히 1960년 4월혁명 때는 학생들의 단합된 힘이 집권정부인 이승만 체제를 무너뜨릴 정도였다. 그러나 학도호국단체 밑에서 모든 학생들은 준군사조직으로 재편되어 그들이 소속한 학교의 장(교장이나 총장)의 명령체계 아래에 놓이게 되었다.

그 밖에도 박정희 시대에 중고등학교 학생들은 매주 월요일 아침 조회에 나와야 했다. 전교생이 모두 참여했는데 군대의 사열식을 본 뜬 것이었다. 이런 모든 행사에서 국기에 대한 경례, 애국가 제창, 그리고 국민교육헌장 낭독 등의 국가 민족주의적 의식이 거행되었다.

또 하나의 중요한 대중동원 운동은 1970년에 시작된 새마을 운동인데, 이는 농촌지역의 경제적 여건을 개선하기 위한 것이었다. 1960년대를 통해 적극적으로 추구된 산업화정책 때문에 도시지역과 농촌지역 사이에는 눈에 띄는 격차가 생겼고, 농업부문과 산업부문 간에 생긴 이런 격차를 좁히려는 노력으로서 이 운동이 시작되었다. 처음에는 농촌마을의 주민들에게 그들의 경제적·환경적 여건을 개선하기 위한 노력에 국가가 약간의 물질적 그리고 상당한 행정적 자유와 인센티브를 주는 것으로 시작된 이 운동은 농촌지역 주민들의 전통적인 수동성을 자신감으로 바꾸는데 상당한 정도로 성공했다. 이 운동을 통하여, 농촌지역의 많은 사람들이 자신들의 경제적 여건을 개선시키려는 자발적 노력을 행하였다. 여기서 국가의 역할은 이들에게 이념적 도덕적 후원을 주는 것이었다.

개도국의 농촌개발 운동으로서 아주 성공적인 것으로 간주되는 이 운동은 동시에 이를 통해 국가가 농촌지역의 주민들을 통제하는 데도 이용되었다. 주민의 통제는 특히 중앙정부가 농촌지역에 주는 물질적 혜택을 선택적으로 줌으로써 가능했다. 예를 들어 박정희 정부를 지지하는 지역의 농민들에게는 더 많은 혜택이 주어지고 그렇지 않은 경우는 그런 혜택이 거부되는 식이었다.

이런 공적인 대중동원제도 이외에도 국기에 대한 경례나 국민교육헌장 낭독 등과 같은 국가주의의 의식이 일상생활, 즉 일터, 극장, 그리고 마을 같은 곳에서 강요되었다. 특히 일터에서, 학교와 마찬가지로 이러한 의식이 정기적으로 행해졌다. 예를 들면, 매일 아침 일을 시작하기 전 전체 종업원들이 한자리에 모여 열을 이뤄 근엄하게 서고, 관리자가 연단에 나와 이들에게 연설을 하는데, 이런 의식은 대개 국기에 대한 경례, 국민교육헌장 낭독, 그리고 애국가 제창 같은 국가주의적 의식과 함께 거행되었다(Song 2003).[8]

사소해 보일 수도 있지만 일상생활에서 거행되는 이런 의식들이 사람들에게 민족의식을 주입시키고 또 이를 강화하는데 아주 효과적이다(Billig 1995). 매일 아침에 사람들이 일어나 그 날의 일을 시작하기 전에 모두 모여 태극기를 향해 정중하게 경례를 하고, 애국가를 힘차게 부르는 모습을 상상해보자. 한국에서는 박정희 시대에 이런 의식이 여러 곳에서,

8 이런 국가 민족주의적 의식은 직장, 학교, 심지어는 거리에서도 빈번하게 거행되었다. 1970년 미국의 대중지인 〈내셔널 지오그래픽〉은 서울의 유명한 한 극장식 식당 '월드컵 극장식 식당'-저녁식사와 함께 춤, 마술, 그리고 컨츄리 스타일과 서양식 음악을 즐길 수 있는 식당-에서 매일 식당 개점 전에 행해지는 이런 국가주의적 의식-즉 종업원들이 직급별로 줄을 서서 국기에 대해 경례를 하고 애국가를 부르는 의식-을 보도하고 있다(Edward Kim 1979 : 794-5).

심지어는 대중 오락시설인 영화관에서도 강요되었다. 즉 매회 영화를 관람하기 전에 애국가가 울려퍼질 때 모든 관객들이 일어나서 국기에 대해 경례를 해야 했다. 하루의 끝에 텔레비전 방송 프로그램이 끝날 때도 애국가가 틀어지고 이것으로 프로그램의 끝이 맺어지곤 했다. 길에서도 매일 오후 다섯 시에는 어김없이 '국기에 대한 맹세'와 함께 애국가가 방송되었고 시민들은 가던 길을 멈추고 애국가가 끝날 때까지 부동자세로 국기에 대한 경의를 표시했다.

국가는 또한 국민들의 체력도 중요시했다. "체력이 국력"이라는 모토 아래 국가는 사람들에게 체력을 강화할 것을 권장하였고, 또한 스포츠에 많은 투자를 했다. 국제경기에서 메달을 받은 사람들에게는 국가가 금전적 포상을 했고 유능한 남자 선수들에게는 모든 남자시민들의 의무인 의무적 병역도 면제되었다. 또한 상급학교 입학시험에 체력점수가 반영되도록 입시제도가 바뀌었으며, 이를 위해 한국의 모든 학생들이 필사적으로 체력증진 활동을 했다.

이상에서 언급된 국가의례와 체육의 강조 등은 모두 국민들을 기율 있게 만들기 위한 작업의 일환이었다고 할 수 있다. 이에 덧붙여 국가는 모든 사회성원들의 사적인 일상생활에도, 심지어는 머리 모양새와 복장까지를 포함하여 통제를 행했다. 그리하여 1970년대에는 길에서 경찰이 머리를 '히피 스타일'의 장발로 기르거나 또는 아주 짧은 치마를 입은 여성들을 잡아놓고 머리길이나 치마의 길이를 재어 훈계나 처벌을 하는 광경이 자주 벌어졌다. 국가에 의한 이런 간섭적인 일들은 '민족중흥'이라는 명분하에 행해졌고, 속으로는 이에 대해 반대했을 수 있겠지만 대다수의 사회성원들이 이런 통제에 복종했다.

국가의 이런 모든 노력들은 남한 내에서 '민족'을 공고하게 형성하는 데 공헌했다. 또한 장기간에 걸친 이러한 통제는 그 후 한국의 문화에 아주 큰 영향을 끼쳤다. 특히 이런 대중동원 프로그램들은 한국 사람들로 하여금 민족과 국가와 자신들, 즉 사회구성원을 일체화시키도록 하였다(Park 1993 : 81-82). 블룸이 말했듯이 이런 조치들을 통해 국가는 그의 성원들이 국가를 상징하는 심벌들에 충성을 바치도록 한다.

> 국가에 의한 민족의 건설은 반드시 심벌을 통해 이뤄진다. 국가와 관련이 있는 상징들은, 그것이 공적 또는 사적 인물, 제도, 의례, 그리고 이념이든지 간에 국가의 상징으로 기능한다(Bloom 1990 : 61).

Ⅳ. 민족의 '타자' 만들기 : 민족정체성의 경계 긋기와 공고화

박정희 시대의 '국민형성'의 또 하나의 특징은 국가가 '한국 민족'을 규정한 것인데, 이는 한국 민족과 한국 문화의 독특성과 정통성을 강조하고 또 한국 민족과 이민족의 경계선을 확립함으로써, 즉 한국민들과 다른 주변민족 사이의 경계를 긋고 후자를 철저히 '타자화'함으로써 가능했다. 박정희 시대의 국가 민족주의는 한국인들 사이에서 이미 광범하게 존재하고 있던 반일본적 감정과 반북한주의 등의 감정을 강화하고, 이렇게 함으로써 국내의 단결을 도모하고 또 정권의 정통성을 공고히 하려고 했다.

민족주의 또는 '민족건설 프로젝트'는 흔히 그 민족의 기원, 형성, 발전, 그리고 역사 등에 대한 신화 또는 '과학적' 지식의 창조를 포함한다. 그러므로 민족주의 이념과 민족건설 방식의 이해에 있어서는 한 민족이 스스로의 기원과 민족건설의 과정을 어떻게 이해하고 있는지를 살펴보는 것이 중요하다. 민족과 민족정체성(또는 종족정체성)이 어떻게 형성되고 발전하느냐의 문제에 있어서는 크게 두 가지 이론이 있다. 즉 '프라이모디얼리즘'(원초주의)과 '경계이론'이 그것이다(Shils 1959 ; Geertz 1963 ; Barth 1969). 이 두 이론 모두 민족(또는 종족)이 어떤 과정을 거쳐서 형성되고 발전하며, 또 일단 한 번 형성된 민족정체성과 민족의 끈이 어떻게 지속적으로 유지되거나 강화되는지에 대해 설명하려고 한다.

원초주의(primordialism)는 한 민족의 정체성이 그 민족의 언어와 종교, 족성, 그리고 영토같은 '원초적' 유대를 영원화 하는 지를 강조한다(Geertz 1963). 이 주장을 받아들이는 사람들은 현대의 민족이 역사의 자연스러운 산물이고, 또 민족의 구성원이 되는 것이 인간 경험의 필수적 요소라고 여긴다(Smith 1994 : 12). 반면에 경계이론자들은 민족의 근본적 요소가 '우리'와 '타자'를 배치시키는 상징적 경계 만들기 과정에서 생겨나며, 이러한 경계야말로 서로 다른 민족들을 형성하고 유지하는 조건이라고 여긴다. 이 이론의 신봉자들은 원초론자들이 고려하지 않는 여러 요소들에, 즉 예를 들면 사람들의 전술적 필요와 공유된 이해관계 등에 주의를 기울인다. 이 이론의 창시자격인 바르트(Barth 1969)는 원초적 요소들은 상황이 그것들로 하여금 개인들의 정체성 형성의 결정에 직접 관계되도록 만들기 전까지는 그저 잠복해 있을 뿐이라고 믿는다. 바로 이런 이유로 '경계' 이론은 흔히 '상황 이론'(situation theory)이라고도 불린다. 이 이론은 다시 '모더니즘'(modernism)의 신봉자들을 통해 더욱 발전되는데, 후자는 민족주의는 근본적으로 현대 산업사회와 자본주의 경제의 발전에 의해서만 가능했다고 믿는다. 다시 말해 현대산업사회의 유지를 위해 일반인들의 교육과 문자해득이 필요했고, 이것이 결국 오늘날의 현대 민족을 만들었다는 것이다(Gellner 1983 ; Anderson 1983 ; Hobsbawm 1990).

한국인의 민족정체성과 민족주의의 형성에 관하여서는 위에서 말한 원초주의와 경계이론 모두가 각각 맞는 부분도 있고 틀린 부분도 있다. 여기서 이 글은 둘 가운데 어느 이론이 한국인의 민족정체성과 민족주의를 더 잘 설명하는가의 문제에 대해서 논의하고 싶지 않다. 다만 여기서 강조하고 싶은 것은 한국 민족주의의 논의, 특히 국가 민족주의의 이념은 한국 민족주의를 철저히 원초주의적 입장에서 이해하고 '상황' 이론이나 '모더니즘'의 논의는 배제해 왔다는 사실을 강조하고 싶다. 학계에서조차도 원초주의 이외의 논의에 대해 최근까지 별 언급이 없었다. 실제로 한국에서는 최근까지 민족의 담론이 민족이라는 집단의 이해관계에 의해 형성된다든가, 또는 개인들의 전략적 선택에 의해 이뤄질 수 있다는 상상 자체가 가능하지 않았다. 그들에게 있어서는 어떤 개인이 '한국인'이 되는 것이 협상 또는 선택에 의해 이뤄진다는 것은 상상도 할 수 없는 일이고, 이는 절대적으로 '주어진 것'이라는 생각만 있었다. 그러므로 한국 민족은 동질적이며 생물학적으로 순수하다는 강력한 믿음이 있어왔다.[9]

9 최근에 와서야 한국에서 외국인 결혼이민자들의 수가 상당한 정도로 늘어가면서 이들을 통합할 필요성 때문에 '다문화주의'가 대두했다. 그러나 이것은 아직도 초기단계이며 한국 민족의 순수성 같은 것에 대한 한국인들의 신념에는 아직 큰 변화가 없다.

민족의 순수성(단일민족)에 대한 믿음

민족주의는 민족정체성을 개인들에게 주입시킴으로써 민족의 단합을 도모한다. 또한 민족정체성은 그 집단의 독특성을 강조함으로써 즉 그 민족이 다른 민족과 문화적 또는 혈연적으로 구별된다는 점을 강조함으로써 형성·강화된다. '사람'들은 자신들이 다른 집단의 구성원들과 구분된다는 관념에 의해 '민족'으로 만들어진다. 그러므로 한국의 민족주의를 강조하거나 가르치는 일은 한국인들이 주변의 국가들과 민족들, 예를 들면 중국인이나 일본인들 또는 심지어는 북한인들과 다르다는 것을 강조함으로써 이뤄진다.

한국의 교과서를 보면 아주 최근까지 한국 민족의 순수성과 동질성이 크게 강조된다. 교과서들은 한국 민족의 순수성과 동질성을 사실로서 뿐만이 아니라 동시에 모든 사람들이 갖춰야 할 덕목의 하나로서도 강조한다.[10] 예를 들어 1990년대 한국 고등학교 국민윤리 교과서는 한국인들의 동질성을 다음과 같이 강조한다.

> 우리 민족은 5천년 역사를 통해 독특한 전통과 관습을 유지해 왔다. 이렇게 오랫동안 우리 민족처럼 항상 동질성을 유지해 온 역사는 세계사에서 드물다. 외적의 잦은 침략에도 불구하고 우리 민족이 이렇게 오랫동안 민족적 동질성을 유지해 왔다는 사실은 우리 민족의 자

10 민족의 순수성 등에 대한 강조는 최근에 와서 국제사회의 압력과 한국의 국내 사정(결혼이민자와 외국인 노동자들의 급격한 증가 등) 때문에 국제사회에서 비판에 직면하고 있고 이 때문에 2000년대에 들어 약간 완화되고 있는 경향이다.

랑이다(고등학교 국민윤리 1990 : 158).

한국 민족이 이렇게 동질적이고 순수하다는 신념은 오늘날의 모든 한국인들이 5천년 전에 한반도에서 최초로 고대국가를 건설한 단군 왕검의 자손이라는 신화에 의해 뒷받침된다. 고등학교 국민윤리 교과서는 단군신화가 샤마니즘과 함께 한국인들의 두 가지 고유한 종교의 하나라고 규정한다(고등학교 국민윤리 1990 : 79-82).

북한에서도 이런 믿음을 공유하는데, 현재 북한의 공식적 담론은 한민족의 정체성에 대해 남한과 비슷한 입장을 취하며 오히려 더욱 민족주의적 입장을 강조한다. 사실 건국초기의 북한에서는 민족에 대한 논의가 민족적 치이에 관계없이 전 세계의 노동자계급이 단합해야 한다는 것을 강조한 마르크스·레닌주의로 기울였다. 그러나 이런 관념은 나중에 변했는데, 1960년대와 70년대를 통해 민족에 대한 북한의 어조는 점차 마르크스·레닌주의를 버리고 보다 '원초주의적' 민족주의의 이해 쪽으로 바뀌어 갔다.[11] 오늘날 북한의 학자들은 공식적으로 민족을 같은 '핏줄', 언어, 그리고 문화를 공유한 사람들로 규정하는데, 특히 핏줄과 언어가 중요하다고 한다(Kim 1989 : 6). 이와 더불어 단군시조설을 강력히 주장한다. 1994년 북한 정부는 평양근교의 한 고대 봉분이 한민족의 전설적인 시조인 단군의 묘라고 선언했으며, 이 일대를 발굴하고 대규모의 성역으로 만들었다.

11 북한에서 민족주의에 대한 관점이 어떻게 변화해왔는가에 대해서, 즉 마르크스·레닌주의에서 혈연민족주의로의 이행에 관해서는, Kihl(1994)과 Im(1994)의 연구를 참조하라. 이 두 연구 모두 북한의 공식적 민족주의의 이념이 더욱 혈연적 민족주의로 강화되었음을 보여준다.

이런 북한 국가에 대항하여 민족적 정통성을 경쟁한 박정희 국가는 나름대로 더더욱 혈연민족주의를 강조했다. 박정희 정부의 한국 혈연민족주의에 대한 이런 강조는 필연적으로 한국 민족의 문화적 순수성과 한국 문화의 독자성에 대한 강조를 수반했다.

한국 민족과 한국 문화의 독자성

한국의 국가 민족주의는 한국 문화의 형성과정에서 있었던 외국문화의 영향—중국과 일본 등의 영향—을 폄하하는 경향이 있다. 한국 민족과 문화의 독자성에 대한 이와 같은 강조는 해방 후 국민국가 형성의 모든 단계를 통하여 계속 유지되고 강화되어왔다. 이런 경향은 1972년에 '자주민족'이라는 새로운 개념으로 교과서가 개정되었을 때 더욱 잘 드러났다. 이것은 사실 오늘날의 한국 역사학자들에게도 그대로 계승된 이념으로서 현재의 국사 교과서도 한민족의 기원과 발전 등에 대해 박은식과 신채호 같은 초기 역사학자들의 이론에 기반하고 있다. 이들 초기 역사학자들은 한국이 일본제국주의에 희생되던 시기에 활동한 사람들로 자연히 극단적이고 투쟁적인 민족주의를 주장했으며, 특히 한국 민족의 독자성(즉 중국이나 일본과의 관계에 있어서의 혈연적 문화적 독자성)과 한국 문화의 정통성을 강조했다(고등학교 국사 2, 1990 : 164).

한국 문화의 정통성과 독특성은 국사교과서 뿐만 아니라 국민윤리 교과서에서도 강조되었다. 1990년대의 고등학교 국민윤리 교과서에 따르면 원래 외래 종교였던 유교, 불교, 도교, 기독교 등의 종교와 사상은 이제 한국 문화의 일부분인데 그것은 한국인들이 고대로부터 발전시켜 온 자신들의 문화적 토대위에서 이런 외래종교와 사상들을 '주체적으로 받아들였기 때문'이라는 것이다(고등학교 국민윤리 1990 : 83). 한국 민족의 문화적 독자성에 대한 이러한 끊임없는 강조는 한국인들이 중국 문화로부터 많은 것을 빌려왔다는 사실을 은연중에 폄하하거나 심지어는 부인하는 것이다. 한국인들은 사실 자신들의 문화가 고대로부터 중국 문화로부터 많은 것을 빌려왔다는 사실을 인정하려 하지 않는 경향이 있다.[12] 한국의 국사 교과서에서 한나라 시대에 중국이 한반도의 북부를 정복하여 고조선을 멸망시킨 다음 여기에 설치하여 운영했었던 4개의 식민지 군(108 BC–313 AD)을 어떻게 다루었는가를 보면 한국 교과서들이 한국 문화의 독자성에 대해 어떻게 강조해 왔는지를 잘 볼 수 있다. 1972년 교과서가 대대적으로 개편되기 전에는 한4군의 설치와 한국 문화에 대한 이들의 영향이 하나의 독립된 장으로 구성되어 있었다. 그러나 1972년 이후 이 내용은 반페이지로 줄어들었고 결국은 단 석줄로 줄어버렸다(Yi 1983 : 307).[13] 물론 이런 일은 박정희 시대에 국가가 주도한 '주체적' 역사관에 의해 이루어졌다.

그러나 동시에 고대에 한국이 일본에 여러 가지 문화를 수출한

12 외국의 문화를 차용하는 것에 대한 민족주의의 입장에 대해서는 Marius Jansen(1979)의 분석이 아주 예리하다.

13 여기서 필자는 민족의 혈연적 순수성, 민족문화의 독자성과 독창성, 그리고 민족정신등에 대한 강조가 한국에서만 있다고 주장하는 것은 아니다. 사실 민족의 순수성과 단일성에 대한 강조는 과거에 다른 많은 민족주의 이념에서도 보여졌고 오늘날에도 이런 이념을 강조하는 경우가 많이 있다. 많은 민족주의의 이념이, 특히 독일의 낭만주의적 민족주의의 이념이 한국 민족주의와 비슷한 양상으로 전개되었다. 민족의 순수성, 단일성, 그리고 집단이 공유한 윤리의식 등을 자랑스럽게 여기도록 교육하는 일본의 민족주의도 한국의 경우와 거의 같다(Wolferen 1989). 여기서 필자가 지적하고자 하는 것은 한국의 민족주의만이 이런 이념을 갖는다는 것이 아니라, 현대 한국의 민족주의 이념이 민족의 개념을 원초주의적, 그리고 정신주의적 관점에서 이해하는 측면이 강하며, 이런 생각이 한국에서 주류의 위치를 차지해 왔다는 점을 강조하는 것이다.

역사적 사실에 대해서는 더 많은 주의가 기울여졌다. 역사 교과사는 이 사항에 대해 예외 없이 독립된 장을 할애하고 있다. 박정희 시대의-그리고 오늘날에도 고등학교 국사교과서는 한국이 자신의 발전된 문화로 일본인들을 계몽했다고 서술하고 있다(고등학교 국사 1, 1990 : 80). 또한 중학교 국사교과서의 속표지는 조선시대에 일본에 파견되었던 조선통신사들의 그림으로 장식되어 있는데(예를 들면 중학교 국사 1, 1996) 이는 한국인들의 조상들이 자신들의 선진된 문화로 일본인들을 문화적으로 '교육' 했음을 암시하고 있다.[14]

한국 민족의 '타자' 로서의 일본과 북한

위에서 논의된 한국 민족과 그 문화의 독자성과 독창성은 그러나 단합된 민족공동체의 건설에 충분하지 않을 수 있다. 민족공동체를 형성하고 유지하자면 이념적으로 '민족의 적' 또는 민족의 '타자' 가 필요하다. 왜냐하면 이런 민족의 적, 특히 아주 위협적인 적의 존재는 민족공동체의 단합을 도울 수 있다. 그러므로 박정희 시대의 한국은 한편으로 한국 민족문화의 독자성을 강조하면서 또 한편으로는 민족의 적에 대한 증오를 드높임으로써 한국 민족의 경계를 확실히 했다. 박정희 시대에 가장 큰 강조를 받은 시민적 덕목은 '애국애족', '배일', 그리고 '반공' 이었다. 그 시대에 국가는 한국인들이 이미 갖고 있던 반북한과 반일의 감정을 자극했는데, 북한의 경우는 반민족적이라는 이유로-소련과 중국 등의 외세와

---

14 조선시대 대부분을 거쳐서 조선과 일본은 무역과 문화교류를 했다. 히데요시가 일으킨 침략전쟁(임진왜란 1592~1598)으로 잠시 교역이 멈췄지만 이 전쟁 후에는 다시 교역이 이뤄졌고 조선은 일본에 거의 정기적으로 통신사를 파견했다.

결탁하여 동족상잔의 전쟁을 일으켜 같은 민족에게 큰 해를 끼치고 북한의 주민들을 억압하며 또 현재에도 남한을 침략하여 공산화하려 한다는 이유에서, 일본의 경우는 한국을 침략하고 식민화하여 한국인들을 경제적으로 착취하고 정치적으로 억압함으로써 한국인들이 스스로 근대화를 추진할 기회를 박탈했다는 이유에서 그랬다. 한편 이렇게 민족의 적을 외부에 두는 것은 사람들이 한국내부에서 일어나고 정치적 상황에 관계없이 계속 '민족주의'의 이름 밑에서 단합하게끔 만들기 위한 것이기도 했다. 동시에 일본과 북한을 반대하고 증오하는 반일과 반공의 이념을 내세워 이들 두 국가를 민족의 '타자'로 만듦으로써 박정희 시대의 국가는 스스로를 한국 민족의 전통을 물려받은 정통성 있는 후계자로 확립하고자 했다.

이것은 사실 여러 민족에게 공통된 것으로 서방국가들이 냉전시대에 소련과 중국을 '적'으로 삼음으로써 자기 국민들의 민족정체성을 확립하고 또 애국주의와 군사주의를 유지하는데 이용했다(Connolly 1991 : 209). 유사하게 한국의 국가 민족주의도 그런 외부의 '적'을 요구했는데, 이들의 존재를 부각시키는 것이 국가 민족주의와 권위주의적 애국주의를 유지하는데 유용했기 때문이다. 한국의 경우 민족의 적은 식민지 지배자로서의 일본과 공산주의자 북한이었던 반면 북한의 경우는 이와 비슷하게 일본과 미국, 그리고 미국의 '허수아비'로서 남한이 '민족의 적'이었다.

한국의 이런 국가 민족주의의 담론에서 일본은 한민족을 규정하는 도구로서의 역할을 했고 또 한국의 애국주의적인 주장들을 정당화하는 구실을 했다. 반일 교육은 국가가 자신의 민족주의적 정통성, 즉 현재의 국가가 한민족의 정통성을 이어왔다는 정통성을 강조하기 위해서도 시행되었다. 이렇게 함에 있어서 일본과 일본문화에 대한 적개심을 고취시키기 위해 가끔 특정한 역사적 사실이 만들어지거나 혹은 변형되기도 했다. 예를 들면 일본에 의한 한민족의 억압이나 한국인들의 식민지지배에 대한 저항이 늘 강조되었고 때로는 다소 부풀려지기도 했다.

중고등학교 국사교과서 모두에서 16세기와 17세기에 있었던 조선과 일본, 그리고 조선과 청나라와의 전쟁은 모두 하나의 독립된 장으로 되어있다. 이것은 물론 외적의 조선침입을 강조하고 이에 대한 한민족의 저항을 강조하기 위한 것이다. 특히 박정희 체제는 히데요시의 침략전쟁(임진왜란) 때 활약했던 조선 해군의 이순신 장군을 민족 최고의 영웅으로 삼았다. 이때부터 모든 교과서가 이순신 장군의 업적에 대해 여러 페이지를 할애했고, 여기저기에 그의 동상과 관련된 기념물들이 세워졌다. 정부는 이순신 장군의 고향에 그를 모시는 큰 규모의 사당을 건립했고 여기에 수백 명의 학생들이 보내져 특수한 정신교육과 함께 이순신 장군의 업적과 애국주의에 대한 교육을 받았다.

외세의 이런 침략에 대한 한국민들의 저항이 교과서에서 크게 관심을 받은 반면에 같은 사람들의 지배계급에 대한 저항은 오히려 덜 주목을 받았다. 박정희 시대의 교과서가 1894년에 있었던 동학농민전쟁을 다루는 것을 보면 이 점이 뚜렷이 드러난다. 다시 말해 동학농민전쟁은 이곳이 농민들의 외세에 대한 저항이라는 측면이 강조되었고, 반면에 이 운동이 조선말의 지배계급에 대한 농민들의 저항이라는 측면은 과소평가되었다. 정치사에 초점 맞추기, 인민들의 정부에 대한 저항에 대한 서술의 줄어듦, 그리고 특히 이전부터 사용되었던 위의 사건의 이름인 '동학혁명'을 '동학운동'으로 바꾸기 등이 이 시기 국사교육의 변화였다. 이런 작업을 통하여 국가는 위로부터의 개혁을 정당화하고 또 어떤 특정한 계층, 예를 들면 군인계층을 민족적 영웅으로 만들려는 시도를 보였다고 할 수 있다(Yi 1983 : 309).

그러나 여기서 간과되지 말아야 할 사항은 박정희 시대의 국가 민족주의 이념에서 일본은 민족의 '적'으로서의 역할과 함께 동시에 '긍정적 타자'의 역할을 하였다는 사실이다. 국가 민족주의는 일본을 극복해야 할 적으로 규정하면서도 동시에 한국 민족이 좇아가야 할 '모범'으로 보았다는 점이다. 이것이 모순적으로 보이기도 하지만 일본은 한국이 국민국가 형성을 성공적으로 수행하기 위해서는 절대로 무시할 수 없었던 '모범'이었던 것이다. 실제로 해방 후 한국의 행보는 일본이 이미 몇 세대 전에 겪었던 근대화 과정을 모방하는 것이었다. 즉 일본이 자신의 가치와 전통, 그리고 민족의 단일성을 창조하면서 근대화에 성공한 것, 이 과정에 있어서 국가의 지도적 역할, 그리고 국가의 이런 정책에 복종했던 국민들, 이 모든 것들을 한국의 국가도 추구했다. 일본의 경험에 대한 이런 해석, 즉 국가의 주도에 의한 현대 국민국가형성, 그리고 이에 대한 국민들의 복종과 지지 등 이 박정희 시대의 지도자들에게는 일본의 매력이었다. 박정희가 일본식 근대화의 길을 이상적인 것으로 여겼고, 그의 집권기간 동안 이를 전적으로 모방하려 했다는 것은 널리 알려진 사실이다. 특히 젊은 시절에 일본군의 장교였던 그의 과거를 생각해 보면 이는 자연스러운 일이었다고 볼 수 있다.

만약 일본이 한국 민족의 정체성 형성에 공헌했고, 또 한국의 국가 민족주의의 모델이었다면 북한은 남한의 국가에 민족주의적 정통성을 제공한 부정적 '타자'로서의 역할을 했다. 해방 후 1948년에 이 두 체제가 서로 민족적 정통성을 주장하며 경쟁했고, 또 서로의 존재와 정통성을 부정해온 사실을 생각하면 이것도 자연스런 일이다. 비록 한국 민족주의의 이념이 민족통일을 표방하고 있기는 하지만, 박정희 대통령은 연설이나 정책 등에서 북한의 정통성을 부정해 왔으며, 실질적으로 통일을 위한 어떤 가시적인 성과도 없었다. 한국 국가 민족주의의 담론은 북한의 지도부를 한국 민족의 복지에 반하는 명백한 악으로 여기고 동시에 북한의 주민들에 대해서는 그런 악한 정부로부터 해방되어야 할 '동포'로 여기고 있다(Grinker 1998). 북한의 정부는 비도덕적이며, 인민들을 위한 정부가 아니라 스스로의 이익을 위해 존재하는 것으로 여겨진다. 또한 북한의 체제를 비합리적이며 시대착오적인 것으로 규정함으로써 반대로 한국의 체제가 더욱 이상적인 것이라는 것을 간접적으로 주장한다.

한국의 교과서에는 북한 지도부의 '악한' 인물들에 대한 이야기와 주민들의 고통스러운 삶에 대한 이야기로 가득 차 있다. 물론 이런 이야기는 남한주민들로 하여금 북한체제에 대해 두려움과 증오를 갖게는 것을 목표로 하고 있다. 교과서는 북한 공산주의자들의 잔인하고 야만적인 행위들에 대해 이야기하고 있는데, 예를 들면 1968년 겨울에 강원도에 침투했던 북한 무장간첩들이 이승복이라는 어린이를 무참하게 살해한 사건을 아주 자세히 서술하고 있다.

Ⅵ. 맺는 말

박정희 체제는 민족주의와 근대화 이념을 아주 성공적으로 합쳤는데, 그 체제는 민족문화를 민족자주성에 굳게 기반시킴으로써 '민족중흥'을 달성하고자 했다. 1960년대와 1970년대를 통해 박정희의 지도하에서 한국은 근대민족의 건설과 빠른 산업화라는 두 작업을 아주 체계적으로 추구했다. 사실 당시의 산업화와 국민국가 형성이라는 두 가지 사업은 서로 분리될 수 없으며, 두 가지 모두 박정희정부에 의해 치밀하게 계획되고 추진되었다. 박정희 시대의 국민국가건설의 전략은 교육, 대중동원, 국가주의 그리고 민족의 '적' 또는 '타자'를 만들고 이를 이용함으로써 한국인의 정체성을 창조하는 것이었다. 박정희 시대의 교육은 애국주의, 반공주의, 단일민족성 등을 강조한 국가중심의 강한 민족주의를 사람들에게 고취시키는 것이 목표였다. 이런 프로젝트와 이데올로기들은 사람들을 동질화시키는 작용을 하였다. 대중동원도 박정희의 체제에 의해 능동적으로 이용되었는데, 특히 대중동원은 빠른 산업화와 강력한 민족정체성 형성을 위해 사람들을 기율하는 데 크게 기여했다.

국가가 민족주의의 건설을 강화하고 국가 민족주의를 퍼뜨리는 일을 함으로써 박정희 시대에 한국에서 국가주의가 공고히 확립되었다. 현대 민족주의의 가장 중요한 원칙은 민족과 국가의 경계가 완전히 일치하는 것인데(Gellner 1983 : 1), 박정희 시대 국가 민족주의의 특징은 국가와 민족 간의 유기적 관계를 유지, 발전시켰다는데 있다. 박정희 체제의 이념은 계획적으로 국가란 민족의 기초로서 '어디나 존재하고, 절대적 능력을 가졌으며, 자비로운' 존재라고 믿게 했으며, 그렇게 함으로써 국가는 해방 후의 원심적인 한국 사회를 구심력 있는 민족공동체로 만들려고 했다(Park 1993 : 86). 한국의 학교 교과서를 연구해 보면 '민족주의적' 가치와 '국가주의적' 가치들에 대한 강조가 1960년대 이후 지속적으로 늘었다. 1968년의 국민교육헌장은 한국교육사에서 하나의 분수령이다. 이 헌장은 개인들이 국가(국가는 즉 민족과 동일시되었다)에 충성하도록 가르쳤고 또한 개인들은 민족의 집단적 목표를 위해 존재한다고 가정했다.

한국에서 '국가'란(일본과 중국에서와 마찬가지로) 문자 그대로 '확장된 가정으로서의 나라'를 의미한다. 한국의 국가 민족주의는 국가란 가정이 확장된 유기체라고 여기는 것이다. 이렇게 민족, 국가, 가정 세 가지를 하나이며 같은 것이라고 보는 견해는 유교의 세계관에서 온 것인데, 거기서는 사람들 간의 기본적인 인간관계가 가정에서 출발하고, 가정이야말로 도덕적 원칙에 지배받는 가장 이상적인 공동체라고 여긴다(Deuchler 1992). 확장된 가정과 국가 사이의 이런 유추에서 지도자는 늘 가부장의 모습으로 상상되고 시민들은 아이들로 상상된다. 유교적 전통에서는 또 국가가 백성들에 대해 도딕직(또는 이념적) 권위를 가신다. 바로 국가가 도덕의 담지자라는 이런 생각이 국가로 하여금 개인의 일상 생활사에—예를 들면 제사, 혼사, 그리고 가정생활 등에—개입할 수 있는 권리를 갖게 한다.

충성심과 효성 같은 전통적인 가치들을 이용하여 보다 높은 권위에 사람들이 동조하거나 또는 복종하도록 하려는 시도는 민주적 경향에 반한다. 그러나 박정희는 이런 가치들을 국가 민족주의의 이념에 주입시켰다. 이렇게 되어 국가는 단지 사회집단간의 충돌하는 이해관계의 조정자인 것만이 아니고 민족공동체의 도덕적 정신적 수호자가 된 것이다. 한국 국가가 국민경제를 지배했던 영역 가운데서 가장 드러났던 것은 경제계획 분야였다. 일본과 대만의 경우처럼 한국 국가는 한국 사회로부터 자유로웠고 또 한국의 급격한 경제 현대화를 주도하였다(Johnson 1987 ; Haggard 1989 : 129). 박정희 시대에 한국의 국가는 그의 행정적 금융적 힘을 이용하여 한국의 산업 대부분을 통제했다. 국가는 수출산업을 크게 원조하였고, 기업들을 국가가 정한 수출목표대로 인도해 갔다(Amsden 1989 ; Foster Carter 1992 : 29). 특히 한국의 경우에 국가가 산업정책에 강도 높게 참여했다.

박정희 체제의 이런 시도들은 아주 성공적이었으며, 한국의 경제는 산업화되었고, 사람들은 '한국인'으로서 정체성을 확고히 하고 또 자신들이 한국인임에 대해 자신감을 갖게 되었다. 그러나 동시에 사람들의 이런 민족적 열망과 민족적 의식의 이용은 또한 권위주의적 정권이 자신의 권력을 유지하고 강화하는데 공헌했다. 학자들이 지적하듯이 빠른 산업화 시대에 한국의 민족주의 이념은 사회통합의 이데올로기로 기능을 했으나 궁극적으로는 권위주의 정권에 의해 단지 내부통제의 수단으로 이용되었다(Choe 1989 : 69). 네언이 지적한 바와 같이 현대 민족주의의 '야누스적 얼굴'의 문제—즉 자유주의와 급진주의의 수단이 되는 편리성과 동시에 폭력과 무관용적 가치의 정당화라는 두 얼굴(Nairn 1977)—가 한국에서도 나타난 것이다.

그러나 박정희 시대의 이 같은 국가중심의 민족주의 이념은 곧 보다 좌파적이면서도 민중중심적 민족주의를 표방하는 민주화 운동, 특히 급진적인 학생운동 세력에 의해 도전받는다. 특히 박정희 체제의 반북한적인 이념도 1980년대에 들어 북한에 대해 보다 진보적인 견해를 가진 학생운동 세력, 특히 '주사파' 등의 좌익세력에게 비판을 받게 된다. 그리하여 1990년대에 한국에서 실질적인 민주화가 진행되면서 박정희식의 국가 민족주의 이념자체도 비판을 받게 되고, 이에 따라 불가피하게 이의 내용도 좀 더 완화된다.

그러나 민족주의와 관련하여 박정희 시대에 고무되었던 것들은 어떤 면에서 한국의 현대 민족국가 건설에 필요한 것이었다. 박정희 시대의 민족건설은 아주 성공적인 것으로서 민족형성 작업이 진행되고 있는 많은 제3세계의 국가들의 모델이 될 만하다. 실제로 한국인들이 현대사에서 이룩한 가장 괄목한 업적은 그동안 많은 제3세계국가들이 칭찬해 마지않고 또 따르려고 해온 '경제기적'이 아니라 바로 한국 국가가 주도해 온 성공적인 '민족건설'일 것이다.

참고문헌

강만길. 1987.「한국 민족주의론의 이해」. 이용희, 강만길 편.『한국의 민족주의운동과 민중』. 서울 : 두레.

김수경. 1989.『세 나라시기 언어역사에 관한 남조선학계의 견해에 대한 비판적 고찰』. 평양 : 평양출판사.

박성탁. 1971.『국민교육헌장의 사상적 배경과 실천』. 서울 : 교육출판사.

박종철. 1993.「한국 민족주의의 특성과 통일이념으로서의 과제」.『통일연구논총』 2/1.

변태섭. 1995.『한국사통론』. 서울 : 삼영사.

오천석. 1973.『발전한국의 교육이념 연구』. 서울 : 배영사.

임현진·송호근. 1994.「박정희체제의 지배이데올로기」. 역사문제연구소편.『한국정치의 지배이데올로기와 대항이데올로기』. 서울 : 역사비평사.

이기문. 1972.『국어사 서설』. 서울 : 민중서관.

이순권. 1983.「역사교육과 민족주의」. 송호근, 강만길 편.『한국 민족주의론 2』. 파주 : 창비.

이우영. 1990.「박정희 민족주의의 반민족성」.『역사비평 10』.

진덕규. 1992.「현대한국 정치변동과 민족주의의 변형에 대한 연구서설」.『이화여자대학 한국 문화연구원 논총』 60/2.

차기벽. 1978.『한국 민족주의의 이념과 실태』. 서울 : 까치.

최장집. 1989.『한국현대정치의 구조와 변화』. 서울 : 까치.

한국정신문화연구원 편. 1983.『국민정신연구』. 성남 : 한국정신문화연구원.

Althusser, Louis. 1971. "Ideology and Ideological State Apparatus" in *Lenin and Philosophy and Other Essays*. New York : Monthly Review Press.

Amsden, Alice H. 1989. *Asia's Next Giant : South Korea and Late Industrialization*. Oxford : Oxford University Press.

Arnason, John P. 1995. "Nationalism, Globalization and Modernity" in Mike Featherstone(ed.) *Global Culture : Nationalism, Globalization, and Modernity*. London : Sage Publications, 207–236.

Anderson, Benedict. 1991[1983]. *Imagined Communities : Reflections on the Origin and Spread of Nationalism*. London and New York : Verso.

Barth, Frederick. 1969. *Ethnic Groups and Boundaries*. London : Allen & Unwin.

Billig, Michael. 1995. *Banal Nationalism*. London : Sage.

Bloom, William. 1990. *Personal Identity, National Identity and International Relations*. Cambridge : Cambridge University Press.

Breuilly, John. 1994. *Nationalism and the State*(2nd ed.). Chicago : University of Chicago Press.

Chung, Chai-sik. 1989. "Confucian Tradition and Nationalist Ideology in Korea" in Kenneth M. Wells(ed.). *South Korea's Minjung Movement : The Culture and Politics of Dissidence*. Honolulu : University of Hawaii Press.

Cohen, Youssef. 1989. *Manipulation of Consent : The State and Working-Class Consciousness in Brazil*. Pittsburgh : University of Pittsburgh Press.

Connolly, William E. 1991. *Identity Diffrence : Democratic Negotiations of Political Paradox*. New York : Cornell University Press.

Cumings, Bruce. 1981. *The Origins of the Korean War*(I). Princeton : Princeton University Press.

Deuchler, Martina. 1992. *The Confucian Transformation of Korea : A Study of Society and Ideology*. Cambridge : Council on East Asian Studies at Harvard University.

Duncan, John. 1998. "Proto-Nationalism in Pre-Modern Korea" in Sang-Oak Lee and Duk-Soo Park(eds.) *Perspectives on Korea*. Sydney : Wild Peony Press.

Foster-Carter, Aidan. 1992. *Korea's Coming Reunification : Another East Asian Superpower?* Special Report No M212. London : The Economist Intelligence Unit, Apri.

Geertz, Clifford(ed.). 1983. *Old Societies and New States : The Quest for Modernity in Asia and Africa*. Glencoe : Free Press.

Gellner, Ernest. 1983. *Nations and Nationalism*. Ithaca : Cornell University Press.

Gramsci, Antonio. 1971. *Selections from the Prison Notebook of Antonio Gramsci*. Quintin Hoare and Geoffrey N. Smith(edited and translated). New York : International Publishers.

Grinker, Roy Richard. 1998. *Korea and its Futures : Unification and the Unfinished War*. New York : St. Martin's Press.

Hobsbawm, Eric J. 1990. *Nations and Nationalism since 1780*. Cambridge : Cambridge University Press.

Jansen, Marius B. 1979. "On Foreign Borrowing" in Albert M. Craig(ed.). *Japan : A Comparative View. Princeton* : Princeton University Press.

Johnson, Charlmers. 1995. "Political Institutions and Economic Performance : The Governmnet-Business Relationship in Japan, South Korea, and Taiwan" in Frederic C. Deyo(ed.). *The Political Economy of the New Asian Industrialism*. Ithaca : Cornell University Press.

Kawashima, Fujiya. 1995. "Yangban Legacy : Cultural Localism and Korean Identity." In Ho-Youn Kwon(ed.). *Korean Cultural Roots : Religion and Social Thoughts*. Chicago : Integrated Technical Resources.

Kedourie, Elie. 1993. *Nationalism*(4th edition). London : Blackwell.

Miliband, Ralph. 1969. *The State in Capitalist Society : An Analysis of the*

Western System of Power. New York : Basic Books.

Nairn, Tom. 1977. *The Break-up of Britain : crisis and neo-nationalism*. London : New Left Books.

O'Connor, James. 1973. *The Fiscal Crisis of the State*. New York : St. Martin's Press.

Park, Chung Hee. 1971. *To Build a Nation*. Washington, D.C. : Acropolis Books.

Park, Chung Hee. 1976. *Toward Peaceful Unification : Selected Speeches and Interviews*. Seoul : Kwangmyong Publishing Company.

Park, Hoon Tark. 1993. "The Decline of Mass Democracy in South Korea : Personalized Politics, State Nationalism, Political Regionalism, and Mass Democracy." Ph.D. Dissertation, University of Georgia.

Poulantzas, Nicos. 1975. *Political Power and Social Class*. London : New Left Books.

Robinson, Michael E. 1984. "National Identity and the Thought of Shin Chaeho : Sadaejuui and Chuche in History and Politics." *Journal of Korean Studies* 5 : 121-142.

Seton Watson, Hugh. 1977. *Nations and States : An Inquiry into the Origin of Nations and the Politics of Nationalism*. Boulder, Colorado : Westview Press.

Shils, Edward. 1957. "Primordial, personal, sacred and civil ties" *British Journal of Sociology* 7 : 113-45.

Shin, Gi-Wook. 2006. *Ethnic Nationalism in Korea : Genealogy, Politics, and Legacy*. Stanford : Stanford University Press.

Sin, Chae-ho. 1977. *Tanje Sin Chae-ho Chŏnjip* [Collected Works of Sin Chae ho] Seoul : *Hyŏngsŏl* Chulpansa.

Smith, Anthony D. & John Hutchinson(eds.) 1994. *Nationalism*. Oxford;

Oxford University Press.

Smith, Anthony D. 1993. *National Identity.* Reno, Nevada : University of Nevada Press.

Song, Changzoo. 2003. "Business Elite and the Construction of National Identity in Post-colonial Korea" *Acta Koreana* Vol. 6, no. 2(July) : 55 86.

Spring, Joel. 1994. *Wheels in the Head : Educational Philosophies of Authority, Freedom, and Culture From Socrates to Paulo Freire.* New York : Mc-Graw Hill.

Wolferen, Karl von. 1989. *The Enigma of Japanese Power.* New York : Alfred A. Knopf.

9장

박정희 정권 하에서의 한국의 정체성 개발*

존 사이노트 John Synott, 퀸스랜드 기술대학교

> 교육을 통해 지도자들의 정신 속에 '새마음'이 생겨나도록 해야 한다(박정희 1979 : 84).

I. 서론

'역동적인 한국'은 근래에 들어 한국이 줄곧 내세우고 있는 국가적 슬로건이다. 이 슬로건은 2002한일월드컵 공동 개최에 즈음하여 특히 그 성가를 드높였다. 요즘에도 한국의 업계와 정부는 외부 도전에 대처하기 위한 전략의 일환으로 이 슬로건을 앞세우고 있다. 한국이 활기차고

* 이 글은 2008년 7월 4일 오클랜드대학교 한국정치연구회에서 발표된 것을 약간 수정한 것이다.

혁신적이고 미래지향적인 국가임을 세계 곳곳에 홍보하고 있는 것이다. 금세기 초부터 한국 정부는 한국식 국제화를 뜻하는 이른바 '세계화'의 개념을 널리 알리는 데 앞장섰다. 세계화는 한국이 정보통신 혁명에 적극적으로 임하고 있고 또 국제경제 체제에 편입되고자 하는 노력의 상징으로 받아들여지고 있다. 1998년 아시아에 불어 닥친 경제위기는 한국에 커다란 타격을 가했다. 이로 인해 경제성장이 크게 둔화됐고 원화가치도 대폭 하락했으며 실업이 증가하고 정부와 기업은 일련의 구조조정 작업에 돌입했다. 이 구조조정 작업으로 재무와 경영시스템 및 외부 투자자들과의 경제적 거래 양상도 크게 달라졌다. 국제 투자자들에 대한 문호 개방도 과거와는 비교할 수 없을 정도로 높아져 외국인들이 기업이나 부동산을 소유하는 것도 가능해졌다. 이로부터 몇 년 지나지 않아 한국은 다시 한 번 고도성장을 경험했다. 보다 최근에는 급성장을 거듭하고 있는 중국과의 관계에 초점을 맞추고 있다. 중국에 진출한 한국 기업들은 제조업, 금융업, 서비스업 등 여러 분야에서 경제적 토대를 굳건하게 구축시켜 놓았다. 과거 수십여 년 동안 국제적 도전에 적극적으로 맞서왔던 한국의 접근 방식이 결코 무모한 것은 아니었다. 아니 오히려 이를 통해 한국은 이제 '개발도상국'을 넘어 선진국 대열에 들어선 활기 넘치는 국가라는 점을 국제 사회에 각인시켰다.

그렇다고 한국이 늘 역동적인 모습을 보였던 것은 아니다. 19세기의 조선왕조는 '은둔의 왕국(The Hermit Kingdom)'으로 알려질 만큼 전통에 얽매여 있던 나라였다. 이에 따라 당시의 국제적 사조인 근대화와 민족주의에 제대로 대처하지 못하게 되면서 조선은 급기야 일본의 식민 지배하에 놓이고 말았다. 식민의 학정을 넘어서자 이번에는 비극적인 남북분단이 찾아왔다. 그 뒤 1948년에 선거를 통해 이승만의 제1공화국 정부가 들어섰지만 이승만이 집권한 12년 동안 한국은 많은 것을 미국의 원조에 크게 의존했다. 처참했던 한국전쟁도 이 시기에 있었다. 그러다가 1960년 이후 급속한 경제 발전을 이루면서 종종 '경제 기적(economic miracle)'이라는 찬사를 받기도 했다. 수십 년 동안이나 계속해서 괄목할 만한 성장을 기록한 한국의 경제적 성공을 설명하기 위해 여러 가설들이 등장하기까지 했다. 그중에서 가장 두드러진 가설 중 하나는 이러한 성공이 '유교적(Confucian)' 문화에서 기인한 것이라고 보는 견해이다. 유교 문화에서 빚어진 근면, 질서, 조화에 대한 의식과 직장 내에서의 위계적인 관계 그리고 강한 직업윤리가 경제 발전을 이끌었다고 보는 것이다(Amsden, 1989). 세계은행을 비롯한 경제계 전반에서는 신속한 사회적 근대화에 이어 수출 지향적 산업화 정책으로 성공을 거둔 한국의 사례가 신흥공업국(NIC)들에게 좋은 본보기가 될 것으로 내다봤다(Bello & Rosenfeld, 1990). 이 외에 한국 고유의 민족성에서 성공의 원인을 찾는 시각도 있다. 고구려를 비롯한 삼국시대 때부터 한국인들이 대체로 활기 넘치고 강인한 기질을 보여 왔다는 점에 근거한 것으로 이는 한국인들이 매우 선호하는 주장이다.

나는 본 논문에서 이 같은 시각과는 다른 주장을 제기하고자 한다. 한국 사회는 일본의 식민 학정과 한국전쟁을 겪으며 엄청난 변화를 경험했다. 이러한 시련의 경험을 이유로 박정희는 강압적인 방식으로 국가를 이끌었다. 나는 '역동적 한국'이란 개념이 박정희가 만들어낸 그 같은 강압적인 사회공학으로부터 생겨났다고 본다. 유교 국가였던 조선 왕조는 600년 넘게 안정을 지켜왔다. 정체에 가깝다고 할 만큼 변화가 크지 않았던 그 조선 사회는 일본의 식민 지배를 받으면서 일대 혼란을 맞이했다. 식민 지배에 이어 2차 세계대전이 발발했을 당시에는 한국이 일본의 군수 기지로 전락하면서 과거 조선 사회를 지탱했던 전통적 질서는 그 흔적을 찾을 수 없을 정도로 파괴되었다. 일본의 식민통치가 끝나자 이번에는 미 군정이 기다리고 있었다. 이 기간 동안 한국인들에게는 자신들의 일을 스스로 처리할 수 있는 권한이 전혀 없었다. 여기서 끝나지 않았다. 분열의 혼란과 한국전쟁이 그 뒤를 이었다. 특히 한국전쟁은 2백만 명의 사망자와 수백만 명에 이르는 난민을 만들어냈다. 그 결과 한국 사회는 대단히 무기력하고 외부의 도움에 의존할 수밖에 없는 상태에 놓이게 되었고 정세마저 지극히 불안했다. 경제가 피폐해지고 외국 원조에 기대어 살던 이승만 시대에 '역동적'인 한국의 모습을 찾아볼 여지는 그 어디에도 없었다.

한국인들에게서 '할 수 있다(can do)'는 사고와 문화가 싹트기 시작한 것은 박정희가 급진적인 사회 개혁을 실시한 이후부터였다. 20세기에 맞닥뜨려야 했던 험난한 여러 상황을 겪으면서 한국인들 사이에서는 생존을 위해 시대 상황에 신속하게 적응할 필요성을 느끼는 사람들이 많아지게 되었다. 그 필요성이 급격한 쇄신과 변혁의 토대로 작용했다는 것이 나의 주장이다. '필요는 발명의 어머니'라는 옛 속담이야말로 한국의 사례에 아주 잘 들어맞는 말이 아닌가 생각한다. 한국인들은 식민 지배를 받으면서 무력감에 빠져들었다. 그러다가 한국전쟁을 맞이했고 또 한 번 살아남기 위해 몸부림쳐야 했으며 그 이후로는 미국에 전적으로 의존할 수밖에 없었다. 그러던 한국인들이 박정희 시대에 들어와서 자립기반을 마련하고, 국가의 위상을 제고하고, 경제 발전을 이룩하기 위해 국민들의 잠재력을 십분 발휘해 내자는 새로운 사회 풍조를 만들어냈다. 이 같은 사회 분위기가 만들어진 데는 몇몇 상황적 요소들이 유리하게 작용했던 측면도 있다. 우선 북한과의 대치 상황으로 인해 미국이 한국의 안보에 깊이 개입할 수밖에 없었고 여기에 경제적 지원까지 더해졌다는 점을 들 수 있다. 아울러 시민사회에 대한 강력한 경찰국가적 통제가 국가안보라는 이름으로 정당성을 얻을 수 있었다는 점도 간과할 수 없다.

당시 사회 전반에 대한 박정희 개인의 영향력은 대단히 컸다. 국가 발전을 위한 그 자신의 계획을 진행시키는 데 있어 경제, 법조, 정치, 언론, 문화, 군 그리고 민간 분야에 이르기까지 거의 전 분야를 동원시킬 수 있을 정도였다. 나는 이 같은 성과가 한 개인에 의해 가능하다고는 생각하지 않는다. 박정희에게도 국내외에 걸쳐 강력한 조력자들이 있었음은 물론이다. 특히 미국의 협력이 있었고 세계은행과 같은 영향력 있는 국제 경제 기구의 도움도 있었다. 그러나 그는 모든 과정을 직접 일일이 기획하고 추진했던 지도자였다. 이에 따라 4공화국에서부터 지금까지의 개혁 정책 중 상당 부분이 박정희와 연관성을 가지고 있다. 박정희는 자신의 구상을 보다 수월하게 추진시키고자 새로운 가치체계도 만들어 냈다. 이 가치는 이후 한국의 전형적 특성으로 자리 잡았다. 근대적 유교 국가라는 개념과 '역동적' 한국이라는 기풍은 박정희가 20여 년 가까이 집권하면서 강조해왔던 이념의 산물이라 할 수 있다. 그는 자신이 세운 원칙들이 국민들의 의식 깊은 곳에 자리하도록 만들었다. 그는 다른 많은 분야에서도 이와 유사한 방식으로 성공을 거두었다.

다음 섹션에서는 박정희가 정권을 잡았을 당시 한국 사회가 정치, 경제적으로 어떤 상황에 처해 있었던가를 간추려 본 다음 그가 어떤 식으로 한국 교육 제도의 틀을 세워나갔는지에 대해 중점적으로 살펴볼 것이다. 박정희는 교육을 사회공학의 중심 기구로 삼아 경제와 사회를 탈바꿈시키고자 했기 때문이다.

Ⅱ. 제2차 세계대전 이후의 한국

태평양 전쟁이 일어나기 직전까지 일본의 지배를 받았던 수십여 년 동안 한국은 농경사회에서 일본의 군수산업 기지로 그 모습을 완전히 바꾸었다. 변화가 '그토록 빠르고 그토록 방대하게 진행되었던 사례를 여타 식민 국가에서는 거의 찾아볼 수 없을 정도였다'(Kown 1991, 7). 하지만 전쟁이 끝나자 형세는 크게 달라졌다. 자본과 시장은 말할 것도 없고 기술과 관리 기법을 포함한 거의 모든 분야가 일본에 초점이 맞춰져 있었기 때문에 일본의 붕괴와 함께 한국 경제가 해체되는 것은 당연한 일이었다. 이와 아울러 권만학이 지적한 것처럼(1991, 8), '상황이 반전'되자 오랫동안 억눌려 왔던 욕구들이 한국 사회 곳곳에서 한꺼번에 분출하기 시작했다. 일본인들이 육성시켜 놓은 일단의 한국인 지주와 자본가들은(McNamara 1990) 국가의 주도권을 장악하기 위해 서로 뭉쳤고 반대편에서는 노동자 집단들이 일부 기업의 운영권을 차지하기 위해 직접적인 행동에 돌입했다. 거기에다 항일투쟁을 벌여왔던 공산주의자들도 공산사회 건설을 위한 노골적인 정치 투쟁에 나섰다(Song 1989). 커밍스(Cumings)는 1945년 당시 한국에 정부가 수립되지도 않은데다 사회적으로도 "압력밥솥"에 기압이 차오르듯 긴장감이 높아지고 있던 상황이었기 때문에 이때 이미 혁명이 일어날 조건이 잉태되고 있었다고 분석했다(Kown 1991, 25에서 재인용).

광복 직후 한국에 설치된 미군정청(AMGIK, American Military Government in Korea)은 '정복자도 아니고 해방자도 아닌(conquering liberators)' 모호한 태도를 취했다(Lauterbach 1947, 185 ; Song 1989, 61에서 재인용). 그들은 어수선한 사회 분위기를 빌미로 한국인들의 바람을 무시한 채 군정을 실시했다. 군정이 이루어지는 동안 군정청이 정책의 최우선 기준으로 삼은 것은 미국의 이익이었으며 한국의 법과 제도와 행정관리 체계도 이 기준에 맞춰 정비되었다. 송교수는 미국이 한국에는 군정청을 둔 반면 일본에서는 현행 정부를 그대로 유지시켰다고 지적했다. 결국 '한국은 정복당한 적국 취급을 받으면서 군사교범에 의해 통치되었고 일본은 해방된 우방국 대우를 받았던 것이다(Song 1989, 62).

군정 사령관 윌리엄 하지(Willam Hodge) 장군은 미국의 이익을 최상의 목표로 삼은 나머지 식민 잔재를 털어버리고 새로운 사회를 건설하고자 하는 한국인들의 소망을 뒤로 한 채 과거 식민 정부에 몸담았던 많은 인사들을 채용하여 그들에게 예전의 역할을 다시 맡겼다(Lee and Sato 1982). 이에 따라 행정이나 정책, 금융 등의 분야에서 식민지 시대에 시행되었던 옛 제도들이 되살아나게 되었다. 미국은 이 같은 조치에 대해 한국인들이 반발할 것을 처음부터 잘 알고 있었다. 하지만 사태가 발생할 때마다 수시로 경찰력을 동원하여 억압적인 방식으로 국민들의 저항을 제압해 나갔다(Song 1989). 결국, 광복 직후에 미국이 취한 대한반도 전후정책은 대단히 즉흥적이었고 한국에 대한 이해 부족으로 방향을 제대로 잡지도 못했으며 불만투성이인 정책이 되고 말았다(Lee and Sato 1982, 16).

미국은 한국의 군사와 정치와 민간 부문의 틀을 미국의 안보 목적에 맞게 구축시켜 나갔다. 그러나 미국의 목적이 가장 잘 드러난 곳은 역시 경제 분야에서였다. 미국은 한국을 점유하자마자 계엄령을 발동하고 기존의 경제 및 사회관계 재편에 나섰다. 1946년부터 1948년 사이에 1억 8천 1백만 달러를 지원했다(일본에 대한 지원금은 9억 8천만 달러였다). 이는 한국 국가 예산의 48퍼센트에 해당하는 금액이었다(Song 1989). 이 금액의 상당부분은 경찰을 훈련시키고 그들에게 장비를 지급하여 국내 질서를 바로잡고자 하는데 쓰였다. 경찰에는 과거 일본군에 복무했던 사람들이 많았다. 이들은 이른바 친일세력들로서 일반 국민들과는 달리 일본식 사고방식에 젖어 있는 사람들이었다(Song 1989, 73).

군정청에도 '나이기 지긋하고' '보수적이고' '교육을 잘 받은' 사람들이 많이 채용되었다. 이들 역시 일본에 협력했던 사람들이었다(Benninghoff, 하지장군의 정치 자문단원 중 한 사람 ; Song 1989, 76–7에서 재인용). 군정청은 한편으로 일본 패망 이후 노동자들 손에 넘어 갔던 공장과 토지를 모두 환수했다. 그리고 이를 다시 자본가들에게 넘겨줌으로써 이들의 입지도 다시 강화시켜주었다. 이들 지주와 기업인 출신들은 한민당(Korean Democracy Party)을 결성하여 군정청의 '자문단' 노릇을 했다(Sim Chi-Yon 1984, 26–32 ; Song 1989, 75에서 재인용). 한민당은 토지개혁에 반대함으로써 식민지 시대의 지주 제도를 영속화시키려했다. 또 이 당의 당원들이 농업, 통신, 교육, 법무, 보건 등 중앙부처를 비롯하여 경찰 및 지방 행정의 요직에 두루 포진되어 있었다. 군정청의 '자문단'은 식민통치 기간에 일제 부역자들로 구성되었던 '중앙자문단(Central Advisory Council)'과 다를 바 없었다(Song 1989). 제이콥스(Jacops 1985, 171)는 식민주의로부터 이행되어 나가는 과정을 다음과 같이 요약 설명했다.

> 과거 왕조시대의 비주류 인사들은 일본에 부역함으로써 식민 시대에 살아남을 수 있었다. 독립이 되자 이들은 일본인 상관들이 차지하고 있었던 행정 고위직이나 의사결정을 내릴 수 있는 자리로 옮겨 앉아 중앙 및 지방 정부와 사법, 경찰 그리고 새로운 정부 기관을 관장했다. 이들의 변신이 가지는 의미는 자못 크다. 후대의 정책 입안자나 정책 결정자 혹은 관리자들이 이들을 전형으로 삼음으로써 이들의 가치관과 업무방식이 계속 이어졌기 때문이다.

이들의 행위가 사회적으로 막대한 영향을 미칠 수 있다는 점을 간과한 채 미국은 오로지 한국을 반공기지로 만들겠다는 목적에만 매달려 있었다. 이채진과 사토 히데오(Lee & Sato 1982, 7)에 따르면 '미국은 한국 사회의 점진적 진화에 대한 관심보다는 자국의 대외정책에 더 큰 관심을 기울였다.' 게다가 미국의 트루먼 대통령과 합동참모본부(Joint Chiefs of Staff)는 한국을 '전략적으로 부담스러운 곳(strategic liability)'이라 여기고 한국에 기지를 두거나 부대를 주둔시키려는 계획은 전혀 갖고 있지 않았다. 그들은 오히려 한국인들의 자립 움직임을 차단하여 미국이 주도권을 행사할 수 있도록 함으로써 한국의 정치와 사회를 강력한 반공, 친미 구조로 바꿔놓은 다음 한국에서 발을 빼려는 생각을 갖고 있었다. 궁지에 몰렸다가 되살아난 친일 지주와 자본가와 관료들은 미국의 보호 아래 들어가고자 반공을 부르짖으며 미국의 목적에 충실하게 기여했다. 이들 한국 사회의 엘리트들은 사리사욕을 위해 충성의 대상을 일본에서 미국으로 바꿔버렸다(Lee & Sato 1982). 마침내 1948년에 대한민국 정부가 수립되고 이승만이 대통령의 자리에 올랐지만 새 정부는 스스로 경제 관계를 만들어 내지 못하고 단지 미군정 당국이 만들어 놓은 것을 원조에 의존하여 지탱시켜 나갔을 뿐이었다. 이는 권만학(1991, 27)이 언급한 것처럼 "군사 및 경제적 차원에서의 미국의 원조정책을 지속적으로 유지하는 것은 전자본주의적 사회의 보존을 위한 관건이었다. 따라서 원조중단은 당연히 기존지배층의 몰락을 의미했다."

이처럼 한국 경제는 전적으로 외국 원조에 의존하는 상태가 되어버렸다. 그리고 그 원조의 지속 여부는 이승만 정부가 반공 정책에 얼마나 열의를 보이느냐에 달려 있었다. 한·미 양국 간에 체결한 조약의 조항을 살펴보면 이 점이 명확히 드러난다. 조약에는 만일 미국의 국익에 더 이상 합당하지 않는 요소가 발견될 경우 미국 대통령은 즉시 원조를 중단시킬 수 있다는 내용이 명시되어 있었다(U.S State Department 1972 ; Song 1989, 98에서 재인용). 1949년 트루먼 대통령은 대한(對韓) 원조 금액의 1억 5천만 달러 증액을 의회에 요청한 바 있다. 이 때 그가 제시한 논거에 대한 경제 원조의 목적이 아주 잘 드러나 있다. 트루먼은 '만일 원조 금액이 증액되지 못한다면 한국의 모든 체제가 무너질 것은 너무도 분명하며 그럴 경우 한국은 결국 공산주의자들의 수중에 들어가고 말 것' 이라고 했다(Acheson 1971, 2). 경제를 유지해 나가야 할 한국 정부는 공산주의의 위협을 강조해야만 미국의 지원이 보장된다는 것을 깨닫고 공산주의자들을 색출해 내는 데 지속적인 관심을 나타냈다. 그렇게 제공된 원조 금액의 거의 90퍼센트는 물자 구매 대금을 지불하는 형식으로 다시 미국으로 흘러들어 갔다. 그리고 물자 구매 대금의 상당 부분은 군수장비가 차지하고 있었다. 결국 초기의 경제 원조는 우익 세력을 강화시키는 데 기여했을 뿐 경제정책에는 거의 도움을 주지 못했다. 1948년에 기획처(Office of Planning)가 신설되어 5개년계획(Five Year Plan)을 위한 자료를 내놨지만 이 역시 통일성을 지닌 종합계획이라기 보다는 단순히 개별 정책들을 한 군데 모아 놓은 것에 불과하였고(Lee 1966, 1-2) 이 또한 시행조차 되지 못했다.

1950년 6월 25일, 북한의 침공에 의한 한국전쟁의 발발을 계기로 한국뿐 아니라 동아시아와 동남아시아 전역에 대한 미국의 패권 정책은 더욱 강화되었다(Lee & Sato 1982). 트루먼 대통령과 미국의 군 수뇌부는 한국전쟁을 민족 통일전쟁으로 보지 않고 세계를 공산화하기 위한 소련의 세력 확장으로 간주하였다. 이에 따라 트루먼은 '이 침공을 막고자 가능한 모든 조치를 취할 수밖에 없었다' 는 사실을 나중에 자신의 회고록에서 밝혔다(Truman 1956, 334-7). 미국이 주도한 유엔군은 한국전쟁에서 북한군을 물리치고 영토를 되찾았다. 그로 인해 한국 정부는 미국에 완전히 예속되고 말았다. 이채진과 사토(Lee & Sato 1982, 15)는 '3년 간의 한국전쟁을 통해 한국은 군사, 경제, 외교 분야에서 미국에 가장 크게 의존하는 국가(a client state par excellence)가 되었다'고 했다. 한국은 전쟁을 겪으면서 엄청난 인명 손실(민간인 1백여만 명을 포함하여 한국인 사망자 수는 총 1,313,836명)을 입었으며 산업, 교통, 전력, 광업시설 등을 비롯하여 주택, 관공서, 학교 등이 온통 파괴되었다. 거기에다 집을 잃은 사람만도 5백여만 명에 이르렀고 북한에서 내려온 피난민도 2백만 명에 달했다. 이 같은 상황에서 한국은 모든 것을 미국에 의존할 수밖에 없었다. 이채진과 사토는 당시의 상황을 다음과 같이 간략하게 정리했다.

> 전쟁을 겪으면서 한국은 철저하게 국제화된 국가로 변모했다. 국내 문제가 외부 상황과 얽히지 않을 수 없었다. 국내 정책에 대한 미국의 영향력이 대단히 컸을 뿐 아니라 대외 문제도 사실상 미국의 지시를 따랐기 때문이었다(Lee & Sato 1982, 15).

Ⅲ. 박정희의 유교국가 이념

20여년 가까이 전제적인 방식으로 나라를 다스리면서 한국을 정치, 경제적 폐허에서 벗어나게 했던 박정희는 자신이 통치자일 뿐 아니라 국민들의 아버지와 같은 존재임을 노골적으로 드러냈다. 그는 자신을 국가와 동일시했다. 이는 곧 어디에서나 그의 보살핌과 그의 직능에 대해 국민들이 동조해야 함을 의미하는 것이었다. 최병선(Choi 1991, 98)은 박정희의 권력 취향에 대해 언급하면서 박정희가 오로지 그 자신만이 위험에 처한 한국호를 이끌어 갈 수 있다고 확신하고 있었다는 데에 주목했다. 박정희는 국가보안법과 같은 다양한 방법들을 동원하여 군국주의적 제제를 상화시키면서 정권을 유지해 나갔다(cf. Stohl and Lopez 1984). 그는 또한 가부장적 형태의 정부가 한국 정치 구조의 핵심이 되어야 한다는 자신의 견해를 국민들에게 주입시켰다. 70년대에 유신개혁(Yushin Reforms)이라는 '문화부흥(cultural revitalization)' 정책을 펼쳐나갈 때도 그는 기업주들이 근로자들에 대해 아버지처럼 처신해야 한다는 입장을 옹호했다(Park 1979). 대통령의 역할을 전통시대에 아버지나 임금이 수행했던 역할로 인식하게 된 것은 박정희 시대에 들어서면서부터이다. 이에 따라 박정희는 스스로를 통치자이자 국민들의 아버지라고 생각했다. 그런 반면에 경제에 대한 권한의 일부는 이른바 재벌(chaebols)로 불리는 기업주들 중심의 산업계 엘리트에게로 이전되었다(Jacobs 1985). 경제 및 정치권력 구조를 떠받치고 있는 이와 같은 이념은 국민들 모두에게로 퍼져나갔다. 그리하여 농업, 공업, 교육 등 분야를 막론하고 각 직장의 장(長)에게는 엄격한 권위체계와 함께 가부장적 지위가 주어지는 것을 당연하게 여겼다(Jacobs 1985).

박정희는 국가 발전 과정에서 교사의 역할이 어떤 것인가를 규정하면서 그 규정 수단을 유교적 이념에서 찾아냈다. 그에 따라 각 급 학교 내에서는 학교장이 지배자이자 아버지에 상응하는 지위를 갖게 되며 일반 교사들은 자식의 도리를 다해야 하는 유교의 가르침대로 학교장을 비롯한 상급자들에게 반드시 순종하도록 했다.

박정희는 그의 저서 『한국의 재발견: 발전의 모델』(Korea Reborn: A Model for Development(1979))를 통해 경제발전과 근대화의 길을 모색하는 과정에서 사회 질서의 필요성에 대한 자신의 견해를 밝혔다. 그는 항상 문화적 규범과 전통을 논거로 삼아 자신이 제시한 사회적 현안들과 전제적 통치에 대해 정당성을 부여했다. 이 책에서도 그는 한국의 역사와 문화와 민족성을 예로 들면서 자신의 정책을 정당화하고 합리화시켰다. 아울러 과거에 치우쳐 있음을 상쇄하고자 앞으로 맞이할 평화와 자유와 번영과 민주주의에 대한 전망을 빼놓지 않았다. 그러면서 지금 현재는 '번영을 약속할 수 있는 중대한 시점(an historical moment that promises glory)'(Park 1979, 14)으로써 무한한 희생이 뒤따라야 할 때라고 했다.

유신개혁이라 불리는 사회 정책의 목표는 한국의 부흥과 국민적 단결이었다. 박정희는 이 목표가 달성되려면 성공적인 경제 발전과 사회 질서가 밑받침 되어야 하는데 교육은 이 두 가지 측면에서 핵심 역할을 하게 될 것이라고 기술했다. 그는 사회 질서를 한국 사회의 정신적, 문화적 특질로 간주하면서 한국의 전통 사상에 대해 나름의 해석을 가함으로써 이를 자신의 견해에 대한 근거로 삼았다. 그 대표적인 것이 '충효' 사상이다. 충효사상의 핵심은 순종과 '화'(和)이다. 화는 조화의 정신을 말한다. 박정희는 관용과 정의와 이성을 아우르는 조화의 정신이 대립과 대결을 뛰어 넘는 가치라고 말하면서 결론적으로 반대 의견이 있어서는 안 된다는 논리를 이끌어 냈다(Park 1979, 25). 반대 의견에 관한 문제에 대해 박정희는 아주 독특한 논리를 펼쳤다. '모든 국민들은 법에 대해 결코 불만을 나타내서는 안된다는 생각을 가져야 하며 아무리 작은 것이라 할지라도 법의 허점을 이용하려 해서도 안된다'고 했다(Park 1979, 64). 박정희는 '나'와 '나라'가 언어적 연관성을 갖고 있다는 것에서 볼 수 있듯이 개인과 국가는 정신적 측면에서 서로 연결되어 있다는 점을 강조했다. 그는 이와 같이 여러 방식으로 유교의 기존 개념과 가치를 재창조해냈다. 물론 그 새로운 개념과 가치는 조선왕조 시대의 엄혹한 질서를 되살리자는 것이 아니고 근대적 공업국가에 어울리는 질서를 찾자는 것이었다. 박정희는 이 같은 국가적 이념을 국민들, 특히 전후 세대들에게 심어줄 수 있는 가장 중요한 수단이 교육이라고 생각했다. 그가 전후 세대들에게 특별히 관심을 보였던 것은 그들이 다음 세기에 산업이나 정부, 언론 및 여타 주요 분야에서 중심적 역할을 담당하게 될 것이기 때문이었다.

Ⅳ. 박정희의 교육관

박정희는 경제 발전과 사회 질서를 자신의 목표로 삼고 있었다. 그리고 이 두 가지 목표를 이루는 데 있어 교육이 중요한 역할을 하게 될 것으로 생각했다. 그러나 역사적 뿌리와 한국인의 정체성을 중시했던 사람답게 그는 자신의 교육관이 전통적 개념이나 전통적 기능에 연관되어 있다고 주장했다. 그 점은 다음 몇 가지 사례에도 잘 드러나 있다.

> 시대를 불문하고 교육은 항상 조화와 협동의 정신을 함양시켜왔다(Park 1979, 27).

> 교육을 통해 지도자들의 마음속에 '새마음'이 생겨나야 한다(Park 1979, 84).

> 변화의 고통을 최소화함과 아울러 보다 밝고 건전한 정신적 기운을 이끌어 내기 위해 정부의 교육 정책은 국민적 주체성의 문제에 더욱 역점을 두고 있다(Park 1979, 87).

사회 각 분야에서와 마찬가지로 교육 분야에서도 대통령 박정희의 영향력은 지대했다. 그는 군정시대와 일제시대의 교육 방식을 두루 참조하였다. 좀 더 구체적으로는 미군정 당국이 국민들의 문자 해독력 제고 정책의 일환으로 취했던 교육 방식과 반공 사상을 주입시키기 위해 활용했던 교양 교육 방식을 참고했다. 그리고 일제시대에서처럼 교육을 수단으로 활용하여 권위주의 통치를 정당화시켰다.

특히 한국이 경제 '기적'의 길에 들어설 무렵에 박정희는 기존의 교육과 경제와의 관계에 새로이 중대한 의미를 덧붙였다(Lee 1996). 그는 국민들의 의욕 고취나 진보, 재건 또는 생산성 향상 등의 문제에 집중적인 관심을 보이면서 이를 국가 번영의 중심 가치로 여겼다. 박정희는 자신의 목표를 정당화시키고 정치적 주도권을 잡기 위해 민족주의를 내세웠고 그 정형화된 민족주의의 틀 안에서 이런 요소들을 한국의 특질로 굳혀나갔다. 박정희 시대에 문교부 장관이 정책을 만드는 데 영향을 준 일은 거의 없었다. 여러 사람이 거쳐 갔지만 그들은 다만 박정희의 편의에 의해 그 자리에 임명된 사람들이었다. 실제로 1971년 6월부터 1979년 12월까지 약 8년 사이에 문교부 장관이 네 번이나 교체되었다(Nahm 1988).

그 시기의 교육 정책은 정치적 상황에 따라 크게 요동쳤다. 에커트(Ekert)와 그의 공동연구진은 박정희 정권을 세 시기로 구분했다(Eckert et al. 1990). 1기는 국가재건최고회의를 통해 통치했던 1961년부터 1963년까지이며 2기는 1963년부터 1972년까지로 정권이 여러 사항들을 양보해 가면서 정당정치를 지향해 나가던 시기였다. 마지막 3기의 기점은 1972년 10월 17일이다. 이 날부터 한국은 계엄령 발동과 함께 유신체제로 들어갔다. 유신체제로 바뀌면서 박정희의 독재적 통치는 합법화되었고 민주주의와 시민사회로 나아가려는 움직임은 수포로 돌아갔다. 이 시기에 '국가의 정신을 반영하는 교육'이 각종 제도와 사회관계 속에 깊숙이 자리를 잡게 되었다.

이 각각의 시기는 정책에 있어서의 어떤 변화보다는 군사 독재를 얼마나 중시했느냐에 따라 구분된 것이다. 1기에는 군사정부에 대한 그 어떤 반대도 전혀 용납되지 않았고 반공 정책에 대한 정부의 입장이 더욱 강화되었던 시기였다. 2기는 경제성장에 모든 국력을 집중시킨 시기로서 공공 부문이나 민간 부문의 사업을 원활히 하는데 반드시 필요하다고 생각되어 시민의 자유를 어느 정도 용인했던 기간으로 특징지을 수 있다. 3기에는 일반 국민들이 누리는 경제성장의 혜택이 기대치에 훨씬 미치지 못함에 따라 그동안 발현되었던 국민적 활기가 시들기 시작한 반면 권력자가 생각하고 있는 목표를 달성시키기 위해 국가적 에너지를 총 동원했던 시기였다. 이 기간 동안 경제는 매년 12퍼센트를 넘을 만큼 빠르게 성장했고 더불어 박정희의 권위적이고 가부장적인 정책들이 확고하게 한국 사회에 뿌리를 내렸다.

이들 각 시기에 국가가 역점을 둔 사항이 어떤 것인가는 당시의 교과 과정이나 학교 문화를 통해 자세히 엿볼 수 있다. 하지만 전체적으로 봤을 때 각 시기별로 정책 방향에 있어서의 근본적인 변화는 거의 없었고 보는 것이 타당하다. 오로지 경제 발전이 '본격화(took off)' 되면서 그와 함께 권위주의가 더욱 강화되었을 따름이었다. 박정희는 일본군 장교 출신이었다. 그래서 그는 자신에게 영향을 준 일본 지도자들에 대해 존경심을 갖고 있었고 정책 또한 일본의 것을 본뜬 것이라는 사실은 익히 알려진 일이다. 1972년의 개혁 운동과 새 헌법에 '부흥(revitalization)' 을 의미하는 유신이란 단어를 썼던 것도 일본의 메이지 '유신(Restoration)' 에서 따온 것이었다.

박정희 사회의 모델은 민족주의적 대의에 기초한 산업효율성의 발상들에 근거한 것이다. 이런 발상들은 권력 피라미드의 정점에 카리스

마적 인물, 즉 그 자신을 두는 것으로 그는 민족을 육화한 자로서 유교적인 문화전통과 산업화, 탈식민지, 냉전을 겪는 현대민족국가를 혼합한 자로서 드러난다.

이전까지 비효율적이고 체계적이지 못했던 교육은 박정희 시대에 들어서면서 효율성을 추구하는 방향으로 바뀌어 이른바 제조업 분야에서의 '비교우위(comparative advantage)'에 해당하는 규모의 경제가 교육에까지 적용되었다. 다시 말해서 새로운 교육 제도를 통해 '인적자본(human capital)'을 만들어 내면서 최소의 비용으로 최대의 효과를 거둔 것이다. 1970년대 한국 각 급 학교의 학급 당 평균 학생 수가 선진국과 개발도상국을 통틀어 제일 많았다는 것은 그 한 예라 할 수 있다. 80년대에 들어서서 상황이 꾸준히 나아졌다고는 하지만 고등학교를 비교해봤을 때 한국의 학급 당 평균 학생 수는 여전히 54.6명에 달했다. 이는 주변 국가인 타이완(48.3)이나 일본(40.3)에 비해 꽤 높은 수치였다. 게다가 영국(21.6)이나 프랑스(25.4)와 같은 서구 국가들은 동아시아 국가들보다도 학급당 학생 수 규모가 훨씬 더 적었다(UNESCO 1988년도 통계, 전교조 1990, 10에서 재인용).

V. 경제발전과 근대화를 위한 교육이념

교육이 한국의 경제 발전에 크게 기여했다고 보는 학자들은 문자해독률이나 상급 학교 진학률과 같은 양적 측면의 성과를 강조(Jayasuriya 1980 ; McGinn 1980 ; Chon 1995 ; Morris 1996) 하면서도 사회 변화를 촉진시키는데 이용된 이념적 측면에 대해서는 그다지 관심을 보이지 않고 있다. 이에 대해 이제봉(Lee Je – Bong)은 다음과 같이 언급했다.

> 공업화가 진행되던 시기에 한국에서는 교육을 근대화의 핵심 영역으로 여기고 여기에 역점을 두었다. 60년대 내내 '경제 발전을 위한 교육(education for economic development)'과 '교육입국(national building through education)'을 국가적 슬로건으로 내세웠고 교육 정책도 인력계획의 목표에 맞출 수 있도록 하기 위해 경제기획원(Economic Planning Board)의 지침에 따랐다(Lee 1996, 44).

보다 효과적인 교육을 위한 박정희의 발상들에 영감을 준 것은 그 시대의 비슷한 상황에 처했던 독일의 모델이었다. 박정희는 1964년 12월 서독을 방문하고 나서 독일인들의 '기적적'인 전후 재건 사업을 칭찬하면서 이렇게 말했다.

> 독일인들은 그들이 이룩한 성과에 대해 '기적'이라는 말하는 것을 좋아하지 않는다. 그들은 그 모든 것이 피와 땀의 결과라고 주장한다. 우리는 이것이 사실이라는 것을 알고 있다. 나 역시 이것이 근검절약과 인내와 단결의 결과라고 생각한다. 내가 독일을 방문하는 동안 절실하게 느꼈던 것은 내가 보고 들었던 모든 것을 우리 국민들이 마음속에 반드시 새겨두었으면 한다는 점이었다(Park 1970a 20).

박정희는 또 자신이 가장 놀란 것 중 하나가 독일의 직업 교육이라고 했다.

> 독일인들은 모든 개개인이 적어도 한 가지 이상 특별한 재능을 갖

고 있는 잘 훈련된 근로자라고 생각하면 틀림없다. 독일의 산업이 회생할 수 있었던 이유는 바로 여기에 있다. 나는 우리 교육의 방향을 반드시 점검해 볼 필요가 있다는 생각이 강하게 들었다(Park 1970a 20).

그 이후 5년이 넘도록 박정희는 교육에 대한 관심을 내비치면서 교육 철학을 마련하고 이를 실행시키고자 했다. 제1차 교육 재건 5개년 계획(1962-66) 기간에 정부가 세운 대략적인 목표는 다음과 같았다.

1. 의무교육에 투자하여 국민 개개인의 자질을 향상시킴으로써 숙련된 인력을 늘리고 국가방위를 강화시킬 수 있는 방안 모색
2. 산업 현장에 필요한 인력을 공급하기 위한 기술 교육 개발
3. 한정된 자원으로 최대의 교육 효과를 거둘 수 있는 교육과정 및 교수법 개발(Jayasuriya 1983, 54)

맥긴(McGinn)과 그의 연구진에 따르면 한국 교육을 위해 종합적인 방안을 마련해 본 것은 이것이 최초였다고 한다. 이 계획안에서는 국가방위를 국가의 경제적 발전과 연계된 교육의 목표로 여겼기 때문에 국가방위가 교육 정책의 중심에 자리했다. 이 같은 목표를 추구하게 된 데에는 박정희가 한국인이라면 반드시 배우고 익혀야한다고 주장한 가치체계와 연관되어 있었다.

박정희는 기회가 있을 때마다 자신이 생각하고 있는 교육의 가치에 대해 언급했다. 1967년에 서울대학교 졸업생을 대상으로 한 다음의 연설도 그 중 하나이다.

나는 졸업 축사를 할 때마다 늘 민족의식 함양을 강조했고 공동체 의식의 중요성에 대한 졸업생들의 관심을 환기시켰으며 사회에 진출해서 10년 내지 20여 년 간 꾸준히 생산적인 노력을 기울이는 것이야말로 성공의 첩경이 될 것이라고 말해왔다. 오늘날과 같은 급변하는 사회 속에서 졸업생 여러분들이 자신의 역할을 뚜렷이 인식하지 못할 경우 실패를 자초하게 될 것이다. 앞으로 어떤 일에 종사하든, 여러분들의 노력은 그것이 오직 생산적인 것에 관계될 때에만 가치가 있고 유용하다는 것을 명심해야 할 것이다. 친애하는 젊은 역군들이여, 나와 함께 조국 근대화에 더욱 매진할 것을 이 자리에서 다짐해주길 바란다(Park 1970b, 77-79).

이 연설에서는 특별히 급격한 시대적 변화에 대해 언급하고 이에 대해 역동적이고 새로운 방식으로 대처해야 함을 강조했다. 박정희는 이후로도 이 연설을 통해 전하고자 했던 가치와 마음가짐에 대해 여러 차례 언급했다. 1967년 1월 24일에 있었던 대학 총학장 및 교육감 연석회의에서 행한 한국 교육의 목적에 대한 연설도 그 중 하나이다. 여기서 박정희는 다음과 같은 표현을 써가면서 한국 교육의 목적과 이념에 대한 자신의 입장을 명확히 밝혔다.

우리는 지금 새로운 단계로 진입하기 위한 문턱에 서 있다. 이 시점에서 우리는 교육에 영향을 미치고 있는 여러 문제점들을 반드시 해결해야 하며 교육의 틀과 그 내용을 재정비하고 강화시킬 필요가 있다. 그래야만 진정으로 교육이 국가 발전에 이바지할 수 있을 것이기 때문이다.

근대화를 추진할 수 있는 힘을 만들어 내는 것은 결국 교육이다.

"근대화를 위한 인재육성(human education for modernisation)"과 "생산성 향상을 위한 과학 교육(scientific education for production)"은 우리 교육이 당면한 두 가지 최우선 과제이다. 우리의 젊은 세대들은 교육을 통해 근대화의 역군이 될 수 있도록 해야 한다. 보다 나은 한국의 내일이 그들의 노력에 달려 있기 때문이다.

교육을 통해 국민들의 근대 의식을 고양시킬 경우 우리의 근대화 정책은 보다 효과적으로 추진될 수 있다. 따라서 올바른 교육 이념을 채택하고 교육정책을 합리적으로 운용하는 것이야말로 국가 발전의 초석이라 아니할 수 없다 (Park 1970c, 88).

박정희는 대통령 신분으로 직접 교육에 관심을 기울임으로써 학교 교육이 경제 발전 추진에 있어 중추적 역할을 담당한다고 여기도록 만들었다. 그리고 자신의 신념이 담긴 민족주의적 이념을 창안하여 이를 교육 과정에 포함시킴으로써 자신이 추구하는 가치가 한국 사회에서 작동되게 하는 수단으로 삼았다. 그의 임기 중 한국 교육의 역할을 가장 극명하게 밝힌 것은 1968년 12월 5일에 선포된 "국민교육헌장"(National Charter of Education)이었다. 이 헌장은 아주 오랫동안 대단히 중요한 이념적 요소로 작용하면서 한국 교육을 상징하는 주요 특성의 하나가 되었다(Bourdieu and Passeron 1970). 선포식에서 박정희는 이 헌장이 수많은 공직자들과의 협의를 통해 작성되었으며 '국민적 지혜를 바탕으로 국민 윤리의 원칙을 구체화' 한 '국민교육의 지표' 라고 선언했다(Park 1970d,

116). 이 헌장은 한국 교육에 대한 박정희의 구상을 나타냈다는 점에서 대단히 중요하다. 그는 자신의 구상이 사회 속에 깊이 스며들기를 바라면서 '이 헌장에 나타난 이상적인 국가관이 각 급 학교 교육의 지표가 될 뿐 아니라 우리 국민 모두의 일상생활 속에도 깊숙이 뿌리내리기를 희망한다' 고 했다(Park 1970d, 117). 그리고 이와 같은 그의 의도는 실제로 실현되었다.

박정희 치하의 교육 제도 안에서 학생 개개인의 관심과 목표는 민족주의적 집단주의 풍조에 함몰되어 버렸다. 유교적 유산과 유교적 관념들은 이 같은 집단주의적 이념을 떠받치는 데 활용되었다. 국민교육헌장의 첫 머리에 나와 있는 '조상의 빛난 얼' 은 '널리 인간을 이롭게 한다' 는 뜻의 홍익인간이라는 전통 윤리를 '현대적 상황에 맞게 손질한 것' 이다(Republic of Korea Ministry of Education 1989, 2). 홍익인간은 1949년에 제정된 교육법 제 1조에도 이미 나와 있던 것으로 여기에서의 홍익인간은 민주주의와 공동번영의 목표에 연관되어 있었다. 한명희(Han Myung-Hee 1985, 128)는, 홍익인간의 개념적 기원을 찾아 거슬러 올라가다 보면 전통 신앙으로까지 연결된다고 했다. 그러면서 박정희는 공업화 과정을 겪고 있는 한국의 교육자들이 마땅히 따라야 할 교육적 이념을 마련하고자 이 개념을 전통 속에서 찾아내어 이용한 것으로 볼 수 있다고 했다. 한명희는 한국 교육의 이념에 대한 연구에서 다음과 같이 언급했다.

> 홍익인간의 개념적 기원은 유교와 불교와 전통 신앙으로까지 거슬러 올라간다. 그 속에 수세기에 걸친 한국인들의 가치가 담겨져 있다고는 하지만 사실 알맹이 있는 내용이 들어 있는 것은 아니다. 게다가 각종 새로운 요구가 분출하고 있는 현대사회에서 방향타 역할을 할

수 있는 개념도 전혀 아니다(Han 1985, 128).

한명희는 국민교육헌장의 기본 원칙에 대해 논하면서 고려되어야 할 특정 덕목들이 헌장 안에 일일이 열거되어 있지만, 동일한 무게의 사물들이 어수선하게 혼란된 가운데서는 사람들이 방향성을 잃게 되는 그런 이론적인 문제로부터 국민교육헌장이 자유롭지 않다고 주장한다(Han 1985, 129).

자야수이라(Jayasuriya)는 국민교육헌장이 선포되고서 10년 후인 1977년에서야 문교부의 연례보고서를 통해 이 헌장의 영향력에 대한 제대로 된 분석이 나왔음을 지적했다. 문교부는 이 보고서에서 국민교육헌장이야말로 1949년의 교육법 제정 이래 교육 발전 역사상 가장 중요한 성과물이라고 칭했다(Jayasuriya 1980, 44).

국민교육헌장은 최근까지도 가장 중요하면서도 유일한 교육 선언으로 남아 있었다. 1988년까지만 해도 모든 교과서 뿐 아니라 문교부가 매년 발간하는 교육연감의 맨 앞부분에 국민교육헌장 전문이 실려 있었으며 교사들은 그 내용을 학생들에게 반드시 숙지시켜야만 했다. 한국의 전통 사상을 토대로 한 국민교육헌장은 여러 가지 방법으로 한국의 모든 교사와 학생들에게 주입되었다. 모든 교과서의 넷째 쪽에는 헌장의 전문이 실려 있었고 각 교실마다 눈에 잘 띠는 곳에 이 헌장이 걸려 있었다. 학생들은 매일 아침 수업이 시작되기 전에 국기 앞에 서서 이 헌장을 외워야 했으며 교내외 행사 때마다 헌장의 낭독으로 식이 시작되었고 학교 시험에서도 헌장의 내용과 관련된 것이 출제되기까지 했다. 따라서 국민교육헌장은 그 내용면에서 종래의 그 어떤 이념적 요소보다도 한국 교육에 끼친 영향이 클 뿐 아니라 학교 행사의 빼놓을 수 없는 주요 의식으로 자리를 잡으면서 교육 분야에서 가히 종교에 버금간다 할 정도로 확고한 지위를 확보하게 되었다. 국민교육헌장은 화려한 수사법이 이용되어 신비스러운 권위마저 풍겨났다(Bourdieu and Passeron 1977 ; Synott and Symes 1995 참조).

그 장기적인 영향은 그 당시에 인지될 수 없었다. 왜냐하면 그 당시 경제적 성과는 교육적 성취의 성장에서 찾아졌고 완전히 발전한 국가적인 교육체계는 국민경제 속에 통합되었기 때문이다. 그러나 교육제도 그 자체는 매우 엄격하고 권위적이었고 교과 과정이나 가르치는 방식에 있어서도 달라진 것이 전혀 없었다. 국민교육헌장에서는 혁신과 융통성과 쇄신을 '국민윤리'로 내세우고 있었지만 세계화와 지식경제 시대를 맞이하기 전까지는 그런 특성이 한껏 발휘되지 못했다. 이때에야 비로소 '역동적인 한국'이라는 개념이 국가적 담론으로 각광을 받기 시작했다.

박정희 이후의 정권에서 국민교육헌장의 상징성은 현저히 줄어들었다. 하지만 그 핵심 가치는 그대로 남아 있었다. 1989년부터 문교부 연감에 국민교육헌장을 싣지 않은 것도 단지 표면적인 변화에 불과했다. 제41차 제네바 국제교육회의(International Conference on Education, 1989년 1월 9일 ~ 17일)에서 한국 문교부가 발표한 내용을 봐도 알 수 있다. 이 회의에서 문교부는 국민교육헌장이 '오늘날까지도 교육 정책의 효과적인 도구로 남아 있다'고 했다(Republic of Korea Ministry of Education 1989, 2). 국민교육헌장의 폐지를 결정한 것은 1989년이었다. 당시 노태우 정부는 지나치게 억압적이던 이전 정권과의 차별화를 위한 방책으로 이 같은 결정을 내렸다. 아울러 코튼(Cotton 1993, 28)이 주장한 바와 같이 당시 여러 곳에서 신흥공업국인 한국의 국제적 역할을 요구하는 목소리가 나오기 시작했다. 그런 상황에서 한국이 보다 자유로운 국가로 비쳐지는 것은 대단히 중요한 일이었다. 따라서 국민교육헌장의 폐지는 한국이 권위적 이데올로기의 영향력에서 벗어난다는 것을 가리키는 것이었다.

그럼에도 불구하고 정책 수립에 있어 교육을 통한 국가발전의 중요성은 1990년대에도 여전히 강조되었다. 1989-90년 교육연감에서는 '민주시민을 양성'하는 데 있어 교육의 역할이 중요하다고 했다. 하지만 '한 걸음 더 나아가 교육은 국가발전이라는 거대한 목표를 위해 국민들을 결집시키는데 기여함으로써 사회 성원들의 가치의식과 애국심을 함양시키고 또 그들이 국가의 미래를 밝게 내다볼 수 있도록 도와준다'는 점을 강조했다(Republic of Korea Ministry of Education 1990, 107). 유네스코 한국위원회의 1990년 보고서에도 비슷한 내용이 들어 있다. 여기서는 교육이 개인의 인격형성에 기여해야 하며 그 성공 여부는 교육과 여타 발달 요소와의 조화에 달려있다고 했다(Korean National Commission for UNESCO 1990, 2). 그 뒤에 나온 보고서에서는 근로자들이 성취동기를 잃어버리거나 직업에 헌신하고자 하는 의욕을 상실하는 경향이 있기 때문에 근로자들이 '건전한 직업윤리를 확립하고 건강한 소비 활동을 하도록 하는 데' 교육이 중요한 역할을 한다고 했다(Korean National Commission for UNESCO 1990, 3). 이 내용들은 모두 국민교육헌장이 담고 있는 핵심 가치를 적용한 것들이다.

국민교육헌장이 공식적으로 폐지된 것은 1993년 11월이었다. 오병문 당시 교육부장관은 발표를 통해 '사회 질서가 변함에 따라 국민교육헌장의 정신은 이제 그 의미를 상실했기 때문에 국민 교육의 방향을 재조정해야 할 필요가 있다'고 했다(The Korea Times 1993, November 12, 3면에서 인용). 그러나 오 장관은 그 헌장의 정신이 여전히 영향력을 지니고 있다는 점에 대해서는 말을 절제하는 듯 했다. 이 후 이 헌장을 대신할 그 어떤 선언서도 나오지 않았다. 이제 교육 현장에는 생산성을 높이고 근대화를 촉진시키기 위한 새로운 장려책으로 '세계화' 정책이 자리를 잡게 되었다. 이와 함께 국민교육헌장의 핵심 원리였던 지속적인 성장과 쇄신과 도전 그리고 국가 번영을 위한 생산성 향상도 이제 세계화 과정 속에서 새로운 의미를 찾았다.

Ⅵ. 결론

오늘날의 '역동적'인 한국을 특징짓는 국민적 활력과 의욕의 상당 부분은 박정희가 오랫동안 전제적 방식으로 한국을 지배하면서 만들어 낸 쇄신 정책 덕택이라고 본다. 이것이 본 논문에서 밝힌 나의 주장이다. 최근 몇십년 동안 사회적으로 많은 변화가 있었다. 그와 함께 박정희가 내세운 이념의 많은 부분이 퇴색해졌다. 그처럼 확고했던 민족주의도 세계화 정책 앞에서 힘을 잃어가고 있으며 사람들의 관심도 노동집약적 산업경제에서 지식경제 쪽으로 빠르게 이동하고 있다. 박정희의 권위주의적 통치에 대한 강요된 순종도 종지부를 찍고 이제는 민주적 통치의 시대로 접어들었으며 북한과의 관계 회복의 시대를 맞아 그동안 박정희의 정책에 힘을 불어 넣었던(그리고 미국의 대외 정책에 의해 촉진되었던) 공세적 반공주의도 시들해졌다. 환경의 변화와 함께 많은 국면들이 이처럼 바뀌었다. 하지만 박정희가 반복해서 외쳤던 쇄신과 생산성 향상, 유연한 대처, 활기찬 의욕, 적극적인 참여의 정신은 현재의 한국 문화에 깊숙이 자리를 잡고 있으며 '역동적인 한국'이라는 국가적 슬로건 안에 고스란히 담겨져 있다.

10장

민주화와 공화민주주의 : 토크빌을 통해 본 80년대 한국의 민주화 운동*

김경희 성신여자대학교

I. 서 론

문민정부와 국민의 정부를 거쳐 현재에 이르기까지 대한민국은 민주주의의 공고화를 위해 노력하고 있다. 그런데 정작 민주화를 이루고 "대한민국은 민주국가다" 라는 국제적 평가를 받고 있는 요즘 오히려 민주주의에 대한 새로운 고찰의 필요성이 제기되고 있다. "민주화 이후의

---

* 이 글은 2007년 9월 『동양정치사상사』 6권 2호에 실린 글입니다.

민주주의", "민주주의의 민주화" 혹은 "결사체 민주주의", "풀뿌리 민주주의" 등 민주주의에 관한 여러 가지 담론이나 "포스트 386시기" 등 민주화 이후의 새로운 세대에 대한 고찰 등 많은 논의들이 진행되고 있다. 이 논의들에서 보이는 문제의식은 60년대에서 80년대까지 대한민국이 그토록 원했던 민주주의가 막상 그것을 달성하고 보니 아니 민주화를 겪고 보니 민주주의만으로는 무엇이 부족하다는 것이다.[1] 왜 민주화 이후 민주주의에 대해 다시 생각하게 되었을까? 그리고 그러한 민주주의는 어떤 성격이어야 하는가? 현 시점에서 제기되는 수많은 쟁점들 중에서 본 논문은 민주화 이후 제기되는 민주주의라는 질문에 대해 '공화민주주의'라는 관점 속에서 살펴보고자 한다. 이러한 문제제기 속에서 본 논문은 시기적으로 대한민국의 80년대를 다룰 것이며, 내용적으로는 공화민주주의라는 관점에서 살펴볼 것이다. 80년대를 다루는 것은 현 시기를 고찰하는 데에서 핵심적인 역할을 한다. 그것은 지난 참여정부의 산파역할을 했던 386세대가 자신의 정치의식을 형성시켰던 경험의 시공간이 바로 80년대이기 때문이다. 현재 사회의 주류를 형성하며 민주주의를 이끌어 가고 있는 이들의 민주주의관이 80년대에 형성되었던 것이라고 해도 무리는 아닐 것이다. 이런 점에서 민주화를 이루는데 결정적 기여를 했으며, 이제는 정치·사회의 주도집단으로 성장한 세력이 활동했던 80년대를 다루는 것은 바로 현재 민주주의의 문제를 다루는 것이 될 것이다.

---

1 "민주화 이후의 민주주의"는 최장집(2002), "민주주의의 민주화"는 최장집(2006), 대의제 민주주의의 한계를 극복하려고 하는 민주주의 담론의 일부로서 "결사체 민주주의"는 김의영 외(2006), "풀뿌리 민주주의"는 하승우(2006), "참여민주주의"는 참여사회연구소(1997) 등 참조. 한편 송호근(2005)은 386세대와는 다른 포스트 386세대를 언급하면서 '이념의 과잉' 시대를 넘어 새로운 시대에 맞는 관점의 필요성을 역설한다.

이하에서는 우선 민주화 이후 민주주의 공고화를 생각해 볼 수 있는 한 논의로 공화민주주의론에 대해 살펴볼 것이다.[2] 공화민주주의는 '인민주권' 개념에 내재하는 '지배'와 '배제'의 경향을 '공화'라는 '공치'(共治)의 이념을 통해 완화시키려는 것이다.[3] 또한 주종적 예속이 없는 상태(non-domination)를 지향하는 공화주의의 핵심가치는 민주주의의 강화에 기여할 것이다. 나아가 법치 속에서 가능한 정치적 자유와 공화적 통치는 시민들로 하여금 공공선에 대한 복무와 거기서 나오는 시민의식의 함양을 통해 민주주의의 공고화에 기여할 것이다. 그런데 본 논문에서는 그러한 공화민주주의 논의를 가장 잘 보여주는 것으로 토크빌의 '미국의 민주주의'에 관한 논의를 빌려올 것이다. 거기에 더해 프랑스 혁명기에 토크빌이 관찰한 평등 중심의 민주주의관을 대비시킬 것이다. 자치의 경험 속에서 나오는 정치적 자유가 부재할 때 나타날 수 있는 민주주의의 위기를 살펴봄으로써, 그에 이어 서술될 한국의 80년대에 풍미한

---

2 현재 공화주의에 대한 관심은 학계뿐만 아니라 정치권에서도 증가하고 있다. 그러나 그 수용은 이념적 스펙트럼에서 볼 때 좌에서 우에 이르는 다양한 양상을 띠고 있다. 진보적 입장에서 정치권에 수용된 예로는 한국 사회당이 사회적 공화주의를 핵심 강령으로 선택한 것뿐만 아니라, 열린우리당의 최재천 의원이 탈당의 변에서 공화주의에 입각한 새로운 진보적 정당의 출현이 필요함을 역설한 것을 들 수 있다. 반면 한나라당의 박세일 의원은 보수적 측면에서 공화주의를 수용하고 있다. 그리고 학계에서는 비록 유보적인 입장이지만 최장집 교수가 진보적인 측면을, 송호근 교수는 보수적인 측면을 수용하고 있다. 이들 외에도 최근 학계에서 일고 있는 공화주의에 대한 다양한 해석은 김경희(2007); 김비환(2003); 정원규(2002) 등 참조.

3 이러한 의미에서 이동수는 공화민주주의를 "법치와 최소정부의 원리는 보존하면서 사회 각 부문에 공적인 영역을 확보하여 지배자와 피지배자 사이의 간극을 없앰으로써 지배와 피지배의 구분을 더욱 모호하게 하려는 것"으로 파악한다. 이동수(2007, 11) 참조.

민주주의관에 대한 성찰의 기회로 삼고자 한다. 한국적 맥락에서 나온 '운동 속의 민주주의관'에 대해 살펴보는 것은 앞으로 필요한 우리의 공화민주주의를 성찰하는데 도움을 줄 수 있을 것으로 사료된다.

II. 자유 없는 평등민주주의의 위험성과 공화민주주의 : 프랑스 혁명과 미국의 민주주의에 대한 토크빌의 고찰을 중심으로

오늘날 대부분의 민주국가는 헌법에 '민주공화국'임을 밝히고 있다. 대한민국도 자신의 정체성을 표현한 헌법에서 민주공화국임을 명시하고, 주권이 국민에게 있고, 모든 권력이 국민으로부터 나옴을 밝히고 있다.[4] 여기서 '민주'는 권력의 주체를 지시하는 말이며, '공화국'은 국가의 구성을 의미하는 '국체'(國體) 및 '정체'(政體) 개념이다. 국민주권의 원리와 결부된 '민주'는 근본적으로 평등한 국민들의 의사에 따라 국가권력이 창설, 행사될 것을 지시하는 것이며, '공화국'은 전제(專制) 또는 일부 집단의 지배에 반대되는 개념이다.[5] 입법, 사법, 행정의 3권 분립 하에 견제와 균형의 원리를 구현하는 법치국가가 공화국의 핵심이념인 것이다. 이러한 근대 민주공화국의 전형을 만들어낸 프랑스 혁명은 바로 평등

4 대한민국 헌법 총강 제1조 1항에는 "대한민국은 민주공화국이다"라고 적혀 있으며, 바로 이어지는 2항에서는 "대한민국의 주권은 국민에게 있고, 모든 권력은 국민으로부터 나온다"라고 써 있다(정종섭 2002, 17).

5 뵈켄회르데(2003), 책 3편 1장 참조.

한 인민에 의해 절대군주의 전제를 폐지하였던 것이다. 그런데 이러한 '민주'와 '공화국'의 개념은 긴장관계에 있는 것처럼 보인다. 전자가 평등한 개별 시민들의 단일체로서 상정된 국민의 지배라는 '형식적 평등'과 '지배'의 함의를 강하게 가지고 있다면, 후자는 '자유'를 향유할 수 있는 '권력의 분배'와 '공치'의 이념을 더 강조하는 경향을 가지고 있다. 현대 민주주의 국가는 각 나라의 역사적 특수성에 따라 다양한 민주주의를 향유하고 있지만 대체로 '민주'의 이념을 '공화국'이라는 정체 속에서 조화시키려 노력하고 있다. '민주주의'가 문제가 아니라 '공화민주주의'의 구현이 '민주공화국'의 과제인 것이다.[6] 그러나 이러한 민주와 공화의 조화가 역사 속에서 항상 가능했던 것은 아니었다. 프랑스 혁명 이후 민주주의는 거스를 수 없는 대세가 되었다. 그러한 배경 속에서 민주주의의 현상형태는 각국의 역사적 맥락에 따라 다르게 나타났다. 공화가 없는 민주의 강조 속에서 민주화의 열망과는 반대되는 독재를 초래했던 경험도 있었으며, 둘의 조화 속에서 민주주의의 꽃을 피웠던 곳도 있었다. 토크빌(Tocqueville)은 전자의 예를 대혁명 이후의 프랑스에서 보았으며, 후자를 미국 건국 초기에 보았다. 이하에서는 우선 토크빌의 논의를 기초로 하여 민주가 과도화 되었을 때 나타날 수 있는 폐해를 살펴보고, 다음으로는 그러한 폐해를 극복할 수 있는 공화민주주의를 살펴볼 것이다.[7]

『혁명론』(On Revolution)에서 토크빌의 통찰에 기대어 미국 혁명과 프랑스 혁명을 비교 분석한 한나 아렌트(Hannah Arendt)는 프랑스 혁

6 근대 민주공화국 사상의 핵심적인 역할을 한 프랑스 혁명 이전 시기, 특히 아리스토텔레스에서 마키아벨리에 이르는 '민주'와 '공화'의 역동적인 관계에 대해 서술한 논문으로 김경희(2007) 참조.

7 한국학계에서 토크빌에 대한 논의는 홍태영(2001) 참조.

명을 결정적으로 규정지은 것으로 그것이 타도대상으로 삼은 절대군주제를 들고 있다.[8] "법으로부터 자유로운 권력"(potestas legibus soluta)이란 절대성을 지닌 프랑스 절대군주를 타도하고 나서 그 자리에 국민의 의지가 들어섰던 것이다. 프랑스 혁명은 왕의 권좌에 인민을 앉혔고, 그것과 동시에 법과 권력의 근원이라는 역할도 부여하였던 것이다. 정부와 법의 영역 밖에 존재하면서 권력과 법을 통제하는 단일의지는 결국 "인간의 제국이 아닌 법의 제국"으로서 공화국의 확립을 낳지 못하고 "군주제, 즉 일인지배를 민주주의, 즉 다수지배로 대체했다"고 말한다.[9]

이러한 단일의지에 의해 프랑스 혁명이 또 다른 전제정으로 변할 수 있음을 토크빌은 자유 없는 획일적 평등의 지배 속에서 언급하고 있다.[10] 교회를 공격하는 반종교적 열정과 신분제의 폐지 속에서 프랑스 혁명은 인간 일반의 권리와 의무를 규정하는 형식적이고 보편적인 평등을 선언했던 것이다. 그런데 기존의 것들을 말소하고 평등이 도래했을 때 사람들은 특수주의와 협소한 개인주의로 빠질 위험이 있었다. 그것을 제어할 수 있는 것은 자유뿐이었지만 프랑스에서는 그 자유가 부재했었다. 자유 속에서 나올 수 있는 공적 미덕이 부재하는 곳에서 전제주의는 군림하게 된다고 토크빌은 말한다(Tocqueville 2006, 7–8). 한편 이러한 자유

8 "미국 혁명과 프랑스 혁명 간의 가장 명백하고 결정적인 차이는 미국 혁명의 역사적 유산이 제한군주정이고 프랑스 혁명의 역사적 유산은 기원 후 처음 몇 세기와 명백히 로마 제국의 마지막 몇 세기까지 거슬러 올라가는 절대주의였다는 점이다."(Arendt 2004, 260).

9 Arendt(2004) 270쪽 참조.

10 "혁명과정을 신속하게 추적해 가면서 나는 어떤 사건이나 결함 또는 과오에 의해서 바로 이 프랑스인들이 자신들의 애초 목표에서 벗어나서 자유에 등을 돌린 채 단지 세계 지배자의 평등한 노예가 되기를 원하는 데에 이르렀는자를 보여줄 것이다"(Tocqueville 2006, 5).

없는 평등은 군주제에 견제를 가했던 기존 제도들을 말소함으로써 의도하지 않았던 결과 즉 군주제와 전제정에 이로운 상황을 산출해내게 된다. 이것을 토크빌은 미라보가 국왕에게 보내는 은밀한 서신을 인용하면서 다음과 같이 말한다.

> 이제 고등법원*(parlements)*도 신분회지방*(pays d'etats)*도 성직자 집단도 특권층도 귀족신분도 없지 않습니까? 시민이라는 하나의 단일한 계급을 만든다는 생각에는 리셜리외라도 크게 공감했을 것입니다. 왜냐하면 이러한 표면적인 평등은 오히려 권력의 행사에 이롭기 때문입니다. 왕권 강화를 위해 지금까지 몇 차례에 걸친 전제 정부들도 해내지 못한 일을 단 일 년간의 대혁명이 이룩해낸 것입니다.[11]

강력한 중앙권력으로서 절대군주제 자체를 민주화시켰던 것이 아니라 중앙집권적인 관료제인 몸통은 그대로 남겨둔 채, 아니 오히려 봉건적 제도들의 제거로 인한 보편적 평등 속에서 중앙집권적 행정은 강화시키면서 절대군주를 절대인민으로 대체시켰던 것이다.[12] 평등에 대한 맹목적인 열정이 바로 문제인데 이러한 상황 속에서 혁명은 민주화를 가져왔던 것이 아니라 오히려 전제적 지배의 조건을 강화시켰고, 그 귀결은 나

11 Tocqueville(2006) 19-20쪽.

12 "(…)우리는 이 혁명이, 유럽의 대다수 국가에서 지난 수세기 동안 어김없이 군림해 왔던 정치 제도들 즉 일반적으로 봉건적 제도들이라고 불리는 것들을 제거하고, 조건들의 평등을 기반으로 하는 더욱 단일하고 더욱 단순한 하나의 사회적, 정치적 질서로 그것을 대체해버리는 결과를 가져왔음을 명확하게 파악할 수 있다"(ibid., 31쪽).

폴레옹의 등장이라는 것이다.[13]

그렇다면 토크빌이 그렇게 그 부재를 아쉬워했던 자유는 무엇일까? 우선 자유에 대한 토크빌의 말을 직접 들어보자.

> 자유만이 이러한 사회(공적 미덕들이 사적 영역에 가두어진 전제주의 사회 : 필자)에 내재한 악덕들을 효과적으로 물리칠 수 있다. 사실상 자유만이 시민들을 고립 상태에서 끄집어내어 서로 접촉하도록 이끌어 주며, 공통의 관심사를 실행에 옮기기 위해 서로 상의하고 토론해야 할 필요성을 매일같이 일깨워준다. 자유만이 금전에 대한 숭배와 잡다한 개인사에서 시민들을 구해낼 수 있으며 그들의 옆에는 언제나 조국이 있다는 사실을 깨닫게 해줄 수 있다. 자유만이 때때로 안락에 대한 애착을 더 강렬하고 더 고상한 열정들로 대체할 수 있으며, 부의 획득을 넘어선 숭고한 목적들에 대한 야망을 불러일으킬 수 있고, 인간의 미덕과 악덕을 식별할 수 있게 해주는 빛을 제공해 줄 수 있다.
>
> 자유롭지 못한 민주주의 사회는 부유하고 고상할 수 있으며 심지어 화려하고 장중할 수도 있다. 이곳에서 우리는 선량한 가장, 정직한 상인, 존경받는 지주와 같은 사적인 덕성을 발견할 수 있다. 이곳에서는 선량한 기독교인도 발견된다. (…) 그러나 내가 감히 말하건대, 이러한 사회에서는 결코 위대한 시민들 특히 위대한 인민(peuple)은 찾아볼 수 없을 것이다. 그리고 이러한 사회에서 평등과 전제주의가 하나로 결합하게 되

13 "이제 사람들은 평등에 대한 열정을 충족시켜주는 자라면 누구에게나 모든 것을 기꺼이 바치려 하였으며, 평등에 대한 열정을 조장해주거나 고무해주는 정부라면 어느 것에나 그 정부가 전제주의로 나아가는 데 필요한 습성과 관념 및 법률들을 제공해주게 되었다"(ibid., 230쪽).

면, 심성과 정신의 일반적 수준이 끊임없이 저하될 것이라고 나는 서슴없이 단언할 수 있다.[14]

이러한 정치적 자유를 "강력한 행정적 중앙집권화와 우월한 입법원이라는 두 가지를 하나로 합체시키려 했던" 프랑스인들은 이해할 수 없었다. 이것은 "관료제에 의한 행정과 유권자의 통치를 결합시키는 것"을 의미하는 것으로 "전체로서의 국민이 모두 주권을 갖는" 것처럼 보이지만 실상은 "시민 개개인은 엄격한 종속상태에" 놓이게 되는 것이다. 토크빌은 "전자에게는 자유로운 국민으로서의 경륜과 미덕이 요구되는 반면, 후자에게는 그저 성실한 하인으로서의 자질이 요구"된다고 말한다.[15] 이렇게 볼 때 하인이 아닌 주권을 가진 자유로운 시민이자 국민이 몸에 지니는 자유는 바로 자치(自治)의 경험 속에서 나오는 자유인 것이다. 토크빌은 그것을 가능케 하는 공간을 미국 건국초기 타운(town) 같은 지방분권적 제도들에서 보았다. 자신의 삶의 터전이자 정치의 공간인 타운에서 실질적인 권력이 주어진 채 그 운영에 참여한다는 것은 권한과 의무를 동시에 소유하는 것이며, 나아가 진정한 자주성을 획득한다는 것이다. 주권재민은 직접 정치를 해보는 것에서 실현가능하며, 그것은 바로 지방분권적 기구들의 활성화속에서 누리는 정치적 자유를 통해서 보장된다는 것이다.[16]

14 Ibid., 8-9쪽.

15 Ibid., 186-187쪽.

16 "지방분권적 기구들을 가지고 있지 않은 민주주의는 이런 폐해(전제주의의 악정 : 필자)에 빠지지 않을 보장책이 없다. 작은 일에 자유를 누리도록 훈련받지 못한 사람들이 큰 일에서 어찌 절제 있게 자유를 구사할 줄 알겠는가? 각 개인이 약한 상태에 놓여 있고 시민들을 결속시킬 공통 이익이 없는 나라에서 폭정

그렇다면 토크빌이 자유와 평등이 조화를 이루었다고 보는 미국의 민주주의는 어떻게 가능하게 되었을까? 토크빌은 합중국에서 민주공화국의 유지에 기여한 것을 다음의 3가지로 요약한다. 첫째 "연방형태의 정부형태로서 연방정부로 하여금 큰 공화국의 권력과 작은 공화국의 안전보장을 결합시킬 수 있게 해"준 것. 둘째 타운제도로서 그것은 "다수의 횡포를 제한하는 동시에 자유애호성향과 자유민으로 남아 있는 기술을 국민에게 가르쳐" 주었다. 셋째로 사법제도로서 "다수의 활동을 중단시킴 없이 다수의 충동을 제어해" 주었다.[17] 다시 말해 지역분권 및 자치를 통해 주권재민이 실질적으로 이루어졌고, 연방의 공공선을 위한 중앙집권권력은 있되 지방분권을 해치는 중앙 집중적인 행정으로 드러나지 않았으며, 의회의 권한을 사법권위가 견제하여 인민의 독재를 방지했다는 것이다. 그리고 이 모든 것이 가능했던 것은 타운제도 속에 기반한 자치의 정치에서 나오는 정치적 자유에 대한 사랑과 시민의식이 법치를 가능하게 하였기 때문이다.

한편 아렌트는 이것을 로마공화정의 정신과의 비교 속에서 설명한다. 참주정에 대항하여 세워진 로마공화정의 특징은 한 정치세력에 의한 전제를 제어하고 권력분점에 의한 공치를 지향하는 데 있었다. "권력은 인민에, 권위는 원로원에"(potestas in populo, but auctoritas in senatu)라는 말에 담겨진 이 의미는 미합중국에서는 의회에는 권력이 사법부 특히

에 대해서 어떻게 저항할 수 있겠는가? 군중의 방종을 두려워하는 사람들이나 절대권력을 두려워하는 사람들은 다 함께 지방분권적 자유의 점진적 발전을 바라지 않으면 안 된다"(Tocqueville 1997, 157).

17 Ibid., 380쪽.

대법원에 권위가 놓여지는 모습으로 나타나게 된다.[18]

이렇게 미국 건국초기에 나타난 자유와 평등의 조화를 공화민주주의라 부르고자 한다. 앞에서 보았듯이 공화민주주의 이념은 그것이 생성, 재생산되는 공간적 제도와 그것을 지탱하는 윤리적 관점에서 나누어 볼 수 있다. 즉 제도적인 측면에서는 자치와 법치가 핵심이 될 것이다. 전제적 지배와 무정부적 혼란상태에 대비되는 법의 지배 속에서 공화주의의 핵심으로서 정치적 자유가 보장될 수 있는 것이다. 그리고 이러한 법의 지배는 자치와 대의제를 포괄하는 질서 잡힌 통치와 함께한다. 그런데 이러한 제도적 측면은 시민의 적극적인 정치 참여와 그 속에서 수행되는 시민의식(civic virtue)을 필요로 할 뿐만 아니라 그러한 윤리적 요소를 재생산해내는 공간을 제공한다. 시민의식은 정치적 자유 속에서만 나올 수 있는 것으로 자유로운 공동체와 그것에 대한 의무의식을 핵심으로 한다.[19] 여기서 공공선은 그것을 지탱하는 지렛대 역할을 수행한다. 반면 이러한 시민의식이 사라졌을 때 타락과 부패가 그 자리를 채우게 되며, 공

---

18 Arendt(2004) 319-320참조. 로마의 원로원을 모방한 미국의 상원에 권위가 주어지지 않은 것은 "입법부가 권력을 보유했기 때문에 상원이 권위를 행사하는 것이 어울리지 않았기" 때문이다(Arendt 2004, 319). 또한 아렌트는 그 제도적 유사성에도 불구하고 권위개념은 명백히 다르다고 말하는데, 로마의 권위 기능은 "정치적이며 조언"을 하는 데 있지만 미공화국에서는 "사법적이며 해석을 하는 데 있다"고 한다(Arendt 2004, 320).

19 공화민주주의에서 법적 제도를 유지, 강화시키는 시민의식의 핵심 중 하나는 애국심이라 할 수 있다. 그런데 그것은 민족주의적 애국심과는 다른 것으로 자신이 속한 공동체의 법과 자유정체 등에 대한 사랑에서 나오는 열정이라 할 수 있다. Tocqueville(1997) 155쪽과 317쪽 참조. 또한 공화주의적 애국심에 대해서는 Viroli(2006) 6장 참조.

공선 대신 이기주의가 들어서게 되는 것이다. 그런데 이 공공선은 초법적 단일 권위체가 제시하는 공공의 이익이 아니다. 그것은 자치의 경험 속에서 정치적 자유를 향유하는 시민들의 마음속에 각인된 공공선에 대한 믿음에 기반한다. 중앙행정권력에 의해 부과되고 동원되는 정치질서가 아니라 정치적 자유를 누리며 자신의 이익을 스스로 추구하는 공동체에서 국가이익은 자신의 사익과 동일시되는 것이다.[20]

이렇게 자유와 평등의 조화 속에서 이루어지는 공화민주주의와 자유의 경험 없이 수행되는 평등중심의 민주주의, 특히 중앙집권적 행정과 같이 하는 민주주의에서 이루어지는 정치의 차이는 실로 엄청나다. 토크빌이 결사권이 유럽과 합중국에서 어떻게 차이가 나는지를 설명하는 곳에서 우리는 그 차이를 극명하게 볼 수 있다.

> 대다수 유럽인들은 성급히 만들어 투쟁에서 즉각적으로 써먹을 수 있는 무기로서 결사를 간주한다. 협회는 토론을 위해서 결성되지만 협회를 만드는 모든 사람들의 마음속에는 곧 벌어질 행동에 관한 생각으로 가득 차 있다. 그것은 사실상 군대이다. (…) 아메리카에서는 소수파를 형성하는 시민들이 첫째로는 그들의 수적 세력을 드러내어 다수파의 도덕

20 "내가 아메리카에서 찬탄해마지 않은 것은 지방분권의 '행정적' 성과가 아니라 '정치적' 성과이다. 합중국에서는 국가 이익이 어디에서나 명백히 드러나 있다. 국가 이익은 전체 합중국민의 열렬한 관심의 대상이며, 시민은 누구든지 국가 이익이 마치 자기 자신의 이익인 양 열렬한 관심을 가지는 것이다. 그는 나라의 영광에 자부심을 가지며 스스로 기여했다고 생각하는 나라의 융성을 자랑스럽게 여기고 자신에게도 혜택이 돌아올 전체의 번영을 기뻐하는 것이다. 그가 국가에 대해서 가지는 감정은 그의 가족을 결속하는 감정과 비슷하다. 그리고 그가 자기 나라의 복리에 관심을 가지는 것은 일종의 이기심 때문이다"(Tocqueville 1997, 155).

적 세력을 경감시키기 위해서, 그리고 둘째로 경쟁을 유발해서 다수파를 공격하기에 가장 적합한 논거를 찾아내기 위해서 결사를 형성한다. (…) 따라서 합중국의 정치결사들은 그 의도에 있어서 평화적이고 사용하는 방법에 있어서도 지극히 합법적이다. (…) 견해의 차이가 색깔의 차이 정도로밖에는 여겨지지 않는 합중국과 같은 나라에서는 결사권이 무제한하게 허용되어도 나쁜 결과를 낳지 않을 수 있다. 우리처럼 자유의 행사에 경험이 없으면 결사의 자유를 단지 정부를 공격하는 권리로 간주하게 된다. 개인은 물론 정당에게 떠오르는 첫 번째 생각은, 자신의 세력이 충분하다고 의식하게 됐을 경우 폭력을 휘두르겠다는 생각이다. (…) 유럽에서는 다수를 대표하려 들지 않거나 다수를 대표한다고 생각하지 않는 결사들이란 별로 없다. (…) 유럽에서는 결사들은 의사를 발표할 수 없는 국민들의 입법 및 행정 협의기구로서 어느 정도 스스로 자부한다. 이런 신념에 사로잡혀서 유럽의 결사들은 행동하고 명령하는 것이다. 아메리카에서는 누가 보더라도 결사들이 국민의 소수밖에는 대표하지 못하기 때문에 그들은 토론을 벌이고 호소하는 것이다.

유럽의 결사들이 취하는 방법은 그들이 달성하려고 제기한 목표에 의거한다. 이런 단체들의 주요 목표는 토론보다는 행동을, 확신시키기보다는 싸우기를 택하기 때문에 이들 단체는 자연히 법을 지키는 평화로운 조직보다는 군대 생활의 습관과 규율을 지닌 조직을 택하기에 이르는 것이다. 그 결사들은 또한 가능한 한 그들 세력의 통제를 집중하고 소수의 지도자들에게 전체 당의 권력을 위임한다. (…) 다시 말하면 함께 뭉치면서 그들은 곧 자신의 판단과 자유의지의 행사를 포기한다는 뜻이다.[21]

21 Tocqueville(1997) 266-269쪽.

토크빌이 간명하게 보여준 양(兩) 정치의 차이는 권력관에 대한 차이와 정치인의 차이로 구분할 수 있을 것이다. 권력관의 차이는 유럽 특히 프랑스 혁명의 경험에서는 권력이 일인(一人)이 소유할 수 있는 물화된 폭력적인 다시 말해 강권의 개념으로 나타난다. 반면 공화민주주의를 구현하고 있는 아메리카에서는 자유와 법치 속에서 시민들 간의 자발적 결사와 관계 속에서 생성되는 관계론적 권력이었다. 이러한 관계론적인 공화민주주의적 권력은 "상호성과 호혜성에 기반을 두고" 있기에 "실질적이고 정당한 권력"이다.[22] 반면 강권으로 나타나는 권력은 상호성이 아니라 기껏해야 동의에만 의존한다. 따라서 그것은 지속적이지 못하고 일시적이며, 어느 한 투쟁기에 잠깐의 승리를 가져다 줄 수 는 있으나 그 승리를 유지하기에는 역부족이다.

이러한 권력관의 차이는 그것을 얻기 위해 활동하는 정치인의 타입으로 드러나게 된다. 소유할 수 있는 물화된 권력으로서 강권을 소유하려고 하는 이들은 앞의 인용문에서도 나왔듯이 정치를 적나라한 폭력이 난무하는 싸움의 대상으로 보게 된다. 나아가 정치를 정치행위자들 간의 관계 속에서 보려는 것이 아니라 초월자의 입장에서 보게 되는 것이다. 정치적 자유의 공간에 대한 경험이 부재한 가운데 프랑스 혁명에서 이러한 입장은 이론과 철학에 경도된 문필가적 혁명가들로 나타나게 된다.[23]

22 Arendt(2004) 296쪽.

23 "프랑스에서 정치세계는 서로 소통이 없는 두 영역으로 확연히 구분되어 있었다. 첫 번째 영역이 실질적 통치를 담당한 반면, 두 번째 영역은 통치 일반의 토대가 되어야 할 추상적인 원리들을 설정했다. 한쪽에서는 관례에 부합되는 구체적인 조치들을 취급한 반면, 다른 쪽에서는 현실적인 실행 수단을 고려함이 없이 일반 법칙들을 선언했다. 전자는 공무의 수행을 담당한 반면, 후자는 지성의 방향을 인도한 셈이다.(…) 프랑스혁명을 연구해보면 우리는, 그렇게도 많은

반면 "결속과 약속, 결합과 서약"이 권력을 존재하게 하는 수단으로 보는 공화민주주의는 잠재적 권력이 존재하는 동료 시민들의 관계 및 그들의 공영체를 중심으로 정치를 사고한다. 더 이상 초월적이며, 분리된 관찰자의 입장에서 보는 것이 아니라, 동료 시민들과 같이 살아가며 공동체의 일에 직접 관여하는 참여자의 입장에서 보게 되는 것이다.[24] 이때 참여는 참여자 본인이 전체를 대변하는 주인이라는 것과는 다른 의미를 가진다. 그 어원에서도 드러나듯이 참여는 부분을 취하면서 같이 한다는 의미를 가지고 있는 것이다.[25]

다음 장에서는 지금까지 논의된 자유 없는 평등 중심의 민주주의관을 가지고 80년대 한국 민주화 운동에 대해 살펴볼 것이다. 대한민국의 역사는 정치적 자유를 체험할 수 있는 시공간을 제시하지 못하였다. 왕정체제였던 조선이 몰락하면서 일본 제국주의에 국가의 자유를 내주었

추상적인 통치이론서들을 낳게 했던 바로 그 정신구조 속에서 프랑스 혁명이 진행되었음을 알 수 있다."(Tocqueville 2006, 164-166) 또한 아렌트는 "프랑스 혁명은 정치 무대에 전적으로 새로운 인물, 즉 직업 혁명가를 부상시켰다"라고 말한다(Arendt 2004, 395).

24 "합중국 국민들의 생활 가운데 정치에 대한 관심이 어느 정도의 위치를 차지하는지는 말하기 어렵다. 사회의 관리에 참여하고 그 문제를 토의하는 것은 아메리카인의 가장 큰 관심사이며 말하자면 그가 알고 있는 유일한 즐거움이다. 이런 느낌이 가장 하잘것없는 생활습관에까지 스며 있다. (…) 토론클럽이 연예여흥을 어느 정도 대신하고 있다. 다시 말해 아메리카인은 대화는 할 수 없지만 토론할 수는 있으며 그의 말은 주장으로 변해버린다. 그는 마치 자신이 어느 모임에서 연설하듯이 상대방에게 말한다"(Tocqueville 1997, 326).

25 참여(participation)의 어원은 라틴어 pars 즉 일부분을 취한다capere에서 온 것으로 '같이 한다' 혹은 '부분을 취한다'라는 뜻을 가지고 있다. 참여 개념에 대해서는 김대환(1997)의 글 참조.

기에 자치 속에서 오는 자유보다는 국가의 자유로서 독립이 우선 추구되었다. 구한말 나라를 구하기 위한 운동의 과정과 한일합방 후 나라를 되찾기 위한 운동의 과정 속에서 자치보다는 독립이, 왕정과 그 지지세력으로서 귀족세력 및 제국주의에 기생한 매판엘리트들에 대한 불신과 불만 속에서 자유보다는 평등/균등이 강조되었다.[26] 대한민국은 해방 후 이승만 정권과 박정희 군부독재를 거치면서 강력한 중앙집권 기구를 가진 군사독재국가로 나타나게 된다. 강력한 군사독재에 저항했던 기나긴 민주화 투쟁은 자유보다는 평등, 균등의식을 가지고 있었던 우리 역사에서 평등 중심의 민주주의관을 배태시키게 된다.

III. 80년대 민주화 운동 속의 민주주의 이념 : 평등과 지배의 정치

79년 말부터 87년 말 대선까지의 시기를 흔히 권위주의 시대의 종반기로 구분한다.[27] 박정희 대통령의 갑작스런 죽음과 그에 이은 잠깐의 권력의 공백 기간 그리고 신군부의 등장과 5.18 광주민주화 운동은 한국에서의 민주화 운동에 새로운 전기를 맞이하게 한다. 박정희 군사독재의 뒤를 이은 5공화국 군사정권에 대항하는 민주화 운동은 이전의 민주

26 대한민국 민주공화헌법의 기원을 서구에서 수입한 것으로 보지 않고, 우리나라 역사의 경험 속에서 자생적으로 나타난 것으로 파악하였으며, 헌정의 기본가치를 균등/균분 등으로 파악한 박명림/서희경(2007)의 글 참조.

27 조희연/정태석(2001), 66쪽 참조.

화 운동과 여러 가지 측면에서 달랐다. 그중 가장 중요한 것을 들자면, 이념적으로는 마르크스주의(Marxism)가 민주화 운동의 핵심이념으로 들어서게 된 것이며, 운동현실에서는 "체계적 저항과 구심력적 심화"가 가능하게 되었다는 것이다.[28] 그런데 이러한 마르크스주의와 구심점을 가진 체계적 저항이 결합되어 나타난 것이 바로 '운동 속의 민주주의' 이념으로 그것은 과도한 평등과 지배와 배제의 정치를 특징으로 하게 된다.

우선 마르크스주의가 민주화 운동의 핵심이념으로 수용되면서 나타나게 된 민주주의 이념상에 대해 살펴보자. 학생과 노동자들이 군사독재정권에 저항하는 운동세력의 핵심을 형성한 가운데 그들이 받아들였던 마르크스주의는 소위 '사회구성체 논쟁' 이라는 것을 통해 전면에 드러나게 된다. 경제적 생산관계에 의해 규정되는 정치, 사회적 재생산관계의 총체를 의미하는 사회구성체개념을 통해 정치와 사회를 경제적 관계로만 바라보게 하였다. 현실의 관계보다는 이론의 틀을 중심으로 사고하였기에 도식적인 사고를 할 위험성을 지니고 있었다. 나아가 국가와 정치를 경제적 착취관계를 재생산하는 도구로 사고함으로써 현실 정치와 국가제도는 무조건 타도해야 하는 '악' 으로 상정되었다. 이러한 사고 속에서 민주주의는 노동자와 기층 민중의 권익을 보호하고, 그들에 의해 직접 지배되어야 하는 것으로 생각되었던 것이다. 국가는 노동자가 생산하는 잉여가치를 착취하는 자본의 세력을 보호하는 도구로 사고되었고, 자본가와 엘리트층은 그러한 체제 속에서 기생하는 세력으로 평가되었다. 사회의 주

28 마르크스주의 수용의 절정은 잘 알려진 '사회구성체 논쟁'에서 드러나게 된다. 사회구성체 논쟁에 대해서는 박현채/조희연(1989) ; 김동춘(1992) ; 조현연(2000) 참조. 한편 5공 군사정권의 유화정책과 강압통치 속에서 나타난 운동정치의 체계적 조직화와 구심화에 대해서는 허상수(2001) 참조.

인은 노동자와 기층민중으로, 민주주의는 그들에 의한 실질적 지배로 사고되었던 것이다. 군부독재의 '지배'에 대항하여 노동자와 기층민중의 '지배'를 내세웠고, 자본주의 경제를 무너뜨리고 경제적 착취가 사라지는 체제에서만 민주주의가 가능하다고 보았던 것이다. 그런데 이러한 자유보다는 평등을 강조하는 민주주의관은 비록 마르크스주의에 의해 강화되었지만 그 깊은 뿌리는 대한민국의 역사 속에 자리 잡고 있었다. 자유는 흔히 소극적 의미의 자유와 적극적 의미의 자유로 나눌 수 있는데 전자는 개인 활동의 자유를 후자는 정치에 참여하여 권력을 누리는 자유를 의미한다. 이 두 자유는 공히 힘 있는 독립국가에서 발달한 시민계급의 존재 속에서 가능한 것이다. 그러나 대한민국의 역사는 그러한 기회를 갖지 못했다. 대한제국 말기 외세의 간섭과 침입 속에서 군주의 무능력과 귀족/엘리트들의 전횡과 타락에 맞서 나라를 지키려고 일어났던 이들은 민중들이었다. 일제시기를 거쳐 해방 후 이승만 정권과 박정희 정권을 거치면서 민중들은 독재(자)와 엘리트들의 유착만을 경험했을 뿐이지 독재에 맞서 민주주의와 자유를 가져온 엘리트들을 경험하지 못하였다. 이런 상황 속에서 엘리트와 그들이 가진 정치적, 사회적 그리고 경제적 자원은 합당한 능력에 의한 대가라기보다는 부정한 행동의 결과로 인식되게 된 것이다. 엘리트들과 민중들의 차이는 정당한 과정과 노력 및 능력에 의한 것이 아니라 부정한 정치에 의한 것 즉 불평등의 결과였다고 생각된 것이다. 이러한 상황 속에서 자유라는 개념은 들어설 여지가 없어진다. 평등만이 유일한 가치가 되는 것이다. 이러한 평등관 속에서 타인은 배제된다. 엘리트들은 그리고 그들이 가지고 있는 자원은 전부 부정한 것으로 부정되는 것이다. 여기에 마르크스주의론이 가세하여 자본주의 대 사회주의론의 도식 속에서 현 자본주의체제의 재생산에 도움을 주고 그 속에서 이득을 보는 모든 것은 부정되는 것이다.

80년대 사회구성체 논쟁으로 절정에 올랐던 마르크스주의의 수용은 운동세력을 현실과 유리시키는 결과를 낳게 하였다. 정치영역에서 당시 민주주의 발전을 위해 해야 할 역할을 수행했던 것이 아니라 이론적인 경제분석에 근거 변혁론을 도출하는 도식적이고, 이론중심적인 편향을 취하게 된다.[29] 당시의 사회구성체 논쟁의 문제점들을 한 연구자는 다음과 같이 정리한다: 첫째 이론환원주의적 편향과 실천적 자폐성의 강화, 둘째 지적 능력의 결핍과 '정통' 권위에의 절대적 의존, 셋째 역사와의 대화 결여와 검증이 없는 논증에의 집중, 넷째 인간의 제거와 도덕의 추방.[30] 마르크스의 경제이론으로 무장한, 주로 학생과 지식인들로 구성된 이론가들은 정치는 외면한 채, 역사의 필연과 진리에 몸을 내던졌던 것이다. 박정희, 전두환 군사정권에 의해 정치영역에서 배제되었던 이들은 권위주의적 경제발전정책 속에서 소외되었던 노동자층과 결합되면서 정치이론보다는 경제이론위주의 마르크스주의를 받아들이게 되었던 것이다.

여기에 운동세력의 조직화와 전국적 단위의 결집과 집중화가 일어났다.[31] 강력한 군사정권에 대항하기 위해 운동세력들은 똑같이 강력하

---

29 80년대 사회구성체논쟁을 3단계로 구분하는 데는 대체로 동의하는 것 같다. 1단계는 마르크스주의적 방법론의 확립단계로 한국 사회발전의 특수성, 제 3세계적 성격을 강조하는 입장들과 자본주의, 특히 독점자본주의의 보편성을 강조하는 입장이 대립하였고, 마르크스주의 내부의 논쟁단계인 2단계에서는 식민지반봉건사회론과 신식민지국가독점자본주의론이 논쟁하였다. 마르크스주의를 탈피하기 시작하는 3단계에서는 한국자본주의의 자생적 축적기반을 강조하는 중진자본주의론이 추가되었다. 이하의 논의는 김동춘(1992)과 조현연(2000) 참조.

30 조현연(2000) 참조.

31 1984년의 전국대학생총학생연합회 발족, 1985년 민주통일민중운동연합 발족 등의 일이 일어났다. 그 외 다양한 협의회, 연합, 연맹 등의 발족이 있었다(허상수 2001, 259).

게 일사불란한 체제를 꾀했던 것이다. 국가권력을 독점하고 그것을 폭력적으로 사용하는 강력한 권위주의적 군사정권에 대항하기 위해서 저항운동세력들도 그와 비슷한 조직을 만들어야 했음은 어쩌면 피할 수 없었던 것일지도 모른다. 그러나 그러한 운동조직은 민주화의 진행과 더불어 그 자신을 민주화해야만 하는 또 다른 과제를 안고 있었던 것이다.

한편 80년대 중반에 있었던 국회의원선거에서의 선전은 제도정치권내의 민주화세력이 제도권 밖의 운동세력과 결합하는 조건을 창출해냈다. 그 결합의 결과 87년 6월 항쟁의 주요 이슈 중의 하나가 대통령 직선제 개헌이 되었던 것이다. 그러나 결국은 앞에서 보았던 급진적 이념을 가지고 있었던 저항운동세력의 분열 및 정치적 판단착오로 인해 87년 6월 항쟁이 이끌어냈던 개헌의 과정에 운동세력은 참여하지 못하게 된다.[32] 운동세력은 의도했건 의도하지 않았건 간에 여전히 헌법개정이라는 핵심적인 정치과정에서 배제되었던 것이다.

왜 이들은 현실정치과정에 참여하지 못했던 것일까? 그것은 평등과 지배중심의 민주주의관을 가지고 있었기 때문은 아닐까? 앞에서 언급했다시피 해방이후 한국의 정치사는 독재와 그것에 저항하는 민주화 운동의 역사였다. 독재와 그것을 경제성장으로 무마하기 위한 독재정권의 권위주의적 경제성장정책은 식민지 시기와 전쟁을 거치면서 예전의 사회, 경제적 기반을 폭력적으로 무너트려 평등하게 된 한국민들을 재구조화시켰다. 자유의 공간으로 지역공동체는 독자적으로 존재할 수 없었다. 국가가 자원을 권위적으로 배분하였으며, 지역공동체는 중앙정부만을 바라봐야 했다. 자원을 독점한 국가와 정부 앞에 모든 국민들이 평등했던 것

32 이 과정에 대한 분석은 김대영(2006) 참조.

이다. 토크빌은 정치계에 평등이 이루어지는 두 가지 방법을 제시하는데 하나는 모든 시민들에게 권리가 주어지든지 아니면 아무에게도 전혀 주어지지 않는 것이 그것이라고 하였는데 한국의 상황은 후자의 상황이었던 것이다.[33] 자유는 없는 형식적이고 일반적인 평등 속에서 대부분의 국민들은 정해진 공정한 룰이 없는 성공의 게임에 임했고, 일부만이 반독재 민주화 운동을 벌였던 것이다.

IV. 결론

본 논문에서는 토크빌의 프랑스 혁명의 경험과 미국 민주주의에 대한 분석을 토대로 전자를 자유 없는 평등 중심의 민주주의로, 후자를 자유와 평등이 조화를 이루는 공화민주주의로 구별하였다. 자치의 경험 속에서 나오는 정치적 자유에 대한 사고가 없을 때 민주주의는 전제주의로 전락할 수 있었다. 반면 지역공동체에 대한 자치의 경험에서 나오는 자유와 평등을 기반으로 갖는 공화민주주의는 주종적 지배에 대항하고, 공존의 정치를 지향하게 된다. 이러한 이론적 논의를 기반으로 하여 한국의 민주화를 이끌었던 80년대 한국의 저항운동정치를 살펴보았다. 당시 386세대를 성장시켰던 80년대의 저항운동은 마르크스주의의 경제주의적 이념경도 현상과 저항운동조직의 거대화 및 집중화로 특징지을 수 있다. 전자가 현실 정치와는 동떨어진 채 이념으로 현실을 꿰어 맞추려 했

33 Tocqueville(1997), 113쪽.

다면, 후자는 군사독재국가기구에 저항을 했어야 했던 필연성에서 귀결되었다고 볼 수 있다. 직업혁명가들을 처음으로 만들어낸 프랑스 혁명의 경험은 정치영역의 참여 속에 자유를 누리지 못했던 지식인층의 존재가 그 이유였다. 80년대 학생과 지식인층을 중심으로 도입된 경제이론에 경도된 마르크스주의와 그 속에서 역사철학적이며, 도식적으로 사고된 변혁론은 프랑스의 경우와 비슷했다고 할 수 있을 것이다. 또한 마르크스주의에 내재하는 근본적 평등관은 저항운동정치의 경직성으로 이어져 87년 이후 힘들게 마련된 정치과정에 불참하게 함으로써 정치의 민주화 과정에 참여할 수는 있는 기회를 스스로 포기하게 하였다. 나아가 거대화되고 집중화된 저항운동조직은 계속해서 동원의 기구로만 이용되었지 참여의 공간을 확장시키는 데로는 나아가지 못한 것 같다. 문제는 공화민주주의의 핵심으로서 정치적 자유를 체험할 수 있는 공간의 창조였던 것이다. 흔히 혁명은 두 단계의 과정을 거쳐야 한다고 한다. 거대권력을 무너뜨리기 위해서는 그에 필적하는 조직을 만들어서 저항해야 하기 때문이다. 이렇게 만들어진 거대한 관료주의적 조직체는 혁명이 성공하고 나서는 혁명에 방해물이 되기 때문에 두 번째 혁명으로서 혁명조직의 민주화를 수행해야 한다는 것이다. 이러한 사고는 비단 혁명에만 적용되는 것이 아니고 복지국가 속에서 행해져야만 하는 정치에 대해서도 적용될 수 있을 것이다. 월쩌(Walzer)는 정치는 사라지고 행정만이 남는 복지국가 속에서 복지의 수혜자로서만 존재하는 시민들을 언급한다. 그들은 국가에 의해 부양받는 존재로서 국가가 제시하는 수혜들 중 하나를 고를 자유만을 가질 뿐이다. 월쩌는 이에 정치의 역동성과 시민의 창의성을 회복하기 위해 스스로 결정하는 시민을 만들어낼 소그룹의 정치를 주장한다. 위에서 내려오는 권력이 아니라, 각 지역공동체에서 밑으로부터 얻어지는 권력을 강조

하는 것이다.[34]

민주화이후 한때 시민운동의 중요성이 부각되었고, 수많은 시민단체들이 정치와 사회의 민주화에 일조를 하였다. 그런데 '시민 없는 시민단체'라는 말이 심심찮게 들리고 있다. 시민들의 적극적 참여 없이 일부 명망가들에 의해 조직된 시민단체는 그 생명력을 잃을 수밖에 없다. 민주화 이후 대한민국에서는 민주주의만으로는 부족하다는 인식이 팽배해 있다. 심지어 일부 사람들은 과거 군사정권 때가 더 먹고살기 좋았다고 이야기 한다. 그것은 민주화 이후 정부들의 민생정책 실패에도 그 이유가 있을 것이다. 그러나 더 큰 문제는 정권의 교체 다시 말해 군사독재를 직선제 민간정부로 바꾸는 정권의 민주화는 있었지만 정치의 민주화는 부족하였던 것이다. 균등과 평등을 추구하려는 민주정부와 그것을 정책으로 내세우는 참여정부는 있되 정치적 자유를 체험하게 할 수 있는 참여의 공간이 부재하기 때문이다.

민주화 이후 민주주의의 심화를 위해 많은 논의들이 진행 중이다. 본 논문에서는 토크빌의 논의에 기반한 공화민주주의의 관점에서 이행기의 아직 미완의 공화민주주의가 나아가야 할 바를 서술하였다. 그리고 그 핵심에는 정치적 자유와 그것을 체험할 자치의 공간과 권력이 문제인 것이다. 끝으로 자유에 대한 토크빌의 말을 인용하면서 글을 끝맺고자 한다.

국민들이 학정에 시달릴 때 그들은 당연히 자치에 대한 희망을 가슴에 품기 마련이다. 그러나 이런 종류의 독립에 대한 애착은 전제주의

34 Walzer(1968), 39-40쪽 참조.

가 초래한 일시적인 악덕으로 인해 생겨나는 것으로서 그것을 낳은 상황 자체가 소멸됨에 따라 조금씩 시들어 버리기 마련이다. 자유에 대한 참된 사랑으로 보이는 것도 사실은 전제자에 대한 증오에 불과할 뿐이다. 진실로 자유로워지기를 원하는 국민이라면 자신이 종속되어 있다는 사실자체를 거부해야 할 것이다.

마찬가지로 자유에 대한 참된 애착은 그것이 가져다줄 물질적 이득에 대한 전망에서 연유하는 것이 결코 아니라고 나는 믿는다. 그러한 전망이란 대개 불확실하다. 자유가 종종 그것을 지킬 줄 아는 사람들에게 안락 및 만족과 때로는 부까지도 가져다줄 수 있다는 것은 물론 사실이다. 그러나 자유가 순간적으로 복지의 향유를 저해하는 경우가 있을 수 있으며, 전제자가 오히려 일시적으로 복지를 베풀어주는 경우도 있다. 따라서 자유에서 이득만을 취하고자 하는 자는 결코 자유를 오랫동안 보존할 수 없으리라.[35]

35 Tocqueville(2006), 187쪽.

참고문헌

김경희. 2007. 「서구 민주공화주의의 기원과 전개 : 아테네에서 르네상스에 이르는 민주와 공화의 변증법」. 『정신문화연구』 제30권 제1호.

김대영. 2006. 「87년 개헌협상과 국민운동본부의 정치행위」. 『정신문화연구』 제29권 제1호.

김대환. 2007. 「참여의 철학과 참여민주주의」. 참여사회연구소 편. 『참여민주주의와 한국사회』. 파주 : 창작과 비평사.

김동춘. 1991. 「사회구성체 논쟁」. 『사회평론』 92권 1호.

김비환. 2003. 「아렌트의 정치사상에서 정치와 법의 관계 : 민주공화주의 체제에서의 법의 본질을 중심으로」. 『법철학연구』 제6권 제2호.

김의영 외. 2006. 『미국의 결사체 민주주의』 서울 : 아르케.

박현채·조희연. 1989. 『한국사회구성체논쟁(I)』. 서울 : 죽산.

뵈켄회르데, 에른스트-볼프강(김효전·정태호 옮김). 2003. 『헌법과 민주주의-헌법이론과 헌법에 관한 연구』. 서울 : 법문사.

서희경·박명림. 2007. 「민주공화주의와 대한민국헌법 이념의 형성」. 『정신문화연구』 제30권 제1호.

송호근. 2005. 『한국, 어떤 미래를 선택할 것인가』. 파주 : 21세기북스.

이동수. 2007. 「개화와 공화주의 : 《독립신문》을 중심으로」. 『정신문화연구』 제30권 제1호.

정원규. 2002. 「민주주의의 기본원리 : 절차주의적 공화민주주의 모델을 제안하며」. 『철학』 제71집 여름.

정종섭. 2002. 『대한민국 헌법을 읽자!』 서울 : 일빛.

조현연. 2000. 「1980년대 한국 사회구성체 논쟁 : 역사적 성찰을 통한 희망의 부활」. 한국정치연구회 편. 『정치비평』.

조희연·정태석. 2001. 「한국 민주주의 변동에 대한 이론적 이해와 분석틀」.

조희연 편. 『한국 민주주의와 사회운동의 동학』 서울 : 도서출판 나눔의 집.
참여사회연구소 편. 1997. 『참여민주주의와 한국 사회』 파주 : 창작과 비평사.
최장집. 2002. 『민주화 이후의 민주주의』 서울 : 후마니타스.
최장집 지음. 박상훈 엮음. 2006. 『민주주의의 민주화 : 한국 민주주의의 변형과 헤게모니』 서울 : 후마니타스.
하승우. 2006. 「풀뿌리 민주주의는 가능한가?」. 주성수·정상호 편저. 『민주주의 대 민주주의』 서울 : 아르케.
허상수. 2001. 「개발독재 시기와 위기 시기의 운동정치」. 조희연 편. 『한국 민주주의와 사회운동의 동학』 서울 : 도서출판 나눔의 집.
홍태영. 2001. 「토크빌과 민주주의의 패러독스」. 『한국정치학회보』 제35집 3호.

Arendt, Hannah. (홍원표 역). 2004. 『혁명론』. 파주 : 한길사.
Tocqueville, Alexis de. (이용재 역). 2006. 『앙시앵 레짐과 프랑스혁명』. 서울 : 박영률출판사.
Tocequeville, Alexis de. (임효선·박지동 역). 1997. 『미국의 민주주의 I』. 파주 : 한길사.
Viroli, Maurizio. (김경희·김동규 역). 2006. 『공화주의』. 고양 : 인간사랑.
Walzer, Michael. 1968. "Politics in the Welfare State: Concerning the Role of American Radicals." Dissent(Jan-Feb.).

11장

민주화 이후 공화민주주의의 재발견*

이동수 경희대학교

Ⅰ. 서론

우리 사회는 건국헌법에서 '민주공화국'을 선포하고 민주주의를 추구한 이래 80년대 민주화 운동, 90년대 '문민정부'와 '국민의 정부'의 등장, 그리고 2000년대 '참여정부'의 출범 등을 통해 민주주의를 궤도 위에 올려놓았다. 하지만 우리 사회는 여전히 갈등과 반목, 그리고 무한투

---

* 이 글은 『동양정치사상사』 6권 2호 (2007)에 게재된 글을 재수록한 것이다.

쟁으로 점철되어 있다. 개인과 집단의 이기주의 분출에 따른 갈등과 혼란, 이념을 둘러싼 보수와 진보의 충돌, 여전히 기승을 부리고 있는 지역 간의 갈등, 차이를 넘어 단절의 국면에까지 접어든 세대 간의 문제, 심각한 빈부격차에 따른 가진 자와 못 가진 자 사이의 깊은 골은 좀처럼 해소되지 않고 있다.

그 이유는 어디에 있을까? 혹자는 민주주의가 지나치게 과잉된 결과 혼란이 가중되고 있다고 판단하고,[1] 다른 혹자는 민주주의를 더욱 심화 내지 공고화시켜야 한다고 주장한다.[2] 하지만 필자는 그 이유가 민주화에도 불구하고 자신의 권익을 극대화하고자 하는 개인과 집단들의 힘이 충돌하는 '권력정치'(politics)가 한국정치 현장에서 여전히 득세하고 있기 때문이라고 생각한다. 즉 그동안 억압받다 아무런 여과 없이 한꺼번에 분출된 새로운 권익과 또 이 도전으로부터 기득권을 한사코 지키려는 기존의 권익 모두, 공동체와 공동선에 대한 고려 없이 권력투쟁에 진력함으로써 사회적 갈등이 더욱 심화되고 있는 것이다. 오늘날 정치인이나 기업가, 노동운동가, 그리고 심지어 일반대중들에서조차도 이런 현상은 얼마든지 목도할 수 있다. 서로 대권을 차지하려는 정치인들, 서로 자신의 권익만을 관철시키려는 이해집단들, 서로 자신이 옳다고 주장하는 지식인들, 그리고 자신의 생계와 돈벌이만 걱정하는 대중들이 다수를 이루는 사회에서 갈등 대신 통합을 기대하는 것은 오히려 이상한 일이다.

이는 민주화가 정치발전의 필요조건이기는 하지만 충분조건은 아

1 이런 대표적인 입장으로는, 송호근, 『한국, 어떤 미래를 선택할 것인가』(서울 : 21세기북스, 2005).

2 이런 대표적인 입장으로는, 최장집, 『민주화 이후의 민주주의』(서울 : 후마니타스, 2002).

니라는 점을 여실히 보여준다. 필자가 보기에, 그 충분조건은 권력정치와는 다른 차원에서 이루어지는 '소통정치'(the political)가 이루어질 때 비로소 충족된다. 이때 소통정치란 공동체 구성원들이 의견이나 이해관계가 서로 다르더라도 설득과 소통(communication)을 통해 공동이익이나 공동의견에 자발적으로 동의하거나, 혹은 설사 동의에 이르기까진 않더라도 그 과정에서 서로 다른 구성원들을 이해하고 상호 공존하는 것을 의미한다. 여기서는 구성원들이 자신의 의견을 표출하고 토론과 토의를 거쳐 결정에 도달하는 의사소통 과정과 구성원에 대한 상호인정 과정이 정치의 핵심으로 간주된다.[3]

이러한 소통정치는 '민주'뿐만 아니라 '공화'를 정치에 있어서 중요한 덕목으로 간주한다. 물론 '민주'와 '공화'는 서로 배치되는 개념이 아니다. 하지만 둘 사이에는 미묘한 차이가 존재하며, 이 차이를 주목할 때 역사 속의 사회들이 왜 민주주의와 공화주의라는 두 개념을 길항적으로 사용해 왔는지에 대해 알 수 있다. 근대사회는 민주주의의 발달과정으로 특징지워지지만 사실 민주주의는 개인들의 권리보장과 그 권리를 권력으로 강화시키는 것을 주된 목적으로 삼는다. 즉 민주주의는 자의적일 수 있는 권력을 어느 특정한 개인이나 집단에 독점되지 않도록 평등하게 배분함으로써 그들의 권리를 보호하고자 하는 체제로서, 권력의 분립(the division of power)과 다수의 지배(majority rule)를 그 원칙으로 삼는다. 하지만 공화주의는 이러한 분립 속에서도 사회통합(social integration)을 어떻게 이루어 낼 것인지, 또 다수의 지배 속에서도 소수의 권리와 이익을 어떻게 보호할 것인지에 관심을 갖는다. 그리하여 민주주의의 목표는

3 이동수, 「아렌트와 한국정치 : 권력정치에서 소통정치로」, 『철학과 현실』, 제71집 (2006), p. 44.

궁극적으로 인민의 지배를 수립하는 것인데 비해, 공화주의의 목표는 공동체에 대한 자발적 복종을 통해 비지배(non-domination)적인 상태 속에서 공동체의 조화를 이루는 것이다.[4]

따라서 '민주'는 인민주권의 실현에 일차적인 관심을 두고 직접민주주의적인 요소를 더욱 강조하는 데 비해 '공화'는 인민주권에 바탕을 두기는 하지만 이를 대의제나 공동선, 헌정주의 등과 같은 장치들을 통해 '민중적 독재'의 위험성을 제거하고 사회통합을 우선시한다. 보다 구체적으로 '민주'는 인민이 직접 권력을 행사하거나 아니면 적어도 민주적 통제를 통해 정치권력을 견제하는 데 주목함으로써 법보다 정치의 우위를 인정하고 권력의 분립에 최고의 관심을 두는 반면, '공화'는 정치보다 법이나 공동체적 가치의 우위를 강조하고 권력관계 외에 사회적 권위의 형성을 중요한 과제로 삼는다.

그러므로 민주화 이후 오늘날 우리 사회에서 필요한 것은 철저한 민주주의의 심화나 공고화가 아니라, 기왕의 민주화를 토대로 삼아 그 위에 '공화'의 가치를 접목시키는 일이다. 즉 이제 필요한 것은 단순히 민주주의의 심화가 아니라 공화민주주의 수립인 것이다. 이 글은 이러한 문제의식 아래 아렌트(H. Arendt)와 무페(C. Mouffe)의 공화민주주의적 입장에 대해 알아보고, 이 입장에 비추어 민주화 이후 우리 사회를 분석해보고자 한다.

4 이동수, 「헌법과 공화민주주의」, 『헌법과 사회공론』, 한국정치평론학회 국회용역보고서(2006), p. 4.

Ⅱ. 아렌트에 있어서 공동세계와 정치

주지하는 바와 같이 아렌트는 정치를 진리를 실현하거나 역사를 만드는 작업이 아니라, 시민들이 공적인 공간에서 다양성을 표출하고 소통하는 불멸의 행위를 통해 인간의 존엄성과 자유를 획득하는 과정으로 이해한다. 그녀에 의하면, 이러한 정치가 가장 잘 이루어진 예는 고대 아테네의 공화민주주의이다. 근대사회는 지나치게 사적인(private) 것을 강조함으로써 오히려 자유를 획득하는 데 실패했다. 자유주의가 표방하는 인간의 천부적 기본권에 대한 강조는 일견 그럴듯해 보이지만, 문제는 그런 기본권이 추구하는 내용을 사회적으로 실현하는 것이며, 이는 단순히 개인의 권리를 강조한다고 해서 획득되는 것이 아니다. 오히려 근대인들은 개인의 권리를 보편성에 근거지우려 하면서 자신의 사적인 것을 정당화하려는 경향이 있다. 반면 이를 시정하기 위한 사회주의적 노력은 개인의 사적인 영역을 배제시키면서 사회 전체를 여전히 이익이나 권력의 배분문제로 통제하려 하고, 결국 전체주의로 전락할 뿐이다.

그리하여 아렌트는 고대 아테네의 공화민주주의에 주목한다. 그녀가 보기에 고대 아테네의 장점은 무엇보다도 모든 시민이 민회와 같은 공론장에서 자신의 주장과 의견을 개진하고 설득하면서 서로 의견이 다른 사람들 사이에 공동세계(common world)를 구성하고자 한 데 있다. 근대 자유민주주의에서처럼 시민들이 투표행위만 할뿐 토론을 통해 자신의 의견을 개진하고 공동의견을 형성할 기회가 주어지지 않으면 대중은 신뢰할 수 없고 변덕스러운 개인으로만 존재할 뿐이며,[5] 이런 개인들로 구성된 사회는 결코 민주주의를 실현할 수 없다.

사실 고대 아테네에서는 모든 시민이 민회(ekklesia)와 법정(dikasteria)에 모여 중요한 문제에 대해 논의하고 결정하기는 했지만, 특정한 기능은 추첨이나 선거로 선출된 소수의 행정관에게 위임되었으며 이들에게 상당한 권력과 권한이 주어졌다. 즉 정부의 기능은 대의제와 마찬가지로 소수에게 위임되었으며, 그런 점에서 다수를 대리하는 소수의 지배체제라고 할 수 있다. 하지만 모든 시민이 민회와 법정에 참여하여 실제적인 논의를 행했다는 점에서, 또 추첨이라는 형식을 통해 모든 사람이 행정관에 이미 후보자로 참여하고 있고 그 자신 얼마든지 행정관이 될 수 있는 '가능성의 평등'(the equality of possibility)[6]을 지니고 있다는 점에서 모든 구성원은 누가 소수자이고 누가 다수자인지에 대한 구분 없이 모두가 참여적이라 할 수 있으며, 그럼으로써 지배와 피지배의 이분법을 극복하고 공동체 의식을 형성할 수 있었다.

그런 점에서 아테네 공화민주주의는 공동체를 개인들의 집합으로 보고 다수의 개인들이 지배하는 체제를 수립하고자 한 것이 아니라, 비록 실제적으로는 소수의 위임받은 정부가 지배한다손 치더라도 모든 사회구성원들이 공적인 문제에 관심을 갖고 여러 층위에 참여하고 소통함으로써 공동체 의식을 지니고 자신을 단순히 피치자로만 간주하지 않는 공화적 체제를 건설하고자 했던 것이다. 따라서 공화민주주의에서 가장 중요시하는 것은 개인의 권리와 이익 보호라기보다는 개인들 사이의 관

---

5 Hannah Arendt, *On Revolution* (New York : The Viking Press, 1965), p. 268. 이하 *OR*로 약함.

6 이 용어는 마넹(B. Manin)의 용어인데, 그는 고대 아테네의 공직자 선출방식인 추첨이 제도사상사적으로 이와 같은 의미를 지니고 있다고 본다. Bernard Manin, *The Principles of Representative Government* (Cambridge : Cambridge University Press, 1997) ; 곽준혁 역, 『선거는 민주적인가 : 현대 대의 민주주의 원칙에 대한 비판적 고찰』(서울 : 후마니타스, 2004).

계를 공동체적 관점에서 주목하는 소통(communication)과 참여(participation), 그리고 이것을 안정적으로 보장하는 법치(the rule of law)라고 할 수 있다.

이와 같은 정치활동은 경제활동과는 근본적으로 다르다. 후자는 사적 영역에서 노동(labor)과 작업(work)을 통해 사물에 기초한 인위적인 세계(artificial world)를 구성하는 활동인 데 비해 전자는 공적영역에서 행위와 말을 통해 의사소통적인 공동세계(common world)를 구성하는 활동이다. 여기서 '공적'(public)이란 드러나는 것은 누구나 볼 수 있고 들을 수 있음으로 해서 광범위한 공공성(publicity)을 갖는다는 것을 의미한다. 이러한 공적 영역은 현상(appearing)의 공간이며 공동의 세계이다. 또한 '공적'이라는 것은 '공통적'이라는 의미가 아니라 그 세계에 존재하는 사람들에게는 '공동의' 것, 즉 세계 그 자체를 의미한다. 그런 점에서 공동세계는 '공동선'(common good)이나 '공통의 본성'(common nature)에 기반하는 세계와는 다르다.

이때 공동세계는 객관적인(objective) 사물의 세계도 아니며, 그렇다고 해서 행위자가 자의에 따라 행동하고 판단하는 주관적인(subjective) 세계도 아니다. 행위자는 자신의 의견에 따라 주관적으로 자신을 드러내지만 그것이 공적 영역에서 서로 마주치면서 그 주관성 속에서 다른 종류의 '주관적인 사이'(subjective in-between)를 만들어내고 그럼으로써 상호주관적인(intersubjective) 세계를 형성한다.

> … 공적 영역의 실재성은 수많은 관점(perspectives)과 측면(aspects)이 동시에 존재한다는 사실에 기초하며, 이러한 관점들과 양상들 속에서 공동의 세계는 존재하지만 이것들에 공통적으로 적용되는 척도나 공통분모는 있을 수 없다. 공동의 세계가 모두가 함께 만나는

> 곳일지라도 그 안에 있는 사람들은 서로 다른 위치를 가지고 있다. 두 대상의 위치가 다르듯이 한 사람의 위치와 다른 사람의 위치는 일치할 수 없다. 타인들에 의해 보여지고 들려진다는 것이 의미가 있는 것은 모든 사람들이 서로 다른 위치에서 바라보고 듣는다는 사실에 있다. 이것이 공적인 삶의 의미이다.[7]

그러므로 공동세계가 의미하는 것은 서로 다르지만 같은 데 와 있다는 사실이다. 사이는 모든 사이가 그렇듯이 사람들을 연결시키기도 하고 동시에 분리시키기도 한다. 여기서 사람들을 맺어주는 것은 공동의 관심사(common concern)에 연결되어 있다는 사실이며, 분리되어 있다는 것은 공동의 관심사에 대해서도 서로 다른 관점에서 바라본다는 것을 뜻한다. 자기 정체성을 잃지 않고도 다른 많은 사람들의 다양한 관점으로부터 관찰될 수 있을 때 인간은 자기 정체성과 세계의 실재성을 동시에 얻게 된다. 공동세계는 그것이 단지 한 측면에서만 보이고 단지 한 관점만 취할 때 끝난다. 공동세계는 오직 관점들의 다양성 속에서만 실존한다.

하지만 공동세계가 개별자들만의 모임인 것은 아니다. 오히려 공동세계를 구성함으로써 함께 행위할 수 있는 공동행위를 만들어낸다. 그리고 이런 공동행위에 근거할 때만 진정한 권력이 발생하며, 이 권력에 기반할 때만 정치가 소통정치로서의 힘을 가질 수 있다. 즉 공동행위의 가능성은 폭력과 이에 근거한 지배관계와는 다른 종류의 인간관계, 즉 행위와 말을 통해 서로 설득하고 의사소통함으로써 공동세계를 공적으로 구

7 Hannah Arendt, *The Human Condition*(Chicago : The University of Chicago Press, 1958), p. 57. 이하 *HC*로 약함.

성할 때 나타난다.

공동행위는 물리적 폭력이나 플라톤류의 '진리의 전제정'(the tyranny of truth)과 같은 폭력을 통해서는 만들어지지 않으며, 말을 통한 의견의 주장과 설득을 통한 의사소통 과정을 통해 사회적으로 진정한 권력을 형성할 때 발생한다. 여기서 아렌트는 정치적 지배 양식으로서 권력(power)과 폭력(violence)을 구분한다.[8] 폭력이란 집단의 목표를 실현하기 위해 어느 정치지도자(혹은 철학자)가 그것을 통해 규범적 결정에 도달하고 집행하는 것으로서 자원들을 조작하거나 강제하는 수단적 힘을 의미하며, 반면 권력이란 피지배자들이 의사소통 행위를 통해 동의하는 힘을 의미한다.

특히 아렌트는 권력을 한 사람의 소유물이거나 한 사람에 의해 발생되는 것으로 간주하는 대신 사람들이 함께 행동할 때 발생하며 사람들이 흩어지는 순간 사라져 버리는 것으로서 다른 사람들과 공적 영역에서 같이 상호행동을 할 때 발생한다고 본다. 또한 권력이란 "단순히 사람들이 행동하는 능력이 아니라 콘서트적으로(in concert) 행동하는 능력과 상응"[9]한다. 즉 콘서트를 연주하듯이 다양한 말과 의견이 어우러져 조화를 이루는 과정이라는 것이다. 이때 콘서트적이라는 말은 모인 사람들이 각자 자신의 목소리를 내면서도 서로를 인정하고 화합하면서 전체 공동체를 염두에 두는 것을 말한다.

이러한 권력이 없다면 의견을 주장하고 설득하며 그에 대한 판단

8 여기서 아렌트의 '권력' 개념은 '권력정치(politics)'에서 사용된 '권력' 개념과는 그 의미가 다르다. 아렌트식으로 말하자면, '권력정치'는 '폭력정치'로 대체되는 것이 더 합당하며 좋은 의미의 권력은 '소통정치'를 통해 발생한다.

9 Hannah Arendt, *OR*, p. 71.

행위를 하면서 공동체를 구성하는 것은 불가능해진다. 폭력은 공동체를 강제로 유지시키는 힘이며, 권력은 말과 대화, 그리고 의사소통 과정을 통해 공동체를 형성하는 힘이다. 아렌트는 권력에 대해 다음과 같이 말한다.

> 먼저 정치공동체의 기저에 놓여 있다가 후에 그것을 죽이게 되는 것은 권력을 잃어버려서 궁극적으로 무기력해질 때이다. 권력은 폭력의 도구들처럼 저장되어지거나 위급한 때를 위해 미리 준비되어질 수 없다. 권력이 실현되어지지 않는 곳에서 권력은 사라지며, 역사는 아무리 물질적으로 풍요한 것이라도 이 권력의 상실을 보상해 줄 수 없다는 예들로 가득 차 있다 … 권력은 공적 영역을 유지하게 해주는 것이며, 행동하고 말하는 사람들 사이에서 모습을 드러낼 수 있는 잠재적 공간을 실존하게 해주는 것이다.[10]

아렌트는 아테네 도시국가와 로마의 정부형태인 키비타스(civitas, 시민국가)가 이러한 공동세계의 의사소통적 권력에 입각한 체제였다고 본다. 그들의 권력과 법 개념은 그 본질이 지배/피지배, 명령/복종 관계에 입각하지 않고 시민들의 의사소통과 동의를 전제로 했기 때문이다. 또한 이러한 권력과 법 개념을 계승해서 공화국을 논의했던 18세기 혁명가들 역시 일반시민들이 동의를 표하는 방법을 제시하고자 했던 것이다.

이와 같이 아렌트는 공적 영역에서의 정치적 행위를 통해 공동세계를 구성하고, 그 과정에서 이루어지는 공동행위가 인민의 의사소통적

10 Hannah Arendt, *HC*, p. 200.

권력이 됨으로써 한 사회의 권력과 법이 정당성을 갖고 지배/피지배, 명령/복종이 아닌 의사소통적 인간관계에 바탕을 둔 소통정치가 가능해질 수 있다고 본다.

또한 아렌트는 법이 정치행위를 지속적으로 실행할 수 있는 공적인 영역을 보호하고 유지하는 역할을 한다고 본다. 시민들이 정치행위를 통해 공동의견을 형성하고 공동세계를 구성하지만 이를 안정적이고 지속적으로 유지하기 위해서는 법이 필요하다. 하지만 아렌트는 자연법적 전통에서와 같이 법이 정치세계 외부에 존재하면서 정치의 내용과 형식을 규정하고 제약하는 권력으로 작용해서는 공화민주주의를 실현할 수 없다고 생각하며, 오직 인간의 행위 능력에 내재하는 원리를 반영하고 상호성을 촉진하는 인간 사이의 관계적 법이어야만 그 기능을 다할 수 있다고 본다.

따라서 아렌트는 정치세계로부터의 초월을 강조하는 '자연법'보다 사람들 사이의 자기지속적인 행위를 가능하게 하는 내재적 권위로서의 '관계법'을 중요시한다. 전자의 법은 비록 좋은 내용을 담고 있다 하더라도 그 사회구성원들이 살고 있는 정치세계 밖으로부터 부여된 외재적인 법이기 때문에 그들은 그 법을 정당한 권위로 받아들이는 것이 아니라, 일종의 강제로 받아들이며 혹자는 이에 근거하여 정치세계를 억압하고 지배하고자 한다. 반면 후자의 법은 무엇보다도 사회구성원들의 관계 속에서 형성되는 것으로서, 이는 시민들이 자신이 살고 있는 정치세계의 역사와 의미에 동의하고 이를 권위로 받아들임으로써 사회의 원리로 인정하고 이에 자발적으로 복종하게 만든다. 여기서 우리는 아렌트가 법의 가장 중요한 요소로 권위(authority)를 들고 있음을 알 수 있다. 즉 법은 단순히 사회를 규율하는 권력체가 아니라 사회구성원이 동의하는 권위체가 되어야 한다는 것이다.

그런 점에서 미국혁명은 성공적인 면을 보여준다. 그것은 다른 근대의 시민혁명들과 달리 혁명을 헌법제정으로 곧바로 연결시킴으로써 과거와는 다른 새로운 권위를 창출하는 데 성공했다. 특히 미국혁명의 지도자들은 연방의 지속적인 연합과 질서의 안정성을 유지하기 위해서는 헌법을 제정하는 행위 자체가 중요하다는 인식을 함으로써 헌법에 새로운 권위를 부여하였다.[11] 이 권위는 바로 제정행위 그 자체에서 비롯되며 그것을 넘어서는 다른 외적인 근거를 갖지 않는다. 즉 새로운 정치제도의 확립에 참여한 자들의 상호 동의가 권위의 최고 원천이다. 제도는 사람들 사이의 공간에서 생성되고 사람들이 제도의 확립에 동의하는 순간 이와 더불어 권위가 부여된다.

따라서 미국 헌법에서 가장 중요한 조항은 그곳에 포함된 다른 어떤 내용보다도 그 내용들을 지지한다고 적시한 'We hold'라는 부분이다. 아렌트에 의하면 헌법을 만들면서 이루어진 유일하게 정치적인 행위는 거기서 'We hold'라고 말함으로써 그 이전에는 존재하지 않았던 어떤 것을 생기게 한 언어행위 그 자체에 있는 것이다.[12] 이 말을 하는 순간 그들은 헌법의 권위에 동의했고, 그럼으로써 헌법에 의한 지배를 단순히 지배가 아니라 자유로운 복종으로 받아들이게 된다.

이상에서와 같이 아렌트는 개별성의 자발적인 표현과 행위, 이것이 공적인 공간에서 이루어지는 의사소통 과정, 그리고 이것을 제도적으로 유지시키는 법의 제정과 이에 대한 복종을 공화민주주의의 핵심으로 간주했으며, 또한 이것이 존재할 때에만 공동세계의 확립이 가능하다고

11 Hannah Arendt, *OR*, p. 194.

12 Hannah Arendt, *Between Past and Future* (New York：Penguin Books, 1977), p. 151. 이하 *BPF*로 약함.

보았다.

Ⅲ. 무페에 있어서 소키에타스와 시민

무페는 1980년대 말 공산 블록이 무너진 뒤 소위 '이데올로기의 종언,' '역사의 종언'이 도래함에 따라 자유민주주의가 보편성을 획득하고 지나치게 확산된 것이 오히려 민주주의의 위기를 초래했다고 본다. 또한 이에 대한 대안으로 제시된 공동체주의는 지나치게 민주적 요소를 제한하고 있다고 비판한다. 그리하여 그녀는 민주사회 시민의 의미를 재규정하고 '근본적이고 다원적인' 민주주의'(radical plural democracy)에 입각해 사회를 재구성함으로써 '시민공화주의'(civic republicanism)라는 공화민주주의를 수립하고자 한다.

먼저 무페는 자유주의와 공동체주의를 모두 비판한다. 이들 간의 논쟁은 개인의 자유가 우선하는가 혹은 공동체의 공동선이 우선하는가만 따지고 있는데, 오늘날 필요한 것은 이것이 아니라 자유와 평등이라는 민주주의 원칙에 기초해 사회와 시민의 의미를 다시 되새기는 일이다. 무페가 보기에, 자유주의적 관점에 입각한 시민권 개념은 "각자 자신이 정의한 선(good)을 형성하고, 수정하고, 합리적으로 추구하기 위한 능력"(capacity)[13]을 지칭하는 것에 불과하다. 즉 자유주의적 시민들은 타인의 권리를 존중해야 하는 절박한 사정이 있기 때문에 자신에게 부과된 제한

13 Chantal Mouffe, *The Return of the Political* (London : Verso, 1993), p. 61. 이하 *RP*로 약함.

은 인정하고, 그 범위 내에서는 얼마든지 자신의 이익을 증진시킬 수 있는 권리를 사용하는 것을 민주주의로 이해하고 있을 뿐이다.

따라서 자유주의는 모든 개인을 자유롭고 평등하게 태어난 존재라는 기본 전제 아래 보편적인 시민권 개념을 공식화하는 데 공헌한 반면, 시민권을 "단순히 개인들이 국가에 대항하여 견지할 수 있는 권리에서 출발하는 법적(legal) 지위에 관한 것"[14]으로 국한시키는 우를 범하고 있다. 자유주의적 관점에서 시민권이 행사되는 방식은 그것이 법을 위반하거나 타인의 권리를 침해하지 않는 한 개인에게 맡겨지며 사회는 이를 방관한다.

이와 같은 자유주의적 시민들로 이루어진 사회는 결국 개인과 개인의 권리에 대한 배타적 관심 때문에 개인들로 파편화된 사회로 전락하며, 그들 사이에 발생할 수 있는 사회적 협력이라는 것도 단지 사회의 생산력을 증진시키고 개인 각자의 번영을 용이하게 하는 것만 목적으로 삼을 뿐이다. 이런 사회의 시민들에게는 공적인 것에 대한 이해가 부족하며, 시민으로서의 공공 행위나 공동체에 대한 참여는 기대하기 어려워진다.

또한 이런 사회에서 정치란 단지 이익집합적이며(aggregative) 수단적인 것으로만 간주된다. 그리고 정치체제를 운영하는 데 있어서 시민들의 능동적인 개입은 약화되고 삶의 사사화(privatization)가 심화됨으로써 공적 영역은 점차 사라진다. 그 결과 사회적 응집력은 해체되고, 그들이 옹호하고자 했던 민주사회 자체의 안정성은 보장되지 않는다.

진정한 의미의 시민권을 가질 수 있는 가능성을 박탈당한 개인들은 그 대신 점차 다른 종류의 집합적 정체성을 찾아 나선다. 예컨대 민

---

14 Chantal Mouffe, *RP*, p. 62.

주주의가 발달할수록 시민의 참여가 다양한 사람들이 모여 공동의 관심사를 논하고 협의하는 방식으로 전개되는 대신 오히려 여러 종류의 종교적·도덕적·윤리적 근본주의에 몰두하는 방식으로 나타나는데, 그 이유가 바로 이러한 자유주의의 결함 때문이다.[15] 결국 자유주의적 시민사회에서는 공적인 것이 부재하며, 민주정치를 유지시켜주는 시민적 연대가 위험에 빠지고 만다.

한편 공동체주의자들은 이런 자유주의적 견해의 문제점을 공공선(public good)을 강조함으로써 해결하고자 한다. 자유주의자들처럼 개인의 권리를 우선시할 경우 시민들은 공공선을 위해 다른 사람과 함께 행동할 수 있는 가능성을 생각하지 않게 된다. 하지만 무페는 공동체주의의 입장이 근대 민주주의를 발명해 낸 자유주의의 근본적인 공헌을 인정하지 않고 다시금 전근대적인 정치세계로 돌아가자는 주장에 불과하며, 이는 매우 위험한 발상이라고 본다.[16] 공동체주의는 공동체를 강조하고 정치참여의 가치를 높이 평가하지만 이것이 개인의 자유와 어떻게 병립될 수 있는지에 관한 문제를 새로이 발생시킨다.

무페가 보기에 근대 민주주의는 교회와 국가의 분리, 정치와 도덕의 분리, 공과 사의 분리를 통해 개인의 자유에 대한 보장, 다원주의에 대한 보호, 시민사회의 발전과 같은 업적을 이루어냈으며, 이는 자유주의의 명백한 공헌이기도 하다. 따라서 고대에 강조되었던 공공선 개념은 근대에 발견한 개인의 자유의 문제와 함께 고려되어야 한다.

사실 근대 민주주의가 출발할 당시엔 예전의 공동선을 내세우기

---

15 Chantal Mouffe, "For an Agonistic Model of Democracy," in *Political Theory in Transition*, ed. Noël O'Sullivan (London : Routledge, 2000), p. 122.

16 Chantal Mouffe, *RP*, p. 62.

는 하지만 그 공동선의 내용과 실체를 먼저 전제하지 않음으로써 개인들이 자신의 자유를 행사할 여지를 남겨두었으며, 이것이 근대 민주주의 발전의 비결이었다. 다만 자유주의에 대한 지나친 강조가 공동선 자체를 불필요한 것으로 간수하게 만늘고, 시민을 개인의 관점에서만 생각하고 행동하게 만든 것이 문제의 발단인 것이다.

여기서 무페는 르포르(C. Lefort)의 민주주의론에서 통찰을 얻는다. 르포르에 의하면 민주주의란 인민주권에 근거하는 체제로서 그 권력의 정당성은 인민에 기초한다. 하지만 인민주권의 이미지는 누구도 점유할 수 없는 비어 있는 장소(empty place)의 이미지와 연관되기 때문에 공공의 권위를 행사하려는 사람은 결코 그것을 전유하고 있다고 주장할 수 없다. 즉 민주주의는 한편으로 권력이 인민으로부터 생긴다는 원칙(rule by the people)과 다른 한편 그것은 누구의 권력도 아니라는 원칙(nobody rules)을 이중적으로 사용함으로써 그 체제를 유지할 수 있었던 것이다.[17]

르포르의 이 원칙을 무페는 공동선 문제에 그대로 적용한다. 즉 공동체주의자들이 주장하는 공동선을 개인의 자유와 양립가능하게 만들기 위해서는 공동선의 중요성을 강조하되 그 공동선의 내용과 실체를 비워둠으로써 개인들이 공통의 공동선을 함께 추구해야한다는 짐을 벗고 그들 자신의 자유를 구가할 수 있도록 해야 한다. 요컨대 민주적 사회가 되려면 공동선을 지향하되 그 내용을 비워두는 이중성이 필요하다는 것이다. 민주사회에서 우리가 시민이 되기 위해 공유해야 하는 것은 선에 대한 실체적(substantive) 개념이 아니라, 이런 전통을 따르는 자유와 평등

17 Claude Lefort, "The Logic of Totalitarianism," in *The Political Forms of Modern Society : Bureaucracy, Democracy, Totalitarianism*, ed. John B. Thompson (Cambridge : The MIT Press, 1986), p. 279.

이라는 정치적 원칙이다. 시민이 된다는 것은 "이와 같은 원칙과 그것이 체현된 규칙들의 권위를 인정하는 것"[18]이다.

특히 무페는 오크쇼트(M. Oakeshott)가 분석한 소키에타스(societas) 개념이 이러한 사회에 가장 근접해 있다고 본다. 오크쇼트에 의하면, 근대 국가의 성격은 중세 말 존재했던 두 양식의 결사체인 우니베르시타스(universitas)와 소키에타스(societas) 중 어떤 요소가 강조되느냐와 연관된다.[19] 이 중 전자는 공동의 실체적 목적을 추구하거나 공동이익(common interest)을 증진하고자 하는 사람들로 이루어진 집단을 일컫는다. 이것은 자연인을 구성하는 방식으로 결합된 것으로서, 오늘날 공동의 목적을 달성하고자 모이는 결사체 집단(association)으로 이해될 수 있다.

반면 소키에타스는 ―다른 용어로는 키베스(cives), 즉 시민적 결사(civil association)로도 불리는데 ―공동행위의 내용과 연관되는 것이 아니라, 그 공동행위의 조건으로서의 형식적인 규칙과 관계가 있다. 즉 공동으로 추구하는 어떤 실체적 목표나 공동행동 때문에 모인 집단이 아니라, 그런 것들을 논의하기 위한 규칙과 절차를 서로 공유하고 각자 타인들로부터 그것을 논의할 자격이 있는 구성원으로 인정받는 것 자체를 목표로 한다. 이런 공동체를 유지하는 데 기여하는 가장 큰 덕목은 공동의 이익이나 목표가 아니라 서로에 대한 충성심(loyalty) 즉 서로에 대한 인정이다.[20]

따라서 소키에타스에 참여하는 사람들의 일차적 관심은 어떤 공동의 일을 추진하거나 자기 자신의 개인적 번영을 용이하게 하기 위한 데

18 Chantal Mouffe, *RP*, p. 65.

19 Michael Oakeshott, *On Human Conduct* (Oxford : Oxford University Press, 1975).

20 Chantal Mouffe, *RP*, p. 66.

있지 않다. 소키에타스에서는 자유면 자유, 평등이면 평등과 같이 어떤 일에 공적인 관심(public concern)을 갖고 있는 사람들이 소위 '시민성의 실행'(a practice of civility)을 구체화시키는 조건을 사회적 권위로 인정하는 가운데 서로 사회적으로 연결된다. 즉 소키에타스의 핵심 구성요소는 그 모임의 목표나 통일성에 있는 것이 아니라 그런 것들을 논의하는 레스 푸블리카(res publica)에 놓여 있다.

흔히 모든 구성원이 함께하는 공적 공간이나 공적인 일을 뜻하는 레스 푸블리카는 동일한 목표를 가진 자들이 모이거나 민족이나 인종과 같이 동일한 태생을 가진 자들이 모이는 것을 의미하는 것이 아니라, 공동의 관심사를 공적으로 논하는 것을 뜻한다. 그리고 이때 관심이 같다는 것이 같은 생각을 갖고 있다거나 같은 결론을 내리게 된다는 것을 의미하지 않는다. 레스 푸블리카는 어떤 행동을 구체화시키는 것이 아니라 그 행동을 선택할 수 있는 조건을 구체화시키는 것이다.

따라서 소키에타스는 이를 위한 절차(procedure)를 중요시한다. 하지만 이 절차는 자연권이나 자연법과 같이 인간 삶의 외부로부터 주어진 절차가 아니라, 그 공간에서 함께 살아온 사람들의 삶의 형식으로부터 발생하는 절차이다. 즉 소키에타스에서의 절차는 성문법적 규율이나 어떤 형식논리적 정합성과 관계되는 것이 아니라, 레스 푸블리카를 구성하는 시민들이 여지껏 살아온 삶의 양식 및 그 실행(practice)과 연관되는 것이다.

이 점에서 무페는 비트겐슈타인(L. Wittgenstein)의 논의를 받아들인다. 비트겐슈타인에 의하면, 우리들의 의견이 어떤 동의에 이르기 위해서는 먼저 우리들 삶의 형식에 대한 동의가 선행되어야 한다.[21] 즉 동의는 의미화를 통해 이루어지는 것이 아니라 우리들의 삶의 형식 내에서 이루어진다. 이것을 사회체제에 적용시켜 보면, 우리가 사는 사회에 대한 충성과 그 제도의 가치에 대한 믿음은 지적인 근거를 요하는 것이 아니라, 그 전거체계에 대한 정열적인 참여적 관여(commitment)와 연관되는 것임을 뜻한다.

그러므로 절차는 단순한 수단이 아니라 관여자들의 실행(practice)의 복합체이다. 내가 실행한 것은 나의 특정한 개별성을 표현할 뿐만 아니라 사회적 절차에 대한 충성을 만들어낸다. 어떤 절차가 받아들여지고 준수되는 것은 공유된 삶의 형태와 판단에 있어서 동의가 그 안에 이미 기입되어 있기 때문이다. 따라서 그것은 어떤 원칙에 따라 만들어진 규칙이 아니며 우리들의 특정한 삶의 형태와 분리될 수 없다. 이는 절차가 단순히 형식적 절차가 아니라 우리가 동의하는 내용을 포함하고 있음을 보여준다.

결국 무페는 레스 푸블리카, 절차, 실행을 중요시하는 소키에타스 개념이 현대 민주사회에 필요한 사회형태라고 본다. 현대인들은 개인의 목표와 번영을 달성하기 위해 이미 여러 종류의 목적론적 결사체에 속해 있다. 이것은 피할 수 없는 대세이기는 하지만, 그렇다고 해서 이를 방치하면 사회는 안정성을 잃고 무너지고 만다. 따라서 이익집합적 결사체에만 매몰되지 않은 채 서로에게 낯선 사람이지만 레스 푸블리카에서 절차에 따라 공동행위의 가능성과 조건을 모색하는 기본적인 모임, 즉 시민적 결사의 구성이 민주사회를 견지할 수 있는 비결이다.

그런데 여기서 한 가지 유념해야 할 것은 민주사회라고 하더라도 다양한 입장들이 아무런 갈등없이 평화롭게 공존하는 것은 아니라는 점이다. 오히려 사회적 다양성은 다양한 요소들 간의 건강하고 합리적

21 Ludwig Wittgenstein, *Philosophical Investigations* (Oxford : Blackwell, 1953).

인 경쟁과 갈등과정을 통해 서로 공존할 수 있게 된다. 아렌트가 말한 것처럼 정치는 '진리의 영역'(realm of truth)이 아니라 '의견들의 영역'(realm of opinions)이며, 따라서 각자의 주장들은 나름대로의 합리성과 타당성의 근거를 갖고 있다. 이런 가운데 여러 의견들을 하나로 통일시킬 수 있는 합의(consensus)나 보편성(universality)은 존재하지 않는다. 그러나 그렇다고 해서 우리가 판단 자체를 못하거나 어떤 것을 정당한 것으로 받아들이지 못하는 것은 아니다. 우리는 주어진 전통과 환경 내에서 판단을 내리며, 이는 다양한 합리적 의견들의 경쟁을 통해 선택되는 것이다. 달리 말하면 사회적으로 존재하는 제 갈등 요소들을 전통과 체제가 수용하는 범위 내에서 충분히 표출하고 서로 견주어본 후 판단할 수 있다는 것이다.[22]

그런 점에서 정당과 선거의 역할은 여전히 중요하다. 정당이 사회적 분열이나 의견들의 갈등을 충분히 표현하지 못하면 그것은 제 역할을 다 하지 못한 것이다. 이때 다른 모습을 띈 갈등들이 표출되며, 이것들은 민주적으로는 더욱 관리하기 힘들어진다. 예컨대 공산 블록이 무너지면서 이념 갈등이 해소되고 난 후, 오히려 사회 갈등 문제가 인종적(ethnic), 종교적(religious), 민족적(national) 문제로 전화되었으며, 서구에서는 이민자들을 또 다른 적으로 간주하고 투쟁과 폭압을 진행시켜 왔던 것이다.

따라서 사회적 갈등과 의견의 차이를 인정하고 제도와 전통의 범위 내에서 그리고 민주적 절차를 통해 이들 간의 경쟁을 유지함으로써 사회의 제 갈등을 오히려 사회적 다양성으로 전화시킬 필요가 있다. 물론 이것은 쉬운 일이 아니다. 하지만 무페는 우리가 자신과 다른 상대방

22 Chantal Mouffe, *RP*, pp. 14-15.

을 넘어뜨려야 할 '적'(enemy)이 아니라 넘어서야 할 '역경'(adversary)으로 간주하고 정당하게 경쟁한다면 이것이 가능하다고 본다.[23] 고대 아테네가 추구했던 '경쟁적 정치(agonal politics)'가 바로 이런 점에 착안하고 있으며, 이럴 때에만 민주적 다양성과 질서가 동시에 달성될 수 있다는 것이다.

Ⅳ. 한국 사회와 공화민주주의

한국 사회는 '민주공화국' 수립을 목표로 삼아 이를 지금껏 추구해 왔다. 건국기와 산업화 시기, 그리고 민주화 시기를 거쳐 이제 그 노력이 결실을 맺는 단계에 접어들었다. 하지만 민주화가 이루어졌는데도 불구하고 아직도 우리 사회엔 수많은 갈등과 충돌이 존재하고 있으며, 좀처럼 사회통합이나 사회적 합의가 이루어지지 않고 있다. 이에 필자는 우리 사회에서 '민주' 외에 '공화'의 의미를 되새길 필요가 있으며, 소통(communication), 참여(participation), 법치(the rule of law) 등이 '공화'의 덕목으로서 우리 사회에 절실히 요청된다고 생각한다. 이 절에서는 우리 사회에 진정한 '민주공화국'을 수립하기 위해 고려해야 할 점들을 앞서 논의한 아렌트와 무페의 입장에 비추어 살펴보고자 한다.

먼저 아렌트적 관점에서 우리 사회의 모습을 들여다보자. 여기서 초점은 우리 사회가 민주화 이후 공동세계(common world)를 구축했는가,

23 Chantal Mouffe, *RP*, p. 4.

구성원 간의 소통정치(the political)가 이루어지고 있는가, 그리고 법에 대한 권위가 인정되고 법치가 확립되었는가 등에 모아진다.

우선 민주화를 통해 그동안 억압받고 소외되어 온 여러 권익들이 동시에 표출되어 혼란을 이루고 있는 것이 우리의 현 상황이라 할 수 있는데, 아렌트적 관점에서 보면 이 자체가 문제인 것이 아니라 이런 상황에 대한 해결방안이 아직도 소통정치를 지향하고 있지 않다는 데 그 문제의 심각성이 있다. 사적 차원에서 개인이나 집단들은 여전히 자신의 이해관계에만 집착해 있고, 공동선을 논해야 하는 지식인들은 여전히 보수와 진보 논쟁을 통해 자신의 견해가 진리임을 강변하고 있다. 또 현실적으로 이 문제를 해결해야 할 책임을 지고 있는 정부도 적절한 의사소통과정이나 국민적 합의과정을 거치지 않은 채 우리의 미래상을 일방적으로 제시하고 이를 무리하게 추진할 뿐이다. 이런 상황은 소통정치의 부재, 또 그것을 통해서만 가능한 공동세계의 부재를 드러낸다.

그 원인은 우리 사회가 아직도 정치를 권력정치의 입장에서 권력추구 과정으로 간주하거나 정치를 진리실현을 위한 작업으로 이해함으로써 또 다른 종류의 권력정치에 매몰되는 데서 비롯된다. 즉 대다수의 일반인들은 자신의 권력과 이익의 극대화를 추구하고 있으며, 이런 사람들은 공화국의 시민이라기보다는 단지 사적인 인간에 불과하고, 그런 사람들의 사회적 행위는 결국 권력정치로 귀결된다. 또한 진리의 제시를 통해 권력정치의 문제점을 해결하고자 하는 시도는 '진리의 전제정'으로 타락하여 억압과 폭력을 초래함으로써 본래 의도와는 다르게 또 다른 권력정치를 만들어낸다.

이제 우리 사회는 민주화 과정 속에서 대두된 시민사회의 발달로 인해 점차 정치참여의 폭이 확대되고 소위 참여민주주의의 수립을 눈앞에 둔 것처럼 보인다. 하지만 '공화'를 위한 참여에서 중요한 것은 단순히 선거에의 참여를 뜻하는 자유민주주의적 참여나 예전의 사회운동과 같이 집단적 목표를 달성하고자 하는 목표지향적 참여가 아니라, 서로 의견이 다르더라도 경청하고 소통함으로써 공동세계를 구성하는 의사소통 과정에의 참여다. 앞서 지적한 것처럼 소통정치는 어느 누구나 혼자서는 소유할 수 없으며 함께 참여한다는 그 자체로서만 성립가능하다. 따라서 소통정치가 가능하기 위해서는 무엇보다도 사적인 영역을 벗어나 공적인 공간에서 소통하는 공론장(public sphere)이 필요하다. 역사적으로 보면 공론장은 때로는 활성화되기도 하고 때로는 권력정치에 의해 묻혀버리기도 하였다. 고대 아테네에서는 광장에서 시민들의 토론과 토의가 활발히 전개되어 소통정치의 원형을 보여주었고, 근대엔 시공간의 한계를 뛰어넘어 소통을 확장시키고 소통에 참여하는 주체들의 범위를 확대시킴으로써 시민적 공론장이 성립되고 근대 민주주의 발달에 도움을 주었다.

그러나 근대를 지나 현대로 접어들면서 국가가 공적인 영역에 대한 지배력을 강화하고 자본주의의 상업성이 공적인 영역에 스며듦에 따라 공론장은 무기력해졌다. 막강한 국가권력과 자본주의가 결탁된 체제의 힘은 물신화와 획일화를 통해 공론장을 천박한 여론 소비장으로 만들었을 뿐이다. 그 결과 현대사회는 공론장이 배제된 채 국가가 사회를 흡수함으로써 발생하는 국가사회주의와 전체주의의 위기를 겪었으며, 대의민주주의(representative democracy)조차 공론장의 역할을 제대로 수행하고 있지 못한 형편이다.

오늘날 제기되고 있는 토의민주주의(deliberative democracy)는 다시금 공론장을 통한 소통정치의 복원을 시도하는 노력이며, 참여민주주의는 결국 토의민주주의를 지향할 때 진정한 참여의 의미를 되살릴 수 있다. 이런 점에서 우리 사회의 정치참여는 여전히 '민주'의 입장에서 다수의 사람을 형식적으로 참여시키고자 하는 것에 불과하며, 참여의 실질적 내용인 의사개진과 소통에의 참여 단계까지는 이르지 못했다고 볼 수 있다.

한편 '공화'를 이루기 위해서는 사회를 강제적으로 통일하는 권력체에 의존하지 않고 자발적 복종을 통해 통합시킬 수 있는 권위체가 필요하다. 아렌트에 의하면, 권위란 고대 로마에서부터 그 중요성이 인정되었는데, 이때 권위란 로마의 건국이라는 신성한 사건에 대한 경건함, 자발적인 사회통합의 근거 및 후손에게 물려줄 자랑스러운 유산으로서의 성격을 갖는다.[24] 즉 고대 로마에서는 건국이 권위를 갖고 사회통합의 가장 큰 원동력으로 작동했다는 것이다.

하지만 우리 사회에서는 권위주의 정권이 자행한 독재에 대한 기억 때문인지 권위에 대한 거부가 심하다. 또 대한민국 건국이라는 신화가 존재하지 않으며, 그것이 최고의 권위로 인정받지도 못하고 있다. 오히려 민주화는 과거의 모든 권위를 분해하고 국가의 독점권력을 인민들에게 분배하여 인민 모두가 일정한 정도의 권력을 소유하는 방향으로 진행되었다. 즉 우리 사회 민주화는 권력에 대한 민중적 통제와 권력분배를 목표로 하면서 독점권력 뿐만 아니라 권위 자체를 모두 해체해버렸다. 이 점에서 민주화는 분명히 상당한 성과를 거두었다. 하지만 그 반대급부는 민주주의를 궁극적으로 완성하고 사회통합을 이루는 데 필요한 권위의 결핍이다. 오늘날 민주주의가 상당히 진전되었음에도 불구하고 개인들의 권리충돌과 권력대립이 오히려 증대한 것은 이러한 권위의 부재와도 관계가 깊다.

그렇다면 우리는 다시 전통적 권위를 회복해야 하는가? 그것은

24 Hannah Arendt, *BPF*, pp. 121-122.

아니다. 민주화 과정 속에서 다시 전통적 의미의 권위를 부여할 만한 대상은 이미 사라진지 오래다. 따라서 앞서 언급한 바와 같이 민주화 이후 '공화'에 주목하는 시대에는 법에 그 권위를 부과해야 한다. 이것은 법이 단순히 강제적인 수단의 역할을 하기 때문이 아니고, 또 그렇다고 해서 자의적인 권력행사를 막기 위해 중립적인 법에 의존하기 위해서가 아니라, 우리 자신 능동적으로 그것의 제정에 참여하고 그 정당성을 인정하며 설사 나의 의사와 다르더라도 그것을 존중할 수 있는 최종적 권위체로서의 역할을 법에 기대하기 때문이다.

그런데 법이 권위체로 인정되려면 그것이 정의로운 법이라거나 자연법이라는 점을 부각시켜서는 안 된다. 아렌트가 지적한 것처럼 법제정이나 개정 과정에 시민이 실제적으로 어느 정도 참여하고 그럼으로써 법의 지배를 자기 자신의 지배로 받아들여 자발적인 복종이 이루어질 수 있어야만 한다. 즉 제정과 개정 과정이 충분한 숙고와 시민들의 의사소통 과정을 통해 이루어진 법이어야 그 권위가 인정될 수 있다는 것이다. 이러한 법은 단순히 어떤 외부의 원칙을 표명하는 선언이 아니라, 구성원들의 실제적 관계를 염두에 둔 관계법적 성격을 가져야 한다.

이런 관점에서 볼 때, 우리 사회엔 아직도 법을 권위체로 인정하는 태도가 부족하며, 법치가 확립되었다고 말하기도 어려워 보인다. 아직까지 법질서가 확립되지 않았을 뿐만 아니라, 법의 관계법적 성격도 부족하고 무엇보다도 시민들이 법에 자발적으로 복종하고 있지 않다. 민주화 이후에도 여전히 정치가 법보다 우위에 있는 것이 바로 이런 현실을 웅변적으로 말해준다.

이제 무페의 관점에서 한국 사회를 들여다보자. 앞서 지적한 것처럼 무페는 개인과 집단의 사적 권익의 자유와 평등만 주장하는 자유민주주의는 민주사회의 안정성을 담보해주지 못한다고 보았다. 이런 관점에서 볼 때, 민주화 이후 우리 사회는 사실 초보적 수준의 자유민주주의 단계에 있는 것이 아닌가 싶다. 개인이나 집단 이기주의의 끝없는 분출, 각자의 권익에 따른 권력의 분배투쟁으로 얼룩진 우리 사회는 자유민주주의 관점에서는 상당한 진전을 이루긴 했지만 이것이 사회의 민주적 안정성을 담보해주지는 못한다. 또 이에 대한 반작용으로 등장한 공공선 문제나 이 공공선을 실현하기 위한 개혁 문제도 결국 공공선에 대한 합의없이 무리하게 개혁을 진행함에 따라 공공선 자체에 대한 의문을 품게 만들었다.

따라서 무페가 르포르를 원용하여 주장한 것처럼, 현재 우리에게 필요한 것은 공동선의 내용을 비워둔 채 그것을 채우기 위한 공론의 장을 형성하고 절차에 따라 그 내용을 하나하나 채워가는 일이다. 즉 공동선을 미리 무엇으로 규정하지 말고, 그것을 찾아가는 과정 자체를 공동선으로 간주해야 한다는 것이다. 바로 이 점이 공공선과 공동선을 구분하는 기준이기도 하다. 그리고 이럴 때에만 비로소 레스 푸블리카가 형성되며 사람들이 개인의 권익에서 벗어나 공적으로 생각하고 행동할 수 있게 된다. 그리고 이런 레스 푸블리카 속에서만 '민주'에 바탕을 둔 '공화'가 가능해진다.

이와 같은 레스 푸블리카를 형성하는 일은 사실 정부에게 그 일차적 책임이 있다. 대의정부는 대중의 의사와 이해관계를 공적으로 반영해야 하는데, 오늘날과 같이 복잡하고 민주적 욕구가 분출되는 상황에서는 대의정부 혼자 이 일을 떠맡을 수는 없다. 따라서 요즘엔 대의정부의 통치라는 개념 대신 거버넌스(governance) 혹은 협치의 개념을 사용하고 있다. 즉 정부만이 공적인 일을 담당하는 것이 아니라 시민사회도 함께 레스 푸블리카 형성에 참여해야 한다는 것이다. 우리나라는 그동안 시민사회가 발달함에 따라 이러한 가능성이 높아졌다.

하지만 아직 한국 시민사회가 레스 푸블리카를 구성하는 소키에타스적인 시민사회를 이룬 것은 아니다. 소키에타스란 공동으로 추구하는 어떤 실체적 목표나 공동행동 때문이 아니라 그런 것들을 논의하기 위한 규칙과 절차를 공유하고 인정하는 모임인데, 한국 시민사회는 각자 옳다고 생각하는 목표를 먼저 앞세우거나 그것을 실현하기 위해 연합하여 세력을 강화하는 일에만 몰두하고 있을 뿐이다. 예전의 민주화 투쟁과정에서는 어느 정도 시민들의 공감대가 있었고 강고한 국가의 권력에 저항하는 힘의 결집이 필요했지만, 민주화 이후의 사회에서는 이제 발상의 전환이 요구된다. 즉 권력정치에 대항하는 대항권력의 차원에 존재하던 시민사회는 민주화 이후 시대엔 소통정치를 복원할 수 있는 소키에타스적 시민사회로 전환되어야 하는 것이다. 우리 현실에서 소키에타스 수립을 위해 규칙과 절차에 대해 논하자고 하면, 이는 개혁성이 부족한 보수적인 발상으로 폄하되기 일쑤다. 하지만 '공화'가 이루어지는 가장 기초적인 조건은 바로 이 규칙과 절차에 대한 동의와 공유이며, 이것이 선행되어야만 민주사회의 성립과 안정이 가능해진다.

소키에타스가 무시되고 있는 상황은 우리 사회가 전통(tradition)과 실행(practice)을 무시하는 것과도 연관이 있다. 현행 헌법의 전문엔 "유구한 역사와 전통에 빛나는"이라는 구절이 들어있기는 하지만, 그 법통이 3·1운동 후 세워진 대한민국 임시정부에서 비롯되는 것으로 적시되어 있다. 이는 대한민국의 역사적 전통을 조선시대나 그 이전까지 거슬러 올라가는 것을 인정하지 않음을 뜻한다. 즉 전통시대의 한국은 극복의 대상이며, 민주주의를 표방한 대한민국 임시정부 이후만이 우리의 전통으로 인정되고 있는 것이다. 이는 앞서 지적한 권위의 해체와도 맥을 같이 한다.

하지만 필자가 보기에, 이와 같이 임시정부 이전의 역사와 전통을 부정하면 민주사회가 달성되는 것이 아니라, 오히려 이를 유지할 규칙과 절차를 만들어낼 전통과 실행의 실체를 부인함으로써 민주사회의 안정성 확보를 방해한다. 달리 말하면, 우리는 무(無)의 상태에서 공동선에 합의할 규칙과 절차를 만들어야 하며, 이 경우 합의가 쉽게 이루어지지 않는다. 왜냐하면 우리가 공유할 역사와 경험 없이 자연법적인 태도에서 나온 민주주의라는 이념만 앞세우면, 생활세계에 살고 있는 시민들이 자신의 경험에 비추어 선뜻 동의하기가 힘들기 때문이다.

마지막으로 무페가 지적한 적(enemy)과 역경(adversary)의 차이야말로 한국 사회 현실에서 매우 중요한 통찰을 제공해 준다고 여겨진다. 민주화가 이루어졌음에도 불구하고 개인이나 집단들이 자신의 권익을 최우선 가치로 여기게 되면, 나의 권익을 방해하는 여하한 존재도 나의 적으로 간주하게 된다. 일찍이 슈미트(Carl Schmitt)가 정치세계에서 타인을 적과 동지로만 구분하고[25] 사르트르(J. P. Sartre)가 보다 본질적으로 나의 불행의 시작은 타인이 존재한다는 사실에서 비롯된다고 설파한 것처럼[26] 나에게 굴복하지 않는 타인이라는 존재는 결국 나의 권익을 침해하고 빼앗는 적으로밖에 간주할 수 없는 것이다. 나와 타인 간의 공동이익이나 나와 타인을 넘어서 존재하는 공동선을 생각할 겨를도 없이, 타인은 무조건 나에겐 적이 된다. 따라서 이런 상태에선 동등한 자유와 동등한 권리를 가진 '민주' 인민들은 민주화가 이루어졌음에도 불구하고 계속 투쟁을 멈추지 않는다. 그리고 이 투쟁은 적을 완전히 정복할 때에만 끝이 난다.

25 Carl Schmitt, *The Crisis of Parliamentary Democracy*, tr. Ellen Kennedy (Cambridge : The MIT Press, 1985).

26 J. P. Sartre, *Being and Nothingness*, tr. Hazel E. Barnes (New York : Gramercy Books, 1994).

반면 무페가 말하는 바와 같이 타인을 적이 아니라 극복해야 할 역경으로 간주하면 사회의 제 갈등과 투쟁을 건강한 경쟁관계로 전화시킬 수 있다. 나의 의견과 이해관계는 타인의 그것과 다르다. 하지만 타인도 사회를 구성하는 주체로 간주되고 그의 의견과 이해관계도 나름대로 합리적인 것으로 인정된다면, 나는 그것을 제거할 수 없으며 단지 내 의견과 이해관계를 관철시키기 위해 타인과 사회적으로 경쟁하여 그것을 극복해야 한다. 이런 상황이라면, 갈등은 경쟁으로 전화되며 다양성은 유지되고 사회적 역동성은 강화된다.

이런 측면에서 볼 때 우리 사회는 아직 이 단계에 접어들지 못했다. 즉 타인을 적으로만 간주하지 내가 넘어서야 할 경쟁자로 간주하는 태도는 아직 성숙되지 않은 것이다. 이는 우리가 지나치게 권리, 이익, 권력, 이념 등에 치우쳐 권력정치의 관점에서 사회관계를 파악하는 성향을 버리지 못했기 때문이다. 또 이와 더불어 소통과정이 부재하는 상태에서는 타인을 경쟁자가 아니라 적으로 간주하는 것이 자신에게 더 유리하고 안전하기 때문이다.

다양성은 단순히 차이를 허용함으로써 보장되지 않는다. 차이의 단순한 허용은 차이들을 병렬적으로 나열한 상태인데, 이 경우 차이들은 아무런 동력과 자극이 없음으로 해서 자기 자신을 강화하지 못한 채 결국 사라지고 만다. 무페의 중요한 통찰은 사회적 갈등 자체가 불필요하거나 문제가 있다고 보지 않고, 그것들의 무한 투쟁이 문제이며 오히려 그 갈등을 서로 견주는 경쟁의 관계로 만드는 것이 차이 자체를 유지시키는 방법이라는 점을 간파한 데 있다.

그런 점에서 현재 한국 사회에서 표출되는 여러 갈등들은 그 자체가 문제인 것이 아니라, 그것들을 경쟁관계가 아닌 서로를 적대시하는 투쟁관계로 만든 것이 문제인 것이다. 따라서 초보적 자유민주주의 단계에서의 갈등의 표출을 절차에 따라 경쟁적 관계로 전화시켜 그것을 레스 푸블리카에서 경쟁적 공존관계로 만드는 것이 민주주의를 진정 심화시키는 길이다.

V. 결론

이상에서 우리는 아렌트와 무페의 공화민주주의에 대해 알아보고, 이들의 관점에서 한국 사회를 들여다보았다. 이를 요약하면 다음과 같다.

첫째, 아렌트는 개인의 사적인 것만 강조하는 자유주의와 이를 배제하기 위해 사회 전체를 통제하고자 하는 사회주의 모두 정치의 본래 의미를 구현하고 민주주의를 달성하는 데 적합하지 않다고 보고, 공화민주주의를 대안으로 제시한다. 둘째, 아렌트의 공화민주주의는 개인의 개성과 공동의 관심사를 공적 영역에서 표현하고 콘서트적 행위를 수행함으로써 공동세계를 구성하는 것을 목표로 한다. 셋째, 이 공동세계를 계속 유지하기 위해서는 법치가 필요하며, 이때 공화민주주의 달성에 적합한 법은 자연법적인 것이 아니라 구성원들의 관계를 고려하고 그들의 상호주관적 지지를 받을 수 있는 관계법적 성격을 지닌 법이어야 한다. 넷째, 무페 역시 자유주의와 공동체주의를 모두 비판하면서 근본적이고 다원적인 민주주의 달성을 위해 시민공화주의를 대안으로 제시하는데, 이는 기왕의 개인의 자유와 권리를 인정하면서 공동선의 내용을 미리 규정하지 않고 그것을 고민하고 채우는 행위 자체를 공동선으로 삼는다. 다섯째, 이때 사회는 공동으로 추구하는 어떤 목표나 공동행동 때문에 모인 집단이 아니라 그것을 논의하기 위한 규칙과 절차를 서로 공유하고 그 자격을 상호인정하는 것 자체를 목표로 삼는 소시에타스(시민적 결사)이며, 이때 레스 푸블리카가 형성된다. 여섯째, 레스 푸블리카에서 시민은 상대방을 말살시켜야 할 적이 아니라 극복해야 할 역경으로 간주해야 하며, 이때 사회적 갈등은 경쟁으로 전화되고 사회적 다양성과 민주적 안정성이 보장된다. 일곱째, 이런 아렌트와 무페의 공화민주주의적 기준에서 볼 때 우리 사회는 여전히 초보적 자유민주주의 단계에 머물러 있어서 갈등과 혼란이 계속되고 있으며, 이를 넘어서기 위해 필요한 것은 '공화'에 주목하여 그것을 민주주의에 접목시키는 공화민주주의에 대한 추구이다.

사실 우리 사회의 발전은 눈부시다. 대한민국 건국 이래 세계사에 유례가 없을 정도로 빠른 산업화와 민주화를 모두 성공적으로 이루어냈다. 이 점은 그 안에 살고 있는 우리 자신보다 밖으로부터 더욱 인정받고 있으며 경외의 대상이 되고 있다. 그런 점에서 우리는 우리 자신과 우리 사회에 대해 충분히 자부심을 가져야 한다. 따라서 이 글에서 지적한 미흡하고 부족한 점들은 우리 현실을 폄하하기 위한 것이 아니라 보다 나은 발전을 위한 고언으로서의 의미가 담긴 것이다.

하지만 여기서 강조하고 싶은 것은 앞으로 우리 사회 발전의 방향이 단순히 지금까지 우리가 집중해 왔던 민주화의 극대화는 아니라는 점이다. 물론 이것도 오해의 소지가 있을 수 있는데, 이 말의 의도는 민주화나 민주주의 자체를 평가절하하려는 것이 아니라, 어느 정도 민주화가 이루어진 현실 속에서 이젠 우리에게 일종의 발상전환이 필요함을 피력하려는 것이다. 즉 그동안 우리 사회가 건국기, 산업화 시기, 민주화 시기를 거쳐 오늘에 이르렀다고 한다면, 이젠 다른 단계로 접어들어야 한다는 것이다. 그것을 혹자는 민주주의의 심화 내지 공고화라 말하고 다른 혹자는 사회의 선진화라 생각하지만, 사실 이 두 개념은 모두 예전 패러다임인 민주화나 산업화로부터 크게 벗어나지 않으며, 따라서 이를 통해 진정 새로운 시대가 열릴 수 있을지에 대해서는 의문이다. 우리 사회가 한 단계 더 도약하고자 한다면 새로운 패러다임에 대한 고려가 필요하며, 필자는 그것을 '공화' 라는 말로 집약해 보고자 하였다.

여기서 '공화' 란 그 목표를 사회통합에 두고 있으며, 그동안의 우리 현대사와 건국이념, 그리고 건국 이전에 오래 전부터 존재해 왔던 우리 선조들의 역사와 경험을 모두 포괄하고자 하는 개념이기도 하다. 앞서 지적한 바 있지만, 서구 공화민주주의에서 가장 두드러진 특징은 고대 아테네나 고대 로마, 그리고 근대 미국의 건국에 이르기까지 모두 건국행위 자체에 자신의 사회를 근거함으로써 사회적 갈등을 투쟁 대신 경쟁으로 유도하고 차이를 다양성으로 승화시킴과 더불어 사회통합을 이루고 민주주의를 안정시킬 수 있었다는 데 있다.

우리 사회도 이를 달성할 수 있다. 오히려 고대나 근대의 서구보다 더 좋은 조건 속에 놓여 있다. 왜냐하면 전통적으로 '공화' 에 대한 관념이 강하며, 산업화와 민주화를 통해 그 토대가 어느 정도 구축되어 있기 때문이다. 그리고 이에 다가갈 수 있을 정도로 시민사회가 이미 상당한 정도로 발전한 것도 또 다른 이유이다. 다만 발상의 전환과 실천이 우리에게 남겨진 문제라 하겠다.

참고문헌

송호근. 2005. 『한국, 어떤 미래를 선택할 것인가』. 파주 : 21세기북스.

이동수. 2006. 「아렌트와 한국정치 : 권력정치에서 소통정치로」. 『철학과 현실』.

이동수. 2006. 「헌법과 공화민주주의」. 『헌법과 사회공론』. 한국정치평론학회 국회용역보고서.

최장집. 2002. 『민주화 이후의 민주주의』. 서울 : 후마니타스.

Arendt, Hannah. 1977. *Between Past and Future*. New York : Penguin Books.

Arendt, Hannah. 1965. *On Revolution*. New York : The Viking Press.

Arendt, Hannah. 1958. *The Human Condition*. Chicago : The University of Chicago Press.

Barber, Benjamin. 1984. *Strong Democracy : Participatory Politics for a New Age*. Berkeley : University of California Press.

Habermas, Jürgen. 1996. *Between Facts and Norms : Contributions to a Discourse Theory of Law and Democracy.* Tr. William Rehg. Cambridge : The MIT Press.

Laclau, Ernesto and Chantal Mouffe. 1985. *Hegemony and Socialist Strategy : Toward a Radical Democratic Politics*. London : Verso.

Lefort, Claude. 1986. "The Logic of Totalitarianism." *The Political Forms of Modern Society: Bureaucracy, Democracy, Totalitarianism*. Ed. John B. Thompson. Cambridge : The MIT Press.

Maier, Charles S. (ed.). 1989. *Changing Boundaries of the Political*. Cambridge : Cambridge University Press.

Manin, Bernard. 2004. *The Principles of Representative Government*. Cambridge : Cambridge University Press, 1997; 곽준혁 역. 『선거는 민주적인가 : 현대 대의민주주의 원칙에 대한 비판적 고찰』. 서울 : 후마니타스.

Mouffe, Chantal. 2000. "For an Agonistic Model of Democracy." *Political Theory in Transition*. Ed. Noël O'Sullivan. London : Routledge.

Mouffe, Chantal. 1993. *The Return of the Political*. London : Verso.

Oakeshott, Michael. 1975. *On Human Conduct*. Oxford : Oxford University Press.

Pettit, Philip. 1997. *Republicanism: A Theory of Freedom and Government*. Oxford : Clarendon.

Sartre, J. P. 1994. *Being and Nothingness*. Tr. Hazel E. Barnes. New York : Gramercy Books.

Schmitt, Carl. 1985. *The Crisis of Parliamentary Democracy*. Tr. Ellen Kennedy. Cambridge : The MIT Press.

Viroli, Maurizio. 2002. *Republicanism*. New York : Hill & Wang, 2006 ; 김경희, 김동규 역. 『공화주의』. 고양 : 인간사랑.

Wittgenstein, Ludwig. 1953. *Philosophical Investigations*. Oxford : Blackwell.

12장

지구화시대 한국의 공화민주주의 : 신자유주의적 세계화와 참여적 공화민주주의를 중심으로*

장명학 경희대학교

I. 서론

한국사회는 1987년의 6월 항쟁을 기점으로 군사독재에 기반을 둔 권위주의체제를 붕괴시키고 민주화시대의 궤도에 본격적으로 진입했다. 민주적 선거를 통해 성취한 평화적 정권교체는 한국사회가 경제적 산업화를 거쳐 민주주의의 성숙화와 공고화라는 정치적인 과제까지 성공적

* 이 글은 『사회과학연구』 35권 2호(경희대 사회과학연구원, 2009. 8)에 실린 것입니다.

으로 해결해나가는 계기로 작용했다.

한국사회가 민주화시대로 접어든지 2년 후 국제적인 차원에서의 변혁이 시작됐다. 1989년 베를린장벽의 붕괴와 동서 냉전체제의 와해는 무엇보다도 시장경제의 전지구적인 확산 또는 시장으로 묶어진 '하나'의 세계를 의미하는 '지구화' 또는 '세계화'(globalization)[1] 추세에 박차를 가하게 했다. 시장경제의 세계화내지 '신자유주의적 세계화'로 불리는 이러한 추동력은 무엇보다도 상품, 노동력 그리고 자본 및 금융 등에서의 국경을 초월하는 교류, 즉 경제적인 측면에서의 교류 확대와 이를 용이하게 하기 위한 세계시장 체제의 단일화에 있다. 그러나 이러한 시장 단일화 경향은 지구촌의 다양한 주권국가들의 전통적인 위상을 뒤흔들어 놓기에 충분했다.

세계화는 한국에서도 예외가 아니었다. 1980년대 초부터 우리 사회에 들이닥치기 시작한 세계화의 압력은 우선 시장개방을 둘러싼 압박으로 나타났다. 특히 1997년의 IMF금융 위기관리 체제는 이러한 전방위적인 시장개방 압력을 극단적으로 보여준 사례였다. IMF관리체제하의 한국은 무엇보다도 기존의 경제체제 개편을 위해 정책적, 법제도적 조건

---

1 여기서 '세계화'라는 용어는 기존의 국제화라는 말과 구별할 필요성이 있다. 전통적인 의미에서 '국제화'(internationalization)는 정치, 경제 등 다양한 측면에서 국가들간의 국경을 인정하며, 자국을 토대로 타 국가들과 일정한 관계 속에서 교류활동을 펼쳐나가는 것을 의미한다. 반면에 '세계화'란 주권적 국민국가의 국경 장벽을 뛰어넘어 지구촌 전체를 하나의 경제활동 단위로 재편하는 것을 의미한다. 이에 대해서는 한스 페터 마르틴/하랄트 슈만, 2006. 112쪽 참조. 세계화 현상을 개념적으로 정리한 헬드와 맥그루에 의하면 세계화는 첫째, 먼 곳의 행동이 영향을 미치는 것, 둘째 시간과 공간의 축약, 셋째 상호의존의 심화, 넷째 세계의 축소, 다섯째 전지구적 통합과 지역간 권력구조의 재편 등으로 개념 규정이 가능하다. 이에 대해서는 David Held & Anthony Mcgrew, 2002. 3쪽 참조.

등을 최단시간 내에 변화시켜 나갔다. 농산물 시장을 위시하여 무역, 금융 및 산업 전반에 걸친 개방과 구조조정을 단행하지 않을 수 없었다. 재벌의존적인 불투명한 경제체제와 분식회계 그리고 그룹내 상호출자를 통해 재벌들이 그때까지 누려왔던 방만한 자금운용을 어렵게 함으로써 재벌의 사회적 영향력을 축소시키는 데 일조했다. 그러나 IMF관리체제는 다른 한편 고용안정을 보장하는 노동시장 보호정책을 폐지함으로써 한국사회에서 노동시장의 불안정과 노동조건의 취약화를 가져왔다.

날로 확산되는 세계화 추세에 우리 사회가 과연 어떻게 대응해야 하는가는 중차대한 문제가 아닐 수 없다. 전지구적인 차원에서 전개되는 세계화에 적절히 대응하기 위해서는 먼저 세계화 추세에 대해 일방적인 찬성이나 반대의 입장을 견지하는 것에서 벗어나는 것이 필요하다. 왜냐하면 전지구적 차원으로 확대되는 세계화는 이미 돌이킬 수 없는 대세이기 때문이다. 따라서 세계화의 의미에 대한 성찰과 그 장단점 등을 종합적으로 분석하는 것이 필요하고, 이에 기초하여 한국사회의 바람직한 대응방안을 모색해보는 것이 무엇보다도 중요한 의미를 지니고 있다.

세계화에 즈음한 한국사회의 대응방안을 모색하기 위해 본 논문은 특히 정부수립 이후 우리 헌법에 명시된 대한민국의 자기정체성인 '민주공화국'의 이념에 주목하고자 한다. 정부수립 이후 우리 사회는 그동안 산업화에 성공했고 민주주의의 공고화에 주력해왔다. 무엇보다도 문민정부와 국민의 정부 그리고 참여정부를 거쳐 현재의 정부에 이르기까지 대한민국은 국민주권의 실현이라는 민주주의의 근간을 형성함과 아울러 민주주의의 공고화에 주력해 왔다. 그럼에도 불구하고 현재 일각에서 제기되고 있는 '민주화 이후의 민주주의'나 '민주주의의 민주화'(최장집, 2002 ; 2006) 또는 이에 대응되는 '민주주의의 과잉'(송호근, 2005)이 우리 사회의 핵심 담론으로 부상했을 정도로 민주주의를 둘러싼 다양한 논의들이 진행되고 있는 것은 무엇 때문일까? 필자가 볼 때 이 담론들의 핵심적인 문제의식은 4·19 이후 1980년대에 이르기까지 한국사회가 그토록 갈망했던 민주주의내지 민주화를 달성하고 보니 바로 이 민주주의 만으로는 웬지 무언가 부족하다는 데 있다.

본 논문은 바로 이러한 한국사회의 민주주의에서 부족한 점을 우리 헌법에 명시된 '공화'의 의미를 새로이 강조하는 민주주의, 즉 '공화민주주의'의 관점 속에서 재검토하고자 한다. 왜냐하면 우리는 그동안 헌법에 명시된 민주공화국의 '공화'라는 용어가 지닌 정치사상적 의미를 되새기는 데는 상대적으로 소홀히 해왔기 때문이다.[2]

민주주의의 이념은 국민주권의 원리에 입각해서 정치적 참여가 강조되는 '국민의 직접적인 지배'에 그 핵심이 있다. 이때 민주주의는 국민주권의 권리와 참여를 강조하며 직접민주주의이든 대의민주주의이든 국민주권을 제도적으로 실현할 수 있는 정치적 참정권의 확보를 중요시한다. 반면에 공화주의는 군주에 의한 전제정치나 소수집단에 의한 지배가 아닌 입법, 사법, 행정의 '권력분립'과 견제와 균형의 원리를 구현하는 '법치' 그리고 '국민통합'을 위한 정치체제를 지향한다. 이때 공화주의는 무엇보다도 사적 이해관계의 실현보다는 '공동선'(common good)의 실현에 주력하며, 이를 위해 '시민적 덕성'(civic virtue), 즉 공공선에 봉사하겠다는 시민들의 의지와 능력 함양을 특히 강조한다(M. Viroli, 2002: 69). 역사적으로 보면 고대 그리스나 로마의 공화정 그리고 중세의 도시국가인 피렌체나 베네치아의 공화정은 혼합정의 성격이 뚜렷하다. 다시 말해서 전제적인 특성을 지닌 왕정과 과두제적인 귀족정 그리고 민주정의 요

2 현재 우리 학계에서 공화주의 개념과 연관된 논의들로서는 정원규, 2002와 김비환(2003) 그리고 곽준혁(2005)과 김경희(2007) 등을 참조.

소가 복합되어 있었다(S. E. Finer, 1995: 316−441). 반면에 신분제가 사라진 근대 이후 공화주의는 점차 왕정과 전재권력에 대비되는 의미로 사용되면서 공동선의 실현과 시민적 덕성의 강조 그리고 3권분립에 기초한 법치와 사회적인 통합을 그 핵심요소로 하고 있다.

이러한 맥락에서 볼 때 그동안 한국사회에서 공화주의에 대한 이해는 지극히 취약했다고 할 수 있다. 본 논문은 민주주의의 성숙화 단계에 들어선 한국사회가 보다 바람직한 방향으로 발전하기 위해서는 이제까지의 민주화달성이라는 성과를 바탕으로 그동안 상대적으로 그 의미가 소홀히 취급되었던 공화주의의 특성들을 보강하는 '공화민주주의'의 의미를 재구성해고자 한다.

이러한 배경에서 본 논문은 세계화 또는 지구화시대의 한국사회가 보다 나은 공동체 의식의 확보와 귀속감의 증진을 위해서는 과연 어떠한 노력들이 요구되고 있는지를 다각적인 측면에서 면밀히 분석하고자 한다. 구체적으로 이 논문은 우선, 세계화의 다양한 측면에 대한 고찰을 통해 세계화가 국민국가의 주권과 정치 영역에 미치는 영향을 살펴보고, 아울러 한국사회에 주는 정치적인 함의는 무엇인지에 대해 분석할 것이다(제2절). 나아가 세계화시대에 즈음한 한국사회의 정치발전을 위한 이론적인 대안이라고 할 수 있는, 공화주의와 민주주의를 결합한 '공화민주주의'의 가능성을 아렌트와 하버마스의 논의를 중심으로 검토해볼 것이며(제3절), 이러한 논의를 바탕으로 한국사회의 공화민주주의의 가능성을 검토할 것이다(제4절). 마지막으로 결론에서는 논의된 쟁점들을 종합·정리할 것이다(제5절).

II. 신자유주의적 세계화와 국민국가의 정치적 자율성

오늘날 지구촌 사회의 최대 화두의 하나로 꼽히는 것이 바로 세계화이다. 세계화는 20세기 후반부터 급속히 진전되기 시작한 현상이다. 세계화라는 용어가 등장하기 시작한 것은 1960–70년대이지만, 세계화의 개념에 대해 본격적으로 논의되기 시작한 것은 동구 공산권의 붕괴 이후부터이다. 따라서 오늘날의 세계화의 문제를 보다 정확히 인식하기 위해서는 이 현상의 경제적인 측면과 이와 연관된 환경적 및 정치적인 측면 등으로 구분해서 분석하는 것이 필요하다. 왜냐하면 세계화란 정치적, 경제적 그리고 환경적 측면에서 그 특징이 가장 두드러지게 나타나고 있기 때문이다(David Held & Anthony Mcgrew, 2002).

이들 중 가장 먼저 살펴보아야 할 대상은 경제적인 측면에서의 세계화이다. 경제의 세계화는 지구촌에 존재하는 각국의 다각적인 교류를 확산 및 추동시키는 가장 중요한 요인으로서 이는 흔히 국가간의 자유무역 관계로 대변되고 있다. 특히 1970년대 후반부터 점차 가속화된 유럽과 미국의 경제 자유화 추세는 영국의 대처주의(Datcherism)와 미국의 레이거노믹스(Reagonomics)로 지칭되는 국가간의 무역자유화를 촉진시키는 계기로 작용했다. 그후 동구권의 붕괴와 냉전체제의 종식은 신자유주의적 시장메커니즘의 전지구적인 확산을 가속화시켰다. 국가경제의 대외적 개방을 의미하는 시장 세계화의 추동 요인으로서는 무엇보다도 시장경제의 효율성에 대한 강조를 들 수 있다. 동시에 세계은행(World Bank), 국제통화기금(IMF), 국제무역기구(WTO) 등 국제기구는 전통적으로 국민국가에 한정되어 있던 경제활동을 이제 전지구적인 차원에서 관리내지 조율하는 기능을 담당함으로써 신자유주의적 세계화를 용이하게 했다(정기웅, 2005: 380). 이에 따라 오늘날의 세계경제는 자본과 경영, 노동과 생산이 국경을 초월하여 조직화되고 있는 시장메커니즘에 의해 급속하게 재편성되고 있다.

고도로 발전된 현대의 과학기술은 한편으로는 교통수단의 비약적인 발전을 가능케 했고, 인적 및 물적 자원의 이동을 용이하게 함으로써 지구촌을 하나의 동네로 연결하는 데 일조했다. 다른 한편 정보통신기술과 컴퓨터 연결망 등 전자통신기술의 획기적인 발전은 전 세계적인 통신망의 구성을 가능케 했다(Roland Robertson, 1993: 58-59). 이러한 통신망의 구축과 직결된 중요한 용어 중 하나가 바로 '정보화'이다. 정보화란 특히 1980년대 중반 이후 정보통신기술의 비약적인 발전에 기인하는데, 개인과 사회 그리고 국가의 고유한 정보들이 시공간의 제약을 넘어 전 세계적으로 자유롭게 교류되는 것을 의미한다. 고성능 개인용 컴퓨터의 대중화와 인터넷 사용의 급증, 통신수단의 다양화 등은 현대인의 일상적인 삶의 양식을 송두리째 뒤바꾸어 놓았다고 해도 결코 과언이 아닐 것이다.[3]

정보통신기술의 혁신은 무엇보다도 금융세계화, 즉 글로벌 금융시장의 출현을 가능케 했다. 인터넷에 의해 실시간 접속이 가능한 글로벌 금융시장은 런던, 뉴욕, 홍콩 그리고 도쿄 등 금융거래 중심지간의 지리적 거리를 '소멸'시켰다. 매일 거래되는 금융규모 또한 세계무역거래의 약 40배에 해당하는 6,500억 달러에 이른다. 이 액수는 미국, 영국, 일본 등

3 예를 들면 라디오의 경우, 5천만 명에 달하는 인구에 보급되기까지 약 38년이 걸린 데 반해, 개인용 컴퓨터의 경우에는 16년이 걸렸다. 그런데 인터넷을 사용하기까지는 불과 4년도 채 안됐다. 인터넷을 비롯한 오늘날의 정보통신기술 혁명은 전통적인 인간의 삶의 양식을 획기적으로 변화시켰다. 배영자, 404쪽 참조.

3개국 중앙은행의 한 달간 외환보유고를 모두 합한 총액의 두 배에 해당한다(임혁백, 2003 : 27-28). 이처럼 엄청난 규모의 금융거래는 이들 경제대국들조차 이제는 더 이상 관리하거나 통제할 수 없을 정도로 확대됐다.

그러나 이러한 급속한 세계화과정은 부정적인 결과 또한 불러왔다. 먼저 전지구적인 차원에서 인류를 위협하고 있는 환경오염이 그것이다. 산업혁명 이후 지속적으로 성장·발전해온 산업사회는 오존층 파괴와 대기오염 그리고 해양오염 등을 유발했다. 오늘날의 환경문제는 이미 개별 국민국가의 역량을 넘어서는 초국가적인 행위자들의 협력, 즉 개별국가의 정부간 협력뿐만 아니라 비정부기구(NGO)인 그린피스 등과 같은 초국가적인 환경단체의 국제적인 연대를 그 어느 때보다도 절실하게 요구하고 있다. 환경문제는 심화되고 있는 국제적인 상호의존성, 즉 세계화과정 속의 국제사회의 모습을 극단적으로 보여주는 사례의 하나이다.

다른 한편 세계화는 선후진국 사이의 빈부격차 확대뿐만 아니라, 서구 선진국들조차 지금까지 누려왔던 사회보장국가의 위상을 상당한 정도로 손상했다. 헤지펀드 등 투기자본이 활개치는 금융시장의 세계화로 인해 서구 선진 사회보장국가들조차 이미 복지수당과 사회적 비용의 대폭적인 축소를 단행하지 않을 수 없었다. 이 때문에 선진국 또한 부익부빈익빈의 현상을 초래해 궁극적으로는 자국 시민들 사이의 정치적 갈등을 심화시키고 있다. 즉 세계화는 사회적, 정치적 그리고 경제적 측면에서 소수인 20%의 부자들과 상대적 다수를 점하고 있는 80%에 달하는 대다수의 빈곤층을 갈라놓고 있다(한스 페터 마르틴/하랄트 슈만, 2006: 112). 뿐만 아니라 선후진국간의 경제력 차이는 국경을 넘나드는 자본이동과 함께 노동력의 국제이동, 즉 노동인력의 이민 또한 급속히 늘어나게 했다. 이러한 맥락에서 볼 때 세계화란 부자를 더욱 부하게 하고 빈자를 점점 더 빈곤의 나락으로 내몰고 있는 무한 경쟁의 장이라고 할 수 있고,

제3세계 국가들은 세계화되고 있는 자유경쟁시장에서 살아남기 어려울 것이라고 진단되곤 한다(로버트 A. 아이작, 2006: 5-9).

이처럼 환경문제, 빈부 문제 그리고 이민 문제 등과 같은 새로운 차원에서의 다양한 문제들에 직면하고 있는 세계화는 정치적인 차원에서 국제적인 연대 또한 불가피하게 만들었다. 20세기 초에는 불과 37개였던 국제정부기구(IGO)들은 1996년에는 8천여 개로 증가했다. 국제적인 비정부기구의 경우 처음에는 176개였지만 현재는 3만8천여 개로 증가했다. G8회담이나 G20회담 등과 같은 국가원수회담 또한 현재 전세계적으로 4천여 개가 넘는 것으로 보고되고 있다(David Held & Anthony Mcgrew, 2002: 2-7). 이러한 국제교류의 활성화를 보더라도 국제사회로부터 고립된 개별국가가 이제는 더 이상 존재하기 힘들 정도로 '정치적인 측면에서의 세계화' 또한 급속히 진행되고 있다. 특히 신자유주의적 세계화는 타국의 간섭을 원천적으로 배제하는 특성을 지닌 근대 국민국가의 정치적 자율성을 의미하는 주권적 위상을 축소시키는 결과를 초래했다는 데 있다. 이점 우리 한국사회라고 예외가 될 수는 없다.

우선 근대 국민국가들의 발전과정을 간략히 살펴보자. 먼저 정치적인 차원에서 국민국가는 민족 또는 국민통합을 위해 그 사회의 지배적인 민족집단 및 중심문화에 의한 소수민족 집단의 정치적·문화적 동화(assimilation)를 끊임없이 추구했고, 이를 통해 국민적 '동질성'을 확보함으로써 국민통합의 극대화를 기했다. 이때 동화라는 개념이 의미하는 바는 지배적인 하나의 중심문화에 귀속됨으로써, 소수자 집단의 문화적 정체성이 소멸되는 것을 의미한다. 요컨대 근대국가는 자신의 영역내의 구성원들을 최대한 동화시켜 구성원 전체의 '동질성'을 확보하고, 이에 대립되는 '이질성', 즉 이질적인 요소들은 가급적이면 배제하는 배타성을 그 특징으로 하고 있다. 국민통합을 위해서는 이들이 공유하는 통일된 공동의 언어와 문화가 요구되었다. 국민들의 공동의 정체성 및 공동의 소속감은 근대 국민국가의 성패를 좌우하는 핵심적인 사항이었다(Will Kymlicka, 1999: 28). 왜냐하면 근대 자본주의 발전에 상응하는 경제활동과 국부 증신을 위해서는, 최소한의 교육을 받은 따라서 문자해독 능력이 있는 노동력이 절실히 필요했고, 이는 단일한 언어에 기초한 통일된 교육제도를 통해 가능하게 되었기 때문이다. 따라서 근대국가는 공용어의 선택과 통합된 역사교육[4] 등을 통해 지배적인 단일문화를 전사회적으로 확산시킴으로써 국민적 정체성을 강화시켜나갔던 것이다.

사회구성원의 동질성을 바탕으로 하는 국민통합 노력은 동시에 근대 자본주의의 태동과도 밀접한 연관이 있다. 국내적으로는 생산성의 극대화를 위해 추진된 사회전반에 걸쳐 산업의 합리화, 규격화, 표준화 그리고 획일화로 치달았다. 이를 위해 근대국가는 최소비용으로 최대효과를 추구하는 경제적인 측면에서의 '도구적인 합리성'의 논리가 사회와 정치 전반을 지배하는 근본원리로 자리매김해 나갔다. 그러나 도구적 합리성의 원리는 근대적 개인들 사이의 치열한 경쟁을 야기시켰고, 근대국가 체제의 대체적인 발전은 중앙정부에의 권력집중으로 나타났다. 국외적으로는 타자, 즉 다른 국가들에 대한 경쟁 및 적대관계를 형성하면서, 주권의 절대성 및 불가침성을 공고화시켜 나갔다. 1648년의 베스트팔렌조약은 바로 이러한 국민국가의 주권적 절대성내지 불가침성을 극명하게 드러내주고 있다.

4 독일의 해석학적 역사가 드로이젠(J. Droysen)에 의하면, 원래 국가형성과정에서는 서로 다른 부족들에 의해 통합이 시작되었으나, 국민국가들은 사후적으로 건국신화 등을 통해 민족적 동질성을 구축하고자 했다. 이에 대해서는 Johann G. Droysen, 1977. 299-302쪽 참조.

그러나 근대 국민국가의 주권적 절대성은 과학 발전에 힘입은 산업의 발전과 교통 및 통신기술의 급속한 발전으로 인한 세계화과정 속에서 점차 위축되고 있는 것 또한 사실이다. 세계화는 궁극적으로 전 세계가 특히 경제적인 측면에서는 하나의 시장으로 통합되는 것을 의미하고 있다. 시장의 전지구적인 단일화를 의미하는 세계화는 불가피하게 국민국가의 주권의 절대성조차도 뒤흔드는 결과로 나타나게 된다.

한국의 경우를 보자. 1997년 외환위기와 IMF구제금융을 받을 당시 우리 정부는 주권적인 국민국가의 위상을 제대로 발휘할 수 없었다. 왜냐하면 IMF는 한국의 경제구조 자체의 개혁에 깊숙이 간여했고, 이러한 개혁을 위해 정치적인 영향력까지 행사할 수 있었다. 이에 대해 우리 정부는 속수무책이었다. IMF사태는 세계화된 경제가 주권국가의 경제뿐만 아니라 정치적인 영역을 지배하는 좋은 본보기가 되었다. 그후에도 한동안 '무디스'라는 신용평가회사는 한국의 국가적인 신용등급을 조정하는 역할을 떠맡음으로써, 한국정부의 국가경영과 행정 등에 간접적으로 개입하게 되는 막강한 영향력을 지니고 있었다. 이는 주권적 절대성을 의미하는 근대 국민국가가 세계화되고 있는 경제에 종속되는 경우를 극명하게 드러내주는 좋은 예라 할 수 있다.

이처럼 현대사회의 세계화는 생산성과 효율성 등을 기치로 내건 시장중심주의가 주도하고 있고, 이러한 논리의 문제점은 공공의 영역인 국가 행정이나 정치 분야뿐만 아니라 의식적이든 무의식적이든 시민들의 일상적인 삶의 영역에까지 침투하고 있다는 데 그 핵심이 있다. 특히 시장 개념이 지닌 자유경쟁 논리는 불가피하게 경쟁에서 승리한 자와 패배한 자로 양분시킬 가능성이 높다. 따라서 사회구성원들의 평등성을 견지하는 공동체의 민주주의적 특성을 훼손시킬 위험성이 있다. 바로 이 지점에서 우리는 공동체의 구성원인 시민들의 대화와 토론, 즉 의사소통에 기초한 공화주의적 가치를 진작시키는 데 눈을 돌려야 할 것이다. 왜냐하면 개인의 자유를 극단적으로 강조하는 자유주의적 가치와 경쟁에 대한 옹호는 궁극적으로는 사회구성원 다수의 공존과 통합을 확고히 하기보다는 갈등과 분열로 몰아갈 가능성이 높기 때문이다.

돌이켜보면 한국사회는 1987년 이래 정치적인 민주화를 달성했다고 평가된다. 그러나 현재 진행되고 있는 세계화는 경제적인 측면에서의 민주화, 다시 말해서 1997년의 IMF사태로 '20대 80의 사회'라고 불리는 양극화 문제를 해결하기에는 역부족이다. IMF 이후 10여 년이 지났지만, 우리 사회의 화두의 하나는 지금도 심화되고 있는 빈부격차와 실업 문제, 그중에서도 '청년실업'이다.[5] 이러한 맥락에서 볼 때, 국민국가의 민주주의와 시장은 항상 긴장내지 갈등관계에 있다. 왜냐하면 시장은 그 핵심에 있어서는 사적인 개인의 선택의 문제와 연관되어 있지만, 정치적인 민주주의는 시민들 다수의 합의기제이기 때문이다(Adam Przeworski, 1991 : 111).

이러한 맥락에서 볼 때 신자유주의적 세계화는 공화제에 바탕을 둔 민주주의를 근간으로 삼고 있는, 즉 공화민주주의에 기초한 한국사회의 마지막 남아있는 신뢰조차도 위기에 처하게 했을 정도로 위력적이었다.[6] 다시 말해서 빈부갈등, 세대갈등, 이념갈등, 지역갈등 등 한국사회에

5 현재 우리 사회에 만연하는 실업문제를 해결하기 위한 한국정부의 태도는 무력하기 그지없다. 선거를 통한 평화적인 정권교체에 성공했던 김대중 정부와 노무현 정부의 태도, 그리고 이명박 정부 또한 경제정책의 측면에서는 세계화의 추세에 부응하기 위해 신자유주의적 경향을 견지했던 것이다. 이에 대해서는 최장집, 2006. 277-278쪽을 참조하고, 신자유주의적 세계화를 옹호하는 입장으로서는 민경국, 2003. 5-13쪽 참조.

6 세계화에 내재하고 있는 무한경쟁의 논리는 서구 사회보장국가라고 해서 예외

만연한 각종 유형의 갈등은 헌법에 명시된 민주공화국의 이념, 즉 공화민주주의의 이상까지 위협하고 있다. 그렇다면 이러한 위기를 벗어날 수 있는 방안이란 없는 것일까? 그리고 있다면 과연 어떠한 대안적 모델을 생각해볼 수 있을까?

III. 시민참여의 확대와 공화민주주의

현대사회에서 시민들의 정치참여는 어떻게 이루어질 수 있을까? 주권자인 시민들의 정치참여는 오늘날에는 대표자를 선출하는 주기적인 선거에 참여하는 것이다. 그러나 대표자 선출에만 참여함으로써 시민들의 정치참여가 완수되는 것은 아니다. 왜냐하면 현대사회의 복잡다단한 공적인 현안들은 대표자 선출을 위한 선거참여 하나로 한꺼번에 해결될 수 있는 것은 아니기 때문이다. 오히려 국가적으로 중요한 공공의 현안들은 다수 시민들의 참여에 의한 해결책 제시와 함께 행정 및 의회에 파견된 대표자들에 대한 감시와 견제를 필요로 하고 있다. 따라서 시민들의 정치참여는 정치공동체인 국가의 운영방안에 대한 참여일 뿐만 아니라 이를 통해 공동체와 시민이 하나가 되는, 즉 공동체에 대한 시민들의 애정과 귀속감을 강화시켜주는 역할을 한다.

이러한 맥락에서 대의민주주의 체제 속에서 시민들의 정치참여를

가 될 수는 없었다. 경쟁을 그 핵심적 특성으로 하는 세계화는 복지라는 사회적 연대의 기초를 위협함으로써, 서구에서 이른바 제3의 길과 같은 대응방안을 모색케 했고, 이는 공화주의적 민주주의의 토대를 침식하는 결과를 초래했다.

가능케 해주는 공론의 영역, 즉 공론장이론은 현대민주주의 사회에서는 반드시 필요한 기제이기도 하다. 아울러 공적인 사안, 즉 정치적인 현안에 대한 시민참여를 공론장 이론을 통해서 해결하려고 했던 대표적인 사상가들인 한나 아렌트(Hannah Arendt)와 유르겐 하버마스(Juergen Habermas)는 바로 이러한 이유에서 주목받고 있다.

1. 시민의 직접참여와 공론화를 통한 공화민주주의

한나 아렌트는 고대 그리스 도시공화국의 직접민주주의에 대한 철학적인 분석을 단행한다. 그녀는 아테네 도시공화국의 시민들이 공론의 영역, 즉 공론장에서 공공의 현안들을 해결하는 과정을 분석하면서, 국가적 현안에 대한 시민들의 직접민주주의와 정치에 대한 시민들의 '공동' 참여를 통한 공화민주주의적 정치 개념을 이론화시켰다.

우선 아렌트가 선호한 고대 그리스의 공화민주주의는 직접민주정치가 이루어지던 공론장과 밀접히 연관되어 있다. 다시 말해서 아테네 도시공화국의 직접민주정치는 시민들의 공론장 참여를 그 전제로 하고 있다. 도시국가의 직접민주주의는 공론 영역, 즉 자유 시민들이 아고라(agora) 광장에서 공공의 현안에 대해 함께 소통하는 공론장에의 참여를 통해 실현된다. 특히 이러한 소통의 과정 속에서 시민들은 자신이야말로 폴리스 공동체의 구성원이라는 사실을 직접 체험할 수 있다. 바로 여기에서 폴리스의 시민들은 도시공화국에 대한 애정을 지니게 되며, 나아가 공동체에의 귀속감, 즉 현대적인 의미에서의 '애국심'을 배양할 수 있게 된다. 이렇게 함으로써 도시국가의 시민들은 공동으로 국가적 현안을 직접 결정하고, 또 공동으로 결정한 사안에 대해서 동의와 지지를 아끼지 않는 공화민주주의를 실현하고 있었다.

하지만 공론장에 참여하는 시민들이 충분한 대화와 토론의 과정을 거치지 않은 채 공공의 현안을 다수결에 의해 단순히 결정하는 것은 결코 아니다. 아렌트가 말하는 공론장이론의 핵심은 인간의 다원성과 복수성, 즉 서로 다른 다수의 인간들과 다양한 의견들을 제시하는 인격체들이 함께 하는 데 있다. 이러한 '함께 함'은 공공의 현안을 둘러싼 대화와 토론 등 소통의 과정에 공동으로 참여하는 것을 의미한다. 다만 아렌트는 이러한 인간의 다원성과 복수성이 하나의 '집합'으로 융합되거나 또는 '단일화'되는 것은 경계한다. 왜냐하면 단일화는 서로 다른 인간들이 제시하는 다양한 견해와 의견들, 즉 시민들의 다양한 개성과 인격이 반영된 공론의 영역이 발생하는 것을 배제하고 있기 때문이다(Seyla Benhabib, 1991: 151). 즉 시민들의 다양한 견해들은 공론장에서 논의되고 소통되는 과정을 거쳐서 민주적 의지로 결집되며, 이를 토대로 공적인 의사결정과 국정 운영의 방향이 결정된다. 이것이 바로 직접민주주의의 과정이며, 이를 바탕으로 고대 그리스 아테네의 공화민주주의가 실현되는 것이다. 요컨대 고대 아테네의 공화민주주의는 인간의 다원성과 복수성, 즉 시민들의 다양한 개성과 인격이 출현하며, 다양한 의견들이 자유롭게 제시되는 민주적 공론장을 그 전제로 하고 있다.

아렌트의 공론장에 기초한 공화민주주의는 정치에 대한 그녀의 독특한 시각을 대변한다. 아렌트에 따르면 정치의 영역은 인간의 '활동적 삶'(Vita activa)에 의해 전개되는 영역이기도 하다. 그녀가 말하는 활동적 삶이란 노동(labor), 작업(work) 그리고 행위(action)로 분류된다. 노동과 작업은 인간의 삶, 특히 생계의 유지와 개체의 존속을 위해 필수적인 활동이다. 그러나 행위는 인간에게만 고유한 '정치적'인 활동을 의미하는데, 이것은 '언어'를 통한 타인과의 '소통'(communication)이 그 핵심을 이루고 있다. 정치적인 측면에서 볼 때 언어행위는 인간의 다양한 견해와 의견이 '말'을 통해 타인들과 자유롭게 소통하는 것을 의미한다. 아렌트에 의하면 인간은 언어 행위를 통해 비로소 정치의 영역에 참여하게 된다. 그리고 정치의 핵심은 바로 이러한 언어를 동한 '의견'(doxa)의 세시에 있다. 이로써 아렌트는 정치와 철학의 영역을 엄격히 구별하고 있는데, 전자는 의견이 지배하는 영역인 반면, 후자는 진리(epistheme) 추구의 영역이기 때문이다. 이때 진리를 추구하는 '관조적 삶'(Vita contemplativa)과 인간의 다원성과 복수성에 근거를 둔 '활동적 삶'은 각기 철학의 영역과 정치 영역의 고유한 특성을 대변해주고 있다(Hannah Arendt, 1958: 22–23).

이처럼 인간의 다원성과 복수성 그리고 소통에 의한 정치를 의미했던 고대 아테네 공화국의 고전적 공화민주주의는 도시국가의 멸망과 함께 사라졌다. 그리고 중세에는 거의 잊혀졌던, 시민들이 국정 현안에 참여하는 '민주주의'의 이념은 근대 국민국가의 등장과 함께 다시 부활했다. 그러나 아렌트에 의하면 근대 국민국가는 다수 시민들의 개별적 능력과 다양한 정치적 의견들이 발휘될 수 있었던 복수성과 다원성이 출현하는 고전적 공화민주주의의 이념을 실현시키는 데는 역부족이었다. 그 이유는 공론 영역, 즉 공론장의 소멸과 깊은 연관이 있다.

아렌트에 의하면 공론장의 소멸은 무엇보다도 가계의 존속과 생계 유지를 전담했던 사적 영역인 가정 경제의 문제가 근대 국민국가의 공적 영역을 지배하기 시작한 것에 기인한다. 즉 아렌트는 인간의 '노동'과 '작업'에 의해 영위되던 가정경제 영역의 관심사가 '국민경제학'의 이름으로 공적 영역인 국가가 해결해야 할 과제로 부각되는 데 주목했다. 요컨대 가정 대신에 이제는 국가가 국민을 먹여살리는 문제에 직접 뛰어들기 시작한 것이다.

고대 그리스의 공론장과 정치를 가능케 했던 인간의 활동양식인

'행위'의 역량은 고사되기 시작했다. 따라서 근대국가의 등장은 다수 시민들의 대화와 토론을 거쳐서 국정 현안을 해결하던 공화제적 민주주의가 설 자리를 잃어버렸다는 것을 의미한다. 그 대신 등장한 것이 바로 근대 국민국가의 핵심적인 정치제도인 '대의제민주주의' 체제였다. 대의민주주의 체제하의 국민국가는 대내적 질서유지와 대외적 방어라는 전통적인 국가의 역할 외에도 국민들의 복리를 위한 경제활동의 큰 틀을 전담하게 된다. 이제 전문화된 대표들이 국정 현안을 전담하게 되면서 전문가가 아닌 다수의 시민내지 국민들이 정치 영역에 직접 참여할 기회는 점차 희박해졌다.

바로 이것이 아렌트가 우려하는 대의민주주의 체제의 폐단이다. 아렌트는 국민국가의 등장과 대의제민주주의의 도입으로 말미암아 시민들의 정치참여와 소통에 의거한 공론장과 공화민주주의의 전통이 소멸되었다고 진단한다. 아렌트가 지적하는 대의제민주주의의 핵심 문제는 다음과 같다. 우선 대의민주주의 체제의 대표자들은 형식적으로는 국민에 의해 선출되지만 궁극적으로는 전문화된 대표자들, 즉 '전문가'들에게 정치와 국정의 운영을 위임하는 것에 지나지 않는다. 다수의 시민들은 각기 자신의 생업에만 몰두하게 되고 따라서 공공의 현안에는 무관심하게 되었다는 것이다. 시민들의 이러한 정치적 무관심의 증가와 엘리트주의의 확산 등의 문제는 현대정치의 위기, 즉 대의민주주의의 문제점을 드러내주고 있다. 이를 보더라도 아렌트의 정치에 대한 인식은 철저하게 시민참여와 소통에 의거한 고전적 공화민주주의의 경험에 바탕을 두고 있다.

이러한 아렌트의 정치 인식은 정치공동체인 국가를 인식하는 데 있어서도 기존의 사상가들과는 구별된다. 그녀는 국가를 하나의 융합된 집합적 통일체로 인식하는 이론적 경향, 예를 들면 플라톤의 국가론이나 홉스, 로크, 루소 등의 사회계약론에 기초한 국가 및 정치철학이 정치세계의 현실을 왜곡한다고 비판한다. 왜냐하면 정치나 국가에 대한 이들의 인식은 궁극적으로는 인간을 보편적 '이성'(reason)을 지닌 단일화된 주체로 간주하는 '이성주의'에 기초하고 있기 때문이다(Hannah Arendt, 1993: 33). 다시 말해서 계약론자들의 국가관이나 플라톤의 이상국가와 철인정치론은 현실세계의 정치와는 거리가 멀다. 왜냐하면 이들 이론은 정치세계를 구성하는 핵심 요소인 인간의 다원성과 복수성 그리고 말과 설득을 통한 의견들 사이의 소통을 간과했기 때문이다. 반면에 개별적 시민들의 독특한 인격과 개성이 다양한 의견들로 표출되고, 동시에 의견의 교환과 설득 등에 의한 소통의 과정을 거치면서 공적인 결정이 내려지는 아렌트의 공론장은 정치의 영역이자 정치 그 자체이기도 하다.

이처럼 공론장에서의 시민들의 대화와 설득을 통한 소통에 의해 형성되는 정치와는 달리, 철학이 추구하는 진리는 시종일관 관조, 즉 이성적 능력을 통해서 비로소 도달될 수 있는 것으로서, 사람들의 동의나 지지에 의해 도달할 수 있는 것은 결코 아니다. 이러한 맥락에서 아렌트는 절대적 진리를 추구하는 철학의 이념이 정치세계에 개입할 경우, 진리를 가장한 이데올로기가 절대화된 전체주의체제의 등장을 초래한다고 경고한다.[7] 전체주의 체제는 아렌트가 그토록 강조했던 인간의 다원성과 복수성을 부정하고 인간들 사이의 자유로운 소통을 억압하며 종국에는 이러한 소통의 장인 공론장을 말살시켜버린다. 히틀러의 나치체제를 비롯한 전체주의의 다양한 사례들이 예외없이 이러한 특성을 지녔음은 주지

7 플라톤의 경우에는 정반대의 길을 갔다. 그는 스승 소크라테스가 아테네 시민들 다수의 '의견'(*doxa*)에 의해 독살 당한 후, 소크라테스가 그토록 추구했던 상호 대화를 통한 설득의 방식에 회의를 품고, 중우들에 의한 정치가 아닌, 인간의 행위와 삶에 있어서 불변하는 절대적인 진리에 의거한 정치이론을 구축하고자 했다.

하는 바이다.

이처럼 아렌트는 근대 국민국가의 특성에 대한 분석과 함께 대의민주주의의 취약성을 지적하면서 아울러 전체주의의 위험성을 경고하고 있다. 그러나 아렌트는 고전적 공화민주주의의 이상이 현대세계에서 더 이상 실현될 수 없는 것으로 단언하지는 않았다. 그녀는 1776년의 독립혁명을 바탕으로 한 미국의 헌정질서를 근대국가의 등장 이후 새로이 발견된 '공화국' 체제이자 공화민주주의 정치체제라고 말한다(Hannah Arendt, 1963: 39).[8] 그러면 아렌트는 왜 미국의 헌정질서를 새로이 발견된 공화민주주의라고 보았을까?

여기서 아렌트는 시민혁명을 통해 등장한 프랑스와 미국의 정치체제를 비교 평가한다. 먼저 프랑스 혁명은 자유주의 이데올로기를 기치로 내건 정치변혁이다. 그러나 이 혁명은 "마치 태풍처럼 구체제의 모든 제도들을 일소해버리기 위해 엄청난 폭력을 방출했다"(Hannah Arendt, 1958: 235). 그런데 아렌트는 왜 구체제를 붕괴시킨 프랑스혁명을 비판적으로 평가할까? 그것은 이미 논의했듯이 공화민주주의에 토대를 둔 정치 인식과 깊은 연관이 있다. 아렌트의 공화민주주의는 공론장에서 소통하는 자율적인 시민들에 의해 발생하는 시민 공동의 힘인 '권력'(power)과 긴밀히 연관되어 있기 때문이다. 아렌트는 권력과 '폭력'(violence)을 구별하고 있다. 폭력은 어디까지나 목적달성을 위한 '수단'에 지나지 않는 반면, 권력은 어디까지나 소통하는 시민들이 함께 하는 과정 속에서

8 공화주의내지 공화국의 역사적인 근원은 그리스 폴리스와 르네상스기의 북이탈리아 도시국가들에서도 찾아볼 수 있지만, 아렌트는 근대국가의 등장 이후 광대한 영토와 다수의 인구를 지닌 국가의 공화제적인 정치적인 질서의 모델로서 미국의 헌정제도를 선택했다.

탄생하는 것이다. 권력은 따라서 그 어떤 다른 목적을 위해 동원되는 폭력과 달리 그 자체가 '목적'이라는 점에서 폭력과 질적으로 구별되는 것이다.

이러한 관점에서 보면 프랑스혁명을 비판적으로 검토한 아렌트의 입장에 수긍이 갈 것이다. 우선 자유주의 이념에 의거한 새로운 정치체제의 구축을 기치로 한 프랑스혁명은 부르주아 시민계급이 공동으로 주도했다. 여기까지는 소통에 의한 시민들의 권력이 구체제를 붕괴시켰다. 그러나 혁명의 성공 직후 시민계급의 일부에 지나지 않는 과격파인 쟈코뱅파가 주축이 된 혁명 이후의 진행과정은 폭력이 난무했다. 자코뱅파는 기존의 모든 질서를 한꺼번에 무너뜨리기 위해 폭력 사용을 주저하지 않았다. 바로 이러한 측면에서 '부정적'인 혁명의 전형으로 평가된 프랑스혁명은 대화와 토론이 지배하는 민주적인 공론장의 형성과 이에 의거한 시민의 공동 권력의 실현이 불가능했던 대표적인 경우이다. 물론 폭력에 의해 지배됐던 프랑스혁명은 그 자체로서 구체제 일소라는 과제를 수행하는 데는 일조를 했다. 그러나 구체제를 붕괴시킨 후의 헌정질서 구축과정 또한 반복되는 파벌 다툼과 유혈투쟁으로 일관되었기 때문에 다수 시민들과 각 파벌들에 의한 자발적인 공론형성은 애초부터 가능하지 않았다.

반면에 미국혁명은 고대의 도시공화국에서 시민들의 대화와 토론, 즉 소통의 과정 속에서 발생하는 정치적인 공동의 권력과 연관된 '긍정적'인 혁명의 전형이다. 이를 하나의 새로운 미국적인 '권력' 개념으로 규정하고 있는 아렌트는 미국의 헌정질서란 다름 아닌, 당시 시민들의 소통에 의거한 공동 권력의 성공적인 표출로 평가하고 있다. 아렌트는 미국의 헌정질서를 근대적인 공화민주주의 체제로서 인식한다. 왜냐하면 미국의 헌정질서는 식민지 당시부터 정착된 타운십(Township), 즉 지방자치기구들을 바탕으로 하면서, 시민들의 자율적인 공론화과정과 자발적인 '연합' 및 '연대'(solidarity)을 통해서 새로이 중앙의 정치조직들을 추가적으로 만들어냈기 때문이다. 여기서 말하는 연합내지 연대는 이해관계에 얽매인 사익을 희생시키고 공익을 위해 자발적으로 결속하는 것을 의미한다. 따라서 미국시민들의 자율적인 연대와 연합은 연합 파트너들의 격리된 힘들을 모아서 상호간의 신뢰를 통해 결속된 하나의 헌정질서, 즉 시민의 공동권력을 제도화된 미국헌법 속으로 결속시키는 데 기여했던 것이다. 아렌트가 미국혁명을 긍정적으로 평가하는 핵심적인 이유 중의 하나는 바로 이러한 기존 지방자치기구들을 토대로 한 '공론화'와 자발적인 '연대'를 통해 민주적 헌정질서를 구축할 수 있기 때문이다. 이러한 맥락에서 미국사회가 프랑스혁명처럼 폭력이 난무하는 이른바 '자연상태'로 추락하는 것을 방지했고, 미국의 공화민주주의를 공고히 할 수 있었다 (Hannah Arendt, 1963: 220-221).

2. 의사소통적 공론장과 공화민주주의

아렌트의 공론장 이론을 비판적으로 계승한 하버마스는 세계화 문제와 공화민주주의의 가능성을 가늠해보는 중요한 이론적 근거를 제시했다. 특히 하버마스는 근대산업사회의 지배적인 운영 원리인 도구적 합리성이 경제영역뿐만 아니라 사회의 거의 모든 영역을 지배하는 논리로 확장되었다는 사실에 주목했다. 즉 경제에서의 합리성이 국민국가의 공적 영역인 정치 및 행정영역에도 무분별하게 적용되었다는 데 그 심각성이 있다고 보았다.

하버마스의 논지는 세계화시대로 지칭되는 현대사회에도 별 무리

없이 적용될 수 있다. 세계화는 지구사회를 시장경제의 측면에서 '하나의 세계'로 만들어가는 데 그 핵심이 있다. 동시에 이러한 세계화는 인간의 삶의 모든 관심을 경제적인 관점으로 환원시키는 경향을 드러내준다. 경제논리는 무한경쟁을 유발하는 시장메커니즘에 기초하고 있다. 시장메커니즘에 바탕을 둔 경제논리는 생산성과 효율성을 크게 강조한다. 생산성과 효율성은 나아가 근대성을 대변하는 '도구적 합리성'의 또 다른 표현에 지나지 않는다. 문제는 이러한 경제적인 측면에서의 합리성이 근대 국가의 정치와 행정의 영역에도 빈번하게 적용된다는 데 있다.

이러한 맥락에서 볼 때 하버마스의 지적은 우리의 관심을 끌기에 충분하다. 그는 인간의 삶의 영역을 '체계'(System)와 '생활세계'(Lebenswelt)라는 개념으로 구분하고, 도구적 합리성이 지배하는 영역인 경제 및 행정의 두 가지 영역을 지칭하는 '체계'와 언어를 통한 의사소통의 영역이자 일상생활의 영역인 '생활세계'의 작동방식에 주목하고 있다. '화폐'를 매개체로 하는 경제체계와 '권력'에 의해 매개되는 영역인 정치 및 행정체계와는 달리 생활세계는 '언어'를 매개로 한 타인들과의 사회적인 소통이 이루어지는 장이다.

하버마스에 의하면 경제뿐만 아니라 행정이라는 두 가지 '체계'를 운영하는 논리인 도구적 합리성의 원리가 시민들의 일상생활의 영역에까지 깊숙이 침투함으로써 "생활세계의 식민화"(J. Habermas, 1981: 452)를 가속화시켰다. 그는 이러한 생활세계의 식민화과정에서 현대사회가 처한 위기의 근원을 발견해낸다. 왜냐하면 체계에 의한 생활세계의 식민화내지 종속화는 생활세계의 자율적인 의사소통적 행위의 가능성을 위축시키는 결과를 초래했기 때문이다. 생활세계의 식민화는 시민들의 비판적·해방적 잠재력을 여지없이 위축시켰고, 이는 다시금 의사소통적 행위의 영역인 정치적 공론장의 위축으로 나타났다. 그 구체적인 예가 바로 현대시민들의 정치적 무관심의 확산과 이로 인한 소극적인 정치참여의 문제 등이다. 이러한 맥락에서 하버마스는 현대사회의 시민들의 의사소통적 잠재력 내지 공론에 기초한 시민 공동의 권력이 발현되는 민주적 공론장과 공화민주주의의 중요성에 다시금 주목하고 있다.

그러면 체계에 의한 식민화라는 억압과 종속으로부터 벗어나 비판적이고 해방적인 생활세계와 민주적 공론장의 활성화, 그리고 성숙된 공화민주주의는 어떻게 달성할 수 있을까? 하버마스에 따르면 고도 산업사회인 후기 자본주의사회에서 전개되는 갈등과 대립 양상은 현대사회를 이해하는 데 있어서 새로운 이해방식을 필요로 하게 된다. 우선 근대국가의 등장이후 20세기 전반에 이르기까지 전통적인 사회운동은 대체적으로 생산과 분배를 둘러싼 사회경제적인 모순구조의 해결, 즉 노동자들에 의한 계급투쟁을 통한 사회의 혁명적 변화에 그 초점을 두었다. 서구사회에서는 1950년대 이후 높은 경제성장과 급속한 부의 확대를 바탕으로 사회복지정책을 적극적으로 시행할 수 있었는데, 이로 인해 기존의 계급갈등을 완화시킬 수 있었다. 이 때문에 하버마스는 부의 분배문제를 둘러싼 갈등은 적어도 서유럽 선진 사회보장국가들에서는 순화되었고 동시에 사회운동을 추동했던 계급갈등 또한 완화되었다고 진단한다.

그러나 1970년대를 전후해서 등장한 새로운 형태의 사회운동들, 즉 환경, 여성, 반핵 및 평화, 교육 등 여러 분야에서 자생한 시민운동인 '신사회운동'(New Social Movement)은 노동운동이나 정치운동에 치중되었던 구사회운동과는 전혀 다른 양상을 나타내고 있다. 신사회운동의 관심은 정치권력의 쟁취에 있는 것이 아니다. 신사회운동의 핵심은 오히려 체계에 의한 생활세계의 식민화에 저항하여 나타나고 있다는 데 있다. 다시 말해서 신사회운동은 도구적 합리성에 의거한 체계의 억압과 이에 저항하는 생활세계의 비판적·해방적 잠재력 사이의 대립 및 갈등의 현장에

서 등장했다.[9]

하버마스에 의하면 신사회운동은 공동체 구성원인 시민들의 의사소통적 잠재력을 활성화시켜주는 새로운 의미에서의 '시민사회'(Zivilgesellschaft)라는 개념을 일깨워주는 중요한 계기로 작용하고 있다. 여기서 하버마스가 말하는 시민사회는 헤겔이 말한 '욕구의 체계'로 대변되던 부르주아적 시민사회, 즉 노동분업과 상품거래에 기초한 시장경제 체계에 바탕을 둔 전통적인 사회개념과는 구별되고 있다. 또한 마르크스주의자들에 의한 노동 및 자본 그리고 상품시장에 의해 조정되는 경제적 활동영역이나 자본주의적 생산양식에 기초한 상부구조의 사회문화적인 영역이라고 단정짓는 그람시의 입장과도 구별된다(장은주, 2000: 251).

그렇다면 하버마스가 말하는 시민사회란 어떠한 특성을 지니고 있는가? 하버마스에 의하면 시민사회는 시민들의 자유 의지에 토대를 두고 있는 '비국가적이고 비경제적인 다양한 결사체들', 즉 오늘날의 비정부기구(NGO)들을 의미하는 시민사회단체들로 구성되며 이들은 생활세계에서 발생하는 사회적인 현안들을 공론화시키는 중요한 역할을 떠맡고 있다(J. Cohen and A. Arato, 1992 : 346). 요컨대 시민사회단체들에 의한 시민사회는 전사회적인 연관이 있는 문제들에 대한 해결책을 제시하고 또한 이를 공론화시켜 나간다. 이러한 맥락에서 하버마스는 사회 전체의 보편적인 이익의 향방을 둘러싼 담론들을 엮어내는 결사체나 단체들이 현대의 민주적인 시민사회의 핵심적인 구성요소이며, 이들이 공론장의 형성을 가능케 해주는 사회적인 토대, 즉 "자율적인 공론장의 토대"

9 예를 들면 핵발전소를 유지하려는 경제(자본) 및 국가(행정)와 이러한 핵발전소를 전면적으로 폐지하고자 하는 독일의 환경단체(신사회운동)의 저항운동이 그것이다.

(J. Habermas, 1992 : 363)라고 강조한다. 따라서 민주적 공론장은 시민사회에 그 뿌리를 두고 있고, 생활세계에 내재한 해방적·민주적인 잠재력을 현안에 대한 공론화 과정 속에서 드러내준다.

그럼에도 불구하고 공론장이 단순히 권력행사에 대한 지지라는 사후적인 정치적 정당화의 기능만을 담당하는 것은 아니다. 민주적 공론장은 생활세계의 시민들에 의한 자발적인 공적 의지형성의 공간으로서 정치적 정당성이 형성되는 근원이기도 하다. 다시 말해서 공동체의 정치적인 정당성도 공적 현안의 해결을 위한 공론형성과정에 시민들이 적극적으로 참여함으로써 비로소 가능하게 된다. 따라서 공론장은 시민들의 민주적 잠재력이 표출되는 영역일 뿐만 아니라 일상언어를 통한 합리적인 의사소통의 영역이다. 이때 공론장에서 주제화된 공적인 의견인 공론은 구체적으로는 개별 유권자들의 선거 행태나 의회 등과 같은 제도화된 의사결정과정에 정치적 영향력을 행사하게 된다. 공론장에서 형성된 공적 의견의 영향력이 유권자나 의회 등과 같은 제도적 '절차'의 매개를 통해 정치권력으로 변화된 것을 하버마스는 '의사소통적 권력'(communicative power)으로 지칭한다. 여기서 하버마스가 제도적 절차를 강조하는 것은 무엇보다도 포퓰리즘이나 대중주의의 위험성을 간파했기 때문이다. 즉 하버마스가 볼 때, 현대정치의 한 현상이기도 한 대중민주주의나 민중주의는 민주적이고 합리적인 절차를 간과하고 있고, 따라서 그 핵심에 있어서는 반민주적인 속성을 지니고 있기 때문이다(J. Habermas, 1992 : 359).[10]

10 물론 시민사회에서 대중의 목소리는 공론화됨으로써 권위를 가질 수 있다. 그러나 공론화의 과정을 거치지 않은 대중주의는 권력자의 도구로 이용될 수 있거나, 또는 즉흥적인 정치행위를 초래하기 때문에 민주주의를 위협하는 요소로

이러한 배경에서 하버마스는 공론장에서 형성된 공론의 영향력이 정치권력을 산출하려면 최종적으로는 의회에서의 공식적 의결, 즉 '법'의 제정 과정을 거쳐야만 한다고 강조한다. 그는 의회에서 제정된 법을 매개로 해서 국가의 행정 권력과 시민사회에서 형성된 의사소통적 권력을 상호 긴밀한 연관 속에 묶어둔다. 요컨대 현대의 민주적 법치국가에서 법은 의사소통적 권력에서 발생하며, 동시에 이 의사소통적 권력은 법의 형식을 취해야만 국가의 행정권력으로 변형되고 또 행사될 수 있다. 이때 하버마스는 의사소통적 권력을 행정권력에 우선시키고 있다. 행정권력에 대한 의사소통적 권력의 우선성은 시민참여에 바탕을 둔 공화주의적 민주주의의 근본적 의미에 충실하는 것이기도 하다.

여기서 하버마스가 이해하는 공화민주주의에 대해 살펴보기로 하자. 우선 하버마스의 논의는 민주주의를 둘러싼 전통적인 두 가지 관점, 즉 자유주의적 입장과 공화주의적 시각에 대한 비판적 검토와 함께 양자의 종합을 시도한다. 그는 자유주의나 공화주의가 공히 국가를 중심에 두고 있는 이론이라고 비판한다. 공화주의적 관점에 의하면 국가는 루소가 말했듯이 일반의지를 구현하는 '인륜적 공동체의 제도화' 된 모습이다. 반면에 자유주의적 견해에 따르면 국가는 오로지 '경제사회의 수호자', 즉 개인들의 이해관계를 조정하는 장치일 따름이다.

먼저 공화주의자들은 국가와 사회, 즉 국가기구와 시민사회를 분리하는 데 반대한다. 전통적인 공화주의에 의하면 시민사회는 시민의 정치적 참여, 즉 시민의 자율적인 정치적 의견 및 의지형성을 통하여 정치적으로 조직화된 전체이다. 뿐만 아니라 국가 또한 시민들에 의한 사회

작용하기도 한다. 이에 대해서는 Margaret Canovan, 1981 제5장 참조.

전체의 "정치적 자기 조직화"(J. Habermas, 1992 : 360)에 다름 아니다. 이러한 시각은 시민들에 의한 '직접적인 지배', 다시 말해서 시민들의 정치참여를 통한 직접적인 통치를 지향하기 때문에 국가기구, 즉 행정체계로 구조화된 국가기구와는 불가피하게 대립하지 않을 수 없다.

반면에 자유주의자들은 국가와 사회를 철저하게 분리하는 데 주력하고 있다. 이들은 법치국가의 헌법을 통해 사적 개인들의 자율적인 시장거래 관계가 국가권력에 의해 침해받지 않도록 경제사회의 기본틀을 확고히 하고자 한다. 이러한 관점은 사적 개인들의 이익추구가 핵심 관건이기 때문에 시민들의 직접적인 정치참여, 즉 시민들에 의한 민주적 의지형성 및 정치적 자기실현을 위한 조직화 문제는 부차적인 관심사에 지나지 않는다. 그 대신에 자유주의자들은 기본권 보장, 권력분립, 법률에 따른 권력행사 등의 조치를 통해 국가권력을 견제 및 규율하고, 정치세력들 사이의 경쟁을 통하여 사회적 가치와 이익을 국가가 적절히 조정토록 하는 데 주목하고 있다.

이러한 자유주의와 공화주의의 시각은 민주주의에 대한 평가에 있어서도 확연히 구별되고 있다. 먼저 자유주의자들은 민주정치의 과정을 철저하게 '이익타협'의 과정으로 이해한다. 민주적인 제반 규칙들 또한 사적인 자율성, 즉 사적인 이익타협을 위한 규칙들에 지나지 않는다. 보통 및 평등선거, 의회 구성 등의 규칙들은 단지 결과의 공정성을 보장하는 것으로 간주되고 또한 정당화된다. 반면에 공화주의자들은 공적인 자율성, 즉 시민들의 민주적인 의견 및 정치적 의지 형성과정 속에서 자신을 정치적으로 조직화된 전체로 인식하는 데 있다. 다시 말해서 전체사회란 시민 자신들을 스스로를 조직화시킨 정치공동체, 즉 국가에 다름 아니다.

하버마스는 여기서 시민들의 직접적인 정치참여, 즉 전통적인 공화주의가 강조하는 민주적 의견 및 의지형성 과정을 이론의 중심에 두고 있다. 그러나 그는 자유주의가 강조하는 법치국가의 헌법내지 절차를 결코 도외시하지 않는다. 왜냐하면 그가 보기에 공적인 자율성의 확보와 사적인 자율성의 보장이라는 양자의 입장은 결국 상호 보완관계에 있기 때문이다. 요컨대 하버마스는 자유주의에서 강조되는 사적인 자율성의 측면을 배제하지 않으면서도 공화주의의 핵심사항인 시민들의 공적 자율성, 즉 정치적 참여의 측면을 강조함으로써 공화민주주의를 지향하고 있음은 분명하다.

IV. 세계화시대의 한국사회와 공화민주주의

그러면 이제 세계화의 추세에 비추어볼 때 우리 한국사회의 현황은 어떠하며, 세계화 속의 한국사회가 나아가야 할 보다 바람직한 방향은 과연 어떠한 것인지를 살펴보자.

한국사회는 건국헌법 이후 줄곧 헌법상에 '민주공화국'의 이념을 명문화시킨지 어언 60여년이 지났다. 건국이후 산업화와 민주화에 성공했고, 이제는 민주주의의 공고화 단계에 접어들었다고 평가되곤 한다. 그러나 한국사회가 민주주의의 공고화를 이룩하기 위해서는 아직도 해결해야 할 일들이 산적해 있다고 판단된다. 왜냐하면 아직도 우리 사회는 대화와 토론에 의한 공론장의 활성화와 의사소통적 합리성에 기초한 공적 의견의 형성과 실천이 순조롭게 진행된다고 평가하기에는 이른 감이 없지 않기 때문이다.

그동안 우리 사회는 빈부, 세대, 이념 그리고 지역 갈등으로 대변되는 수많은 갈등과 분쟁이 있어왔고, 현재도 이러한 갈등의 골은 여전히 해소되지 않고 있다. 이 때문에 한국사회의 통합이나 사회적 합의가 좀처럼 이루어지지 않고 있다. 그 이유는 아직도 우리 사회가 공적 현안에 대한 합리적인 대화와 토론에 의거한 소통(communication)이 부재하기 때문이다. 우리 사회에는 민주화에 성공했듯이 정치참여(political participation)에의 열정은 강하다고 할 수 있다. 그러나 정치적 의견과 견해를 달리하는 집단들 사이에서는 아직도 소통보다는 갈등과 분열을 조장하는 경향이 지배적이다. 더 나아가 헌법적 질서에 바탕을 둔 법치에 대한 인식 또한 갈등 당사자간에 상이하게 나타난다. 사정이 이러하니, 준법의식 또한 희박하지 않을 수 없다. 이러한 맥락에서 정치참여의 활성화와 합리적인 의사소통 그리고 법에 의한 지배 등과 같은 요건들은 민주화 이후의 우리 사회가 주목해야 할 중요한 덕목이지 않을 수 없다.

이러한 맥락에서 헌법에 명시된 민주공화국의 이념을 실현하기 위한 방안들을 앞서 논의한 아렌트와 하버마스의 공론장이론과 공화민주주의에 대한 논의에 비추어 검토해보고자 한다.

먼저 아렌트의 공화민주주의적 논점에 비추어 볼 때, 첫째 한국사회의 시민들은 사적인 이해관계를 유보하고 공동선이나 공공의 현안을 둘러싼 소통, 즉 정치적 안건에 대한 시민들의 충분한 대화와 토론의 과정을 거치고 있는지를 검토해볼 수 있을 것이다. 그리고 둘째 정치공동체 내부에서가 아닌 외부에서 끌어온 절대적인 진리성에 입각한 정치적 주장이 공적인 현안을 합리적으로 논의하는 정치적 공론장에 개입하는 것은 아닌지를 진지하게 검토해볼 필요가 있다.

우선 세계화시대에 접어든 한국사회의 현 상황은 민주화 이후 첨예화된 제반 갈등에서 보듯이 그동안 억압되거나 소외되었던 개인이나 집단 차원의 여러 이해관계들이 한꺼번에 해결되기 위해 봇물처럼 쏟아져 나와 혼란을 부추기는 상황에 처해 있다. 뿐만 아니라 세계화의 도전에 직면한 한국사회는 새로운 다양한 갈등들이 도래할 것이다. 그럼에도 불구하고 이러한 갈등이 아직도 해결책을 찾지 못하고 있는 사정은 바로 우리 사회가 민주화 이후에도 합리적인 소통의 과정에 진입하지 못했다는 점을 여실히 드러내주고 있다(이농수, 2007 : 17). 동일한 맥락에서 공공의 이익을 대변해야 할 우리 사회의 지식인들 또한 합리적 의사소통보다는 보수와 진보 간의 이념논쟁에 갇혀서 오로지 자신의 입장이 모든 사람들이 추종해야 할 진리임을 강변해왔다. 더 나아가 국가 운영과 국민통합의 책임을 떠맡은 정부도 합리적인 의사소통보다는 정부의 정책을 일방적으로 제시하고 이를 무리하게 추진해왔다는 점을 부인하기는 어렵다.

그뿐이 아니다. 아렌트가 말한 공론정치의 또 다른 핵심관건은 다수의 시민들이 공공의 현안을 해결하기 위해 의사소통의 과정에 참여함으로써 각자 스스로 민주공화국인 한국사회의 주인으로 체험하고 또한 거듭나는 데 있다. 그동안 한국사회는 민주화와 함께 정치참여의 폭이 확대되었지만, 개인이나 집단을 막론하고 공적인 현안을 둘러싼 소통의 장, 즉 공론장에서도 여전히 사적인 이해관계를 관철시키고자 하는 경향이 지배해왔다. 정치공동체의 공동선이 아닌 사적 이익을 지나치게 추구하는 이러한 경향은 한국사회의 공론장을 무기력하게 만드는 주된 요인이기도 하다. 따라서 아렌트의 관점에서 보면 우리 사회의 정치참여란 여전히 민주화의 기치 아래 다수의 시민들을 형식적으로 참여시키는 경향이 적지 않다. 그런 만큼 정치참여의 실질적 내용인 합리적인 의사소통의 과정에 참여하는 단계에는 이르지 못했다고 할 수 있다. 이러한 관점에서 볼 때, 민주화 이후 한국사회의 보다 바람직한 정치발전을 위해서는 공동선을 향한 시민적 덕성의 함양과 시민들의 자발적인 정치참여, 특히 사적인 이해관계를 유보하면서 공적 이익을 향한 의사소통의 과정에 자발적으로 참여하는 것이 핵심 관건이라고 할 수 있다. 왜냐하면 정치공동체의 현안에 대한 시민들의 적극적인 참여는 다시금 이 공동체에 대한 자발적인 복종과 귀속감을 강화시킴으로써 국민통합의 원동력이 되기 때문이다.

이때 국민통합의 핵심 관건인 공동체에의 귀속감과 복종심은 그냥 주어지지는 않는다. 민주화된 현대사회에서 공동체에의 시민들의 귀속감과 복종심은 공공의 현안에 대한 자발적인 정치참여의 과정 속에서 배태된다. 시민들의 자발적인 정치참여의 결과물은 공론장에서의 의사소통 과정 속에서 형성되고 제도화된 법규범이다. 아렌트가 강조하듯이 시민들이 참여해서 스스로 제정한 법은 그 자체로 정당성과 권위를 보유하게 된다. 이로써 법치, 즉 법에 의한 지배가 가능해진다. 시민들의 의사소통의 과정 속에서 탄생한 법에 시민들이 다시금 복종하게 될 것임은 자명하다. 그리고 민주적 법치국가의 이념 또한 바로 여기에 근거하고 있다. 이러한 맥락에서 볼 때 우리 사회에는 아직도 법치, 즉 시민들이 자발적으로 복종하는 법에 의한 지배가 완전하게 정착되었다고는 할 수 없다. 왜냐하면 시민들이 자발적으로 복종하는 법질서가 아직 확립되지 않았고, 또한 법보다 정치가 여전히 우위에 있는 것이 우리 사회의 현실을 대변해주고 있기 때문이다.

그러면 이제 하버마스의 공론장이론과 공화민주주의에 대한 논의에 비추어 한국의 공화민주주의의 전망을 검토해보고자 한다. 먼저 근대 산업사회의 운영논리인 도구적 합리성은 한국사회의 경제영역뿐만 아니라 정치 및 사회의 다양한 분야에서도 대체적으로 지배적인 경향을 나타내주고 있다는 점은 별 무리없이 받아들일 수 있을 것이다. 특히 산업화 시기에는 국가 주도의 단계별 경제개발계획에 따라 국가의 행정 및 정치체계가 경제건설이란 당면 목표의 달성을 위해 매진했다. 그후 민주화

시기에는 이러한 경제성장에 치중된 국가발전 전략을 일정정도 수정하게 되었다. 그럼에도 불구하고 신자유주의적 세계화의 진행과정 속에서 다시금 사회전반에 걸쳐 경제체계의 운영논리인 도구적 합리성이 상당한 정도로 영향력을 행사해왔다는 점을 부인하기 어렵다.

동일한 맥락에서 한국사회의 시민들이 공공의 현안을 둘러싼 의사소통의 과정에서 사적 이해관계를 유보했는가에 대해서는 앞서 말한 아렌트의 경우와 마찬가지로 부정적인 평가를 내릴 수밖에 없다. 한국사회가 민주화의 길로 접어든 이후에도 사회의 각 영역에서 불거져나온 각종 갈등 양상은 현재까지도 우리 사회의 혼란상을 대변해주고 있다. 국민통합의 과제를 떠맡은 정부 또한 여전히 공론장에서의 의사소통보다는 일방적인 정부정책의 제시와 함께 이를 무리하게 추진해온 점을 부인하기 어렵다. 특히 세계화의 진행과정 속에서 한국사회는 다방면에서 경쟁이 강화되는 경향을 나타냈고, 정부 또한 신자유주의적 세계화 정책을 일관되게 견지해왔다. 세계화 과정은 한·미간의 쇠고기 협상을 둘러싼 갈등에서 보듯이 정부와 시민사회간의 심각한 충돌을 야기했다. 문제는 이러한 과정이 반복되곤 하지만 정부와 시민들이 함께 하는 공론장과 의사소통의 노력은 여전히 취약하다고 평가하지 않을 수 없다.

이러한 배경에서 하버마스가 지적한 공화민주주의적 논점은 시사하는 바가 적지 않다. 즉 그는 근대 이후 개인들로 파편화된 자유주의나 전체를 지나치게 강조하는 전통적인 공화주의의 입장을 모두 비판하면서 시민들의 자발적이고도 적극적인 공론장에의 참여와 의사소통 행위를 통해 제정된 법에 의한 지배를 강조하는 새로운 형식의 공화민주주의를 대안으로 제시한 것이다. 시민들의 자발적인 정치참여와 공론장에서의 의사소통을 통한 의견 및 의지형성은 현대사회의 시민들이 공동체의 구성원으로서의 귀속감을 확보할 수 있게 할 뿐만 아니라, 국민통합과 공동체의 지속성을 담보해주기 때문이다. 나아가 시민참여에 의한 자발적인 의사소통과 공론화과정을 거쳐 제정된 법은 사회통합의 매개체로서의 역할을 담당한다는 데 그 핵심이 있다. 하버마스가 말하는 의사소통적 권력에 의거해 제정된 법은 시민들 모두가 공론장에서 의사소통적 행위와 토의를 거쳐 합의한 내용을 법으로 제정한 것을 일컫는다. 이때 법을 제정하는 힘은 시민들의 의사소통적 권력에서 나오는데, 이를 통해 제정된 법은 정당한 법이 된다. 이렇게 제정된 법은 군주나 독재자의 권력에 어쩔 수 없이 복종함으로써 유지되는 질서와는 달리, 시민들의 자발적인 참여를 통해 제정되었고 따라서 스스로의 복종을 통해 원만한 국민통합을 달성할 수 있다는 데 그 핵심이 있다. 요컨대 아렌트와 하버마스가 제기한 공론장 이론과 공화민주주의는 한국사회의 통합과 보다 바람직한 정치발전에 중요한 시사점을 던져주고 있다.

V. 결론

그동안 한국사회는 눈부신 발전을 거듭해 왔다. 건국 이래 세계사에서 그 유례를 찾기 힘들 정도로 빠른 속도로 산업화와 민주화에 모두 성공했다. 경제와 정치 양면에서의 신속한 발전은 해외에서도 경탄의 대상이 되곤 한다. 따라서 우리 사회의 부족한 점들을 이 글에서 지적하는 것은 우리 자신들을 폄하하기 위한 것이 아니라, 한국사회의 보다 나은 발전을 위한 제언으로서의 의미를 담고 있다.

돌이켜보면 우리 사회는 지난 1987년의 6월 항쟁을 기점으로 권위주의체제를 붕괴시키고 민주화시대에 돌입했다. 그후 20여 년에 걸친 평화적인 정권교체는 우리 사회의 민주주의의 공고화라는 과제를 성공적으로 발전시켜왔다. 그러나 민주화 이후 우리 사회는 한편으로는 그때까지 억압되고 소외되어온 빈부갈등, 세대갈등, 이념갈등 그리고 지역갈등 등 분열 과잉 현상을 보여왔던 것 또한 사실이다. 다른 한편으로 한국사회는 현재 세계화의 진행 속에서 등장한 새로운 갈등 요인들에 의해 분열상을 보이고 있다. 시장체제의 단일화를 추구하는 '신자유주의적' 세계화는 상품, 노동력 그리고 자본 및 금융 등 경제적인 측면에서의 무한경쟁을 초래했다. 이러한 세계화 추세는 1997년의 IMF 금융위기관리체제를 보더라도 이미 돌이킬 수 없는 대세가 되었다. 이러한 맥락에서 세계화시대에 당면한 한국사회의 바람직한 정치발전의 방향을 모색해보았다.

먼저 세계화 현상을 고찰한 다음 아렌트와 하버마스의 논의를 중심으로 근대 이후 지속적으로 강화되어온 도구적 합리성이 국민국가의 공적내지 정치적 영역의 위축을 불러온 과정을 추적했다. 경제에서의 도구적 합리성의 원리는 불가피하게 사회의 다른 영역들, 즉 정치 및 사회, 문화 그리고 시민들의 일상생활의 영역 등에까지 침투함으로써, 이 영역들이 지닌 자율적이고도 민주적인 잠재력을 억압내지 위축시켜 왔다. 이를 비판적으로 검토한 아렌트와 하버마스는 공히 경제논리에 억압되지 않는 현대사회의 민주적 정치발전을 향한 공화민주주의의 가능성을 제시해주고 있다.

여기서 아렌트는 사적 영역에 속하는 경제영역의 지배적인 논리인 도구적 합리성이 공적 영역인 정치의 영역이자 공론의 영역을 소멸시켜온 근대세계의 발전과정을 비판적으로 검토하면서 공론의 영역, 즉 민주적 공론장의 활성화를 통한 공화민주주의를 강조한다. 하버마스는 아렌트의 이론을 의사소통적 권력개념으로 보다 정교화시키면서 민주적 공론장의 중요성과 그 정치적 잠재력을 강조하고 있다. 그는 행정 및 경제라는 양대 체계의 논리에 억압된 생활세계의 민주적 잠재력을 부활시키기 위해 공론장이론을 전개하면서 의사소통적 권력과 행정권력을 매개하는 법의 제정 과정을 이론적으로 정립했다. 특히 하버마스는 근대 이후의 변화된 조건, 즉 영토의 광역화와 다수의 인구라는 조건 때문에 공화주의와 민주주의를 결합한 공화민주주의를 바람직한 민주정치의 전형으로 삼고 있다. 하버마스의 공화민주주의는 공론장에의 자발적인 시민참여와 시민들의 대화와 토의를 거쳐 형성된 의사소통적 권력에 의한 법의 제정을 강조하면서, 그리고 이렇게 제정된 법에 의한 통치, 즉 '법치'를 강조함으로써 민주적 법치국가의 정당성을 재확인시켜주고 있다. 요컨대 아렌트와 하버마스는 세부적으로는 이론적인 차이가 있으나, 모두 시민들의 자발적인 정치참여와 의사소통의 중요성을 강조했다. 나아가 이들은 시민들의 의사소통에 바탕을 둔 공론화와 이에 기초한 법의 제정 및 법치를 강조함으로써 공동체 구성원들인 시민들의 사회적인 통합을 중시하는 공화민주주의의 이념을 제시했다.

이들의 논의는 우리 사회에 중요한 시사점을 던져주고 있다. 건국 이후 우리 사회는 남들이 부러워할 빠른 기간 안에 산업화와 민주화에 성공했고, 지금은 민주주의의 공고화에 매진하고 있다. 그러나 한국사회는 민주화 이후에도 사회적 합의나 통합이 잘 이루어지지 않고 있다. 그동안 우리 사회는 빈부, 세대, 이념 그리고 지역 갈등 등에 의한 분열상을 겪어왔고 이러한 갈등의 골은 아직도 해소되지 않고 있다. 게다가 한국사회는 현재 안팎으로 심각한 난관에 처해 있다. 국내적으로는 글로벌 금융 위기의 여파로 경제적인 어려움에 처해있고, 대외적으로는 북핵 문제로 인해 남북관계가 긴장 속에 빠져 있다.

이러한 어려움에도 불구하고 한국사회가 나아가야 할 방향은 분명하다고 하겠다. 즉 시민들의 자발적인 정치참여와 공공의 현안에 대한 의사소통을 거쳐 이를 공론화시키며 사적인 이해관계보다는 공동선을 실현하는 데 보다 적극 참여하는 것이 필요하다. 한국사회의 현안을 논의하는 토의의 장인 공론장에의 참여는 개인과 시민단체뿐만 아니라 정부 또한 열려있어야 할 것이다. 그래야만 우리 사회가 저한 다양한 문제들에 대한 해결책을 의사소통의 과정 속에서 발견해낼 수 있기 때문이다. 시민들의 의사소통적 권력에 의한 정당한 법의 제정은 시민들의 참여에 의한 입법이기 때문에 다시금 시민들의 자발적인 복종을 이끌어낼 수 있을 것이다. 또 그렇게 함으로써 한국사회의 구성원들의 효과적인 통합을 기대할 수 있을 것이다. 그리고 바로 이러한 시민들의 정치참여와 의사소통 그리고 법치를 근간으로 하는 공화민주주의에서 한국사회의 정치발전과 효과적인 국민통합을 기대해볼 수 있을 것이다.

참고문헌

곽준혁. 2005. 「민주주의와 공화주의 : 헌정체제의 두 가지 원칙」. 『한국정치학회보』 제39집 3호.

김경희. 2007. 「민주화와 공화주의」. 『동양정치사상사』 제6권 제2호.

김비환. 2003. 「아렌트의 정치사상에서 정치와 법의 관계 : 민주공화주의 체제에서의 법의 본질을 중심으로」. 『법철학연구』 제6권 제2호.

로버트 A. 아이작(강정민 옮김). 2006. 『세계화의 두 얼굴』. 서울 : 이른 아침.

민경국. 2003. 『자유주의와 시장경제』. 서울 : 위즈비즈.

배영자. 2003. 「정보화와 국제정치경제 변화」. 국제관계연구회 엮음. 『세계화와 한국』. 서울 : 을유문화사.

송호근. 2005, 『한국, 어떤 미래를 선택할 것인가』. 파주 : 21세기 북스.

이동수. 2007. 「민주화 이후 공화민주주의의 재발견」. 『동양정치사상사』. 한국동양정치사상사학회.

임혁백. 2003. 『세계화시대의 민주주의』. 파주 : 나남출판.

장은주. 2000. 「시민사회의 비판적 잠재력」. 『철학』 제64집.

정기웅. 2005. 「세계화와 민족주의」. 『국제질서의 패러독스』. 고양 : 인간사랑.

정원규. 2002. 「민주주의의 기본원리 : 절차주의적 공화민주주의 모델을 제안하며」. 『철학』 제71집.

최장집. 2006. 『민주주의의 민주화』. 서울 : 후마니타스.

한스 페터 마르틴·하랄트 슈만(강수돌 옮김). 2006. 『세계화의 덫』. 서울 : 영림카디널.

Arendt, Hannah. 1958. *Vita Activa oder vom taetigen Leben*. München.

_______. 1963. *Über die Revolution*. München.

_______. 1993. *Was ist Politik? Fragmente aus dem Nachlass*. Hg. von U.

Ludz. München.

Benhabib, Seyla. 1991. "Modelle des öffentlichen Raumes : Hannah Arendt, die liberale Tradition und Jürgen Habermas". *Soziale Welt* 42.

Calhoun, Craig (ed.). 1992. *Habermas and the Public Sphere*, The MIT Press.

Canovan, Margaret. 1981. *Populism*. New York and London : Harcount Brace Javanovich.

Cohen, J. and Arato, A. 1992. *Civil Society and Political Theory*. Cambridge : MIT Press.

Droysen, Johann G. 1977. *Historik. Rekonstruktion der ersten vollstaendigen Fassung der Vorlesungen*(1857). Stuttgart-Bad Cannstatt.

Finer, S. E. 1995. *The History of Government From the Earliest Times* Vol. 1. Oxford : Oxford University Press.

Habermas, Jürgen. 1981. *Theorie des kommunikativen Handelns*. Bd.2. Frankfurt/M.

_______. 1992. *Faktizität und Geltung: Beiträge zur Diskurstheorie des Rechts und des demokratischen Rechtsstaats*. Frankfurt/M.

Held, David & Mcgrew, Anthony. 2002. *Governing Globalization : Power, Authority and Global Governance*. Cambridge : Polity.

Kymlicka, Will. 1999. *Multikulturalismus und Demokratie*. Hamburg.

Przeworski, Adam. 1991. *Democracy and the Market : Political and Economis Reforms in Eastern Europe and Latin America*, Cambridge : Cambridge University Press.

Robertson, Roland. 1993. *Globalization: Social Theory and Global Culture*. Sage.

Viroli, Maurizio. 2002. *Republicanism*, tr. Antony Shugaar. New York : Hill and Wang.

저자 소개

이동수

서울대학교 정치학과를 졸업하고, 동 대학원에서 석사학위를, 미국 밴더빌트대학교(Vanderbilt University)에서 박사학위를 받았다. 대통령직속 녹색성장위원회 위원, 대통령실 정책자문위원을 역임했으며, 현재 경희대학교 공공대학원 원장으로 있다. 『미래와의 소통』(편저), 『탈20세기 대화록』(공저), 『민주주의 강의 4: 현대적 흐름』(공저), 「지구시민의 정체성과 횡단성」, 「미국건국에 있어서 공공성과 공동성」, 「르네상스기 이태리 도시국가의 정부」, 「소통정치와 미디어」 등의 저서와 논문이 있다.

오문환

연세대학교 정치외교학과를 졸업하고 동 대학원에서 석사 · 박사 학위를 받았다. 한국정치사상이 전공이며 북경대학교(北京大學校)에 연구학자로 다녀왔으며 연세대, 서강대, 성균관대 등에서 강의를 하였다. 주요 저서로는 『해월 최시형의 정치사상』, 『동학의 정치철학』 등이 있으며, 「율곡의 군자관과 그 정치철학적 의미」, 「동학사상에서의 자율성과 공공성」 등의 논문이 있다.

박현모

서울대학교 정치학과 대학원에서 「정조의 성왕론과 경장정책」으로 박사학위를 받았다. 서울대 사회과학원 상임연구원과 한국정신문화연구원 연구교수를 거쳐, 현재 한국학중앙연구원 책임연구원으로 재직 중이다. 『역사와 사회』 편집위원장을 지냈고, 현재 세종, 정조 등 국왕 리더십을 시민들에게 강의하는 〈실록학교〉를 운영 중이다 (2013년 11월 현재 2천2백여 명 수강). 『정조 사후 63년』, 『세종처럼: 소통과 헌신의 리더십』, 『정치가 정조』 등 10여 권의 저서와, 「정약용의 군주론」, 「경국대전의 정치학」 등 다수의 학술논문이 있다.

서희경

이화여자대학교 정치외교학과를 졸업하고, 서울대학교 정치학과 대학원에서 석 · 박사학위를 받았다. 도쿄대학(東京大學) 동양문화연구소 방문학자, 서울대학교 법학연구소 선임연구원, 연세대학교 국가관리연구원과 서강대 사회과학연구소에서 연구교수를 역임했으며, 현재 경희대학교 공공거버넌스센터의 연구교수로 있다. 저술로는 『대한민국 헌법의 탄생: 한국헌정사, 만민공동회에서 제헌까지』가 있고, 주요 논문으로는 「한국 헌법의 정신사」, 「한국제헌국회의 정치세력형성에 관한 연구」, 「War and Justice: Just Cause of the Korean

War」, 「한국전쟁에서의 인권과 평화」등이 있다.

장명학

서울대학교 철학과와 동 대학원 정치학과를 졸업하고, 독일 베를린자유대학교(Freie Universitaet Berlin)에서 정치학 박사학위를 취득했다. 현재 경희대학교 NGO국제연구소 연구교수로 재직하고 있다. 학문적 관심분야는 서양 근대정치사상, 공화주의와 민주주의 그리고 시민사회와 NGO 등이며 한국정치평론학회 총무이사로 활동하고 있다. 『유럽의 제노포비아』(공저), 「헤겔의 권력개념」, 「하버마스의 공론장이론과 토의민주주의」, 「지구화시대 한국의 공화민주주의」, 「제국과 영방의 긴장 속의 신성로마제국 정부」 등의 저서와 논문이 있다.

샤오밍 후앙(Xiaoming Huang)

남가주대학교(University of Southern California)에서 정치학을 전공하고 현재 뉴질랜드의 웰링턴에 소재한 빅토리아대학교(Victoria University of Wellington)에서 중국정치를 강의하고 있다. 정치경제학과 중국의 국제관계에 대해 연구를 해왔으며 저서로 『China and the International System: Becoming a World Power』(2013, 공저) 등이 있다.

송창주

미국 하와이대학교(University of Hawaii)에서 정치학을 공부하고, 현재는 뉴질랜드의 오클랜드대학교(University of Auckland) 동양학부에 재직 중이다. 한국의 민족주의와 디아스포라에 대해 연구를 했고, 최근의 연구로 「Diasporic Engagement Policy in the Era of Transnationalism: South Korea's Building De-territorialised Nation」이 있다.

존 사이노트(John P. Synott)

퀸스랜드 기술대학교(Queensland University of Technology)의 인문학부 교수이다. 국제정치를 전공했으며, 해방 이후부터 최근까지의 한국과 호주의 관계에 대해 연구를 하고 있다. 또한 교육과 노동문제에 관해서도 다수의 논문을 썼다. 『Global and International Studies』 등의 저서와 다수의 논문이 있다.

김경희

서울대학교 정치학과를 졸업하고, 동 대학원에서 석사학위를, 독일 베를린 훔볼트 대학에서 박사학위를 받았다. 현재 성신여자대학교 교양교육대학 교수로 있다. 저서로 『공화주의』, 『공존의 정치: 마키아벨리 군주론의 새로운 이해』, 역서로 『공화주의』(공역), 『군주론』(공역), 논문으로 「국가와 공공선-마키아벨리의 stato론」,「국가와 공공선/공동선-절대선과 개별선 사이의 마키아벨리」 등이 있다.

공화와 민주의 나라
–대한민국 정체성을 찾아서

발행일 1쇄 2013년 12월 30일
지은이 이동수 편
펴낸이 여국동

펴낸곳 도서출판 인간사랑
출판등록 1983. 1. 26. 제일 - 3호
주소 경기도 고양시 일산동구 백석동 1178 - 1번지 2층
전화 031)901 - 8144(대표) | 977 - 3073(영업부) | 031)907 - 2003(편집부)
팩스 031)905 - 5815
전자우편 igsr@naver.com
페이스북 http://www.facebook.com/igsrpub
블로그 http://blog.naver.com/igsr
인쇄 인성인쇄 **출력** 현대미디어 **종이** 세원지업사

ISBN 978 - 89 - 7418 - 323 - 3 93340

이 도서의 국립중앙도서관 출판시도서목록(CIP)은 서지정보유통지원시스템 홈페이지(http://seoji.nl.go.kr)와
국가자료공동목록시스템(http://www.nl.go.kr/kolisnet)에서 이용하실 수 있습니다.(CIP제어번호: CIP2013025918)